SPSS 14.0 통계자료분석

정영해, 조지현, 황현식, 정은진

 주의할 점　　 알아두면 좋은 점　　 참고사항

이 책의 예제와 연습문제에서 사용된 청소년 데이터(예제데이터.dat, 예제데이터.sav)는 (사)한국사회조사연구소 홈페이지를 통해 받아볼 수 있다. 홈페이지 예제데이터에서 '예제데이터v14.zip' down받으면 된다.

homepage http://www.ksrc.or.kr

국립중앙도서관 출판사도서목록(CIP)

(SPSS 14.0)통계자료분석 / 정영해, 조지현, 황현식, 정은진. --
광주 : 한국사회조사연구소, 2008
    p. ;   cm. -- (통비 ; 12)

ISBN 978-89-91235-47-2 93310 : ₩24000

310.16-KDC4
519.53-DDC21   CIP2008000864

통계학을 공부하는
모든 사람들을 위하여

책을 내면서

나·랏:말쓰·미 中듕國·귁·에 달·아, 文문字·쫑·와·로 서르 스뭇·디 아·니홀·씨, ·이런 젼·츠·로 어린 百·빅姓·셩·이 니르·고져 ·홇 ·배 이·셔·도, 므·춤:내 제 ·뜨·들 시·러 펴·디 :몯홇 ·노·미 하·니·라. . . . .

통계강의가 실제 필요·에 달·아, 자료·와·로 서르 스뭇·디 아·니홀·씨, ·이런 젼·츠·로 통계를 전공하지 않은 百·빅姓·셩·이 자료를 분석·고져 ·홇 ·배 이·셔·도, 므·춤:내 제 ·뜨·들 시·러 펴·디 :몯홇 ·노·미 하·니·라. . . . .

  정보화 사회에서 통계는 매우 중요한 의미를 갖는다. 오늘날 통신과 인터넷을 통하여 수많은 자료를 손쉽게 구할 수 있게 되면서 이제 문제는 단순한 자료수집이 아니라 방대한 자료 더미를 어떻게 의미 있게 구성하여 제시할 것인가가 문제가 되고 있으며 사회 각 분야에서도 사업계획이나 정책수립 등에 통계적 자료 수집과 자료의 제시가 점차 널리 활용되기 때문이다.

  지금까지 우리나라의 통계강의는 주로 이론 중심으로 이루어져 왔다. 거의 모든 통계교과서들이 이론을 설명하는데 치우쳐 있었기 때문에, 통계학을 전공하지 않는 사람들에게는 통계학을 배우고 분석기법을 익히는 것이 매우 머리 무거운 일이었다.

  한국사회조사연구소에서는 '학문의 대중화'라는 설립취지에 맞춰 이같은 현실을 타개하고자 지난 십여 년 동안 통계학 비전공자를 위한 통계강의 시리즈를 펴내고 있다. 세종대왕이 어려운 중국문자 대신 모든 백성이 쉽게 배울 수 있는 한글을 창제하였던 마음으로, 통계학에 기초지식이 없고 앞으로도 통계학을 전공으로 삼지 않을 사람들이 현실에서 부딪치는 문제들에 대한 자료를 직접 분석해봄으로써 자기 목적에 맞춰 통계를 쉽게 사용할 수 있도록 하였다. 그러나 여전히 부족한 것도 많고 잘못된 점도 있으리라 생각한다. 이 책을 더욱 쉽고 유용하게 만들기 위하여 독자 여러분의 많은 지적을 기다린다.

연구소에서는 「통계학 비전공자를 위한 통계강의 및 자료분석」시리즈(통비시리즈)를 널리 쓰이는 통계 프로그램에 맞춰 기획하여 출판하고 있다. SPSS 프로그램의 버전이 14.0으로 업그레이드되는 것을 계기로 기존의 틀을 보완수정하여 다시 새로운 책을 내게 되었다.

이 「통비시리즈」는 통계학 비전공자를 위한 기획이지만, 통계학을 전공하는 학생들에게도 매우 유익하다는 평을 듣고 있다. 입문을 배우고서 통계패키지를 통해 자료분석을 익히고자 하는 학부 학생이나 대학원 학생들, 그리고 통계이론은 잘 알지만 새로이 변해 가는 통계패키지에 익숙하지 않은 연구자나 교수들에게도 많은 도움이 된다고 들었다. 산업인력공단에서 실시하는 「사회조사분석사」 자격시험 준비를 위한 교재로도 유익하게 사용될 수 있을 것이다. 모쪼록 연구소의 노력이 빛을 보아 통계를 필요로 하는 모든 사람들에게 도움이 되기를 바란다.

2008년 3월
사단법인 한국사회조사연구소 소장   사회학박사   김 순 홍

머 리 말

우리가 자동차를 운전할 때, 차의 모든 구조와 원리를 다 알아야 하는 것은 아니다. 자동차를 개발하고 구조를 바꾸고 문제를 찾아내는 것은 자동차 전문가의 일이고 일반인들은 운전하는 방법만 알면 된다. 일반인들도 자동차의 원리를 알면 좋겠지만 그러기에는 너무 많은 시간과 노력이 필요하다. 통계학의 경우도 이와 비슷하다. 통계전문가들이 통계이론과 방법을 발전시켜 나가고, 통계학 비전공자들은 이것을 어떻게 사용하는가를 배우는 것으로 충분하다.

최근 새롭게 대두된 전문분야인 사회조사분석사를 비롯하여, 우리 주위에는 조사자료를 다루는 분야가 많다. 사회학, 교육학, 경영학은 물론이고 의학이나 간호학, 가정학, 체육학, 관광학 등 거의 모든 분야에서 경험적 자료를 통해 현상을 파악하고 근거를 찾아내어 현장에 적용하는 경우가 빠르게 늘어나고 있으며, 그만큼 통계의 필요성도 커졌다. 각 분야에 있는 사람들은 학문적인 연구뿐만 아니라 정책의 수립과 시행의 모든 과정에서 생기는 자료를 분석하고 검토하기 위해서 통계적 기술을 능숙하게 익히거나 적어도 이해는 할 수 있어야 한다.

사단법인 한국사회조사연구소에서는 이같은 사회여건의 변화에 따라 통계자료를 필요로 하는 모든 사람들이 쉽게 자료를 수집하고 분석하여 사용할 수 있도록, 이해하고 사용하기 쉬운 사회조사방법 교재와 통계학 교재를 개발하여 보급해오고 있다.

이 책은 실제 현실에서 부딪치는 조사자료를 분석하는 과정과 그 과정에서 주의해야할 점, 결과를 바르게 해석하는 방법, 결과를 제시하는 방법에 초점을 맞추었다. 특히 기존의 통계학 교재와는 달리, 예제 및 각종 연습문제에 실제 조사자료를 들어 설명하였다.[1] 예제를 중심으로 서술하였기 때문에 내용을 쉽게 이해할 수 있고 통계방법을 활용하는 방법을 쉽게 익힐 수 있는 것은 물론, 실제 자료를 이용하였기 때문에 '교과서용 예제' 자료들이 현실성이 떨어지는 점도 극복하였다. 또한 이용자들이 자신의 자료를 직접 분석해볼 수 있게 구성한 과제를 두어, 통계기법을 자신의 자료에 응용하는 데에도 도움이 되도록 하였다.

---

[1] 사단법인 한국사회조사연구소에서 해마다 전국의 청소년들을 대상으로 조사하고 있는 『청소년종합실태조사』자료를 예제와 연습문제 자료로 사용하였다. 이 조사자료는 해마다 『청소년생활통계연보』라는 이름으로 출간되고, 『한국청소년의 삶과 의식구조』라는 이름으로 요약해설집이 출간되고 있다. 이 자료를 필요로 하는 사람들을 위해 원시자료(raw data)도 제공하고 있다.

특히, 데이터를 입력하는 과정에서 주의해야 할 점, 복수응답 질문의 처리, 잘못 입력된 응답이나 논리적인 잘못을 찾아 데이터를 수정하는 data cleaning과정 등 실제 조사자료를 분석할 때 가장 필요하고 중요한 과정인 데이터 관리 부분을 비중 있게 다루어 비표집오차(non-sampling error)를 줄일 수 있는 방법을 보강하였다.

이 책은 특히 다음의 사람들을 염두에 두고 만들었다: ① 사회조사분석사가 되기 위해 준비하는 사람; ② 기초통계학을 배웠거나 배우려고 하는 사람으로서 조사자료 분석 기법을 알고자 하는 대학생이나 대학원생, 교수, 연구원; ③ 통계학은 알지만 통계분석을 위한 컴퓨터 패키지프로그램인 SPSS에 익숙하지 않은 사람 등이다.

자료 분석에는 최근 널리 쓰이고 있는 SPSS를 이용하였다. 이 책의 내용을 좇아 자료분석을 하기 위해서는 윈도우즈용 SPSS 14.0판 이상이 필요하다.

이 책이 시중에 나와 있는 SPSS사용법 등의 책과 구별되는 점은 저자들의 경험을 그대로 전수 받을 수 있다는 점이다. SPSS를 잘 다루는 사람으로서 SPSS 회사로부터 추천을 받은 'SPSS SIG(Special Interesting Group) Member'와 우리나라 최초의 '사회조사분석사 1급'이 직접 제작에 참여하였다. 또한 SPSS 회사로부터 SPSS를 쉽게 잘 다룰 수 있게 해주는 '우수교재'라는 추천도 받았다. 이 책으로 최대의 효과를 얻기 위해서는, 각 장에 실려 있는 예제를 일일이 따라 하고, 제시된 연습문제를 반드시 풀어보는 것이 좋다. 책에 나와 있는 연습문제를 스스로의 힘으로 해보고 나면, 이와 유사한 다른 자료를 분석하는데 많은 도움이 될 것이다. 또 각 장이 끝날 때마다 그 장에서 배운 방법으로 자신의 데이터를 분석하고 해석하고 표로 정리해보기 바란다.

이 책이 나오기까지 여러분의 도움이 있었기에 이 자리를 빌려 감사의 말씀을 드리고자 한다. 이 책을 내기 위해 사용된 SPSS 14.0K판을 제공하고 책의 가치를 인정하여 우수도서로 추천해주신 SPSS KOREA에 감사드린다. 이 책 제작의 전 과정에 애써주신 저자들에게 감사드리고, 편집 및 출판과 관련된 모든 작업을 맡아 애써준 정오성, 신은진, 이강웅, 김건우 연구원에게 특히 감사드린다.

2008년 3월

저자 대표　보건통계학박사　정 영 해

차 례

제1부 준비

제1장 기본개념

제1절 데이터(data)에 대하여 ··· 5
1. 표본이란 무엇인가? ·· 5
2. 케이스란 무엇인가? ·· 5
3. 분석단위란 무엇인가? ··· 6
4. 변수란 무엇인가? ··· 6
5. 코드북은 무엇인가? ·· 10
6. 부호화란 무엇인가? ·· 10
7. 전산화란 무엇인가? ·· 10

제2장 SPSS 시작하기

제1절 SPSS에 대하여 ·· 15
1. SPSS란 무엇인가? ·· 15
2. SPSS작업과 작업결과 ··· 16

제2절 SPSS 사용하기 ·· 16
1. SPSS 시작하기 ··· 16
2. SPSS의 Windows(창) ·· 17
3. 분석대화상자 ··· 20

제3절 SPSS 활용 ·· 22
　　1. 피벗표와 도표 편집창의 활용 ― 빈도표의 편집 ························ 22
　　2. SPSS의 도구 단추 ··· 24

제3장 데이터 관리

제1절 데이터 소개 ·· 31
　　1. 사회과학분야의 데이터 ··· 31
　　2. 가상의 데이터 ·· 32
　　3. 청소년 데이터 ·· 32

제2절 데이터 작성 ·· 34
　　1. 데이터 편집기 창에 직접 입력하여 원자료 만들기 ····················· 34
　　2. 변수보기 시트 ·· 40
　　3. 완성된 데이터시트 저장하기 ··· 43
　　4. 문서편집기에서 입력한 원자료를 데이터시트로 불러들이기 ·········· 45
　　5. 스프레드시트(Excel, Lotus 등)에 입력된 자료 불러들이기 ············ 54
　　6. 복수응답의 처리 ·· 55
　　7. 데이터 클리닝(data cleaning) ··· 58

제3절 데이터 변환 ·· 65
　　1. 코딩 변경: 변수값의 변경 ··· 65
　　2. 변수 계산 ·· 72

제4절 데이터 편집 ·· 77
　　1. 케이스 정렬 ··· 77
　　2. 일부 케이스 선택 ··· 80
　　3. 데이터 파일 합치기 ·· 85

제2부 기술통계

제4장 빈도표와 교차표

제1절 빈도표 ··· 97
   1. 빈도표 ··· 97
   2. SPSS로 빈도표 만들기 ··· 98
   3. 빈도표 보고하기 ·· 100

제2절 교차표 ··· 104
   1. 교차표 ··· 104
   2. SPSS로 교차표 만들기 ··· 105
   3. 교차표 보고하기 ·· 109
   4. 기초적 통계표 작성하기 ··· 109

제5장 기술통계량

제1절 중심경향의 측도 ··· 119
   1. 평균 ··· 119
   2. 중위수 ··· 121
   3. 최빈값 ··· 122

제2절 산포의 측도 ··· 124
   1. 범위 ··· 124
   2. 분산 ··· 125
   3. 표준편차 ··· 125
   4. 사분위수범위 ··· 126

제3절 형태의 측도 ··· 127
   1. 왜도 ··· 127
   2. 첨도 ··· 127

제4절 SPSS로 기술통계량 구하기 ·· 128
  1. SPSS로 대표값과 산포도 간단히 구하기: 기술통계 ·················· 128
  2. SPSS로 자세한 기술통계량 내기: 데이터 탐색 ······················· 129

제6장 도표

제1절 이산형 변수의 도표 ··· 139
  1. 막대도표 ··· 139
  2. 원도표 ··· 144

제2절 연속형 데이터의 도표 ·· 149
  1. 히스토그램 ·· 149
  2. 줄기와 잎그림 도표 ··· 154
  3. 상자도표 ··· 156
  4. 산점도 ··· 161
  5. 오차막대 도표 ·· 165

제3부 추리통계 및 통계적 분석

제7장 추정과 검정의 기본개념

제1절 추정 ··· 175
  1. 점추정 ··· 177
  2. 구간 추정 ·· 178
  3. SPSS로 모평균 추정하기 ·· 179

제2절 검정 ··· 181
  1. 가설검정의 기본개념 ·· 181
  2. 가설검정의 절차 ·· 192

제8장 t-검정

제1절 단일표본 t-검정 ·· 197
    1. SPSS로 평균에 대한 단일표본 t-검정하기 ································ 197

제2절 독립표본 t-검정 ·· 201
    1. 가설 – 무엇을 검정하나? ·· 201
    2. 가정 – 언제 사용할 수 있나? ·· 203
    3. SPSS로 독립표본 t-검정하기 ·· 204
    4. t-검정결과 보고하기 ·· 209

제3절 대응표본 t-검정 ·· 210
    1. 가설 – 무엇을 검정하나? ·· 210
    2. 가정 – 언제 사용할 수 있나? ·· 211
    3. SPSS로 대응표본 t-검정하기 ·· 211

제9장 분산분석

제1절 일원배치 분산분석: 여러 독립표본 평균의 비교 ················ 219
    1. 가설 – 무엇을 검정하나? ·· 219
    2. 분산분석표 ·· 221
    3. 가정 – 언제 사용할 수 있나? ·· 223
    4. SPSS로 분산분석하기 ··· 223

제2절 다중비교 ··· 229
    1. 여러 가지 다중비교 방법 ·· 230
    2. SPSS로 다중비교하기 ··· 232
    3. 분산분석 결과 보고하기 ·· 236

제10장 상관관계분석

제1절 산점도와 상관관계 ·· 241

제2절 상관계수 ·· 245
   1. 가설 – 무엇을 검정하나? ··· 246
   2. 가정 – 언제 사용할 수 있나? ······································ 246
   3. SPSS로 상관계수 구하기 ··· 246
   4. 상관계수 보고하기 ·· 250

제11장 단순회귀분석

제1절 회귀분석의 기본개념 ··· 255
   1. 왜 회귀분석을 하는가? ·· 255
   2. 독립변수와 종속변수 ·· 256
   3. 기호의 정의 ··· 256
   4. 회귀모형 ··· 257
   5. 회귀계수 ··· 258
   6. 결정계수 ··· 259

제2절 단순회귀분석 ··· 259
   1. 가설 – 무엇을 검정하나? ··· 259
   2. 가정 – 언제 사용할 수 있나? ······································ 261
   3. 평균의 추정과 새 케이스값의 예측 ···························· 262
   4. 회귀분석의 순서 ··· 263
   5. SPSS로 단순선형회귀분석하기 ··································· 264

제3절 잔차분석 ··· 268
   1. 잔차분석 ··· 268
   2. 잔차와 잔차산점도 ·· 269
   3. SPSS로 잔차산점도 만들기 ··· 273

제12장   다중회귀분석

제1절   다중회귀분석 ··· 279
1. 왜 다중회귀분석을 하는가? ··· 279
2. 회귀모형의 유의성 검정 ··· 279
3. 표준화 계수 ·· 280
4. 다중회귀분석의 순서 ·· 281
5. SPSS로 다중회귀분석하기 ·· 284
6. 회귀분석 결과 보고하기 ··· 292

제2절   더미변수를 이용한 다중회귀분석 ································· 293
1. 더미변수의 수 ·· 294
2. SPSS로 더미변수를 이용한 다중회귀분석하기 ················· 295

제13장   교차분석

제1절   교차분석 ·· 301
1. 두 변수의 독립성 ··· 301
2. 관찰빈도와 기대빈도 ·· 302
3. 자유도 ··· 304
4. 가정 – 언제 사용할 수 있는가? ······································· 305
5. SPSS로 두 범주형 변수의 관계 검정하기 ························ 306
6. 교차분석 결과 보고하기 ··· 308

제2절   대응표본 검정 ·· 309
1. 대응표본 ·· 309
2. 가설 – 무엇을 검정하나? ·· 309
3. 가정 – 언제 사용할 수 있는가? ······································· 312
4. SPSS로 대응표본 검정하기 ··· 312

제3절   교차표 데이터의 분석 ·· 315
1. 교차표를 SPSS데이터로 만들기 ·· 315
2. 교차표 데이터의 분석 ·· 317

제14장 요인분석

제1절 요인분석 ·· 321
  1. 가정 − 언제 사용할 수 있나? ·· 321
  2. 요인분석방법 ·· 322
  3. 요인 수 결정 ·· 323
  4. 요인회전 ·· 324
  5. 요인 적재량 해석 ·· 326
  6. 요인 이름 정하기 ·· 326
  7. 요인점수 계산 ·· 327
  8. SPSS로 요인분석하기 ··· 327
  9. 결과 보고하기 ·· 335

제15장 신뢰도분석

제1절 신뢰도 ·· 341
  1. 측정과 도구 ·· 341
  2. 확률오차와 비확률오차 ·· 342
  3. 신뢰도와 타당도 ·· 343
  4. 확률오차의 특성 ·· 345

제2절 신뢰도분석 ·· 346
  1. 신뢰도 평가방법 ·· 346
  2. SPSS로 신뢰도분석하기 ··· 353

부록 A 이론적 배경

제1절 분포 ·· 363
  1. 이항분포 ·· 363
  2. 정규분포 ·· 364
  3. t-분포 ··· 368
  4. 카이제곱분포 ·· 369

     5. F-분포 ·· 370
제2절 추정 ··· 372
     1. 신뢰구간 ·· 372
     2. 모비율의 추정 ·· 375
     3. 모분산의 추정 ·· 376

제3절 검정통계량 ·· 378
     1. 단일표본 t-검정 ··· 378
     2. 독립표본 t-검정 ··· 378
     3. 대응표본 t-검정 ··· 380
     4. 분산분석 ·· 381
     5. 상관관계분석 ·· 384
     6. 단순회귀분석 ·· 386
     7. 다중회귀분석 ·· 392
     8. 교차분석 ·· 393

제4절 표본크기의 결정 ·· 395
     1. 허용오차 ·· 395
     2. 표본크기 공식 ·· 395
     3. 표본크기공식의 특성 ·· 397
     4. 제Ⅰ,Ⅱ종 오류를 고려하여 표본크기 정하기 ······································· 398

부록 B 설문지와 코드북

청소년 종합실태조사 설문지 ··· 401

제1부 준 비

제1장 기본개념

제2장 SPSS 시작하기

제3장 데이터 관리

제1부

제1장 기본개념

제1절 데이터(data)에 대하여

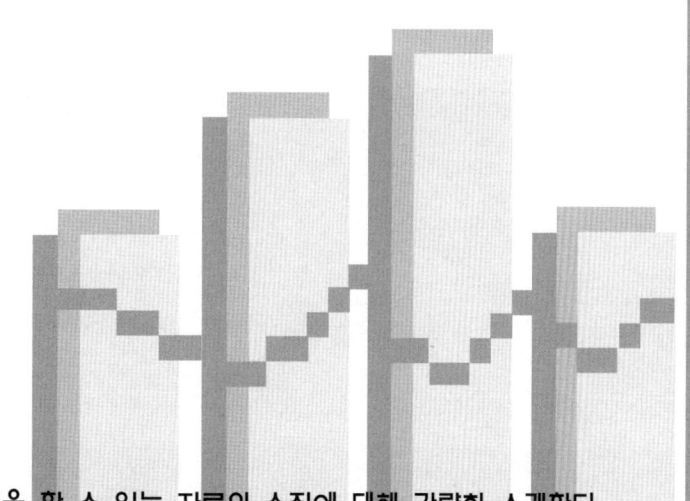

이 장에서는 통계적 분석을 할 수 있는 자료의 수집에 대해 간략히 소개한다.

통계는 어렵다.   SPSS는 블랙박스와 같다.

이렇게 생각하는 사람이 많다. 통계의 '통'자만 들어도 골치부터 아프다고 호소하는 사람이나 SPSS를 들어보기는 했지만 잘 모른다는 사람들도 계량적인 연구를 하려면 어쩔 수 없이 통계와 SPSS를 사용하지 않을 수 없다. 지금 우리가 바로 그 상황에 처해 있다. 우리는 통계학 지식이 엄청나게 많거나 SPSS를 자유자재로 쓰지는 못하지만 관찰 수집한 자료를 정리하고 분석하여 자료가 주는 의미를 파악하고자 한다.

제1절 데이터(data)에 대하여

데이터(data)는 자료를 나타내는 datum의 복수형태로서, 넓은 의미로는 어떤 형태로든 정보를 모아놓은 것을 가리킨다. 그러나 많은 경우, 컴퓨터로 처리할 수 있는 형태로 저장된 정보를 말한다. 자료는 인구성장, 주가의 변화, 핵발전소에 대한 시민의식, 선거를 앞두고 각 후보자에 대한 지지도, 노인복지에 대한 의식, 장애인 복지시설 종사자들의 근무실태, 청소년들의 생활실태 및 의식 등 여러 분야에서 구할 수 있다.

자료에는 아직 처리되지 않아 숫자나 문자들만 나열되어 있는 원자료(raw data)와 분석이 가능하게 처리해 놓은 SPSS데이터(SPSS data, system data)가 있다. 데이터를 이해하기 위해 필요한 몇 가지 용어를 살펴보자.

1. 표본이란 무엇인가?

표본(sample)은 모집단의 일부로, 모집단의 특성을 잘 반영하도록 선정한 모집단의 일부이다. 모집단은 '우리가 파악하고자 하는 전체'를 말하고 그 전체를 파악하기 위하여 추출한 일부분을 표본이라고 한다. 대부분의 경우, 모집단은 너무 크기 때문에 그 일부인 표본을 관찰해서 모집단에 대한 추리를 하게 되는 것이다.

2. 케이스란 무엇인가?

케이스(case)는 관심 있는 내용을 관찰하고자 하는 대상 하나하나를 의미한다. 케이스는 개체 또는 관찰개체, 사례라고도 한다.

3. 분석단위란 무엇인가?

분석단위(unit of analysis)는 분석의 대상이 되는 단위를 말한다. 대부분의 자료에서는 각각의 관찰대상이 케이스이고, 케이스가 분석의 단위가 된다. 때로는 여러 개의 케이스가 하나의 분석단위에 포함되기도 한다. 예를 들어, 남편과 부인, 자녀에게 각각 질문을 했더라도, "가족중 찬성하는 사람의 비율"을 분석하는 경우, 관찰의 대상이 된 사람은 세 명이지만 분석단위는 그 가족 하나이다.

4. 변수란 무엇인가?

변수(variable)란 케이스에 따라 서로 다른 값을 가지는 특성을 말한다. 예를 들어 '연령'이나 '키', '성별', '나는 다른 사람들만큼 가치있는 사람이라고 생각하는가?'라는 문항 등이 변수에 해당한다.

변수는 구분 방법에 따라 여러 가지로 나뉜다. 변수의 측정수준(level of measurement)에 따라 명목변수(nominal variable), 서열변수(ordinal variable), 등간변수(interval variable), 비율변수(ratio variable)로 나누거나, 측정방법에 따라 질적변수(qualitative variable)와 양적변수(quantitative variable)로 나눌 수 있다. 또 변수의 연속성 여부에 따라 연속형변수(continuous variable)와 이산형변수(discrete variable)로 나누기도 한다. 부호화된 값의 형태에 따라 숫자변수(numeric variable)와 문자변수(alphanumeric variable), 날짜변수(date variable)로도 나눌 수 있다. 변수의 형태에 따라 분석하는 방법에 차이가 있으므로 변수의 분류방법을 간단히 소개해보면 다음과 같다.

(1) 측정 수준에 의한 분류

① 명목변수

측정 대상의 특성을 종류별로 구분만 하는 것으로서, 명목변수(nominal variable)는 특성간의 우열이나 크고 작은 것을 비교할 수 없다. 명목변수의 예로는 성별이나 혈액형, 주소, 이름 등이 있는데, 성별처럼 두 가지의 특성만 있으면 이항변수(dichotomous, binary variable)라고 하고, 혈액형처럼 세 가지 이상의 특성이 있으면 다항변수(polytomous variable)라고 한다. 또한 남자·여자나 A형·B형·AB형·O형 등 측정하는 대상자의 특성을 '범주(category)'라고 부른다. 따라서 명목변수를 범주형변수(categorical variable)라고도 한다.

② 서열변수

측정 대상의 특성에 우열이나 크고 작음이 있는 변수이다. 예를 들면, 초등학교, 중학교, 고등학교, 대학교 등 학교의 종류는 서열변수(ordinal variable)이다. 좋다·그저 그렇다·싫다 또는 리커트척도(Likert scale) 등도 이에 속하는데, 나올 수 있는 값이 몇 개 되지 않는다.

각급 학교를 숫자로 부호화하여 1=초등, 2=중등, 3=고등, 4=대학교로 나타낼 때, 이 숫자들은 단지 순서만 나타낼 뿐이지 그 값에 큰 의미가 있는 것은 아니어서, 두 값간의 차이나 합은 의미가 없다. 따라서 1, 2, 3, 4 대신 6, 9, 12, 16을 써도 아무런 문제가 없다.

모든 서열변수는 명목변수로 취급할 수 있다. 그러나 명목변수는 서열변수로 취급할 수 없다.

③ 등간변수

대상자의 특성을 측정한 값에 우열(크고 작음)도 있고, 두 숫자의 차이가 일정한 의미도 지니는 변수가 등간변수(interval variable)이다. 그러나 두 수의 비(比, ratio)는 의미가 없다. 등간변수의 예로는 온도(℃)나 IQ 등이 있다. 온도를 예로 들면, 10℃와 20℃ 사이에는 10℃만큼의 차이가 있고, 20℃와 30℃ 간에도 10℃만큼의 차이가 있다. 10℃의 차이는 두 경우 모두 같은 의미를 가진다.

등간변수의 특징은 '절대 0'이 없다는 것이다. '절대 0'이란, 어떤 변수의 값이 0이면 그 특성이 없다는 뜻이다. 그런데 온도 0℃는 온도가 없다는 뜻이 아니고, 단지 물이 어는 온도를 임의로 그렇게 표시한 것뿐이다. 온도나 IQ 등에는 모두 절대적인 0은 없다.

리커트척도는 (문항 하나하나는) 원칙적으로 서열척도에 속하나 인문·사회과학 분야에서는 등간변수로 취급하기도 한다. 특히 문항에 대한 응답을 모두 종합해서 점수로 나타내는 총화척도로 활용하는 경우 등간변수로 취급하는 것이 당연시되고 있다. 모든 등간변수는 서열변수나 명목변수로 바꾸어 쓸 수 있다. 그러나 거꾸로는 되지 않는다.

④ 비율변수

변수의 측정수준 가운데 가장 높은 수준으로서, 변수값간의 우열(크고 작음)의 비교, 차이, 비(ratio)가 모두 의미있는 변수이다. 체중, 연령, 키, 교육년수 등이 비율변수(ratio variable)에 속한다. 체중이 10kg이던 사람이 20kg이 되면, 전보다 두 배가 되었다고 말할 수 있다.

등간변수와는 달리 비율변수에는 '절대 0'이 있다. 체중이 0이라는 것은 무게가 없다는 뜻이다.

실제 자료를 수집하거나 분석할 때는 비율변수와 등간변수를 엄격히 구분하지는 않으므로, 여기에서는 두 가지를 엄격히 구분하지 않고 사용하기로 한다. 또한 모든 비율변수는 등간, 서열, 또는 명목 변수로 바꾸어 쓸 수 있으나 거꾸로는 되지 않는다.

(2) 측정 방법에 의한 분류

① 질적변수

성별이나 종류 등 명목변수나 직접 서술한 의견 등이 질적변수(qualitative variable)에 속한다. 숫자로 나타낸 경우라도, 숫자의 크고 작음이 그 내용의 우열과는 관계가 없다. 서열변수의 값들이 3~4가지일 경우는 질적변수로 취급하여 분석하기도 한다. 질적변수의 분석에는 평균이나 표준편차 등은 의미가 없고, 비율(%)과 도수 등만 의미가 있으며, 대부분 비모수적 방법으로 분석한다. 그러나 표본이 큰 경우에는 모수적 방법을 이용한 분석도 가능하다.

② 양적변수

등간, 비율변수가 양적변수(quantitative variable)에 속한다. 서열변수는 가능한 값이 4~5가지 이상이면 양적변수로 취급할 수 있다. 양적 변수의 분석 시에는 주로 모수적인 방법을 활용한다.

(3) 연속성 여부에 의한 분류

① 연속형변수

키, 몸무게, 온도, 나이 등 비록 정수부분까지만 측정하더라도, 원래 값은 소수점 이하로 무수히 이어진 경우가 연속형변수(continuous variable)이다. 사람수, 방문횟수 등 관찰값이 하나하나 떨어진 변수는 엄밀한 의미에서 연속형변수는 아니지만, 분석시에는 연속형으로 취급한다. 따라서 '양적변수'를 대개 연속형변수라고 부른다.

② 이산형변수

엄밀한 의미에서 관찰값이 하나하나 떨어진 변수는 모두 이산형변수(discrete variable)에 속한다. 물건의 개수나 가족의 수 등은 1.2개 혹은 3.7명으로 측정하지 않으므로 이산형변수이다. 그러나 나타날 수 있는 값이 많은 이산형변수는 연속형변수로 간주하여 분석하는 경우가 많다. 따라서 이산형변수는 단순히 질적변수를 나타내는 것으로 볼 수 있다. 흔히 '연속형'과 '이산형'을 각각 '연속형'과 '범주형'으로 부르기도 한다.

(4) 부호화된 값의 형태 따른 분류

전산입력한 변수의 값은 숫자로 표시되거나 문자로 표시될 수 있다. 숫자변수와 문자변수, 날짜변수는 SPSS 데이터시트(data sheet)를 만드는 첫 단계에서 특히 중요하고, 변수 종류에 따라 사용할 수 있는 분석방법에 차이가 있다.

① 숫자변수

숫자로만 이루어진 것으로서, 평균·표준편차 등의 기술통계를 낼 수 있다. 모든 연속형변수는 숫자변수(numeric variable)이다. 남자는 '1', 여자는 '2' 등 명목변수도 숫자로 나타내면 숫자변수이다.

② 문자변수

측정값을 문자로 나타낸 변수를 문자변수(alphanumeric variable)라고 한다. 예를 들면 남자는 '남', 여자는 '여'로 입력한 경우이다. 숫자로도 이루어질 수 있고, 중간에 빈칸이 올 수도 있다. 빈도와 백분율을 구하거나, 집단으로 구분하거나, 값을 모두 리스트(list)하는 것 외에는 별다른 분석방법이 없다. 이름이나 주소 등 매 케이스마다 다른 값을 가지는 것이 아니면, 각 값마다 숫자를 주어 숫자변수로 입력하는 것이 여러 가지로 편리하다.

③ 날짜변수

날짜는 숫자로 나타내기는 하지만 다른 숫자변수처럼 십진법으로 이루어지지 않기 때문에 숫자변수로 취급하여 더하기나 빼기 등의 연산을 할 수 없다. 그렇다고 문자변수로 취급하려 해도 문제가 있다. 왜냐하면 여느 문자변수와는 달리, 오늘 날짜에서 생년월일을 빼서 연령을 구하는 등 계산을 할 수 있기 때문이다. 따라서 날짜를 나타내는 변수는 따로 구분한다.

5. 코드북은 무엇인가?

　　　숫자(혹은 문자)의 모임인 원자료만 보아서는 어느 숫자가 무엇을 뜻하는지 알 수 없다. 따라서 각각의 숫자가 뜻하는 내용을 찾아볼 수 있는 기록이 필요하다. 코드북(codebook)은 변수의 이름, 변수가 나타내는 내용, 변수가 가질 수 있는 값 또는 값의 범위, 각 변수값이 나타내는 내용, 변수값의 길이(칼럼수), 변수값의 위치 등을 일목요연하게 정리한 기록이다.

　　　코드북에는 조사표의 각 항목에 대한 내용뿐만 아니라, 혹시 불완전자료(결측값이 있는 케이스: 무응답이나 비해당 따위)가 있으면 새로운 코드(code, 숫자)를 주고, 그 값의 의미도 적을 수 있다.

　　　원자료와 코드북은 항상 가까이 두어, 필요할 때 참고할 수 있어야 한다.

6. 부호화란 무엇인가?

　　　자료를 수집한 뒤에는 컴퓨터에 입력할 수 있도록 부호화하여야 한다. 부호화(coding)란, 조사표에 있는 각 변수의 값을 입력하기 쉽게 숫자(numeric) 또는 기호(code)로 표시하여 코딩용지(coding sheet)에 적는 것을 말한다. 코딩용지를 작성할 때에는 조사표의 모든 문항이 빠짐없이 표시되었는지 확인하고 나서 코드북에 따라 지정된 위치에 코드값을 적는다. 각 기호가 나타내는 내용은 코드북의 내용을 따른다.

　　　부호화는 부호화를 목적으로 디자인된 코딩용지(coding sheet)에 하기도 하지만 이 과정에서 부호를 잘못 옮겨 적을 위험이 있기 때문에 최근에는 조사표(questionnaire)를 그대로 사용할 수 있도록 조사표 자체를 디자인한다.

7. 전산화란 무엇인가?

　　　부호화된 자료를 컴퓨터에 입력하는 것을 전산화(keypunching)라고 한다. SPSS에서 자료를 입력할 때는 데이터 편집기 창에서 입력이 이루어진다.

1장 1절 데이터(data)에 대하여

연 습 문 제

1. 원자료에서 각 행과 열이 나타내는 내용은 각각 무엇인가?
2. 수집한 정보를 분석할 수 있게 처리하는 과정에서 부호화와 전산화가 필요하다. 부호화란 무엇이며, 전산화란 무엇인가?
3. 보건복지부 홈페이지(http://www.mohw.go.kr/)의 생생정책정보 → 보건복지자료실 → 통계자료에 가면 보건정책팀(2006/11/22)에서 올린 '2005년도 구민건강영양조사 중' 이라는 제목의 글이 있다. 그 중 '6성인 보건의식행태.pdf' 294쪽 흡연에 대한 성인 의식조사표를 보고 ① 명목식, 서열식, 구간식, 비율식 변수를 찾아 예를 하나씩 들고, 코딩을 위해 각각 몇자리가 준비되어 있는 확인하시오. ② 이 책의 청소년 설문지 〈부록 B-1〉과 비교해서 어느 방법이 코딩과 전산화의 오류를 줄일 수 있겠는지 생각해 보시오.

과 제

이번 학기동안에 분석할 자료를 준비하시오. 자료에는 다음의 내용이 모두 포함되도록 준비하시오. 만일 분석할 자료가 없으면 관심있는 주제를 정해 설문지를 준비하여 약 50명~100명의 자료를 수집하시오. 자료수집은 어떤 방법을 이용해도 좋으나, 수집된 자료는 단순확률표본에서 수집된 것으로 간주하기로 한다. 준비한 자료에 대해 코드북을 만드시오.

다음: ① 일련번호(id)를 제외하고 적어도 5개의 변수가 있어야 함.

② 변수 중 2가지는 범주형의 변수일 것. 그 중 하나는 반드시 이항형 변수일 것.

③ 변수 중 3가지는 연속형의 변수이거나 연속형변수로 간주할 수 있는 변수(예를 들면 리커트척도로 측정된 변수)일 것.

제1부

제2장 SPSS 시작하기

제1절 SPSS에 대하여

제2절 SPSS 사용하기

제3절 SPSS 활용

이 장에서는 SPSS를 시작하고 끝내는 방법과 SPSS 각 창의 사용법 등을 설명한다.

이 장에서는 SPSS를 사용하는 기본적인 방법과 각 아이콘을 소개한다. 다른 윈도우즈용 응용 소프트웨어와 마찬가지로 어떤 메뉴는 실행할 수 있는 여건이 되었을 때만 활성화된다. 관련 메뉴 또는 아이콘이 어떻게 활성화되는지 살펴보기 위해서는 다양한 시도를 해볼 필요가 있다.

제1절 SPSS에 대하여

1. SPSS란 무엇인가?

SPSS는 Statistical Package for the Social Sciences의 첫 자를 딴 통계패키지이다. 이름 그대로 사회과학 자료분석에 적합하도록 만들어진 통계패키지인데 다른 분야의 자료분석에도 널리 쓰인다.

다른 패키지도 그렇지만 SPSS도 예제를 통해서 배우는 것이 가장 쉽고 확실한 방법이다. 이 책에서는 "청소년의 생활과 의식"을 조사한 자료를 분석함으로써 각 통계방법을 익히고 SPSS사용법도 소개할 것이다.[1)]

SPSS를 처음 접해보는 독자를 위하여 SPSS로 할 수 있는 작업을 몇 가지 소개해 보면 다음과 같다. 물론 여기에 소개한 작업내용은 극히 일부이다.

 (1) 변수가 가질 수 있는 각각의 값을 가진 케이스의 수가 몇인지 알아본다.
 (2) 데이터의 평균값을 구한다.
 (3) 변수간의 관계를 알아보기 위해서 교차표를 만든다.
 (4) 회귀분석이나 요인분석 등 고급 통계분석을 한다.
 (5) 데이터를 표나 그래프, 지도 등의 형태로 나타낸다.

---

1) 한국사회조사연구소에서는 1998년부터 청소년 종합실태를 조사하여 자료집과 해설집으로 펴내고 있다. 조사자료(raw data)는 누구에게나 공개되어 있다〈홈페이지 http://www.ksrc.or.kr〉.

2. SPSS작업과 작업결과

원하는 분석을 할 수 있게 SPSS 데이터를 만들고 자료의 정리와 분석을 위하여 필요한 아이콘을 클릭하거나 필요한 값을 직접 입력하는 행동을 작업이라고 한다. 또한 정리와 분석 작업의 결과에는 우리가 구하고자 하는 내용이 있는데, 이를 작업결과(output)라고 한다.

제2절 SPSS 사용하기

1. SPSS 시작하기

이 책은 SPSS 14.0 한글판을 기준으로 설명하고 있다. 아이콘을 두 번 클릭하여 SPSS를 실행시켜보자.

〈그림 2-1〉은 SPSS를 실행시켰을 때 나타나는 초기화면으로서, 데이터 편집기 창(SPSS Data Editor)이다. 이 창에는 두 개의 시트가 있는데, 데이터 보기 시트와 변수 보기 시트이다. 왼쪽 아래의 탭을 눌러 원하는 시트를 선택할 수 있다. 변수 보기 시트를 클릭하면 〈그림 2-2〉가 나타난다.

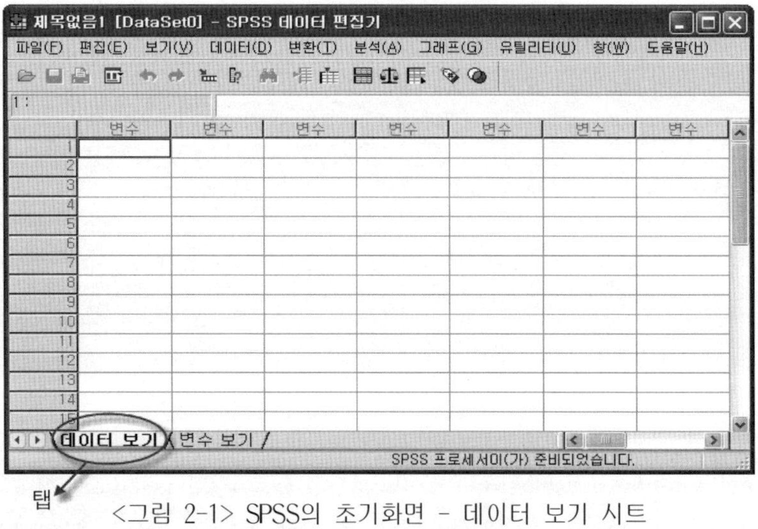

〈그림 2-1〉 SPSS의 초기화면 - 데이터 보기 시트

<그림 2-2> SPSS 데이터 편집기 중 변수 보기 시트

2. SPSS의 Windows(창)

(1) 데이터 편집기 창

① SPSS의 시작 초기화면이다(〈그림 2-1〉, 〈그림 2-2〉).

② 데이터 파일을 불러오거나 자료를 직접 입력할 수 있으며, 편집도 가능하다. 변수보기 시트에서 **변수 정의 및 변수 설명, 변수 유형** 등 변수에 대한 수정을 쉽게 할 수 있다. 데이터의 편집과 변수 정의에 관한 내용은 다음 장에서 다룬 것이다.

③ 데이터 파일을 불러와 자료를 편집한 후 데이터를 저장하려면 주메뉴의 파일(F) 에서 저장(S) 을 클릭하거나 화면 상단에 있는 아이콘들 중 🖫 을 클릭하면, 마지막으로 저장한 이름, 또는 불러온 이름으로 자동적으로 저장된다. 새로 만든 데이터 파일을 저장하거나 기존의 데이터 파일을 다른 이름으로 저장하고자 할 때는 파일(F) 에서 다른 이름으로 저장(A)... 을 클릭하면 되는데, 두 경우 모두 〈그림 2-5〉와 같은 대화상자가 나온다. 이 때 새 이름을 파일 이름(N): 칸에 적어주고 저장(S) 을 클릭하면 된다.

④ 변수 중 일부만 선택하여 저장하고자 하면 변수(V)... 를 클릭하여 선택한다.

⑤ 작업 과정을 명령문으로 만들거나 저장하려면 붙여넣기(P) 를 클릭한다.

⑥ SPSS는 데이터 파일과 결과 파일, 명령문 파일의 확장자가 각각 다른데 데이터 파일의 확장자는 '.sav'이다.

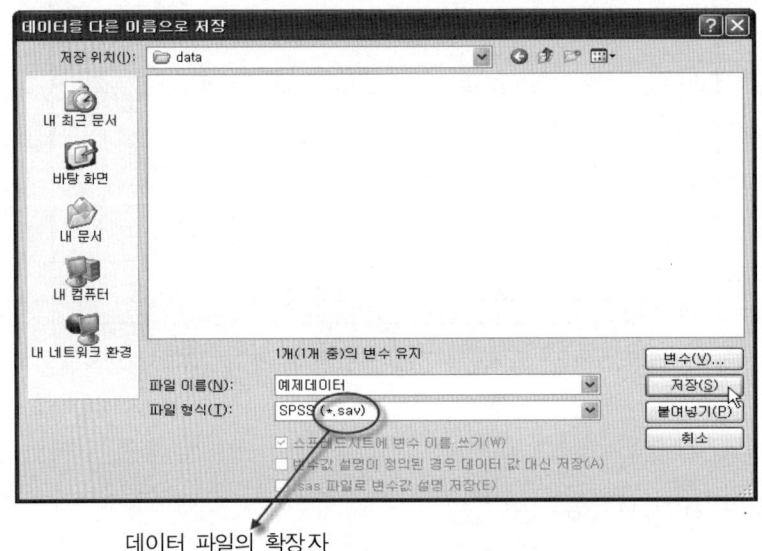

데이터 파일의 확장자

<그림 2-5> SPSS데이터를 다른 이름으로 저장하기

(2) SPSS 뷰어창

SPSS 뷰어창은 데이터를 이용해서 실행한 작업의 **결과가 나오는 곳**으로서 편집과 저장이 가능하다. 이곳은 두 부분으로 나뉘어져 있는데, 왼쪽은 출력결과 트리로서 분석방법과 분석결과의 각 부분을 요약해서 나타내준다. 이 트리에서 원하는 부분을 클릭하면 빨간 화살표로 표시되면서 그 부분으로 빨리 옮겨간다. 선택한 부분을 보이지 않게 숨기거나 지울 수도 있다.

오른쪽 부분은 출력결과를 보여주는 부분이다. 〈그림 2-6〉에 있는 내용은 빈도표로서 분석의 종류(제목), 통계량, 빈도표(성별의 빈도표)의 순서로 제시되어 있다. 분석결과 중 성별의 빈도표는 빨간 화살표와 상자로 표시되어 있고, 이는 트리에서 선택한 부분과 같다. 트리에 있는 '노트'는 더블클릭해서 활성화시킬 수 있고, 다시 더블클릭하면 원래 상태로 되돌아간다.[2] 활성화시켰을 때는 어떤 데이터를 사용해서 몇 초 동안 어떤 작업을 했는지 등 실행한 작업에 대한 정보를 볼 수 있다. 활성화시

---

[2] 노트를 활성화 시키면 주석이나 입력과 관련된 내용과 결측값 처리, 사용된 명령문 등 상세한 정보를 볼 수 있다.

켰을 때(📝 노트)와 숨겼을 때(📝 노트) 출력결과 트리의 아이콘이 달라지는 것을 확인할 수 있을 것이다. SPSS 뷰어창(결과물)의 확장자는 '.spo'이다.

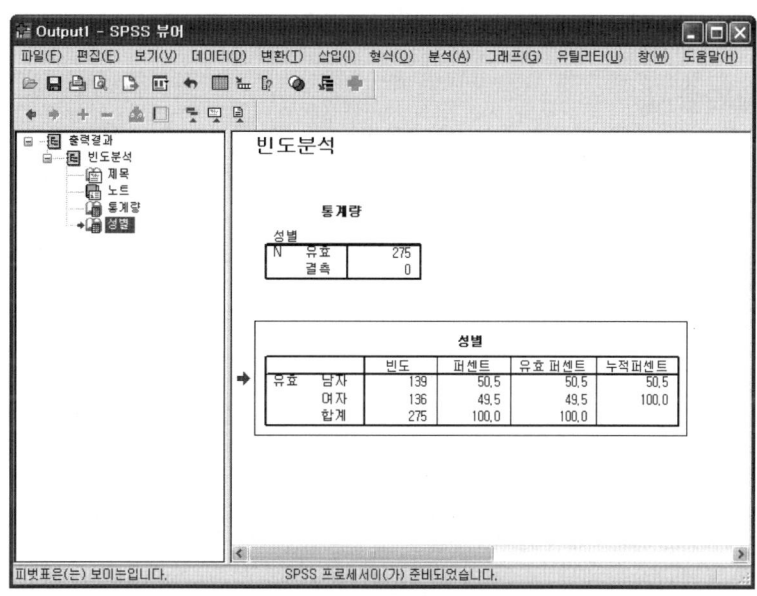

<그림 2-6> SPSS 뷰어창

(3) 피벗표 편집창

피벗표 편집창은 출력된 표를 편집할 수 있는 창으로, SPSS 뷰어창의 출력물 중 표를 더블클릭 하거나 마우스를 표 위에 놓고 오른쪽 버튼을 클릭하여 활성화시킬 수 있다.[3] 피벗표 편집창에서는 출력된 내용을 편집하거나 결과물의 행과 열을 서로 바꾸거나 색상을 바꾸거나 내용물을 감추는 등의 작업을 할 수 있다. 또한 행과 열의 이동, 다차원표의 작성, 행과 열의 집단화 혹은 통합, 행과 열 설명의 회전 등의 작업을 실행할 수도 있다.

(4) 도표 편집창

도표 편집창은 피벗표 편집창과 마찬가지로 SPSS 뷰어창의 출력물 중 도표를 더블클릭하거나 마우스를 도표 위에 놓고 오른쪽 버튼을 클릭하여 활성화시킬 수 있다.[4]

---

3) 자세한 내용은 3절의 피벗표와 도표 편집창의 활용을 참조하자.
4) 자세한 내용은 6장의 도표를 참조하자.

도표 편집창은 사용자의 의도대로 도표를 편집·저장할 수 있게 한다. 도표 편집창에서는 수평축 혹은 수직축의 제목과 설명 편집, 막대/선의 색상과 범례들의 편집, 제목 추가, 막대의 위치 바꿈 등의 작업을 실행할 수 있다.

3. 분석대화상자

분석 대화상자는 데이터를 분석하는데 필요한 요소들을 모아놓은 대화상자로서 분석하고자 하는 내용에 따라 대화상자의 형태가 달라지지만, 일반적으로 분석대화상자는 네 부분으로 이루어진다. 기초적인 분석대화상자의 모습은 〈그림 2-7〉과 같다. 변수목록 영역과 선택변수 목록 영역, 분석 옵션/선택 아이콘 영역, 실행/취소 아이콘 영역을 각각 살펴보면 다음과 같다.

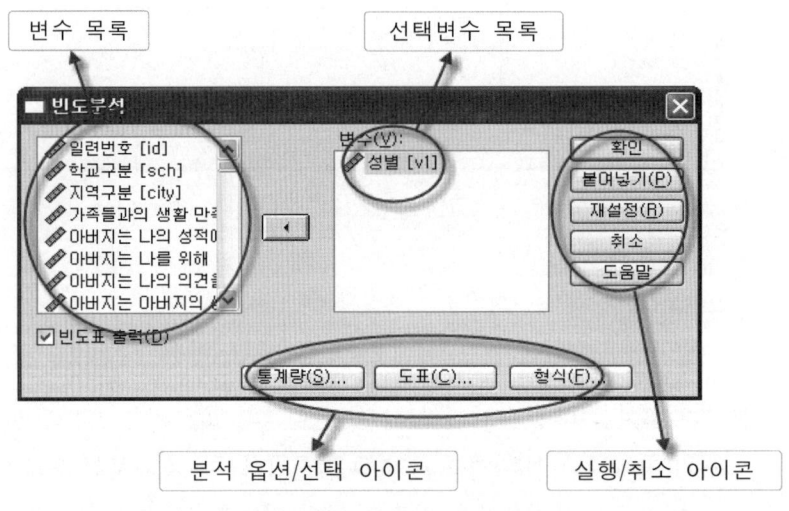

〈그림 2-7〉 분석대화상자

(1) 변수목록

분석중인 데이터시트에 있는 모든 변수의 목록을 나타내준다. 이 목록에서 분석에 필요한 변수를 선택한다.

(2) 선택변수 목록

분석할 때 가장 주된 역할을 하는 부분으로서 분석할 변수를 지정한다. 변수목록에서 선택된 변수는 ▶ 를 이용해 옮길 수 있다. 분석 내용에 따라 형태가 다양하며, 변수의 용도에 따라, 예를 들어 '구분'하는 변수인지, '분석'하는 변수인지 등에 따라 옮길 수 있는 부분에 차이가 있다.

> ❗ 둘 이상의 변수를 옮길 때는 [Ctrl]키나 [Shift]키를 사용하면 편리하다. [Ctrl]키나 [Shift]키를 누른 상태에서 선택하고 싶은 변수들을 클릭한 다음, [▶]를 이용하여 한꺼번에 옮길 수 있다. [Ctrl]키는 띄엄띄엄 선택할 수 있고, [Shift]키는 두 변수를 지정하면 두 변수 사이에 있는 모든 변수가 선택된다.

(3) 분석 옵션/선택 아이콘

아이콘을 클릭하면 분석 내용에 따라 여러 가지 옵션을 선택할 수 있는 대화상자가 열린다.

(4) 실행/취소 아이콘

최소한의 필요한 내용이 선택되면 [확인]이 활성화되어 선택내용을 실행시킬 수 있다. 만일 이미 선택된 내용을 모두 지우고 새로 시작하고 싶으면 [재설정(R)]을 클릭하면 된다. 이 분석을 하지 않으려면 [취소]를 클릭한다. 도움말을 보고 싶으면 [도움말]을 클릭한다.

> ❗ SPSS는 몇 번의 클릭으로 분석을 쉽게 할 수 있는 장점이 있으나, 때로는 명령문을 사용하는 것이 편할 때가 있다.
> 예를 들어 조사과정에서 그날까지 수집된 자료를 점검하기위한 분석을 날마다 반복 하는 경우, 명령문을 실행하는 것이 편한데, 어떠한 분석의 명령문을 알고자 할 때는 해당 내용을 클릭한 후 실행/취소 아이콘 중 [붙여넣기(P)]을 클릭하면 SPSS 명령문 편집기 창(Syntax 창)이 뜨면서 해당 명령문이 기록된다. 필요한 경우 명령문에서 변수만 바꿔서 똑같은 분석을 다른 변수를 가지고 실행할 수도 있다. 명령문 파일의 확장자는 '.sps' 이다.

제3절 SPSS 활용

1. 피벗표와 도표 편집창의 활용 — 빈도표의 편집

　　출력물을 보고서에 포함시킬 때 약간 편집을 하면 원래의 출력 결과보다 더 근사한 형태로 만들 수 있다. 빈도표나 도표 중 한 가지만 잘 편집할 수 있으면, 다른 것도 쉽게 할 수 있으므로 이 부분에서는 빈도표의 편집을 중심으로 설명한다. 편집이 잘 된 출력물은 그대로 보고서에 포함시켜도 손색이 없다.

　　출력물의 편집에는 내용의 편집 뿐 아니라 주석이나 설명을 붙이는 것도 포함한다. 예제를 통해 알아보자.

청소년 자료에서 성별[v1]의 빈도표를 만들어 다음과 같은 시도를 해보자. ① 열의 너비를 넓힌다. ② 제목을 '성별의 빈도표' 라고 바꾸고 '퍼센트' 를 '%' 로 바꾼다. ③ 합계에 '관찰된 모든 케이스를 포함함' 이라는 주석을 붙인다.

　　빈도표를 편집 모드로 만드는 방법은 두 가지가 있다. ① 표를 더블 클릭하거나(〈그림 2-8〉), ② 마우스를 표에 대고 오른쪽 버튼을 클릭하여 SPSS 피벗표 개체(O) 에서 열기(O) 를 선택하여 피벗표 창을 여는 것이다(〈그림 2-9〉). 두 가지 모두 편리하지만, 여기서는 두 번째 방법을 위주로 설명하기로 한다.

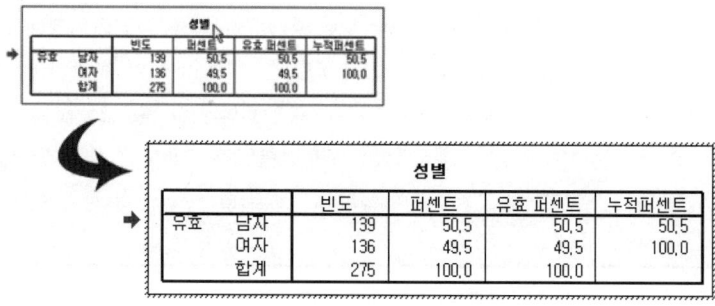

〈그림 2-8〉 더블클릭하여 편집모드로 바꾸기

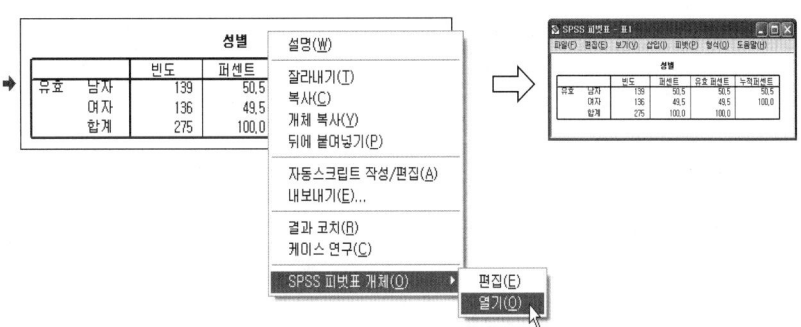

<그림 2-9> SPSS 뷰어 창에서 피벗표 열기

① 열의 너비 조절하기 : 먼저 마우스를 세로선 위에 두어 커서가 ↔ 모양이 되도록 한다. 마우스로 해당 선을 끌어 적절한 크기로 조절한다(〈그림 2-10〉).

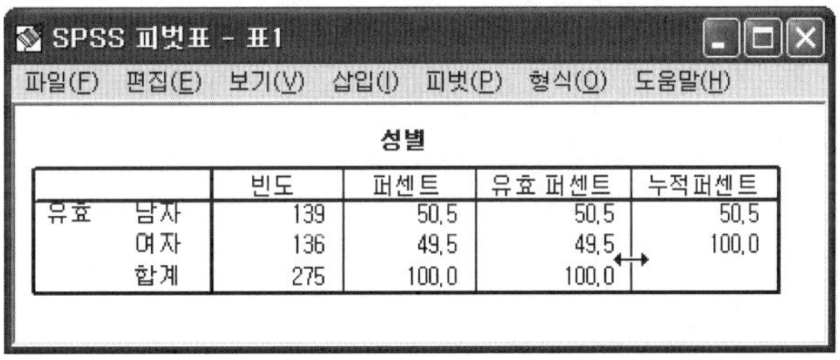

<그림 2-10> 피벗표 편집창에서 열의 폭을 조절

② 빈도표의 제목과 퍼센트 바꾸기 : 피벗표 편집창에서 제목 '성별'을 빠르게 두 번 클릭하면 성별이 성별 처럼 역상모양이 되며 편집이 가능하다. '성별의 빈도표'라고 바꾼다. 마찬가지 방법으로 '퍼센트'를 빠르게 두 번 클릭하여 '%'로 바꾼다.

③ 합계에 주석붙이기 : 피벗표 편집창에서 합계 를 클릭하고 마우스의 오른쪽 버튼을 클릭하면 메뉴가 나온다. 그 중 꼬리말 삽입 을 선택하면 합계ª 처럼 주석번호 a가 나타나면서 주석을 편집할 수 있는 공간이 진하게 표시된다. 제목을 편집할 때와 마찬가지로 더블 클릭하여 활성화한 다음, 원하는 내용을 적는다.

제 2 장   SPSS 시작하기

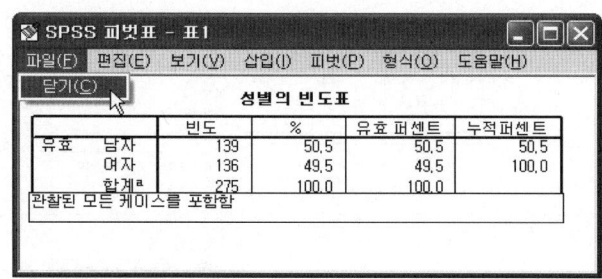

<그림 2-11> 피벗표 편집창에서 주석 편집을 끝냄

④ 피벗표 편집 마치기 : 조절이 끝나면 파일(F) 에서 닫기(C) 를 클릭하거나 ⊠를 클릭하여 피벗표에서 빠져 나온다(<그림 2-11>). 제목과 열제목을 바꾸고 주석을 붙인 결과는 <출력 2-1>과 같다.

<출력 2-1> 제목과 열제목을 바꾸고 주석을 붙인 빈도표의 모습

		빈도	%	유효 퍼센트	누적퍼센트
유효	남자	139	50.5	50.5	50.5
	여자	136	49.5	49.5	100.0
	합계ª	275	100.0	100.0	
a. 관찰된 모든 케이스를 포함함					

성별의 빈도표

빈도표를 편집하는 방법을 익히고 나면, 다른 출력물도 비슷한 방법으로 관리하고 활용할 수 있어 유익하다. 기본적인 방법을 배웠으니, 예제를 따라서 실행해 보고 다른 방법이나 내용도 스스로 공부하도록 하자.

2. SPSS의 도구 단추

주메뉴 아래 줄에는 SPSS에서 자주 쓰이는 메뉴가 단축 아이콘으로 제시되어 있다(<그림 2-12>). SPSS의 여러 창에서 간편하게 사용할 수 있는 아이콘(단추)들을 소개하면 다음과 같다.

<그림 2-12> 단축아이콘 트레이

📂 파일 열기

저장된 프로그램파일이나 데이터파일, output파일 등을 불러올 수 있다. 초기 화면(데이터 편집기 창)의 파일형식은 SPSS(*.sav)형식으로 되어 있다. 작업하는 창에 따라서 파일형식의 초기값이 다르게 나온다.

때로는 파일을 저장한 형식에 따라 파일형식을 지정하여야 한다. 예를 들어, Excel 형식으로 저장된 파일은 Excel(*.xls)형식으로 파일열기를 실행하고 출력물로 저장된 파일은 출력물(*.spo)형식으로 파일열기를 실행한다.

💾 파일 저장

불러들인 파일은 같은 이름으로 같은 디렉토리에 저장하고, 새로 만들어진 파일은 저장할 디렉토리와 이름을 지정하도록 하는 대화상자가 나타난다.

🖨 인쇄

현재의 활성창 내용을 연결된 프린터로 출력한다. 아이콘을 클릭한 후 인쇄범위, 매수 등을 결정한다.

🗂 대화상자 다시 불러오기

최근에 실행한 통계분석이나 작업의 목록을 보여준다. 목록에 나타난 통계분석 중 선택하여 클릭하면 최근에 사용한 명령어에 대한 대화상자가 나타난다. 같은 분석을 여러 번 반복하는 경우 매우 유용하다.

↶ ↷ 취소 또는 복구

최근에 편집한 작업을 취소(undo) ↶ 또는 복구 ↷ 한다.

📋 케이스로 이동

보고자 하는 케이스가 있는 행으로 커서를 이동한다. 아이콘을 클릭한 뒤 케이스 번호를 입력한다.

ℹ️ 변수정보

변수목록으로부터 관심변수에 대한 정보들을 보여주며, 그 변수로 곧바로 이동할 수도 있다.

찾기

데이터 편집창과 명령문 편집창에서 찾고자 하는 문자열을 입력하면 커서의 앞뒤로 찾기를 실행한다.

케이스 삽입

현재 커서가 있는 자리 위쪽에 새 케이스를 추가·삽입할 수 있는 공간이 확보된다.

변수 삽입

현재 커서가 있는 자리 왼쪽에 새 변수를 추가·삽입할 수 있는 공간이 확보된다.

파일 분할

파일 분할 대화상자에서 선택한 변수의 값을 기준으로 하여 집단별로 데이터 파일을 분리한다. 파일 분할 아이콘을 클릭하여 대화상자가 나타나면 분류 기준이 되는 변수와 분리할 방법을 결정한다.

가중 케이스

지정한 변수의 값으로 각 사례에 대해 가중값을 적용한다. 을 클릭하고 가중값을 적용할 변수를 선택한다.

케이스 선택

일정 기준에 따라 분석하고자 하는 사례들만 추출한다.

변수값 설명

변수값에 설명을 붙인 경우 이 아이콘을 클릭하면 값(예를 들어 '1') 대신에 값의 설명문(예를 들어 '남자')을 보여준다.

변수군 사용

데이터 파일에 변수가 많으면 변수를 찾아다니기도 어렵고 대화상자의 실행들이 느려진다. 실행속도를 빠르게 하기 위해서 대화상자의 변수목록들을 작은 변수군으로 제한한다.

- 파일은 프로젝트에 따라 서로 다른 폴더에 저장하는 것이 관리하기에 좋다.
- 파일 이름은 될 수 있는 대로 내용을 잘 알려줄 수 있는 것으로 한다. 대개 한 개의 프로젝트에 여러 개의 프로그램을 실행하게 되므로, 한 두 자리 숫자로 그 순서를 알려주는 것이 편하다.

  예: 데이터 파일 → 'proj01.sav', 'proj02.sav', 'proj03.sav'

  　　원자료(raw data) 파일 → 'proj01.dat' 또는 'proj01.txt'

  　　출력물(output) 파일 → 'proj01.spo', 'proj02.spo', 'proj03.spo'

  　　명령어(syntax) 파일 → 'proj01.sps', 'proj02.sps'

  　'proj' 대신 프로젝트에 맞는 이름을 사용하는 것이 좋다.

제3장 데이터 관리

▍제1절 데이터 소개

▍제2절 데이터 작성

▍제3절 데이터 변환

▍제4절 데이터 편집

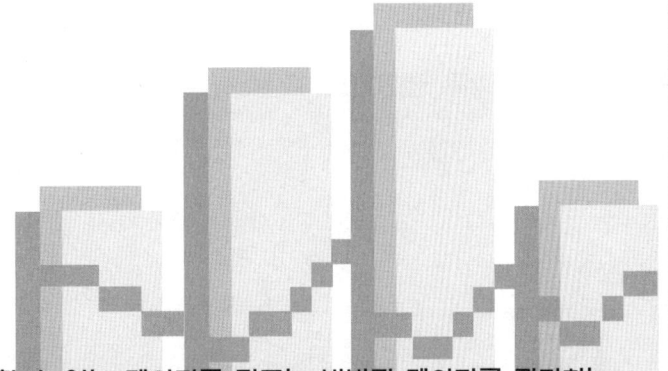

이 장에서는 SPSS에서 활용할 수 있는 데이터를 만드는 방법과 데이터를 관리하는 방법을 배운다. 분석을 하기 위해서는 데이터를 자유자재로 변환할 수 있어야 한다. 이 책에서 예제와 연습문제에 사용할 데이터도 소개한다.

이 장에서는 SPSS 데이터시트를 만드는 방법과 관리하는 방법, 변수를 변환시키는 방법에 대해 알아본다. 여기에 소개된 방법은 일부분으로서, 처음으로 사회과학분야 데이터를 분석하는 사람이 큰 어려움 없이 사용할 수 있도록 하는데 초점을 맞추었다. 자료를 분석하여 경험이 많아지고 패키지의 사용에 익숙해지면 도움말 등을 참고하여 더욱 다양하고 편리하게 활용할 수 있다.

제1절 데이터 소개

데이터 관리를 위해 필요한 첫 단계는 설문지 등 자료수집 서식의 내용을 분석 가능한 숫자의 모임 즉, 데이터로 만드는 것이다. 데이터는 직사각형 모양의 숫자의 모임으로, 각 케이스(case)가 행(row)을 이루고, 각 변수(variable)가 열(column)을 이루는 숫자의 행렬(matrix)이다.

이 절에서는 사회과학분야 데이터의 특징을 간단히 살펴보고 이 책의 예제와 연습문제에 사용하고 있는 데이터를 소개하고자 한다. 데이터는 우리의 생활과 밀접한 관계가 있는 데이터 중에서 선정하고자 노력하였다.

1. 사회과학분야의 데이터

사회과학분야의 데이터는 주로 설문지를 통하여 얻는다. 설문지의 각 문항을 항목(item)이라 하며, 각 항목의 응답은 범주형으로 이루어지는 경우가 많다. 사회인구학적 변수 가운데 성별, 최종학력, 직업은 물론 연령 등 연속형으로 측정할 수 있는 변수도 10대, 20대, 30대 등으로 범주를 나누어 수집하는 경우가 많다. 따라서 사회과학분야에서 수집된 데이터는 많은 경우 범주형 변수의 분석을 사용한다.

사회과학분야에서는 인간의 행동이나 생각을 측정할 경우가 많다. 행동이나 생각의 측정은 자나 저울 등으로 측정할 수 없기 때문에 여러 항목으로 이루어진 측정도구를 사용한다. 측정도구는 같은 개념을 여러 측면에서 질문하는 것이다. 예를 들어 노년기에 '얼마나 활동성이 있는가'를 측정하기 위해 ① 벽장 위의 물건을 꺼낼 수 있는지 ② 화장실에 혼자서 다닐 수 있는지 ③ 혼자서 목욕을 할 수 있는지 등의 항목들을 질문하여 각 항목에 대한 응답 중 긍정적인 응답의 항목수로 활동성의 점수를 삼는 것 등이다. 도구로 측정한 점수는 연속형 변수가 되어 다양한 분석을 할 수 있다.

제 3 장 데이터 관리

2. 가상의 데이터

데이터의 관리 방법을 배우기 위해서 아주 작고 다양한 종류의 변수가 있는 〈표 3-1〉과 같은 가상의 데이터를 예제 데이터 중의 하나로 사용한다. 이 데이터에는 총 9개의 케이스가 있고 6개의 변수가 있다.

〈표 3-1〉 가상의 데이터

id	이름	생년월일	성별	교육수준	주거형태
1	김유미	03/05/1970	f	2	2
2	류석영	05/12/1973	f	3	2
3	오오목	11/20/1971	f	2	1
4	유수덕	06/15/1971	f	2	2
5	전진현	03/22/1974	f	3	3
6	김형준	01/01/1976	m	3	1
7	김윤철	09/19/1973	m	3	1
8	김선대	04/08/1969	m	9	3
9	서기선	06/20/1970	m	9	3

3. 청소년 데이터

이 책의 예제에서 주로 사용되는 데이터이다. 데이터에 대해 간단히 설명해보면 다음과 같다.

사단법인 한국사회조사연구소에서는 청소년 문제에 대한 해결책을 찾기 위해서는 먼저 청소년을 이해하는 것이 우선 되어야 한다고 보고, 우리 청소년이 무엇을 하고 노는지, 누구와 노는지, 어디서 노는지 등 청소년 일상생활의 구석구석을 구체적으로 알아보는 청소년 종합실태조사를 1998년부터 거의 해마다 해오고 있다.

이 책에서는 2004년에 전국의 중·고등학생 27,672명으로부터 400여개 항목의 내용을 조사한 데이터에서 무작위로 추출한 275명의 데이터만 사용한다. 연습을 위해 변수의 개수도 68개로 줄였다. 〈부록 B-1〉에는 청소년 설문지가 실려 있고 〈부록 B-2〉에는 코드북이 실려 있다. 〈그림 3-1〉에 보이는 데이터시트는 코드북에 따라 전산화한 원자료인 '예제데이터.dat'파일을 SPSS로 분석할 수 있게 변환시킨 데이터의 일부분으로서 '예제데이터.sav'파일로 저장되어 있다.

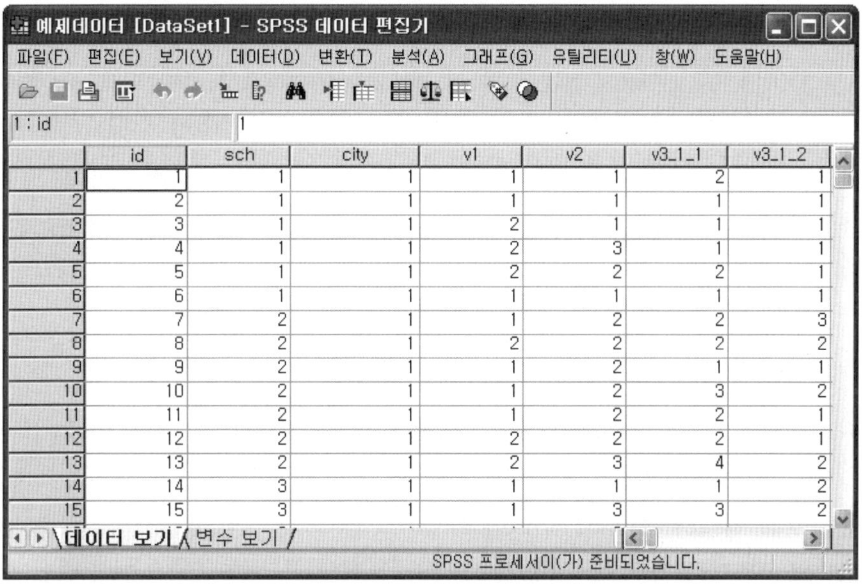

	id	sch	city	v1	v2	v3_1_1	v3_1_2
1	1	1	1	1	1	2	1
2	2	1	1	1	1	1	1
3	3	1	1	2	1	1	1
4	4	1	1	2	3	1	1
5	5	1	1	2	2	2	1
6	6	1	1	1	1	1	1
7	7	2	1	1	2	2	3
8	8	2	1	2	2	2	2
9	9	2	1	1	2	1	1
10	10	2	1	1	2	3	2
11	11	2	1	1	2	2	1
12	12	2	1	2	2	2	1
13	13	2	1	2	3	4	2
14	14	3	1	1	1	1	2
15	15	3	1	1	3	3	2

<그림 3-1> 청소년 데이터의 일부분

이 책의 예제와 연습문제에서 사용되는 청소년 데이터는 (사)한국사회조사연구소 홈페이지를 통해 받아볼 수 있다. 홈페이지의 예제데이터에서 '예제데이터v14.zip'를 download받으면 된다.

http://www.ksrc.or.kr

제2절 데이터 작성

원자료를 SPSS에서 분석할 수 있는 형태로 만드는 과정을 데이터 작성이라 한다. 이 과정을 거쳐 작성된 SPSS 데이터는 마치 한 장의 종이에 숫자를 적어 놓은 것과 같아서 데이터시트(datasheet)라 한다. 데이터시트는 여러 가지 방법으로 만들 수 있지만, 쉽게 응용할 수 있는 방법을 세 가지만 소개하면 다음과 같다.

(1) 원자료를 SPSS 데이터 편집기 창에 직접 입력하여 만드는 방법
(2) 원자료를 문서편집기(**호글**, 워드패드, 메모장 등)에서 입력하여 SPSS에서 불러들여 만드는 방법
(3) 원자료를 스프레드시트(EXCEL이나 LOTUS)를 거쳐 불러들여 만드는 방법

세 가지 방법 모두 경우에 따라 적절히 사용할 수 있다. 이 책에서는 SPSS와 익숙해지기 위해, 먼저 원자료를 SPSS 데이터 편집기 창에 직접 입력하여 만드는 방법을 알아보고, 비교적 많은 양의 데이터를 분석 할 때 사용되는 방법인 원자료를 문서편집기(**호글**)에 입력하여 SPSS에서 직접 불러 만드는 방법을 자세히 소개한다. 원자료를 스프레드시트(EXCEL이나 LOTUS)를 거쳐 불러들여 만드는 방법에 대해서도 간단하게 소개한다.

1. 데이터 편집기 창에 직접 입력하여 원자료 만들기

원자료를 SPSS 데이터 편집기 창에 입력하여 데이터시트를 만들기 위해서는 다음의 세 단계가 필요하다.

(1) 변수 정의하기
(2) 데이터 편집기 창에 원자료 입력하기(전산화)
(3) 데이터시트 저장하기

이 방법은 케이스와 변수의 수가 비교적 적은 경우에 손쉽게 할 수 있는 방법이다. 데이터 편집기 창에서 직접 원자료를 입력할 때, 숫자변수가 아닌 문자변수나 날짜변수 등의 경우는 먼저 유형을 지정해 주어야 입력이 가능하다. 따라서, 변수 정의를 먼저 한 다음 데이터를 입력하는 것이 편리하다. 예제를 통해 살펴보자.

<표 3-1>에 있는 가상의 데이터를 SPSS 데이터 편집기의 데이터 보기 시트에 직접 입력하여 작성해 보자.

① 변수 정의하기

가상의 데이터에 대한 약식 코드북은 〈표 3-2〉와 같다. 코드북에 있는 변수이름과 변수값 설명대로 진행한다.

<표 3-2> 가상의 데이터에 대한 약식 코드북

변수이름	내 용
id	……… 일련번호
이름	……… (문자)
생년월일	……… mm/dd/yyyy (06/11/1977)
성별	……… f. 여자 m. 남자
교육수준	……… 1. 고졸 2. 대졸 3. 대학원졸 9. 무응답
주거형태	……… 1. 주택 2. 아파트 3. 연립주택

변수의 이름과 유형을 정의하기 위해서는 열 위쪽의 변수이름을 더블클릭하거나 변수 보기 탭을 클릭하여 변수보기 시트를 연다(〈그림 3-2〉).

<그림 3-2> 변수보기 시트

▶ 변수 이름 정의하기

변수 이름에는 알파벳이나 한글, 숫자가 들어갈 수 있다. 그러나 첫 자는 반드시 알파벳이나 한글이어야 하며, 이름의 길이는 영문이나 숫자는 64자까지, 한글은 32자까지 가능하다. 첫 번째 변수를 'id'로 정의하기 위해서는 〈그림 3-2〉 변수보기 시트에서 VAR00001 을 id 로 수정하면 된다. 마우스나 방향키(↓) 등을 이용하여 차례로 변수 이름을 계속 입력해 나가면 되는데 이렇게 변수의 이름을 정의하면 〈그림 3-3〉과 같이 기본적인 변수 정의가 이루어진다.

〈그림 3-3〉 변수보기 시트에서 변수이름 정의

▶ 변수 유형 정의하기

'이름'과 '성별'은 문자 유형의 변수이므로 변수 유형을 문자열로 정의해야 한다. 그러기 위해서는 먼저 두 번째 변수 '이름'의 변수 유형 숫자 셀을 클릭한다. 셀을 클릭하면 셀의 모양이 숫자 로 바뀌게 되는데 셀의 오른쪽 부분 을 클릭하면 변수 유형 대화상자가 나타난다(〈그림 3-4〉). 변수 유형 대화상자의 ◉문자열(R) 선택한 뒤 확인 을 클릭한다. '성별'도 같은 방법으로 변수 유형을 문자열로 정의한다.

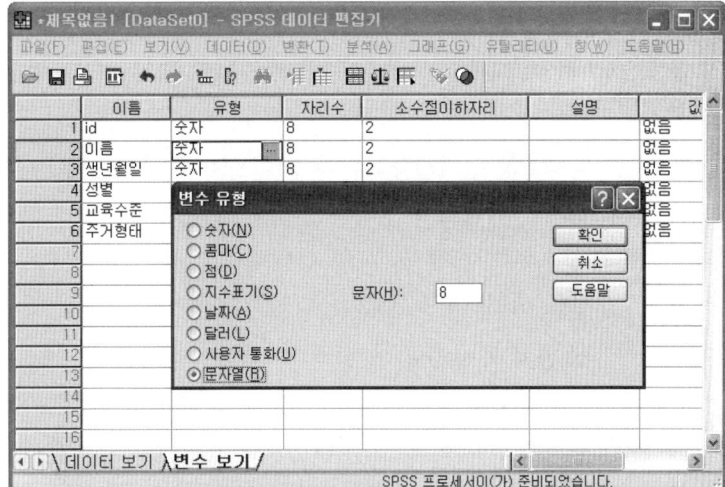

<그림 3-4> 문자유형의 변수 정의하기

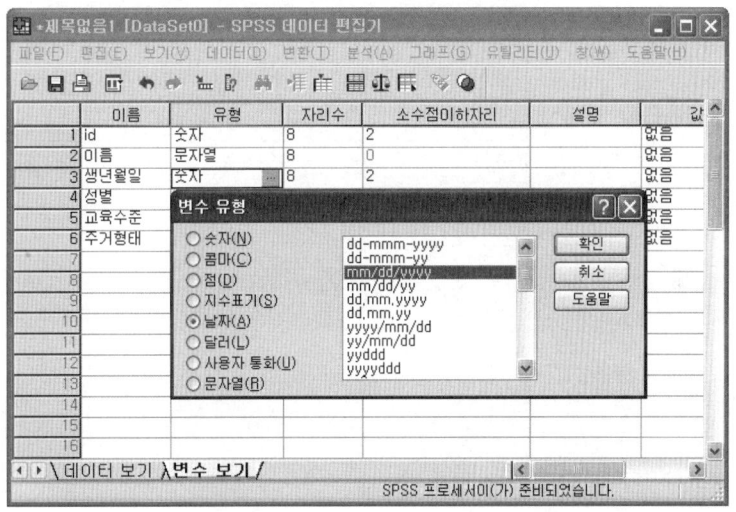

<그림 3-5> 날짜유형의 변수 정의하기

'생년월일'은 날짜형 변수이므로 <그림 3-5>와 같이 변수 유형 대화상자에서 ⊙날짜(A) 를 선택한 뒤 오른쪽 상자에서 코드북에 제시된 형식과 일치하는 [mm/dd/yyyy]을 선택하고 확인 을 클릭한다.

제 3 장   데이터 관리

② 데이터 편집기 창에 원자료 입력하기

〈표 3-2〉의 코드북에 따라 데이터를 입력한다. 변수정의에서 지정한 유형대로 숫자, 문자, 날짜 등의 변수 값을 행과 열을 맞추어 데이터를 입력한다. 원자료를 입력할 때는 각 케이스가 하나의 행을 이루고 같은 변수는 같은 열에 나타나도록 한다. 엔터키 Enter↵ 나 마우스, 방향키(→, ↓ 등)를 이용하여 원하는 셀(cell)을 선택하여 값을 입력한다. 이미 입력이 끝난 셀의 값을 고치려면, 그 셀을 다시 선택하여 새 값을 입력하면 된다.

첫 번째 케이스의 첫 번째 변수값인 일련번호는 첫 행의 첫 줄에 있는 셀에 '1'을 입력한다. 변수 이름을 미리 지정하지 않으면 데이터 편집기에서 지정하는 변수 이름(var00001)이 자동으로 지정된다. 방향키(→)를 이용해 오른쪽으로 한 칸 옮겨 첫 번째 케이스의 두 번째 변수값을 입력할 준비를 한다(〈그림 3-6〉).

〈그림 3-6〉 첫 번째 셀에 일련번호 1을 입력한 결과

생년월일은 날짜변수이므로 변수 정의에서 지정된 유형(월/일/년)으로 입력한다. 성별과 교육수준, 주거형태를 각각 입력하여 첫 번째 케이스의 입력이 완료되면 다음 케이스를 계속해서 입력한다. 결과는 〈그림 3-7〉과 같다.

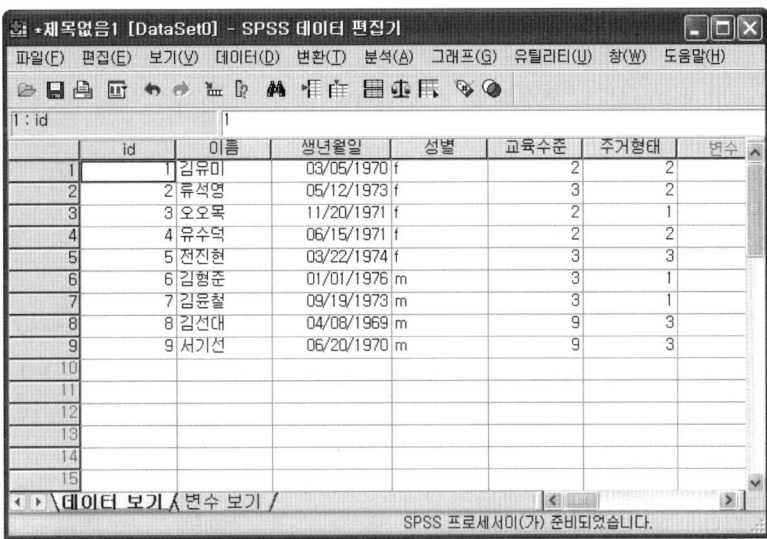

<그림 3-7> 데이터 편집기 창에 직접 입력하여 SPSS 데이터 파일을 만든 결과

생년월일을 입력하면 유형을 'mm/dd/yyyy'로 지정했는데도 05/03/70과 같이 'mm/dd/yy' 형식으로 나올 수도 있다. 이때는 셀 너비를 늘려주면 05/03/1970 으로 나온다. 늘린 후에는 변수보기시트의 '열'의 숫자가 늘어나 있을 것이다.

Excel에서는 날짜형식 지정 후 해당 숫자만 입력하면 형식에 맞게 '-'나 '/' 등의 기호가 저절로 생기지만 SPSS에서는 '-'이나 '/' 등의 기호도 입력해 주어야 한다.

제 3 장 데이터 관리

2. 변수보기 시트

변수이름과 변수유형 정의 외에 '변수 보기' 시트에서 정의할 수 있는 것에 대해 알아보자.

(1) 변수값의 자리수 변경

자리수 는 소수점이하자리를 포함한 변수값의 자리수를 나타내는 것이다. 자리수를 변경하려면 해당 셀을 선택하여 직접 숫자를 입력하거나 셀 오른쪽의 을 마우스로 클릭하여 수정할 수 있다. 변수값을 1.00이 아니라 1과 같이 정수로 나타내고자 할 경우에는 소수점이하자리 셀을 0으로 바꾸어주면 된다(〈그림 3-8〉).

〈그림 3-8〉 소수점 이하 자리수 바꾸기

(2) 변수와 변수값에 설명 붙이기

교육수준이라는 변수의 값은 2와 3, 9 등으로 부호화되어 있다. 이것을 그대로 분석하게 되면 분석결과에는 부호화 된 변수값만 출력된다. 각각의 변수값이 무엇을 나타내는지 어느 값이 중졸을 나타내고 어느 값이 고졸을 나타내는지는 코드북을 보면 물론 알 수 있다. 그러나 코드북을 참고하지 않고도 각 코드의 내용을 알 수 있다면 더욱 편리할 것이다.

또한, 여러 문항으로 이루어진 도구의 데이터를 입력할 때는 긴 변수이름 보다 도구를 지칭하는 간단한 이름을 사용하는 것이 편리하다. 예를 들어 '아버지는 나의 성적에 관심이 많다' 보다 '아버지와 관계_1' 등으로 나타내는 것이다. 그래서 보통 〈부록 B-2〉의 코드북처럼 변수의 이름을 v3_1_1, v3_2_1 등으로 문항 번호를 주는 경우가 많다.5) 변수의 이름도 변수의 값과 마찬가지로 코드북없이 각 변수의 내용을 알 수 있으면 매우 편리할 것이다.

변수이름과 변수값 설명도 변수보기 시트에서 지정한다.

① 변수이름에 설명 붙이기

변수 보기 시트에서 각 변수의 [설명] 부분의 셀을 선택한 다음 변수에 대한 설명을 입력한다(〈그림 3-9〉).

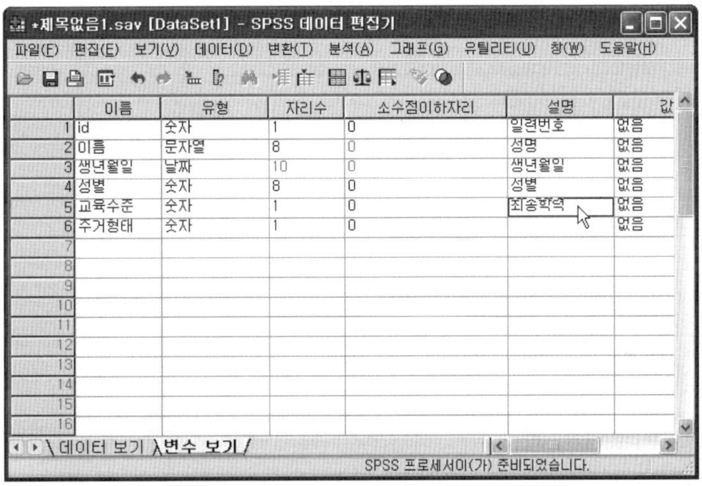

<그림 3-9> 변수에 대한 설명 붙이기

② 변수값에 설명 붙이기

교육수준의 변수값에 설명을 붙여보자. 변수 보기 시트에서 교육수준의 [값]에 해당하는 셀을 클릭한다. 셀의 오른쪽 부분 [⋯]을 클릭하여 변수값 설명 대화상자를 연다(〈그림 3-10〉). 탭([⇥])키나 마우스를 이용하여 [변수값(U):] 상자로 커서를 옮겨 첫 번째 값인 '1'을 입력한다. [설명(L):] 상자로 커서를 옮긴 뒤 '고졸'을 입력한다. [추가(A)]를 선택하면 교육수준의 변수값 '1'에 대한 설명문 표기가 완성되어 설명 표시 공간에 나타난다. '2'와 '3'의 변수값에 대해서도 위의 과정을 반복한다(〈그림 3-10〉).

---

5) 변수이름에는 -(하이픈)을 사용할 수 없어서 _(언더바)를 사용하였다.

모든 변수값에 설명을 지정하고 나면 [확인] 을 클릭하여 지정을 끝낸다. 변수이름과 변수값의 설명문 지정이 끝나면, 데이터시트를 저장하여 분석시 지정한 내용이 나타나도록 한다.

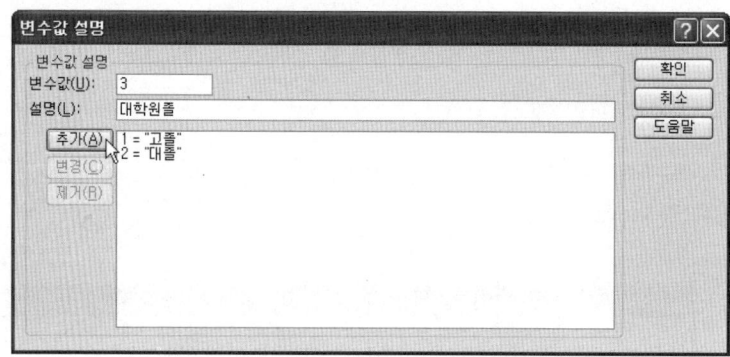

<그림 3-10> 변수값 설명 대화상자

(3) 결측값 정의하기

가상 데이터에서 교육수준의 값은 2, 3, 9로 나타나 있다. 그 중 9는 무응답으로서 교육수준의 값을 측정하지 못한 경우 즉, 결측값을 나타낸다. 교육수준을 분석할 때 9를 유효케이스에서 제외하기 위해서는 이 값을 결측값으로 정의하여야 한다.

결측값의 정의도 변수보기 시트에서 실행한다. 교육수준의 [결측값] 에 해당하는 셀을 선택한 후 ▦ 을 클릭하여 <그림 3-11>과 같은 결측값 대화상자를 연다. ⊙이산형 결측값(D) 을 클릭하면 결측값을 적을 수 있는 공간이 생긴다. 이 공간에 9를 적고, [확인] 을 클릭하여 결측값의 정의를 끝낸다.

교육수준에 9라는 값이 들어있는 케이스는 교육수준을 분석할 때 유효케이스에서 제외된다.

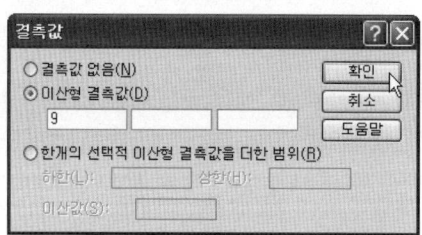

<그림 3-11> 결측값 정의 대화상자

(4) 열, 맞춤, 측도

- ▶ 열 에서는 데이터 시트에서 셀의 너비를 조절할 수 있다. 자리수나 소수점이하자리를 조절할 때처럼 조절하면 된다.
- ▶ 맞춤 에서는 데이터 시트의 셀에서 글자의 위치를 왼쪽이나 오른쪽으로 정렬할 수 있다. 지정하고 싶은 변수의 셀을 선택하여 오른쪽 ▼을 클릭한 후 위치를 지정한다.
- ▶ 측도 에서는 변수의 측정수준을 척도(비율이나 구간), 순서, 명목으로 지정할 수 있다. 지정하는 방법은 맞춤을 지정한 방법과 같다.

3. 완성된 데이터시트 저장하기

데이터 시트 작성을 마쳤으면 한글 SPSS 14.0버전의 데이터 파일로 저장하여 분석에 사용할 수 있게 한다. 작성한 데이터시트를 '가상.sav'라는 이름의 데이터 파일로 저장해보자. 편집창의 주메뉴에서 파일(F) → 저장(S)   Ctrl+S 을 차례로 클릭하면 〈그림 3-12〉와 같이 다른 이름으로 저장하기 대화상자가 나타난다.

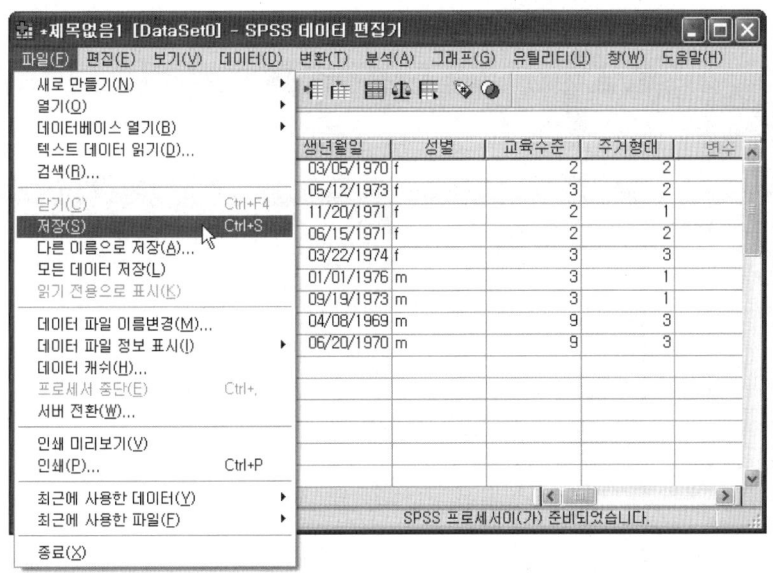

<그림 3-12> 데이터 저장하기

저장하고자 하는 폴더로 이동하여 파일 형식(T): 은 SPSS (*.sav)로 그대로 두고, 파일 이름(N): 상자에 〈그림 3-13〉과 같이 '가상'을 입력한 후 저장(S) 을 클릭한다.

<그림 3-13> 데이터 저장하기 대화상자

확장자 'sav'는 SPSS 데이터 파일의 확장자이다. 〈그림 3-14〉는 가상의 데이터 입력을 끝내고 저장한 결과이다. 창의 좌측 상단에 '가상'이라는 데이터 이름이 보인다.

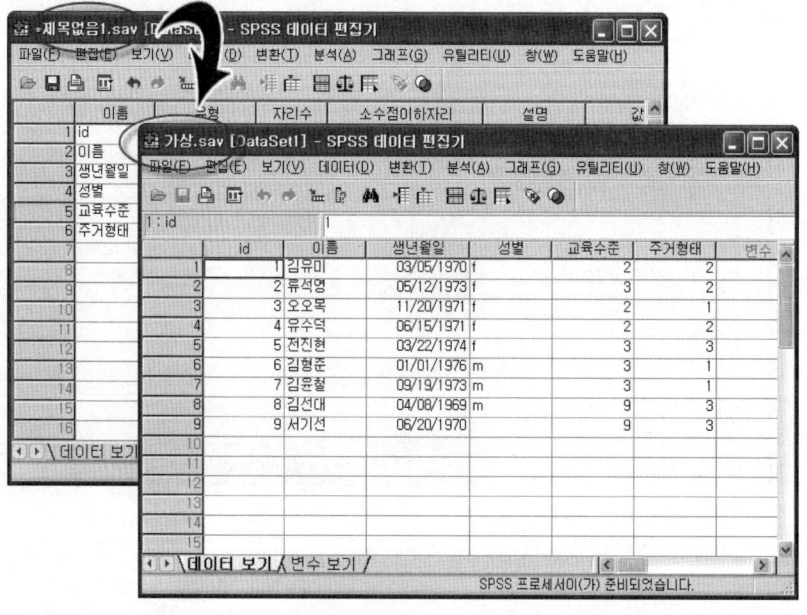

<그림 3-14> 데이터 입력이 끝나고 저장된 결과

4. 문서편집기에서 입력한 원자료를 데이터시트로 불러들이기

문서편집기에서 입력한 원자료를 SPSS에서 불러들여 데이터시트를 만들기 위해서는 네 단계가 필요하다.

⑴ 문서편집기에 입력된 원자료를 텍스트로 저장하기
⑵ 원자료 불러오기
⑶ 변수 정의하기
　변수의 이름을 정해주거나 변수유형, 자리수, 변수 설명이나 변수값 설명 등을 정한다. 또한 결측값이 있는 경우 결측값을 지정하고, 열 너비를 조정하거나 측정수준을 정의한다.
⑷ 데이터시트 저장하기

다음의 예제를 통해서 문서편집기에 입력된 원자료를 데이터시트로 불러들이는 방법을 단계적으로 공부해보자.

예제 3-2

문서편집기(호글)에서 입력한 데이터 '예제데이터.dat'를 SPSS에서 이용할 수 있는 데이터로 만들어 보자.

① 문서편집기에 입력된 원자료를 텍스트로 저장한다.

문서편집기에는 여러 종류가 있으나 가장 많이 사용하는 **호글**을 기준으로 설명한다.

문서편집기에 데이터를 입력하는 방식은 '구분자로 구분하여 입력하는 방법'과 '일정한 열에 정해진 변수를 입력하는 방법' 등 두 가지가 있다. 구분자로 구분하여 입력하는 방식은 변수의 자리수를 따로 맞추지 않고 '빈칸'이나 '탭', 또는 ','(콤마) 등으로 구분하여 입력하는 방식인데, 변수의 개수가 많아지면 구분자를 일일이 입력해야 해서 불편하다.

일정한 열에 정해진 변수를 입력하는 방법으로 '고정 너비로 배열'하는 방식을 보통 많이 사용하는데, 이때는 정해진 자리수를 지켜(예를 들어, 예제데이터처럼 id가 275번까지, 즉 3자리라면 34번은 '034'로 입력한다) 중간중간에 적절히 빈 칸을 주어 입력하면 된다.

제 3 장 데이터 관리

호글에 데이터를 입력하여 전산화가 끝나면, 〈그림 3-15〉와 같이 파일 형식을 텍스트 문서(*.txt)로 선택하고 코드형식은 한국(KS)으로 선택한 후 파일 이름은 '예제데이터.dat'로 저장한다.6)

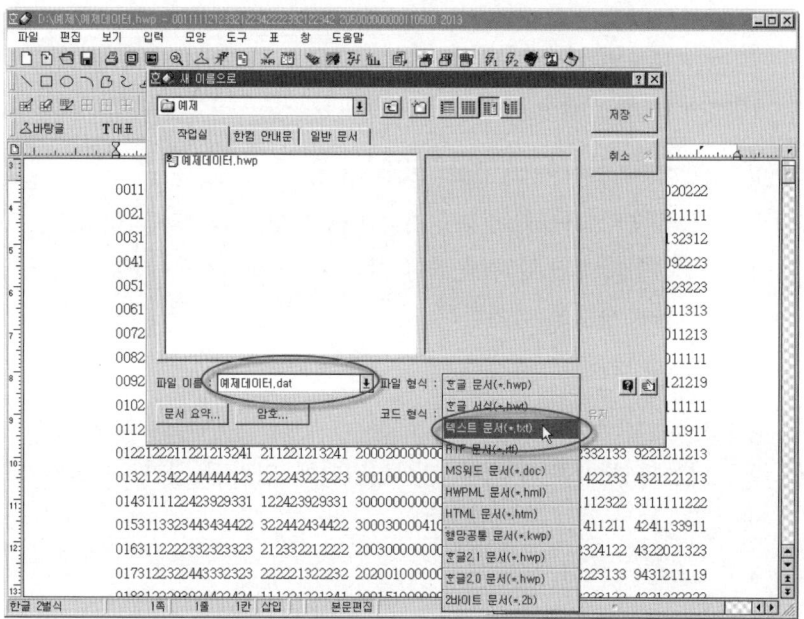

〈그림 3-15〉 원자료를 호글 97에서 텍스트파일로 저장

> ❗ 데이터를 입력할 때 <그림 3-15>처럼 중간 중간에 적절히 빈칸을 주면 입력을 할 때나 잘못 입력된 케이스를 찾아 수정할 때 훨씬 편하다. 워드프로세서에서 입력을 하다보면 중간에 데이터를 빼먹거나 두 번씩 타이핑이 되어 칸이 밀리거나 당겨지게 되는 경우가 자주 있다. 빈칸이 없으면 그 줄이 끝날 때까지 틀린 것을 모르게 되지만, 빈칸이 있는 경우 줄이 틀리면 쉽게 눈에 띄므로 바로 고칠 수 있어서 편리하다. 간단한 것이지만 비표본 오차(non-sampling error)를 줄여 질 좋은 자료를 만들어내는데 큰 도움이 되는 방법이다.
>
> 빈칸이 있는 경우에는 변수보기시트의 '자리수'에 원래 칼럼수 보다 +1된 수로 나타나는데, 데이터입력 후 수정해주면 된다. '예제데이터.dat' 파일은 중간중간에 빈칸이 입력되어 있으므로 참고하도록 한다.

---

6) 파일형식은 text지만 확장자를 '.dat'로 바꾸어두면 raw data파일로 구분하기 쉽다.

호글 등의 소프트웨어에서 데이터를 전산화하여 SPSS 데이터시트를 만들 때 숫자변수의 결측값에는 9나 99 등의 코드를 주어야 한다. 숫자변수를 입력하면서 .을 찍으면 문자로 오인하여 문제가 발생하는 경우가 있기 때문이다.

② 텍스트로 저장된 데이터 읽기

〈그림 3-16〉처럼 SPSS의 주메뉴의 파일(L)... → 텍스트 데이터 읽기(D)... 를 클릭하거나, 파일(L)... → 열기(O) 를 클릭하여 〈그림 3-17〉 파일열기 대화상자를 연다.

파일 열기 대화상자에서 파일 형식(T): 을 데이터 (*.dat)로 선택해야 데이터 파일이 보인다. 파일을 선택한 다음 열기(O) 를 클릭한다(〈그림 3-17〉).

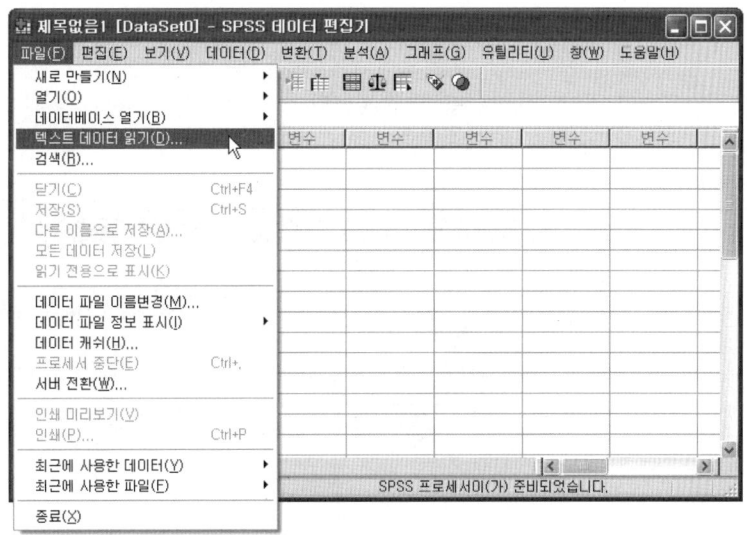

〈그림 3-16〉 텍스트 파일 불러오기

제 3 장 데이터 관리

<그림 3-17> 텍스트 파일 열기 대화상자

파일을 열면 텍스트 가져오기 마법사가 실행되는데, 총 6단계로 나누어져 있다. 그 과정을 단계별로 실행해 보자.

▶ 1단계

텍스트 파일을 열면 <그림 3-18>과 같이 텍스트 가져오기 마법사 - 6단계 중 1단계 대화상자가 나타난다.

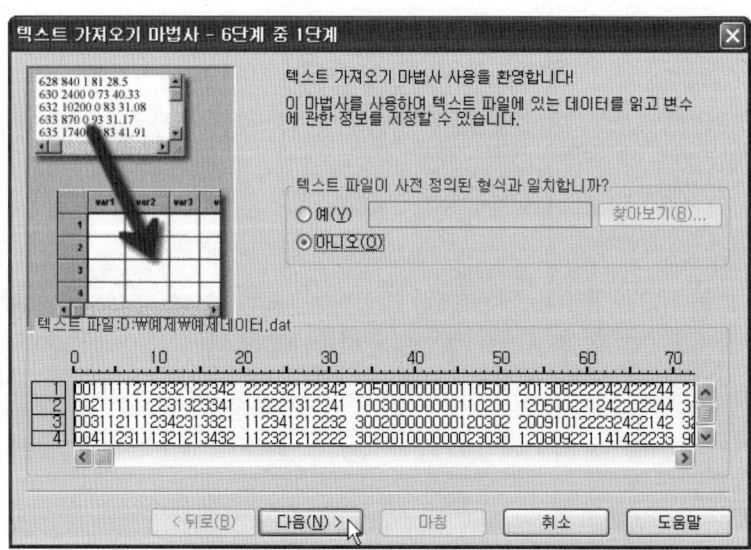

<그림 3-18> 텍스트 가져오기 마법사 - 6단계 중 1단계

사전에 정의된 형식이 없으므로 ⊙아니오(O) 를 선택한 뒤 다음(N) > 을 클릭한다. 사전정의에 대해서는 텍스트 가져오기 마법사 6단계에서 설명하도록 하겠다.

▶ 2단계

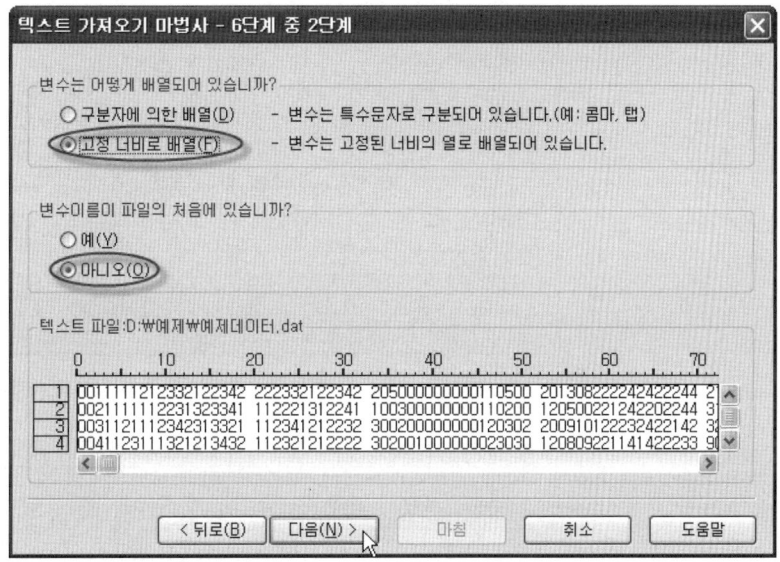

<그림 3-19> 텍스트 가져오기 마법사 - 6단계 중 2단계

변수는 어떻게 배열되어 있습니까? 에는 변수가 고정된 너비의 열로 배열되어 있으므로 ⊙고정 너비로 배열(F) 을 선택하고, 변수이름이 파일의 처음에 있습니까? 에는 텍스트 파일의 첫 줄부터 데이터가 입력되었으므로 ⊙아니오(O) 를 선택하고 다음(N) > 을 클릭한다.

만약 변수 사이를 콤마나 탭 등의 특수문자로 구분하여 데이터가 입력되어 있으면 ⊙구분자에 의한 배열(D) 선택한다. 이 방법으로 데이터가 입력되었다면 3단계에서 칼럼을 일일이 지정할 필요가 없어 편리하지만 데이터를 입력할 때 구분자를 일일이 넣어줘야 하므로 오히려 더 번거롭다.

▶ 3단계

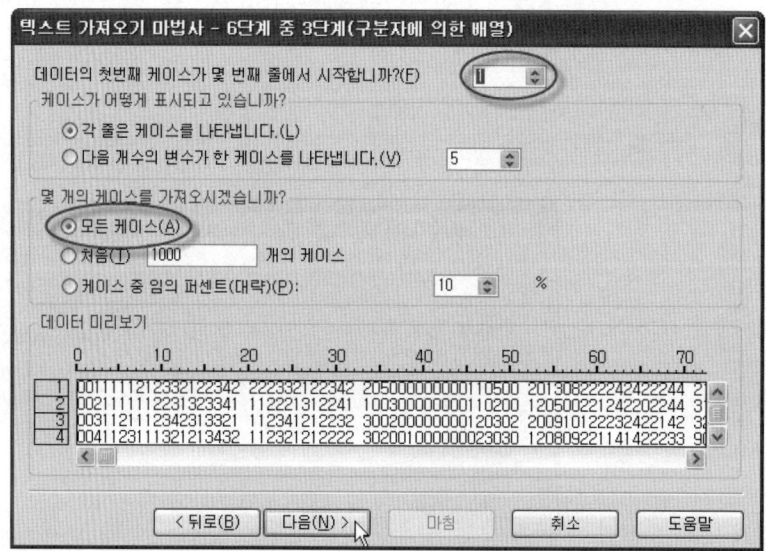

<그림 3-20> 텍스트 가져오기 마법사 - 6단계 중 3단계

작업 중인 데이터의 첫 번째 줄에 첫 번째 케이스가 입력되어 있으므로 데이터의 첫번째 케이스가 몇 번째 줄에서 시작합니까?(F) 에 1을 넣고, 각 케이스가 한 줄에 모두 입력되어 있으므로 몇 개의 줄이 한 케이스를 나타내고 있습니까?(L) 에도 1을 넣는다. 변수가 많은 경우에는 두 줄 이상의 데이터가 하나의 케이스를 나타낼 수도 있으므로 상황에 맞게 입력을 하면 된다.

몇 개의 케이스를 가져오시겠습니까? 에서는 몇 개의 케이스를 가져올 것인지를 정한다. 여기에서는 ⊙모든 케이스(A) 를 선택한다. 이러한 것들을 결정하고 나면 다음(N)> 을 클릭하여 4단계로 넘어간다.

▶ 4단계

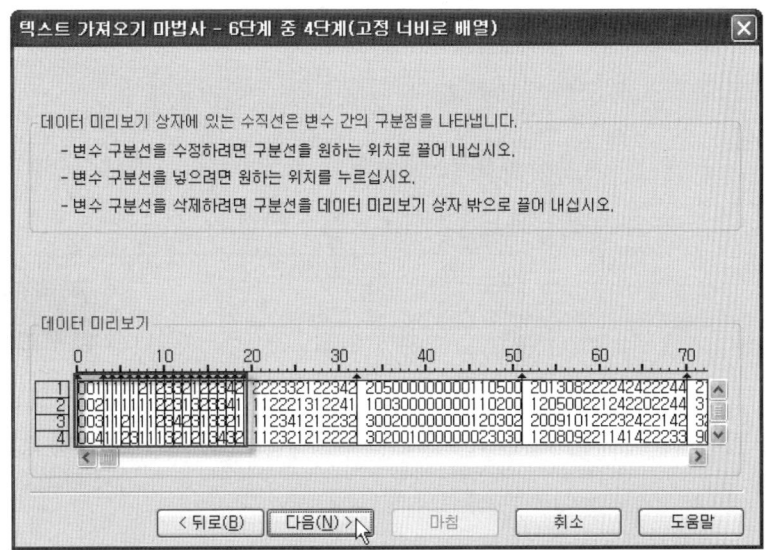

<그림 3-21> 텍스트 가져오기 마법사 - 6단계 중 4단계 진행 중

대화상자의 상단에 나와있는 설명에 따라 변수 구분선을 알맞게 지정한다. 변수 구분선은 부록 B 질문지 및 코드북을 참조하여 정확하게 지정하도록 한다. 위 <그림 3-21>과 같이 지정해 나가면 된다. 변수 구분선이 알맞게 지정되었으면 다음(N) > 을 클릭한다.

▶ 5단계

5단계에서는 변수의 이름과 데이터 형식을 변경할 수 있다.

데이터 미리보기 상자에 기본값으로 변수이름이 v1, v2, v3, …로 되어있고, 데이터 형식은 모두 숫자로 되어있다. 변수 이름이나 데이터 형식을 바꾸려면 <그림 3-22>와 같이 바꾸고 싶은 변수의 이름을 클릭하면 그 변수의 열이 V4 와 같이 선택된다. 그런 다음 변수이름(V): 에 적절한 변수의 이름을 써넣고, 데이터 형식(D): 도 알맞게 지정한다. 만약 텍스트 파일에 문자열 데이터가 입력된 경우 5단계에서 데이터 형식(D): 을 문자열로 바꾸어도 데이터 미리보기 상자에서는 변수값이 보이지 않으나, 마법사를 종료하게 되면 SPSS 데이터 편집기창의 데이터 시트에 변수값이 나타난다.

52　　제 3 장　　데이터 관리

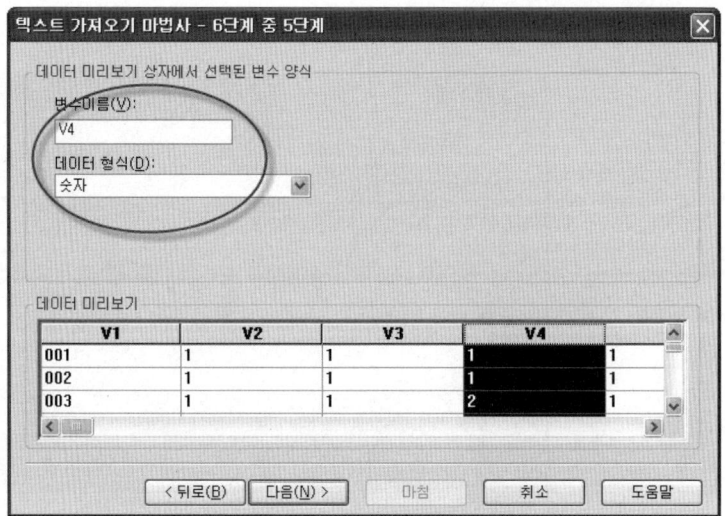

<그림 3-22> 텍스트 가져오기 마법사 - 6단계 중 5단계

이렇게 변수이름과 데이터 형식을 지정한 후 [다음(N)>] 을 클릭한다. 변수의 유형을 바꾸는 것은 텍스트 가져오기 마법사 6단계를 모두 마친 후 SPSS 데이터 편집기창의 변수 보기 시트에서 해도 된다.

▶ 6단계

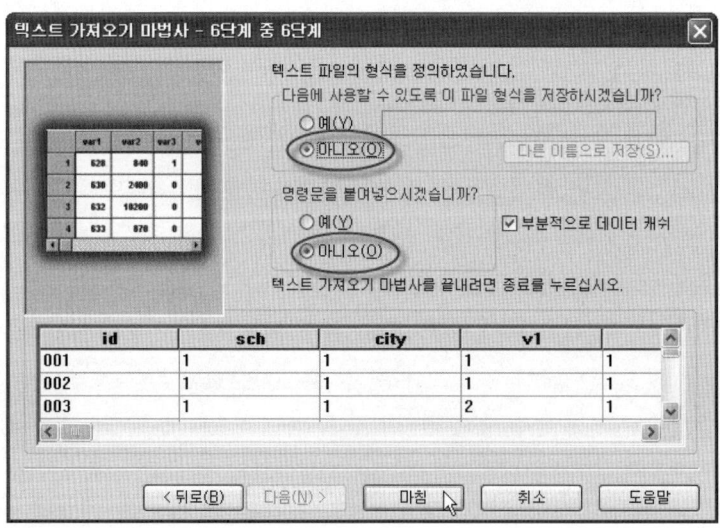

<그림 3-23> 텍스트 가져오기 마법사 - 6단계 중 6단계

다음에 사용할 수 있도록 파일 형식을 저장하면 같은 내용의 파일을 다시 불러올 때 텍스트 가져오기 마법사 1단계에서 불러들여 다음 단계를 일일이 다시 지정해야하는 번거로움을 줄일 수 있다. 또한 필요에 따라 명령문을 붙여 넣을 수도 있다. 여기에서는 같은 내용의 파일을 다시 불러오는 것이 아니므로 〈그림 3-23〉과 같이 파일형식을 저장하지 말고 마침 을 클릭한다. 데이터를 불러들인 결과는 〈그림 3-24〉와 같다.

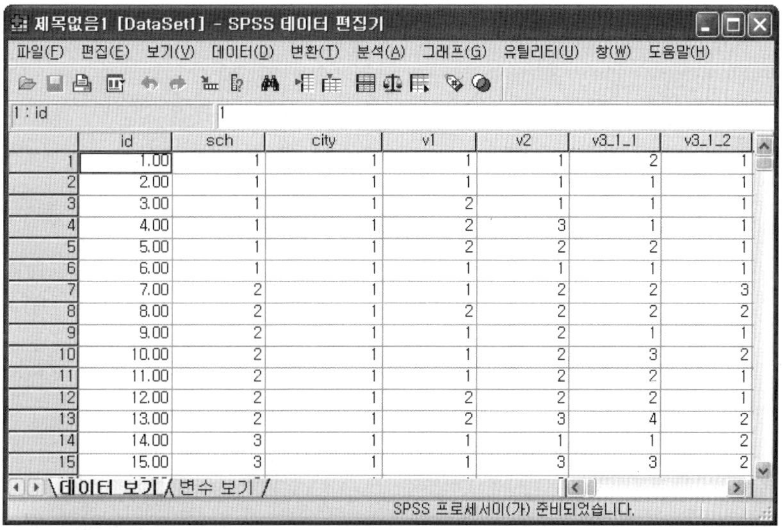

	id	sch	city	v1	v2	v3_1_1	v3_1_2
1	1.00	1	1	1	1	2	1
2	2.00	1	1	1	1	1	1
3	3.00	1	1	2	1	1	1
4	4.00	1	1	2	3	1	1
5	5.00	1	1	2	2	2	1
6	6.00	1	1	1	1	1	1
7	7.00	2	1	1	2	2	3
8	8.00	2	1	2	2	2	2
9	9.00	2	1	1	2	1	1
10	10.00	2	1	1	2	3	2
11	11.00	2	1	1	2	2	1
12	12.00	2	1	2	2	2	1
13	13.00	2	1	2	3	4	2
14	14.00	3	1	1	1	1	2
15	15.00	3	1	1	3	3	2

<그림 3-24> 텍스트 파일 부르기 결과 ■

> 만약 텍스트 가져오기 마법사의 6단계에서 파일형식을 저장해 두면 같은 내용의 데이터인데 케이스가 추가되거나 수정되어 다시 불러오기를 해야 할 경우에 편리하다. 각자 연습해 보자.

부록 B의 코드북을 참조하여 각자 예제데이터.dat 파일을 가지고 변수 설명과 변수값 설명까지 테이터에 맞게 입력하여 보자. 또, 앞 절에서 배운 '결측값 정의하기'를 이용하여 '무응답'은 모두 결측값으로 처리한 후 저장하자. 앞으로의 거의 모든 예제에서 쓰일 파일이다. 이 결과는 예제데이터.sav로 저장되어 있다. 내가 한 결과와 비교해 보자.

> 변수의 자릿수가 2자리 이상인 경우에는 SPSS에서 기본적으로 소수점 아래 자리수가 2자리가 되도록 불러진다. 그래서, <그림 3-24>에서 id는 1.00으로 보이고, 나머지 변수는 정수로 보이는 것이다. 소수점 아래 숫자를 없애려면 변수 보기시트에서 '소수점 이하자리'를 0으로 바꾸어주면 된다.

5. 스프레드시트(Excel, Lotus 등)에 입력된 자료 불러들이기

스프레드시트에서 입력된 데이터를 SPSS에서 불러들이는 방법은 아주 간단하다. 파일(L)... 에서 열기(O) 를 선택하여 파일열기 대화상자를 연다. 파일열기 대화상자의 파일 형식(T): 에서 Excel(*.xls)이나 Lotus(*.w*)로 선택한 다음 불러들일 파일을 선택하고 열기(O) 를 클릭한다. <그림 3-25>와 같은 대화상자가 나타나면 데이터 첫 행에 변수이름이 없는 경우는 확인 을 클릭하고, 첫 행에 변수 이름이 있는 경우 ☑데이터 첫 행에서 변수 이름 읽어오기 로 선택한 다음 확인 을 클릭한다. 데이터를 불러들인 후 변수정의를 하면 된다.

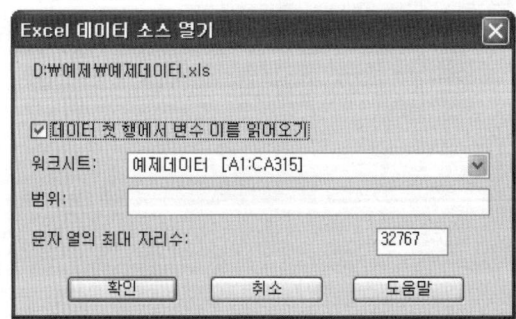

<그림 3-25> 엑셀 데이터 불러오기 대화상자

6. 복수응답의 처리

　　부록B 청소년 질문지의 10번 질문(친구를 사귈 때 중요한 점)처럼 하나의 질문에 2개 이상의 답을 고르는 설문이 있다. 이와 같은 복수응답 질문은 어떻게 입력하고 분석해야 하는지 알아보자.

　　만약, "친구를 사귈 때 중요하게 생각하는 2가지는 무엇인가요?"라는 질문처럼 응답의 수가 2개인 경우에는 "친구를 사귈 때 어떤 점을 가장 중요하게 생각하나요?"라는 질문 하나와, "친구를 사귈 때 2번째로 중요하게 생각하는 점은 무엇인가요?"라는 질문 하나, 즉 2개의 독립된 질문으로 여기고 각각의 답을 차례로 입력하면 된다.7)

　　분석 시에는 친구를 사귈 때 중요하게 생각하는 점 첫 번째와 두 번째를 각각 빈도표로 내어볼 수도 있고, 순서에 관계없이 해당 보기를 골랐는지 아닌지에 따라 분석을 할 수도 있다. 후자의 경우에는 SPSS 메뉴에서 분석(A) → 다중응답(U) → 변수군 정의(D)... 를 사용해서(〈그림 3-26〉) 그 응답을 골랐는지 아닌지에 따라 변수를 새로 만들 수 있다. 더미변수(dummy variable ; 가변수)화 하는 것이다.8) 또는, 다음 절에서 배울 변수값 변경과 변수 계산을 통해 새로운 변수를 만들 수도 있다.

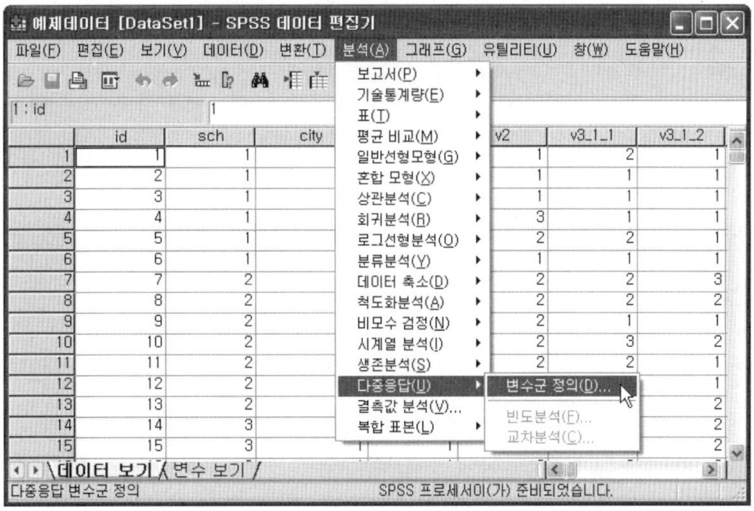

〈그림 3-26〉 변수군 정의

---

7) "친구를 사귈 때 중요하게 생각하는 2가지는 무엇인가요?"라고 묻는 것 보다는, 청소년 질문지에 있는 것처럼 "친구를 사귈 때 어떤 점을 가장 중요하게 생각하나요? 그 다음으로는요?"라고 묻는 편이 좋다.
8) 더미변수에 대해서는 12장에서 더 자세히 알아보기로 하자.

친구를 사귈 때 생각하는 63가지 중 청소년들은 어떤 것을 중요한 것 2가지로 꼽았는지 알아보자. 다음과 같이 변수군 정의(D)... 를 이용해 새로운 변수를 만든다. 〈그림 3-27〉의 변수군 정의 대화상자에서 다중응답 분석을 할 변수를 변수군에 포함된 변수(V): 에 넣고, 이 두 변수(v10_1과 v10_2)는 1부터 63까지의 값으로 코딩되어 있으므로 변수들의 코딩형식 에서 ⊙범주형(G) 범위: 1 에서(T) 63 이라고 써준다. 이름(N): 친구가장중요한점 과 설명(L): 친구 사귈 때 가장 중요한 점 dummy 을 붙여주고 마지막으로 추가(A) 를 누르면, 다중응답 변수군(S): 에 '$친구가장중요한점'이라는 새 변수군이 추가된다.

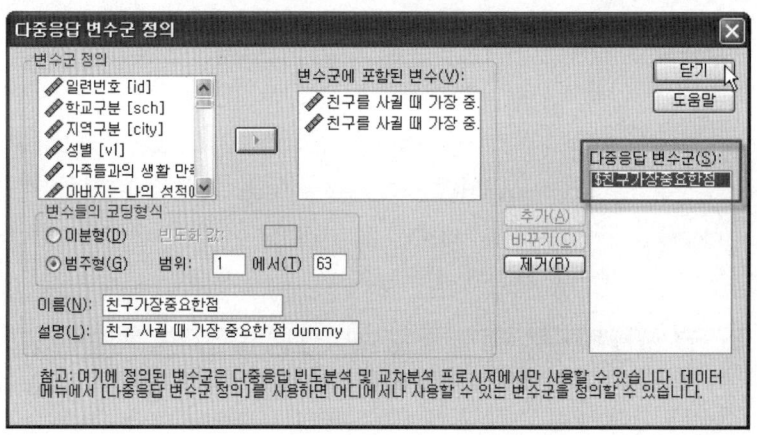

〈그림 3-27〉 변수군 정의 대화상자

다중응답분석을 이용하여 만든 변수군 '$친구가장중요한점'을 가지고 빈도분석을 하여 결과를 확인해보자. 분석(A) → 다중응답(U) ▶→ 빈도분석(F)... 을 한 결과는 〈출력 3-1〉과 같다. 63개의 항목 중 청소년들이 선택한 친구를 사귈 때 생각하는 점 14가지가 코드와 함께 출력된다. 응답 'N' 수는 해당보기를 한번이라도 (즉, 첫 번째로 선택한 경우 + 두 번째로 선택한 경우) 선택한 케이스의 수이다. 응답의 퍼센트는 첫 번째와 두 번째의 전체 응답 가짓수를 모두 합하여 100%로 놓았을 때의 비율이고(여기서는 526) 케이스 퍼센트는 전체 응답자 중에 해당 보기를 고른 사람의 비율을 뜻한다.

만약 "친구를 사귈 때 어떤 점을 가장 중요하게 생각하나요? 있는대로 고르세요"처럼 있는 대로 모두 고르는 질문이라면 응답자마다 고르는 개수가 다르므로 각 보기를 하나의 질문으로 여기고 해당 보기를 골랐으면 1, 아니면 0의 식으로 입력한다. 예를 들어, ① 공부 잘하는 것과 중요하고 ③ 리더십이 있는 것 ⑧ 나를 이해해 주는 것 등 3가지를 골랐으면 10100001000000000으로 입력하면 된다.

<출력 3-1> 다중응답분석의 빈도표

케이스 요약

	케이스					
	유효		결측		합계	
	N	퍼센트	N	퍼센트	N	퍼센트
$친구가가장중요한점[a]	272	98.9%	3	1.1%	275	100.0%

a. 집단 설정

$친구가가장중요한점 빈도

		응답		케이스 퍼센트
		N	퍼센트	
친구 사귈 때 가장 중요한 점[a] dummy	공부 잘하는 것	4	.8%	1.5%
	춤, 노래, 운동, 유머 등 재주가 있는 것	14	2.7%	5.1%
	리더십이 있는 것	6	1.1%	2.2%
	취미가 비슷한 것	27	5.1%	9.9%
	잘사는 것(부자)	7	1.3%	2.6%
	친구들과 잘 어울리는 것	46	8.7%	16.9%
	학교생활에 성실한 것	4	.8%	1.5%
	나를 잘 이해해 주는 것	152	28.9%	55.9%
	함께 있으면 즐거운 것	132	25.1%	48.5%
	친구들에게 돈을 잘 쓰는 것	5	1.0%	1.8%
	잘 생긴 것/예쁜 것	9	1.7%	3.3%
	싸움 잘 하는 것	4	.8%	1.5%
	성격	114	21.7%	41.9%
	나와 마음이 맞는 친구	1	.2%	.4%
	나랑 관심이 비슷한 친구	1	.2%	.4%
합계		526	100.0%	193.4%

a. 집단 설정

복수응답일 경우의 빈도표는 전체 응답자 중에서 그 응답을 한 사람의 빈도와 퍼센트를 나타내게 되므로 모든 보기의 빈도를 합하면 당연히 응답자수보다 많다. 퍼센트의 합이 100%를 넘는 것 또한 당연하다. 따라서, 응답자수는 "합계"가 아니라 전체 응답자 수라는 의미로 "BASE"라고 한다(<표 3-3>).

제 3 장   데이터 관리

<표 3-3> 복수응답 빈도표

친구 사귈 때 가장 중요한 점	빈도	%
공부 잘하는 것	4	1.5
춤, 노래, 운동, 유머 등 재주가 있는 것	14	5.1
리더쉽이 있는 것	6	2.2
취미가 비슷한 것	27	9.9
잘사는 것(부자)	7	2.6
친구들과 잘 어울리는 것	46	16.9
학교생활에 성실한 것	4	1.5
나를 잘 이해해 주는 것	152	55.9
함께 있으면 즐거운 것	132	48.5
친구들에게 돈을 잘 쓰는 것	5	1.8
잘 생긴 것/예쁜 것	9	3.3
싸움 잘 하는 것	4	1.5
성격	114	41.9
나와 마음이 맞는 친구	1	.4
나랑 관심이 비슷한 친구	1	.4
BASE	272	100.0

또한, 복수응답일 경우 각각 해당 보기를 고른 사람과 아닌 사람으로 비교하도록 교차분석(카이제곱 검정)을 할 수는 있으나, 해당하는 변수 모두를 가지고 교차분석을 할 수는 없다. 즉, 성별과 '취미가 비슷한 것이 친구 사귈 때 중요한지의 여부'의 관계를 통계적으로 검정할 수는 있으나, 성별과 '친구 사귈 때 가장 중요하게 여기는 점' 간의 관계를 통계적으로 검정할 수는 없다.

7. 데이터 클리닝(data cleaning)

데이터를 입력하고 난 후에는 분석에 앞서 입력과정의 실수를 찾아내서 수정하는 데이터 클리닝(data cleaning) 과정을 거쳐야 한다. 통계분석에 익숙한 연구자들도 이 과정을 놓치는 경우가 많은데, 데이터 클리닝이 제대로 되지 않은 자료는 돌이 섞인 쌀로 밥을 짓는 것과 마찬가지로 아무리 고급 분석기법이나 맞는 분석기법을 사용했다고 하더라도 분석을 제대로 한 것이 아니다. 데이터가 제대로 수집되어 입력되었는지 그 타당성을 확인할 때에는 범위를 벗어난 응답과 논리적인 잘못의 두 가지 측면을 고려해야 한다.

범위를 벗어난 응답의 예로 성별을 생각해보자. 성별은 남(1로 코딩), 여(2로 코딩)의 2가지 범주만 있어야 한다. 그런데 만약, 성별의 빈도표를 내어 보았더니 3이나 5와 같은 값이 있다면 이는 범위를 벗어난 것이다.

논리적인 잘못은 응답의 내용이 앞뒤가 맞지 않거나, 물어야 할 문항에 응답이 안 된 경우, 묻지 말아야할 문항에 응답이 된 경우 등이다. 예를 들어, 남자인데 임신경험이 있다고 응답되어 있다거나, 청소년 질문지의 9번 질문(친하게 지내는 이성친구 유무)에서 "친하게 지내는 이성친구가 없다"라고 응답했으면서 9.1번 질문(특별히 사귀는 이성친구 유무)에서 "특별히 사귀는 이성친구가 있다"라고 응답했다면 응답의 내용이 논리적으로 앞뒤가 맞지 않는 것이다.

위와 같은 잘못을 발견하면 SPSS 14.0에서 추가된 데이터(D) → 확인(L) ▶ → 데이터 타당성 검사(V)... 메뉴를 이용하여 해당 케이스를 찾아내서 응답지를 다시 살펴보고 조사가 잘못되었는지 자료 입력상의 잘못인지를 알아낸다.

데이터 타당성 검사를 하기 위해서는 먼저 데이터 타당성 검사의 규칙을 정의해줘야 하는데 〈그림 3-28〉과 같이 데이터(D) → 확인(L) ▶ → 규칙 정의(D)... 를 차례로 클릭하여 〈그림 3-28〉과 같은 타당성 검사 규칙 정의 대화상자를 연다.

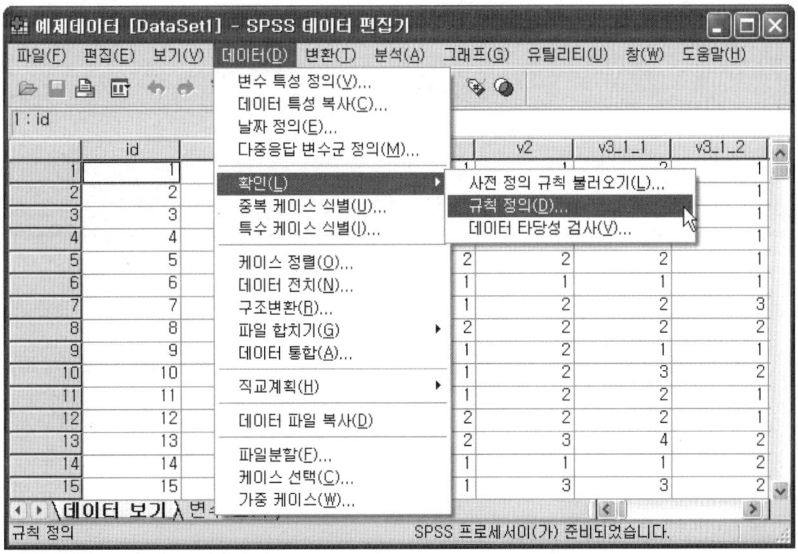

〈그림 3-28〉 데이터 타당성 검사 규칙 정의

타당성 검사 규칙 정의 상자에는 〈그림 3-29〉와 같이 단일-변수 규칙과 교차-변수 규칙의 두 가지 탭이 있는데, 범위를 벗어난 응답을 찾을 때는 단일-변수 규칙을 이용하고 논리적으로 앞뒤가 맞지 않는 응답을 찾을 때는 교차-변수 규칙을 이용한다.

먼저, 범위를 벗어난 응답을 찾아 바꾸는 방법에 대해 알아보자. 만약, 성별처럼 응답의 값이 1 또는 2만 나올 수 있는 경우라면 〈그림 3-29〉와 같은 타당성 검사 규칙 정의 상자의 단일-변수 규칙 탭에서 이름에 "응답 2까지"와 같은 식으로 가장 잘 알아볼 수 있는 이름을 적어주고 최소값에는 1, 최대값에는 2를 넣어준다. 응답의 값이 1에서 5까지 나올 수 있는 경우라면 최소값에는 1, 최대값에는 5를 넣어주면 된다. 규칙을 더 정의할 경우에는 새로만들기를 클릭하여 추가하면 된다. 규칙 정의를 마쳤으면 확인 을 클릭한다.

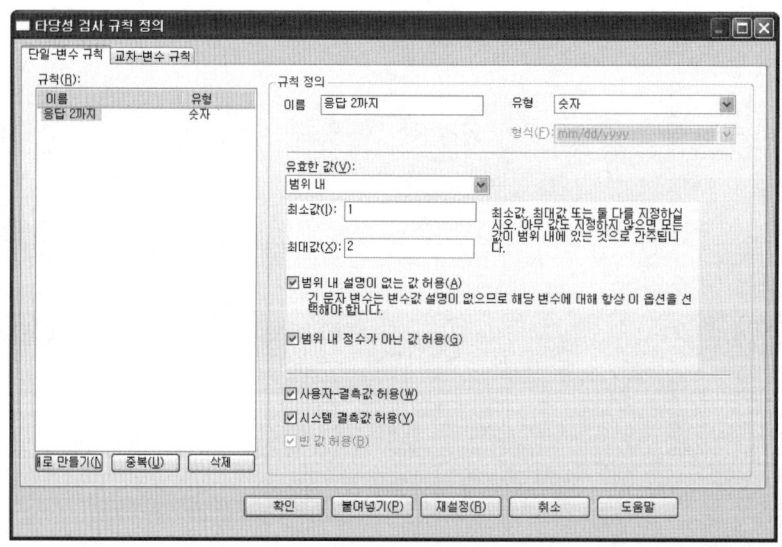

<그림 3-29> 타당성 검사 규칙 정의 대화상자(단일-변수 규칙)

타당성 검사 규칙 정의를 마쳤으면 〈그림 3-30〉과 같은 순으로 데이터(D) → 확인(L) → 데이터 타당성 검사(V)... 를 차례로 클릭하여 〈그림 3-31〉과 같은 데이터 타당성 검사 대화상자를 연다.

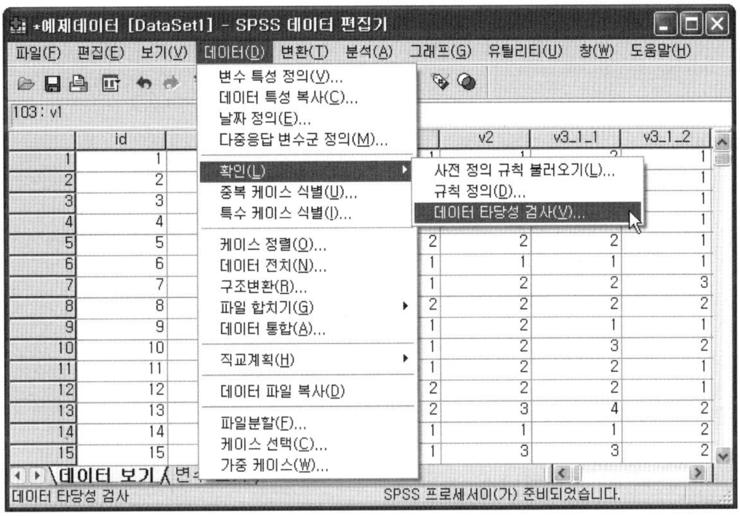

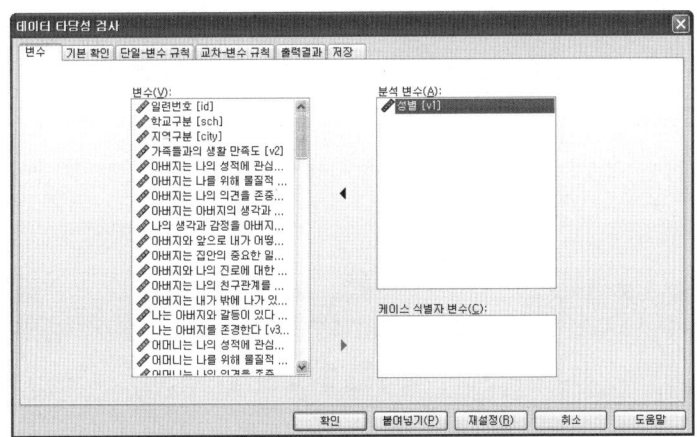

<그림 3-30> 데이터 타당성 검사

<그림 3-31> 데이터 타당성 검사 대화상자(변수)

　데이터 타당성 검사 대화상자의 변수 탭에서 분석 변수에 검사하고자 하는 변수(성별)를 옮긴 후 단일-변수 규칙 탭을 누르면 <그림 3-32>와 같은 대화상자가 나타난다. 우리는 하나의 규칙만 만들었기 때문에 오른쪽의 규칙 상자에 우리가 만든 "응답 2까지"라는 규칙만 나와 있지만 만약 여러 개의 단일-변수 규칙을 만들었다면 만든 것 만큼의 규칙이 나올 것이다. 내가 사용하고자 하는 규칙(R): 의 적용에 ☑하고, 왼쪽의 분석 변수(A): 상자에 해당 규칙을 적용할 변수가 모두 선택되었는지 확인한 다음 확인 을 클릭한다. 성별 이외에도 1 또는 2만 나올 수 있는 이항형 변수는 모두 한꺼번에 검사할 수 있다.

제 3 장 데이터 관리

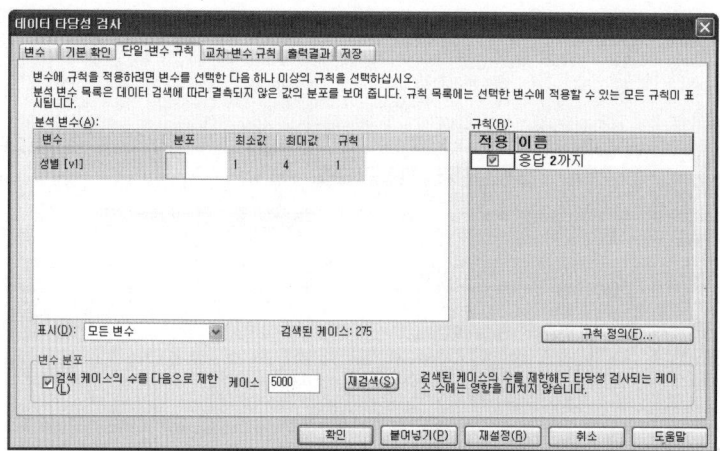

<그림 3-32> 데이터 타당성 검사 대화상자(단일-변수 규칙)

〈출력 3-2〉를 보면 먼저 규칙이 설명되어 있고, 변수 요약 부분에 위반한 케이스 수는 1개라고 나타나 있다. 케이스 보고서 부분에는 위반한 케이스의 번호인 102가 출력되었다.

<출력 3-2> 성별의 범위를 벗어난 케이스

단일-변수 규칙

규칙 설명

규칙	설명
응답 2까지	유형: 숫자 도메인: 범위 사용자-결측값 별표시: 아니오 시스템-결측값 별표시: 아니오 최소: 1 최대: 2 범위 내에서 설명이 없는 값 별표시: 아니오 범위 내에서 정수가 아닌 값 별표시: 아니오 $VD.SRule[1]: 규칙

적어도 한 번 위반된 규칙이 표시됩니다.

변수 요약

	규칙	위반 수
성별	응답 2까지	1
	합계	1

케이스 보고서

	타당성 검사 규칙 위반
케이스	단일-변수[a]
102	응답 2까지 (1)

a. 규칙을 위반한 변수의 수는 각 규칙을 따릅니다.

범위를 벗어난 응답은 변수의 빈도표를 내어 보아서도 알 수 있는데, 빈도표에서 범위를 벗어난 케이스가 나오면 데이터(D) → 케이스 선택(C)... 메뉴를 이용해서 찾을 수 있다.9)

다음으로는 논리적으로 앞뒤가 맞지 않는 응답을 찾는 방법에 대해 알아보자. 논리적으로 앞뒤가 맞지 않는 응답을 찾아내려면 역시 먼저 타당성 검사 규칙을 정의해 줘야 하는데, 〈그림 3-33〉과 같은 타당성 검사 규칙 정의 대화상자의 교차-변수 규칙 탭에서 정의해주면 된다. 청소년 질문지의 9번 질문(친하게 지내는 이성친구 유무)에서 "친하게 지내는 이성친구가 없다"라고 응답했으면서 9-1번 질문(특별히 사귀는 이성친구 유무)에서 "특별히 사귀는 이성친구가 있다"라고 응답한 경우를 찾아보자. 〈그림 3-33〉과 같은 타당성 검사 규칙 정의 상자의 교차-변수 규칙 탭에서 규칙 정의에 "9번 문항 논리에러"와 같은 식으로 가장 잘 알아볼 수 있는 이름을 적어준다. 논리 표현식에는 친하게 지내는 이성친구가 없다고 응답(v9=2)했으면서(&) 특별히 사귀는 이성친구가 있다고 응답(v9_1~=0)한 것과 같이(즉, "v9=2 & v9_1~=0") 우리가 찾고자 하는 내용을 식으로 적어주면 된다. 논리 표현식을 작성할 때에는 and(&)와 or(|), not(~) 등이 맞게 되었는지 확인해야 한다. 규칙 정의를 마쳤으면 확인 을 클릭한다.

〈그림 3-33〉 타당성 검사 규칙 정의 대화상자(교차-변수 규칙)

---

9) 일부 케이스를 선택하는 방법은 p. 80을 참고하기 바란다.

타당성 검사 규칙 정의를 마쳤으면 〈그림 3-34〉와 같은 데이터 타당성 검사 대화상자를 연다. 이번에는 분석 변수를 따로 지정하지 않아도 되므로 바로 교차-변수 규칙 탭을 눌러 검사하고자 하는 규칙(R): 의 적용에 ✓하고 확인 을 클릭한다.

<그림 3-34> 데이터 타당성 검사 대화상자(교차-변수 규칙)

〈출력 3-3〉을 보면 먼저 규칙이 설명되어 있고, 위반한 케이스 수는 1개라고 나타나 있다. 케이스 보고서 부분에는 위반한 케이스의 번호인 69가 출력되었다.

<출력 3-3> 논리적으로 앞뒤가 맞지 않는 케이스(9번 문항)

교차-변수 규칙

규칙	위반 수	규칙 표현식
9번문항 논리에러	1	v9 = 2 & v9_1 ~= 0

케이스 보고서

케이스	타당성 검사 규칙 위반 교차-변수
69	9번문항 논리에러

a. 규칙을 위반한 변수의 수는 각 규칙을 따릅니다.

해당 케이스를 찾아낸 후, 만약 입력상의 잘못이라면 원자료(raw data)를 수정하고, 조사가 잘못되었다면 해당 응답자에게 다시 연락하여 보완하도록 한다. 만약, 수정하기 어려운 경우(해당 응답자와 연락이 되지 않거나 확인할 수 없는 경우)라 하더라도 연구자의 임의대로 자료를 바꾸거나 연구자의 필요에 의해 자료를 바꾸어서는 안 된다(예, 성별이 무응답인데 남자의 데이터 개수가 부족하니 임의대로 남자로 바꾸는 경우). 확실히 추정할 수 있는 경우라면(예, 여학교에서 조사했는데 성별이 무응답이거나 남자로 체크되어 있는 경우) 제대로 바꾸고 도저히 추정하기 어렵거나 수정할 수 없는 경우라면 결측치로 처리하여야 한다.

제3절 데이터 변환

1. 코딩 변경: 변수값의 변경

때로는 데이터수집 시에 지정한 변수값들을 다른 값으로 바꿔야 할 필요가 있다. 예를 들어 실제로 측정한 연령을 10대, 20대, 30대와 같이 집단으로 묶거나, 교육 수준이 초등학교 졸업인 사람의 수가 적어서, 이 사람들을 중졸이하로 합하는 경우 등이 이에 속한다. 또, 문자로 입력된 성별(m, f)을 숫자(1, 2)로 바꾸고자 할 때도 있다.

변수값을 변경할 때는 기존의 변수이름을 그대로 사용하면서 값만 바꾸거나 새로운 변수를 만들어 사용할 수 있다. 위에서 예로 든 연령이나 학력처럼 원래의 값이 완전히 없어지는 경우에는 새로운 변수이름을 주고, 성별처럼 원래 값들이 유형만 바뀌는 경우에는 기존의 이름을 그대로 두고 코드값만 변경시키는 것이 좋다. 각 방법을 예제를 통해 알아보자.

경험에 비추어 보면, 변수값을 변경시키는 경우 다른 이름으로 지정하는 것이 좋다. 변경시킨 변수를 일단 같은 이름으로 지정하여 저장시켜 버리면 원래의 값을 잃어버리게 되지만, 다른 이름으로 저장하는 경우 필요에 따라 변경시키기 전의 데이터와 변경시킨 데이터를 모두 사용할 수 있기 때문이다.

(1) 같은 변수로 코딩 변경

'가상.sav' 데이터에서 성별은 문자변수이다. 문자유형을 숫자유형으로 변경하여 같은 변수이름으로 저장해 보자. 즉, 성별의 값 m을 1로, f를 2로 바꾸자. 바꾼 변수는 숫자유형으로 다시 정의하자.

<그림 3-35> 같은 변수로 코딩변경

<그림 3-35>와 같이 데이터 편집기 창의 주메뉴에서 변환(T) → 코딩변경(R) → 같은 변수로(S)... 를 차례로 클릭하면 <그림 3-36>과 같은 대화상자가 나타난다. 변수목록에서 코딩을 변경하고자 하는 변수인 성별을 선택한 후 ▶ 를 이용하여 선택변수 목록으로 옮긴다(<그림 3-36>).

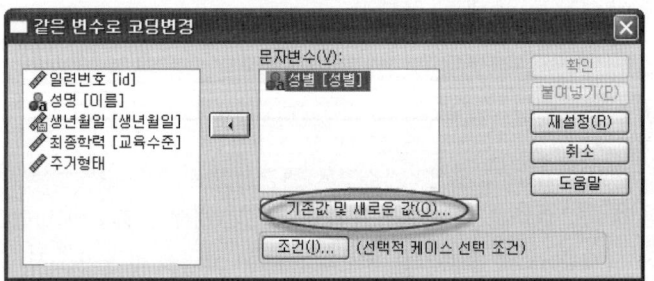

<그림 3-36> 같은 변수로 코딩변경 대화상자

성별의 값 'm'을 1로, 'f'를 2와 같은 새로운 변수값으로 변경하기 위해 기존값 및 새로운 값(O)... 을 클릭하면 <그림 3-36>과 같은 변수로 코딩 변경 대화상자가 나타난다. 기존값으로 m을 입력하고 새로운 값으로 1을 입력한 후 추가(A) 를 클릭한다. 다시 기존값으로 f를 입력하고 새로운 값으로 2를 입력한 후 추가(A) 를 클릭한다.

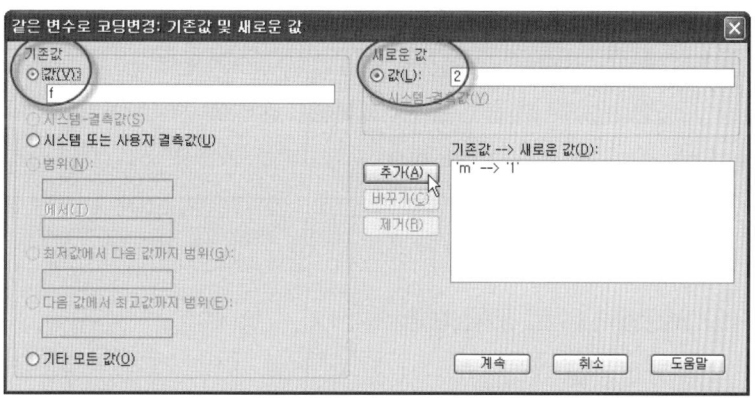

<그림 3-37> 같은 변수로 코딩 변경: 기존값 및 새로운 값 대화상자

변경하고자 하는 값을 모두 지정하고 나면 [계속] 을 클릭한 후 [확인] 을 클릭한다. 결과는 〈그림 3-38〉과 같다.

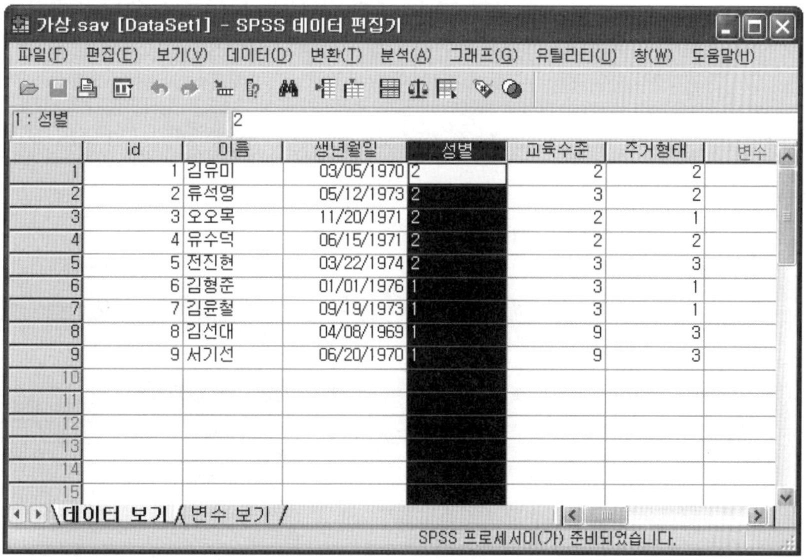

<그림 3-38> 성별을 같은 변수로 코딩 변경한 결과

여기서 주의할 점은 성별의 값이 문자(m, f)에서 숫자(1, 2)로 바뀌었으나, 성별의 변수형태는 문자변수로 지정되어 있으므로 1과 2는 여전히 문자로 인식되는 것이다. 숫자로 인식되기 위해서는 변수 보기 시트에서 변수의 유형을 숫자로 지정해야 한다.

> <그림 3-36> 대화상자의 변수목록에서 변수의 앞부분에 표시가 있는 것은 문자 변수이고, ◆ 은 숫자변수이다.

(2) 새로운 변수로 코딩 변경

자아존중감에 관한 질문[문13 : v13_1~v13_10]은 긍정적이 문항과 부정적인 문항이 섞여 있으며, 모든 문항에 '1=매우 그렇다' 부터 '4=매우 그렇지 않다' 로 코딩되어 있다. 자아존중감이 높은 사람의 응답 점수가 높아지도록 하기 위하여 긍정적인 문항(1번, 2번, 4번, 6번, 7번)의 코딩을 1 → 4로, 2 → 3로, 3 → 2로, 4 → 1로 변경하여 새로운 변수[v13_1a, v13_2a, v13_4a, v13_6a, v13_7a]를 만들어 보자. 이러한 과정을 역코딩이라고 한다.

<그림 3-39>와 같이 데이터 편집기 창의 주메뉴에서 변환(T) → 코딩변경(R) → 새로운 변수로(D)... 를 차례로 클릭하면 <그림 3-40>과 같은 대화상자가 나타난다.

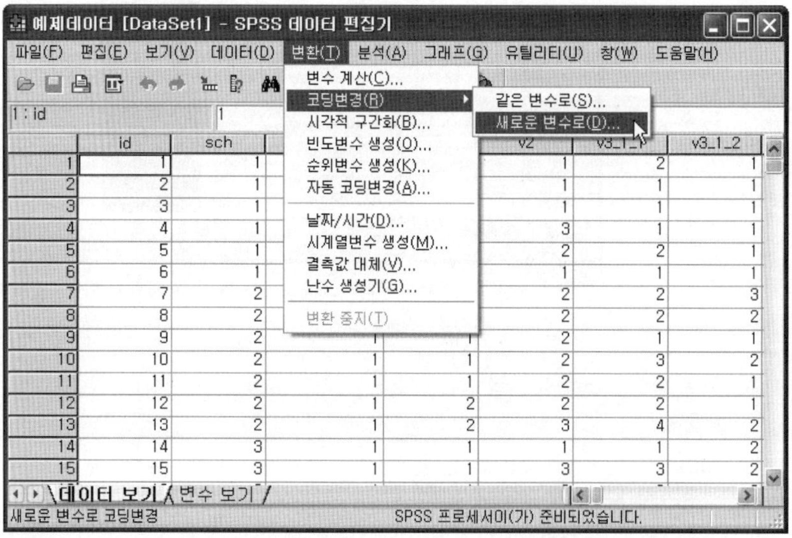

<그림 3-39> 새로운 변수로 코딩변경

변수목록에서 새로 코딩하고자 하는 변수(v13_1)를 선택한 후 ▶ 를 이용하여 선택변수 목록 상자로 옮긴다.

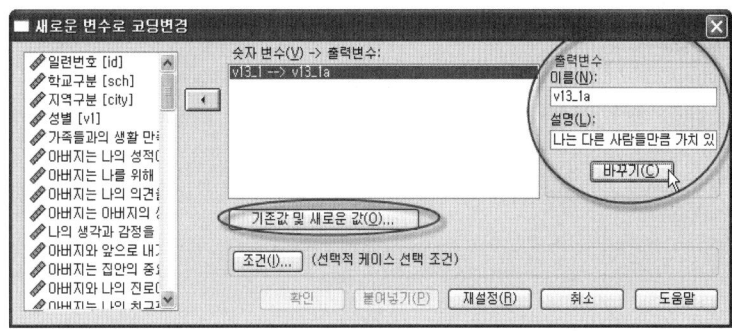

<그림 3-40> 새로운 변수로 코딩변경 대화상자

① 새로운 변수 이름 등록하기

출력변수 아래에 있는 이름(N): 상자로 커서를 옮겨 새로운 변수이름은 'v13_1a'로 입력하고 변수설명은 '나는 다른 사람들만큼 가치있는 사람이다 - 역코딩'으로 입력한 후 바꾸기(C) 를 클릭한다(<그림 3-40>).10)

② 변수값 변경하기

<그림 3-40>의 대화상자에서 기존값 및 새로운 값(O)... 를 클릭하면 <그림 3-41>과 같은 대화상자가 나타난다. 기존 값 값(V): 부분의 상자에 1을 입력하고 새로운 값 값(L): 부분에 4를 입력한 후 추가(A) 를 클릭한다. 다시 기존 값 값(V): 부분에 2를 입력하고 새로운 값 값(L): 부분에 3을 입력한 후 추가(A) 를 클릭한다. 같은 방법으로 3은 2로 4는 1로 변경한다. 그 외에 변동이 없는 값과 시스템 결측값은 ◉기타 모든 값(O) 과 ◉기존값 복사(P) 을 클릭하여 추가(A) 해주고, 지정된 결측값11)의 경우에는 값(V): 부분에 해당 값을 쓰고, ◉시스템-결측값(Y) 을 클릭한 후 추가(A) 해준다.12)

---

10) 새로운 변수는 기존변수와 관련지어 이름을 주는 것이 좋다.
11) 지정된 결측값이란, 입력당시에는 특정값으로 입력이 되었는데 분석에서 불필요해져 결측처리를 한 값을 말한다. 이런 변수를 코딩변경할 때, ◉기존값 복사(P) 를 하면 결측값으로 인식이 되는 것이 아니라 코드값이 그대로 인식되게 된다. 그러므로 이런 경우에는 결측처리할 값을 따로 ◉시스템-결측값(Y) 으로 지정해줘야 한다.
12) 따로 지정해 주지 않으면 새로운 값을 주지 않은 변수값은 모두 결측치로 처리된다.

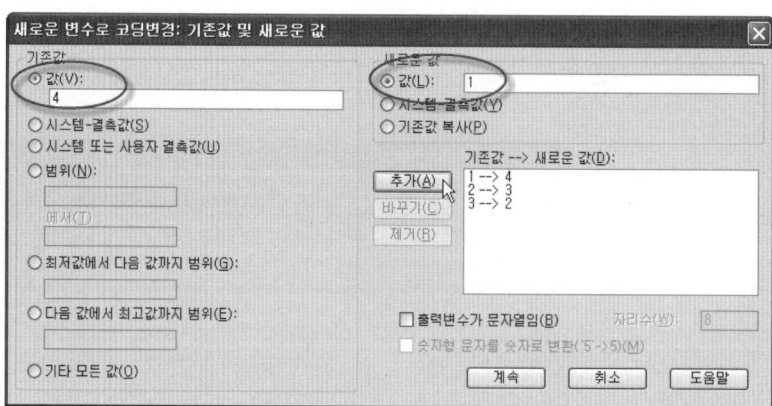

<그림 3-41> 새로운 변수로 코딩변경: 기존값 및 새로운 값 대화상자

③ 새이름으로 변경 끝내기

변경하고자 하는 값을 모두 지정하고 나면 [계속] 과 [확인] 을 클릭한다. 그리고 앞으로 나오는 예제에 이용하기 위해 v13_2, v13_4, v13_6, v13_7도 또한 위와 같이 새로운 변수로 코딩 변경하여 저장한다. 그 결과는 〈그림 3-42〉와 같다.

	v18_4	v18_5	v13_1a	v13_2a	v13_4a	v13_6a	v13_7a
1	2	2	3.00	3.00	3.00	3.00	3.00
2	1	1	4.00	3.00	3.00	.	3.00
3	1	2	3.00	3.00	3.00	3.00	3.00
4	2	3	4.00	4.00	4.00	3.00	3.00
5	2	3	4.00	4.00	3.00	3.00	2.00
6	1	3	4.00	4.00	4.00	4.00	4.00
7	1	3	3.00	3.00	3.00	3.00	3.00
8	1	1	4.00	3.00	3.00	3.00	2.00
9	1	9	3.00	3.00	3.00	3.00	3.00
10	1	1	2.00	2.00	4.00	3.00	2.00
11	1	1	4.00	4.00	4.00	4.00	3.00
12	1	3	4.00	4.00	3.00	2.00	3.00
13	1	3	4.00	3.00	4.00	3.00	3.00
14	2	2	3.00	3.00	4.00	4.00	3.00
15	1	1	4.00	3.00	4.00	4.00	4.00
16	2	3	3.00	3.00	3.00	3.00	1.00

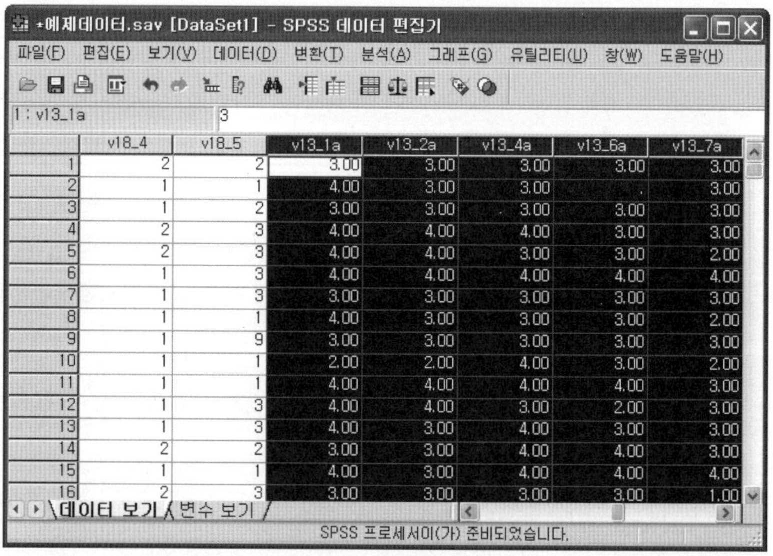

<그림 3-42> 자아존중감의 긍정적인 문항을 다른 변수로 역코딩한 결과

변수는 V13_1, V13_2, V13_4, V13_6, V13_7로 각각 다르지만 변경하는 코딩값이 같을 때는 <그림 3-40>의 새로운 변수로 코딩변경 대화상자에서 선택변수 목록 상자로 5개의 변수를 모두 옮긴 후(단, 출력변수 이름과 설명은 각각 다르게) 변수값 변경을 한꺼번에 지정해 주면 편리하다.

조사자료에서 리커트척도로 측정할 때 '긍정적'인 문항과 '부정적'인 문항을 섞어 묻는 경우가 있다. 이러한 변수들을 합하여 하나의 새로운 변수로 만드는 경우에는 어느 한 방향으로 먼저 일정하게 한 후 합해야 한다. 예를 들면, 부정적인 문항은 코딩변경을 통해 긍정적인 내용으로 점수를 바꿔주는 것이다. 이 작업을 "역코딩"이라고 하는데, 역코딩을 하는 방법은 일일이 코딩변경을 할 수도 있고, 척도의 "(최대값+1)-원래값"으로 계산해서 구할 수도 있다.

예를 들어, '① 매우 그렇다, ② 그런 편이다, ③ 보통이다, ④ 그렇지 않은 편이다, ⑤ 전혀 그렇지 않다'로 조사된 변수라면 ①→⑤, ②→④, ③→③, ④→②, ⑤→①로 코딩변경하거나, "새변수 = 6-기존변수"로 변수 계산하여 구할 수 있다.

새로운 변수로 코딩 변경하지 않고 같은 변수로 코딩 변경한 경우, 새로운 값이 기존의 값과 같은 경우에는 다음과 같은 문제가 생길 수 있으므로 반드시 새로운 변수로 변경하도록 한다.

단계별 코드변경 지시와 결과

단계	코드변경 지시	코드변경 결과			
원래값		1	2	3	4
1단계	1→4	4	2	3	4
2단계	2→3	4	3	3	4
3단계	3→2	4	2	2	4
4단계	4→1	1	2	2	1
변경된 값		1	2	2	1

72   제 3 장   데이터 관리

2. 변수 계산

때로는 측정된 변수값으로 여러 가지 계산을 하여 새로운 변수를 만들어야 할 때가 있다. 예를 들어 키와 체중을 이용하여

비만도 = [체중 / {(키-100)×0.9}]×100

이라는 계산을 하여 비만도를 측정한다든지 또는 생년월일을 가지고 연령을 계산한다든지, 기존의 변수 A와 B를 사칙연산해서 새로운 변수 C를 만드는 것 등이다.

예제를 이용하여 변수 계산하는 방법을 알아보자. 변수 계산은 〈그림 3-43〉과 같이 주메뉴에서 변환(T) → 변수 계산(C)... 을 클릭하여 실행한다. 계산방법은 다음 예제를 통해 배우자.

<그림 3-43> 변수 계산

'예제데이터.sav' 데이터에서 '마음을 터놓을 정도로 친한 친구의 수[문8 : v8_1, v8_2]' 는 '동성친구' 변수와 '이성친구' 변수로 구성되어 있다. 이 두 변수를 더해서 '마음을 터놓을 정도로 친한 친구의 수'를 구해보자(단, '무응답'은 결측치로 먼저 처리하자).

① 계산 결과를 저장할 변수(v8) 지정하기

변수 계산 대화상자의 대상변수(T): 아래 공란에 변수 이름 'v8'을 입력한다. 필요한 경우 유형 및 설명(L)... 을 클릭하여 설명 등을 넣는다.

② v8_1 값과 v8_2 값 더해주기

숫자 표현식의 끝으로 커서를 옮기고, 변수목록의 v8_1을 선택한 뒤  를 클릭해서 숫자 표현식 칸으로 옮긴다. + 를 클릭하고, 변수목록의 v8_2를 선택한 뒤 ▶ 를 클릭해서 숫자 표현식 칸으로 옮겨주어 다음과 같이 되게 만든다.

$$v8\_1 + v8\_2$$

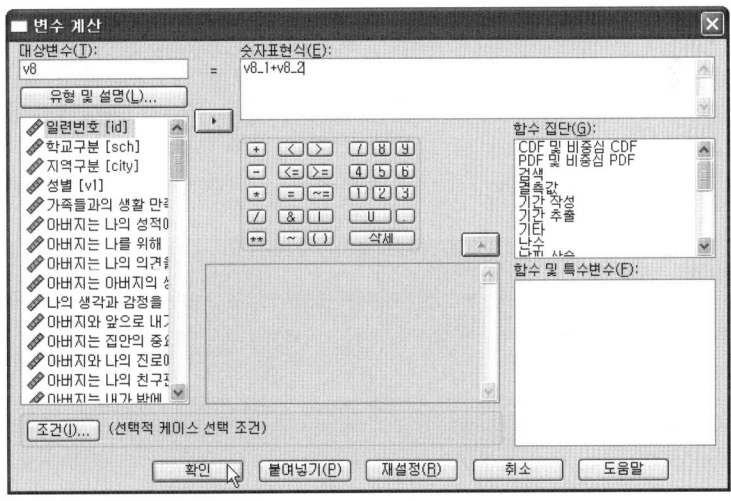

<그림 3-44> 변수 계산 대화상자: 마음을 터놓을 정도로 친한 친구의 수 계산

⑥ 계산 마치기

확인 을 클릭하여 계산을 마친다. 이 계산의 결과는 〈그림 3-45〉와 같다. 마음을 터놓을 정도로 친한 친구의 수가 계산되어 있다.

74   제 3 장   데이터 관리

<그림 3-45> 마음을 터놓을 정도로 친한 친구의 수 계산 결과

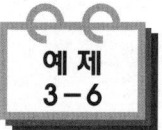

청소년 데이터(예제데이터.sav) 문13번의 10문항은 자아존중감에 대해 물은 문항이다. 이 변수들의 값을 모두 더해 '자아존중감점수[self]' 라는 변수를 만들어 보자. 단, 응답의 방향이 같아야 하므로 역코딩한 변수를 이용하자.

① 여러 변수의 값을 더한 점수로 새로운 변수 만들기

먼저 (v13_1a)부터 (v13_10)까지를 더해서 자아존중감점수(self)라는 변수를 만들어 보자. 변수 계산은 주메뉴에서 변환(T) → 변수 계산(C)... 을 클릭하여 변수계산 대화상자를 열어 실행한다(〈그림3-46〉). 대상변수(T): 에 변수 이름인 self를 입력하고, v13_1a를 선택한 뒤 ▶ 을 클릭하여 숫자표현식 칸으로 옮겨 놓고 더하기 부호 + 를 클릭한다. 다시 v13_2a를 선택하여 숫자표현식 칸으로 옮기고 + 를 클릭한다. 이런 식으로 v13_10까지 숫자표현식 칸으로 옮겨 〈그림 3-46〉과 같이 식을 완성한 다음 확인 을 클릭하여 변수 계산을 마친다.

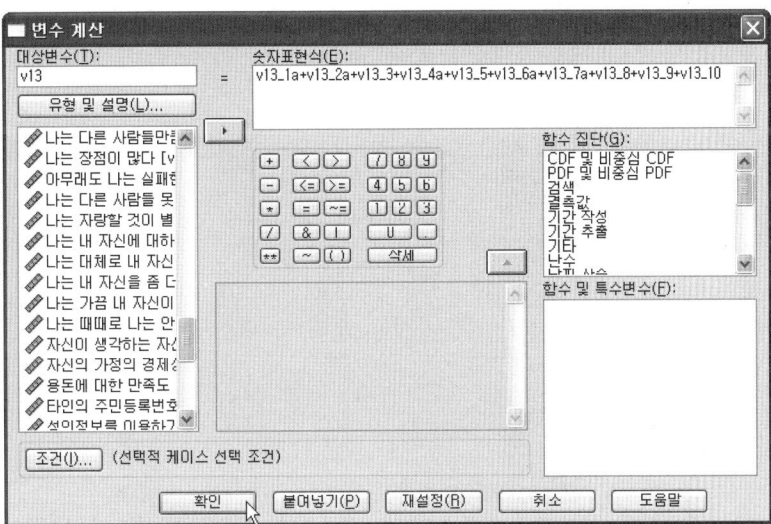

<그림 3-46> 변수계산 대화상자: 자아존중감점수(self)

- 숫자표현식을 쓸 때 대문자로 쓰거나 소문자로 쓰는 것은 마찬가지이다. 섞어서 써도 된다.
- 변수나 함수의 이름을 기억하면 선택해서 옮기지 않고 직접 입력해도 된다.
- 사칙연산 부호들(+, -, *, /)도 선택해서 옮기지 않고 직접 입력해도 된다.
- 괄호의 수를 잘 맞추어야 한다.
- 함수에 적절한 값이 괄호 안에 들어가도록 주의해야 한다. 예를 들어 log 함수를 쓰면서 괄호 안에 음수를 쓸 수 없다.

'변수계산' 부분으로 이동 대화상자에 나오는 키패드에서 │ 은 OR를 의미하고, ** 는 제곱을 의미한다.

② 계산 결과는 <그림 3-47>과 같다.

변수계산을 이용해 새로운 변수 자아존중감점수(self)를 만드는 과정에서 10개의 변수들 가운데 하나라도 결측값이 있으면 계산 결과 (self)는 결측값으로 나타난다.

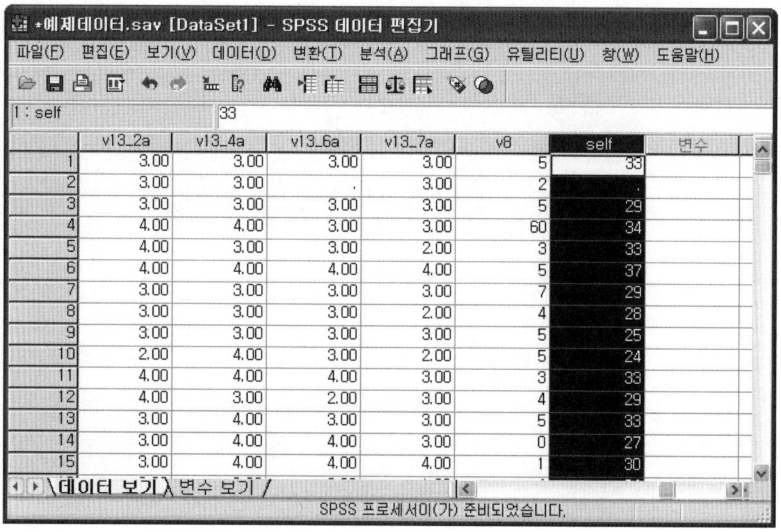

제 3 장 데이터 관리

<그림 3-47> 자아존중감점수로 계산된 결과

앞 절에서 배운 복수응답 질문을 변수계산과 코딩변경을 이용하여 더미변수로 만드는 방법을 간단히 알아보자.

질문. 평소 가장 즐겨보는 TV 프로그램은 무엇인가요? _____ 그 다음으로는요? _____
① 드라마 ② 영화 ③ 쇼·오락 ④ 뉴스·시사 ⑤ 다큐멘터리 ⑥ 기타 문항

위와 같은 문항들을 더미변수로 만들려면, 먼저 변수계산을 이용하여 일정한 값(예를 들면 0)을 초기값으로 주어 모든 케이스에 똑같은 숫자가 코딩되도록 새로운 변수를 6개 만든다. 각 변수는 '평소 가장 즐겨보는 TV 프로그램 - 드라마', '평소 가장 즐겨보는 TV 프로그램 - 영화', '평소 가장 즐겨보는 TV 프로그램 - 쇼·오락',…, … 각각 종류별로 해당 프로그램을 골랐는지 아닌지를 알려주게 된다.

그리고 나서는 첫 번째나 두 번째에 ①번을 고른 사람만(조건(I)... 을 이용) "평소 가장 즐겨보는 TV 프로그램-드라마"를 나타내는 변수가 0이 아닌 다른 값(예를 들면 1)이 되도록 코딩변경을 한다. 아래 표와 같이 변수를 만들면 된다.

응답내용		새로 만든 변수					
첫번째	두번째	드라마	영화	쇼·오락	뉴스·시사	다큐멘터리	기타
1	4	1	0	0	1	0	0
1	3	1	0	1	0	0	0
2	3	0	1	1	0	0	0
3	1	1	0	1	0	0	0
4	2	0	1	0	1	0	0

제4절 데이터 편집

SPSS 데이터 편집기 창의 메뉴 중 데이터(D) 를 열면 데이터 관리에 활용되는 여러 가지 메뉴가 나온다. 그 중 케이스 정렬, 데이터 통합, 일부 케이스 선택 등의 기능을 알아보자.

1. 케이스 정렬

케이스들을 특정한 변수의 값으로 정렬하고자 하는 경우에 이용한다. 예를 들어 모든 케이스를 id순으로 정렬한다든지, 점수가 높은 사람부터 내림차순으로 성적을 정렬하는 것 등이다. 케이스 정렬은 데이터(D) 에서 케이스정렬(O)... 을 선택한다 (〈그림 3-48〉).

〈그림 3-48〉 케이스 정렬

예제
3-7

'가상' 데이터를 이용하여 각 케이스를 생년월일 순으로 정렬하여 보자. 먼저 태어난 사람부터 차례로 정렬하자.

① 케이스 정렬 대화상자의 변수목록에서 정렬기준(S): 에 정렬의 기준이 되는 변수를 옮긴다.

② 먼저 태어난 사람은 생년월일이 이른 사람이므로 생년월일에 대하여 오름차순으로 정렬해야 한다. 정렬순서에서 ⊙오름차순(A) 을 선택하고 확인 을 클릭한다(〈그림 3-49〉).

<그림 3-49> 케이스 정렬 대화상자

결과는 〈그림 3-50〉과 같다. 생년월일이 이른 사람부터 오름차순으로 케이스가 정렬되었다. 〈그림 3-14〉에 있는 처음 저장한 데이터가 id의 오름차순으로 되어 있었던 것과 차이가 난다.

<그림 3-50> 케이스를 생년월일 오름차순으로 정렬한 결과

<예제 3-5>에서 만든 '마음을 터놓을 정도로 친한 친구의 수'를 가지고, 마음을 터놓을 정도로 친한 친구가 많은 케이스에서 적은 케이스 순서로 정렬해 보자.

① 케이스 정렬 대화상자의 변수목록에서 정렬기준(S): 에 정렬의 기준이 되는 변수를 옮긴다.

② 마음을 터놓을 정도로 친한 친구의 수가 많은 순서에서 적은 순서로 즉 내림차순으로 정렬해야 한다. 정렬순서에서 ⊙내림차순(D) 을 선택하고 확인 을 클릭한다(<그림 3-51>).

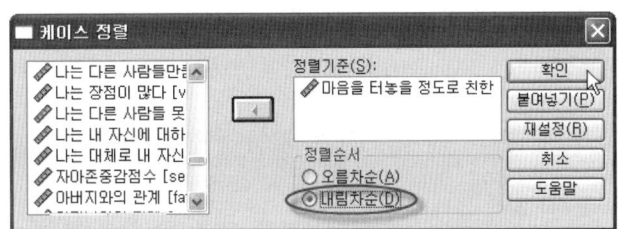

<그림 3-51> 케이스를 정렬 대화상자

결과는 <그림 3-52>와 같다. 마음을 터놓을 정도로 친한 친구의 수가 많은 케이스부터 내림차순으로 데이터 아래쪽에 ·으로 표시된 컨텐츠가 모여 있는데, 이 케이스들은 두 문항 중 어느 하나라도 결측치가 있어 변수 계산시 결측치로 처리된 것들이다.

<그림 3-52> 마음을 터놓을 정도로 친한 친구의 수(v8)를 내림차순으로 정렬한 결과

2. 일부 케이스 선택

대부분의 분석에서는 모든 케이스를 분석하지만 때로는 **일부 케이스들만을 선택하여 분석**하는 경우도 있다. 예를 들어 응답자 중 남자들만 선택하여 분석한다든지, 조사된 사람들 중 일부(예를 들어 절반)만 선택하여 분석하는 경우 등이다. 남자만 선택하는 것은 조건을 만족하는 케이스만 선택하는 것이고, 필요하면 일부만 무작위로 선택할 수도 있다. 사회과학에서는 수집된 케이스를 절반으로 나누어 두 개의 서로 독립된 표본으로 삼아 한쪽 표본에서 얻은 결론을 다른 쪽에 적용해보는 방법을 사용하기도 한다.

케이스를 선택하는 것은 주메뉴에서 데이터(D) → 케이스 선택(C)... 을 차례로 클릭하여 실행한다(〈그림 3-53〉). 사용법을 예제를 통해 알아보자.

〈그림 3-53〉 케이스 선택

데이터에서 여학생들만 선택하여, '친구들 그룹에 포함되는 것이 중요하다[v11]'의 빈도표를 내어보자.

① 케이스선택 대화상자를 연다. 기본값으로 설정된 ⊙전체 케이스(A) 대신 ⊙조건을 만족하는 케이스(C) 를 선택하고 조건(I)... 을 클릭한다(〈그림 3-54〉).

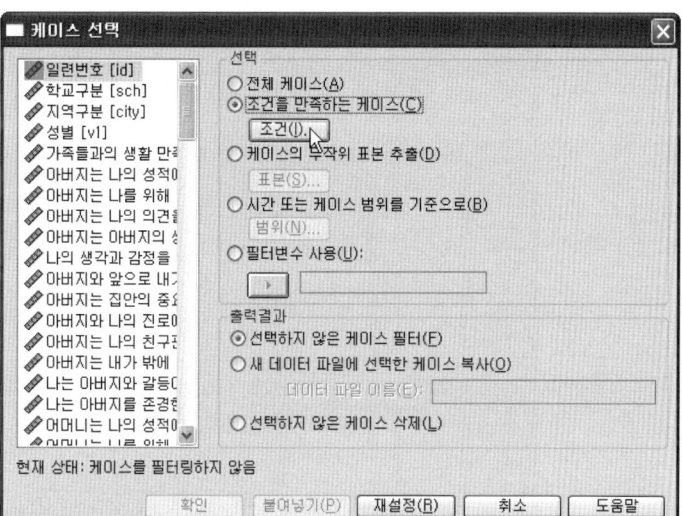

<그림 3-54> 케이스 선택 대화상자

② 〈그림 3-55〉와 같이 조건 대화상자에서 성별(v1)을 선택한 후 ▶ 를 클릭하여 조건 입력공간으로 옮긴다.

③ 부호패드에서 = 을 클릭한 뒤 '2'를 입력하여 선택 조건을 '성별이 여자인 케이스'로 완성하고, 계속 을 클릭한다(〈그림 3-55〉).

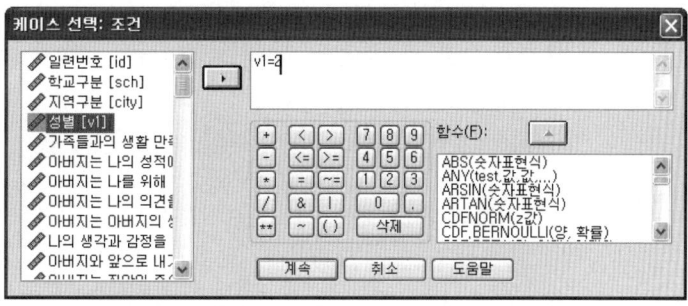

<그림 3-55> 케이스 선택 : 조건 대화상자

④ 〈그림 3-54〉의 케이스선택 대화상자에서 ⊙ 선택하지 않은 케이스 필터(F) 를 클릭하고, 확인 을 클릭하여 케이스 선택을 마친다.

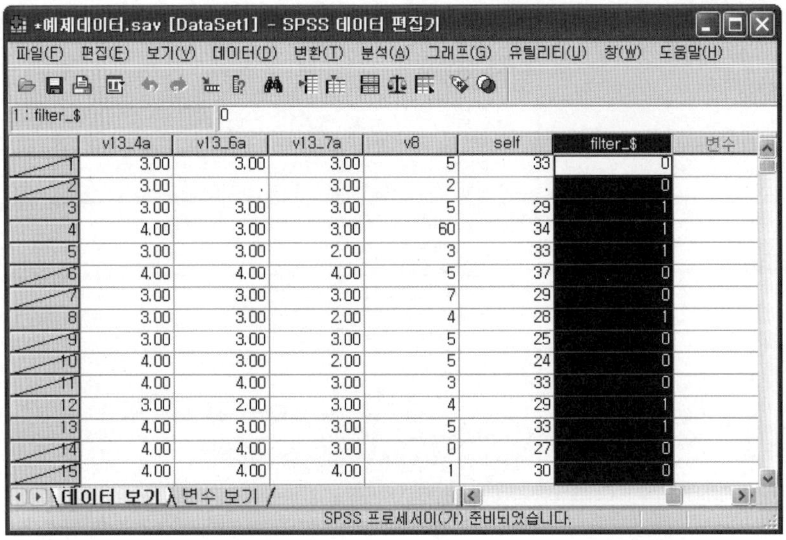

제 3 장   데이터 관리

<그림 3-56> 성별이 여자인 조건에 맞는 케이스 선택 결과

⑤ 선택한 결과는 <그림 3-56>과 같다. 선택되지 않은 케이스의 케이스번호가 사선으로 표시되고, 맨 오른쪽 끝에 filter_$라는 임시 변수가 새로 만들어지면서 선택되는 케이스에는 1이, 선택되지 않는 케이스에는 0이 코딩된다.

⑥ 선택된 케이스만 이용하여 '친구들 그룹에 포함되는 것이 중요하다(v11)'에 대한 빈도분석을 하면 다음 <출력 3-2>와 같은 결과를 얻을 수 있다. 여학생 136명 중 '친구들 그룹에 포함되는 것이 중요한가?'라는 질문에 24명이 '매우 중요하다', 79명이 '중요한 편이다', 21명이 '별로 중요하지 않다', 2명이 '전혀 중요하지 않다', 9명이 '모르겠다'고 응답하였다. 빈도분석에 관한 사항은 4장에 자세하게 설명되어 있다.

<출력 3-2> 친구들 그룹에 포함되는 것에 대한 중요성

친구들 그룹에 포함되는 것에 대한 중요성

		빈도	퍼센트	유효 퍼센트	누적퍼센트
유효	매우 중요하다	24	17.6	17.8	17.8
	중요한 편이다	79	58.1	58.5	76.3
	별로 중요하지 않다	21	15.4	15.6	91.9
	전혀 중요하지 않다	2	1.5	1.5	93.3
	모르겠다	9	6.6	6.7	100.0
	합계	135	99.3	100.0	
결측	무응답	1	.7		
합계		136	100.0		

'케이스선택' 분석이 끝나면 ⊙전체 케이스(A) 를 선택하여 다시 전체케이스로 되돌린다. 선택을 해제하기 전에는 앞으로의 모든 분석에서 선택된 케이스만 이용하게 된다.

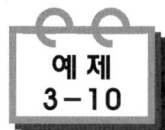

'가상'의 데이터를 완전 무작위로 절반(정도)만 뽑아보자.

① 케이스선택 대화상자를 연 후 ⊙케이스의 무작위 표본 추출(D) 을 선택한다.
② 표본(S)... 을 클릭하여 표본추출 대화상자를 연다. 표본추출 대화상자에서 ⊙대략(A) 을 선택하고 50%를 빈칸에 넣는다(〈그림 3-57〉).

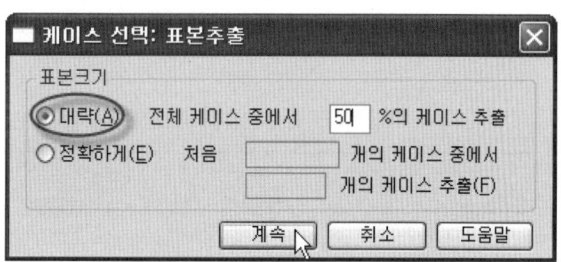

〈그림 3-57〉 케이스 선택 : 표본추출 대화상자

③ 계속 과 확인 을 차례로 클릭해서 케이스를 선택한다.
④ 선택한 결과는 〈그림 3-58〉과 같다. 대략 전체 9케이스의 50%인 5케이스가 선택되었다. 조건을 준 경우와 마찬가지로 선택되지 않은 케이스의 케이스번호가 사선으로 표시되고, filter_$라는 변수가 새로 만들어지면서 선택되는 케이스에는 1이, 되지 않는 변수에는 0이 코딩된다.
⑤ 다시 ⊙전체 케이스(A) 를 선택할 때까지 앞으로는 모든 분석에 선택된 케이스만 이용하게 된다.

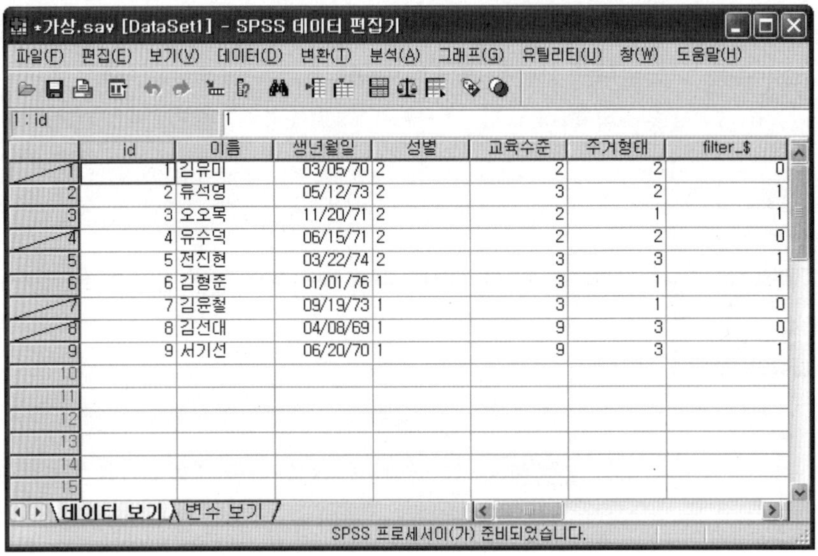

	id	이름	생년월일	성별	교육수준	주거형태	filter_$
1	1	김유미	03/05/70	2	2	2	0
2	2	류석영	05/12/73	2	3	2	1
3	3	오오목	11/20/71	2	2	1	1
4	4	유수덕	06/15/71	2	2	2	0
5	5	전진현	03/22/74	2	3	3	1
6	6	김형준	01/01/76	1	3	1	1
7	7	김윤철	09/19/73	1	3	1	0
8	8	김선대	04/08/69	1	9	3	0
9	9	서기선	06/20/70	1	9	3	1

<그림 3-58> 무작위로 50% 정도를 선택한 결과

■

·무작위로 추출하는 경우 매 실행마다 서로 다른 결과가 나온다.

·대략 ( )%로 계산된 값이 정수가 아닌 경우, 가까운 수의 케이스를 선택한다.

·⊙정확하게(E) 를 선택하면 처음 [9] 개의 케이스 중에서 [3] 개의 케이스 추출(F) 을 지정할 수 있다. 여기 나온 것처럼 9와 3을 차례로 쓰면, 첫 9개의 케이스 중 3개를 무작위로 선택하게 된다.

케이스 선택 출력결과 3가지 특징

① 선택하지 않은 케이스 필터를 선택할 경우 <그림 3-58>과 같이 조건에 만족하는 케이스는 1로, 선택되지 않은 케이스는 0으로 되고 케이스 번호에는 사선으로 표시가 된다.

② 새 데이터 파일에 '선택한 케이스 복사'를 선택할 경우에는 데이터 파일이름을 적어주고 실행을 하면, 새 데이터 파일창이 열리면서 선택된 케이스들이 나타난다.

③ 선택하지 않은 케이스 삭제를 선택하게 되면 조건에 만족해서 선택된 케이스만 남고 선택되지 않은 케이스는 지워진다.

3. 데이터 파일 합치기

(1) 케이스 추가하기

SPSS 데이터 파일 중에서 동일한 변수를 지닌 두 개의 파일을 합치는 경우로서, 예를 들어 청소년 설문지를 두 학교에서 조사하여 각각의 파일로 가지고 있을 경우 하나의 데이터 파일로 만들고자 할 때 사용한다. 이 때 두 파일의 변수 이름은 같아야 한다.

예제
3-11

다음 <표 3-4>를 가지고 '가상1.sav' 파일을 만든 후 '가상.sav' 파일에 케이스 추가를 해보자.

<표 3-4> 가상1의 데이터

id	이름	생년월일	성별	교육수준	주거형태
10	홍길동	12/11/1970	m	3	2
11	이하니	08/29/1973	f	2	1

① 먼저 '가상' 파일을 열고 데이터(D) → 파일 합치기(G) ▶ → 케이스 추가(C)... 를 차례로 클릭하면 〈그림 3-60〉과 같은 대화상자가 나타난다.

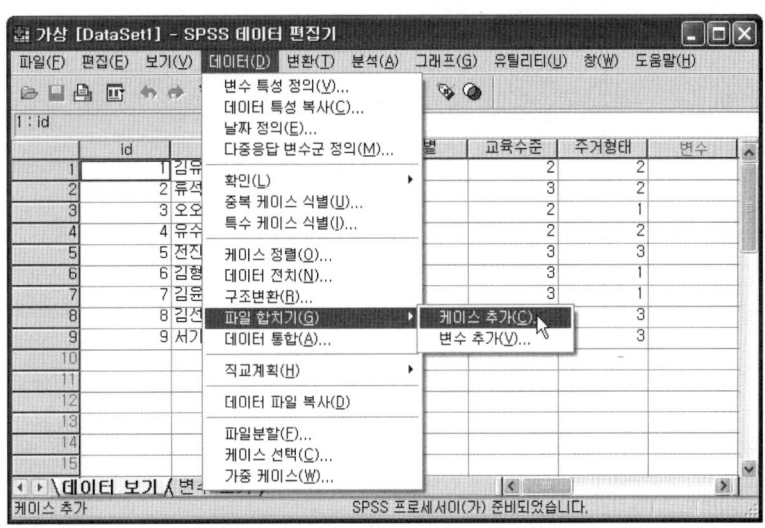

<그림 3-59> 케이스 추가

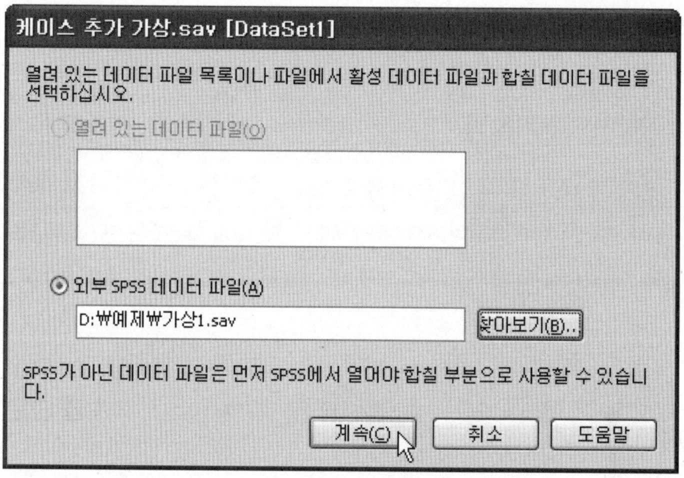

제 3 장   데이터 관리

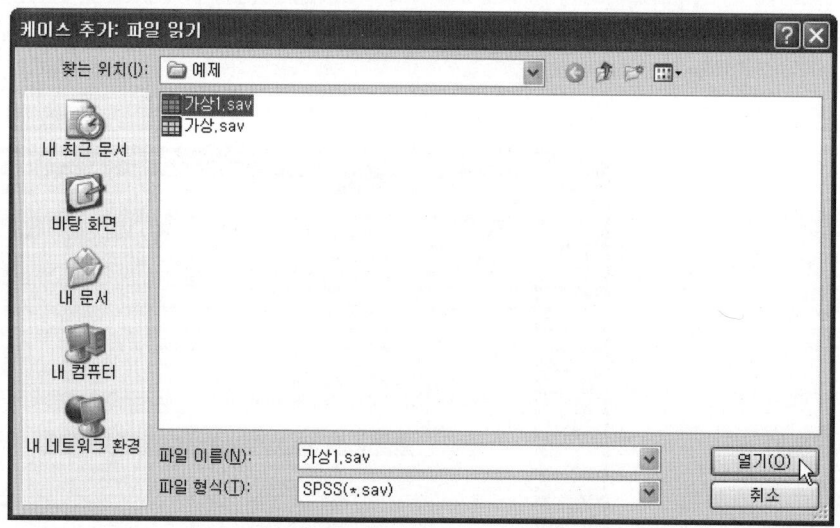

<그림 3-60> 케이스 추가 - 외부 SPSS 데이터 파일 가져오기

② 외부 SPSS 데이터 파일(A) 을 선택하고 찾아보기(B).. 를 클릭하여 '가상1' 파일을 가져온다.13) 계속(C) 을 클릭하면 <그림 3-61>과 같이 합치고자 하는 파일을 선택할 수 있는 창이 나타난다. 합치고자 하는 파일을 선택 한 후 열기(O) 를 클릭한다.

<그림 3-61> 케이스 추가 - 파일읽기

---

13) 케이스 추가를 할 파일이 함께 열려있을 경우에는 열려 있는 데이터 파일(O) 을 선택하면 된다. 여기서는 외부파일을 가져올 경우로 해보기로 한다.

③ 〈그림 3-62〉는 케이스를 추가할 때 대응되는 변수와 대응되지 않는 변수의 항목을 처리하는 대화상자이다. 예제의 두 파일은 변수가 서로 대응되므로 대응되지 않은 변수 항목에는 나타나지 않는다.14) 새 활성 데이터 파일의 변수(V): 의 변수 이름 옆에 '<' 표시가 있는 것은 문자변수를 뜻한다.

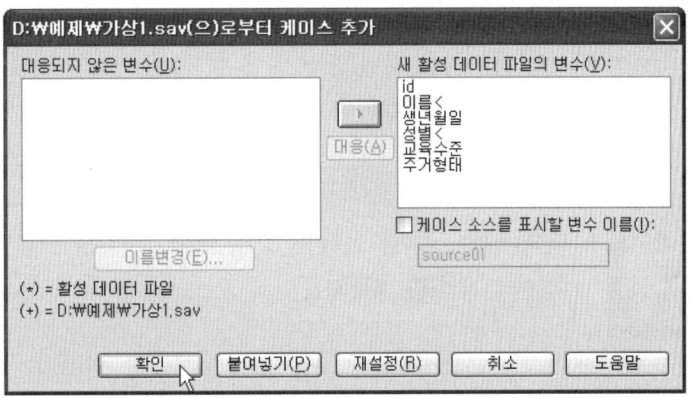

〈그림 3-62〉 케이스 추가 - 대응되는 변수 항목처리

④ 대응되는 변수가 제대로 나타났는지 확인한 후 이상이 없으면 확인 을 클릭한다. 작업한 결과는 〈그림 3-63〉과 같다.

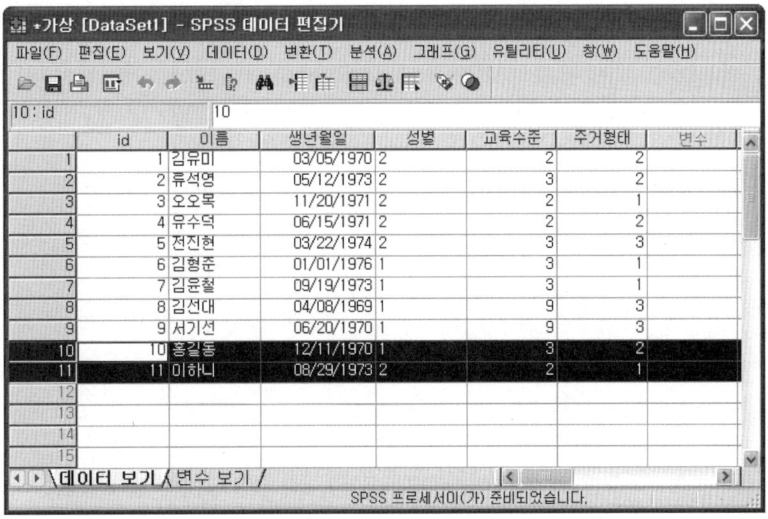

〈그림 3-63〉 케이스 추가 결과

---

14) 현재의 데이터 파일과 케이스를 읽어올 데이터 파일 간에 일치하지 않는 변수가 존재할 경우에는 왼쪽의 대응되지 않은 변수(U): 부분에 그 변수가 나타난다.

(2) 변수 추가하기

같은 케이스에 대해 다른 변수들을 가지고 있는 두 파일을 하나의 파일에 합치고자 할 때 사용한다. 하나하나 직접 입력할 수도 있고, 복사를 할 수도 있으나, 청소년 데이터와 같이 케이스 수가 많을 경우에 시간이 오래 걸리고, 복사를 할 경우에 흐트러질 수도 있으므로 변수추가 기능을 사용하는 것이 좋다. 이때에는 양쪽 파일에 기준변수(id와 같은 변수)가 있어야 하고, 변수를 추가하기 전에 먼저 양쪽 파일 모두 데이터가 기준변수의 **오름차순**으로 정렬되어 있어야 한다.

다음 <표3-5>를 가지고 '가상2.sav' 파일을 만들고, <예제 3-12>의 결과에 변수 추가를 해보자.

<표 3-5> 가상2의 데이터

id	이름	지역
1	김유미	2
2	류석영	1
3	오오목	1
4	유수덕	3
5	전진현	1
6	김형준	1
7	김윤철	3
8	김선대	3
9	서기선	2
10	홍길동	2
11	이하니	3
<내용>	1 대도시 2 중소도시 3 읍면지역	

① 먼저 <예제 3-12>의 결과인 '가상' 데이터를 열고, 데이터(D) → 파일 합치기(G) ▶ → 변수 추가(V)... 를 차례로 클릭하면 <그림 3-65>와 같은 대화상자가 나타난다.

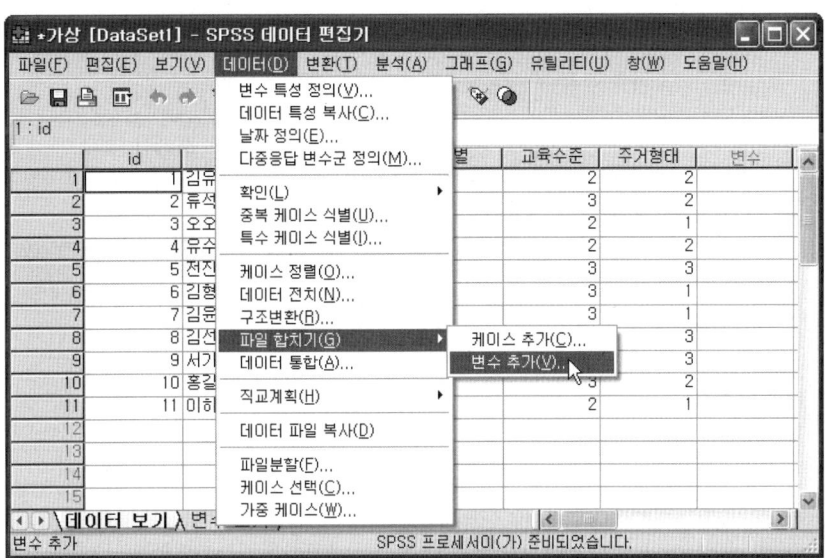

<그림 3-64> 변수 추가

② ⦿외부 SPSS 데이터 파일(A) 을 선택하고 찾아보기(B)... 를 클릭하여 '가상2' 파일을 가져오자. 계속(C) 을 클릭하여 합치고자 하는 파일을 선택하고 열기(O) 를 클릭한다.

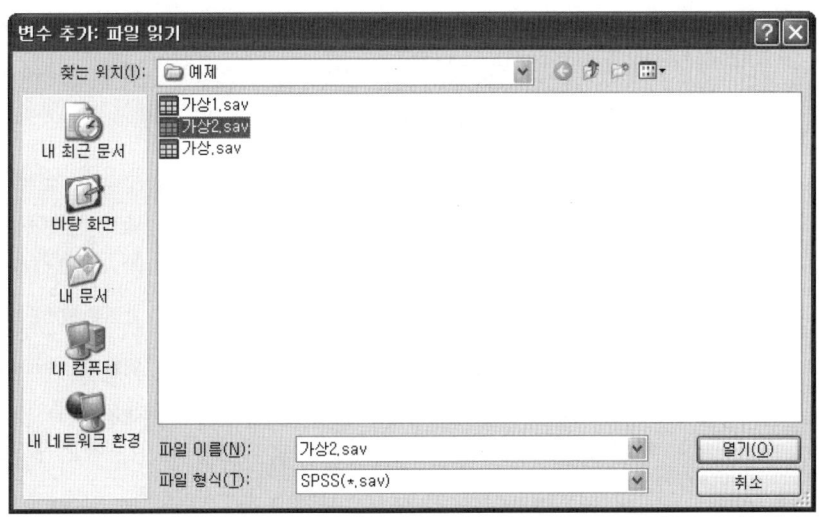

<그림 3-65> 변수 추가 - 파일읽기

제 3 장   데이터 관리

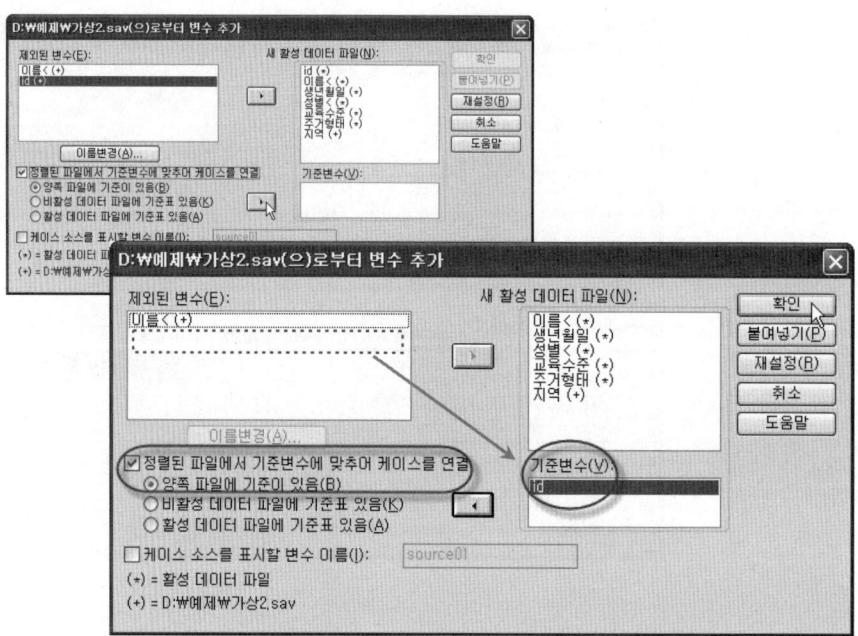

<그림 3-66> 변수 추가 – 새 활성 데이터 파일

③ <그림 3-66>은 변수를 추가할 때 제외된 변수와 활성화된 데이터 파일을 나타내는 대화상자이다. id라는 기준변수가 양쪽 파일에 있고 이 기준변수에 맞추어 케이스를 연결할 것이므로 ☑정렬된 파일에서 기준변수에 맞추어 케이스를 연결 과 ◉양쪽 파일에 기준이 있음(B) 을 선택하고 변수 중 id(+)를 선택한 다음 ▶ 를 눌러 기준변수(V): 로 옮긴다.

④ 새 활성 데이터 파일의 변수 이름에 (*)가 붙어 있는 변수는 현재 데이터파일(가상.sav)에 있는 변수들이고, (+)가 붙어 있는 변수는 새로 불러온 데이터 파일(가상2.sav)에 있는 변수를 의미한다. 추가할 변수인 "지역(+)"이 새 활성 데이터의 변수 목록에 있는지 확인하고, 필요한 변수들이 모두 새 활성 데이터 파일 쪽에 나타났는지 확인한다. 이름 변수는 양쪽 파일에 있으므로 가상2 파일에 있던 변수(이름< (+))는 제외되어 있다. 확인 을 클릭하면 변수 추가 전 <그림 3-67>과 같은 경고창이 뜨는데, 변수를 추가할 때에는 먼저 기준변수의 오름차순으로 정렬되어 있어야 하니 제대로 되어 있는지 다시 확인하도록 한다. 작업한 결과는 <그림 3-68>과 같다.

<그림 3-67> 변수 추가 - 오름차순 경고창

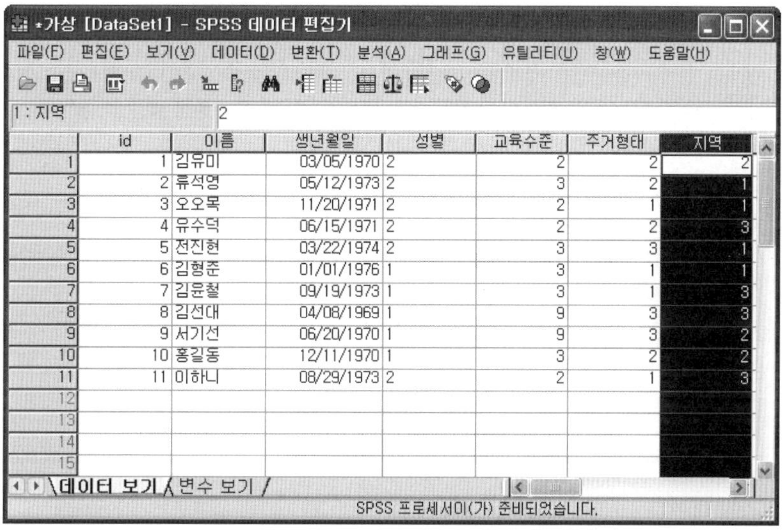

<그림 3-68> 변수 추가 결과

제 3 장 데이터 관리

연습문제

1. 이 장에 나온 예제를 모두 따라 하고 그 결과를 저장하시오. 예제의 결과와 비교해 보시오. 각 예제를 할 때는 예제에서 요구한 것보다 한 가지를 더 선택하여 실행하시오.

2. 문 3번의 아버지와의 관계와 어머니와의 관계 12문항을 모두 합하여 '아버지와의 관계(father)'라는 변수와 '어머니와의 관계(mother)'라는 변수를 새로 만들어 보시오. 아버지나 어머니와의 관계가 좋으면 각각 점수가 높은 것으로 하기 위해 '11)나는 그분과 갈등이 있다' 문항을 제외한 모든 변수를 ①→④, ②→③, ③→②, ④→①로 코딩변경한 후 새로운 변수를 만드시오. 단, 부모님이 안계시거나(⑧번으로 응답) 부모님과의 사이를 '모르겠다'(⑨번으로 응답)고 응답한 경우에는 결측치로 처리하시오.

3. '부모님과 대화를 나누는 시간[문5 : v5_1, v5_2]'은 '시간' 변수와 '분' 변수로 구성되어 있다. 이 두 변수를 가지고 부모와의 대화시간을 분 단위로 계산해 보자.

과 제

제1장의 과제에서 준비한 데이터를 가지고 다음을 하시오.

1. 데이터를 전산화하고 수집된 데이터와 동일한지 검토해 보시오.

2. 각 변수의 이름에 설명문을 넣고, 모든 범주형변수에 대하여 각 변수의 값에 설명을 지정하시오.

3. 결측치를 정의하시오.

제2부   기술통계

제4장   빈도표와 교차표

제5장   기술통계량

제6장   도표

제4장 빈도표와 교차표

제1절 빈도표

제2절 교차표

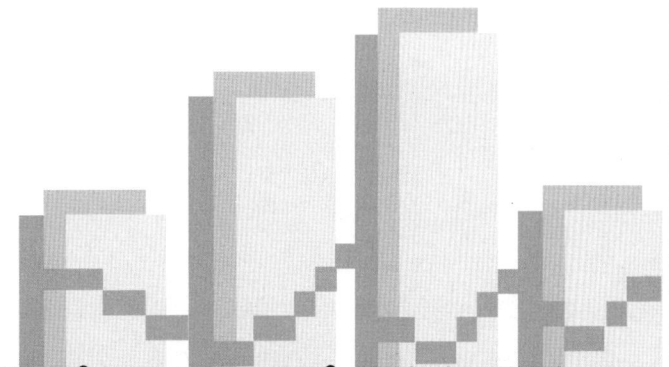

이 장에서는 빈도표와 교차표를 이용한 자료의 정리방법을 설명한다. 빈도표는 변수값의 분포를 나타내주는 기본적이고 중요한 표이다. 자료를 전산화한 뒤에는 모든 변수에 대해 빈도표를 만들어 꼼꼼히 살펴보아야 한다.

제1절 빈도표

1. 빈도표

청소년 데이터에는 중고등 학생들의 응답 내용이 들어있다. 첫 번째 학생의 성별은 1(남자), 두 번째 학생의 성별도 1(남자), 세 번째 학생의 성별은 2(여자)이다. id가 25번인 학생은 여자(2)이다. 이 데이터에서 여학생은 몇 명이고, 남학생은 몇 명이나 될까? 전체 학생은 몇 명일까?

이러한 질문은 하나 하나의 케이스만 살펴봐서는 대답하기 어려운 것들이다. 전체를 정리해서 변수의 각 범주에 해당되는 사람이 몇 명이나 되는지 알아보아야 대답할 수 있다. 이처럼 각 범주에 해당되는 사람의 수, 또는 각 응답 범주가 나타난 횟수를 표로 정리한 것을 빈도표(frequency table)라 한다.

빈도표에는 빈도뿐만 아니라 퍼센트, 유효 퍼센트, 누적 퍼센트 등이 동시에 제시된다.

- 빈도 : ○○명, ○○번과 같이 나타난 횟수

- 퍼센트 : $\dfrac{\text{그 값을 가진 케이스수}}{\text{총케이스수}} \times 100$

- 유효 퍼센트[15] : $\dfrac{\text{그 값을 가진 케이스수}}{\text{유효케이스수}} \times 100$

- 누적 퍼센트 : 유효케이스 중 해당변수 값 이하의 값을 가진 케이스의 비율

빈도표에는 숫자가 작은 값의 빈도부터 차례로 나타난다. 숫자가 가장 작은 값을 **최소값**, 가장 큰 값을 **최대값**이라 하며, 빈도가 가장 많이 나타난 값을 **최빈값**이라 한다. 이처럼 빈도표를 통하여 변수의 분포를 알 수 있다. 범주형 변수의 경우에는 응답 범주가 몇 안되지만, 연속형 변수인 경우에는 가능한 응답이 아주 많을 수도 있다. 일련번호나 이름, 주소 같은 변수는 각 케이스마다 서로 다른 값을 갖게 되므로 가능한 응답의 수는 케이스의 수만큼이나 많다.

---

[15] 유효 퍼센트 : 유효한 값인지 아닌지는 변수정의에서 결측값으로 지정해준다.

2. SPSS로 빈도표 만들기

SPSS에서 빈도표를 만들기 위해서는 아래의 〈그림 4-1〉과 같이 분석(A) → 기술통계량(E) → 빈도분석(F)... 을 클릭하여 빈도분석 대화상자를 이용한다. 예제를 통해 빈도표 만드는 방법을 자세히 알아보자.

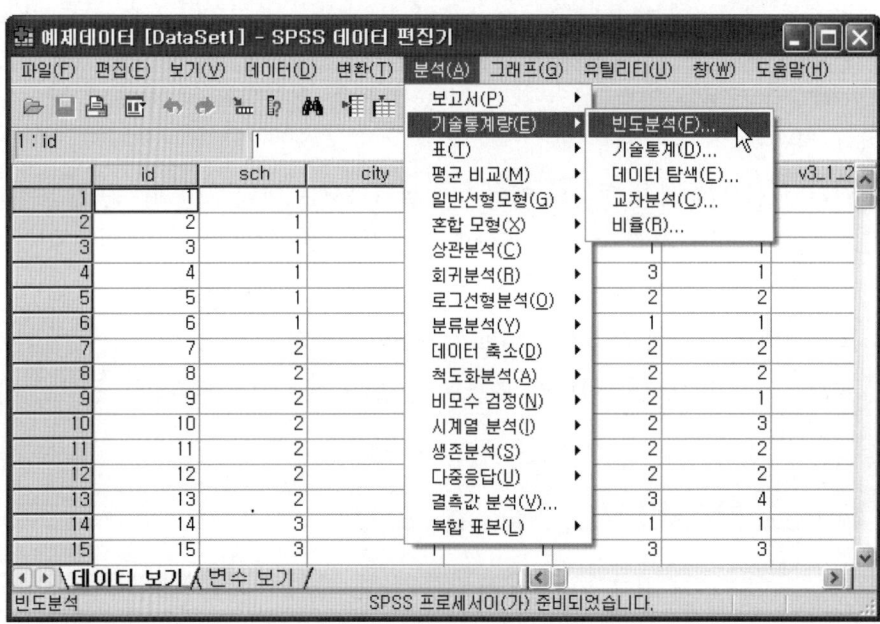

<그림 4-1> 빈도분석

예제 4-1

청소년 데이터(예제데이터.sav)를 가지고 '성별[v1]'과 '학교구분[sch]'의 빈도표를 각각 만들어 보자.

빈도분석 대화상자 왼쪽의 변수목록에서 '성별[v1]'과 '학교구분[sch]'을 선택하고 ▶ 를 클릭하여 변수를 옮긴 후 확인 을 클릭하면 된다 (〈그림 4-2〉).

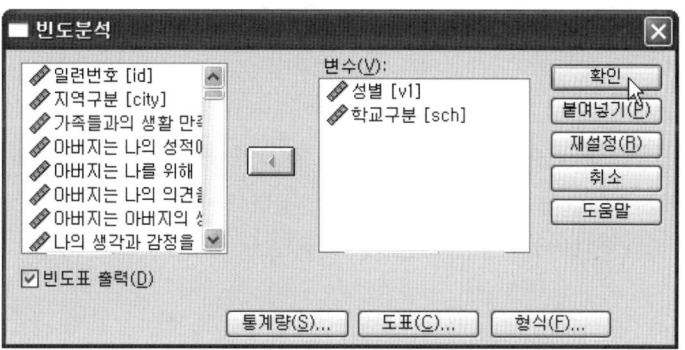

<그림 4-2> 빈도분석 대화상자

〈출력 4-1〉에는 표가 세 개 나와있다. 통계량 표는 케이스의 요약으로 유효케이스와 결측케이스의 수를 요약해서 보여주는데, '성별[v1]'과 '학교구분[sch]' 모두 결측케이스는 없음을 알 수 있다.

<출력 4-1> '성별'과 '학교구분'의 빈도표

통계량

		성별	학교구분
N	유효	275	275
	결측	0	0

성별

		빈도	퍼센트	유효 퍼센트	누적퍼센트
유효	남자	139	50.5	50.5	50.5
	여자	136	49.5	49.5	100.0
	합계	275	100.0	100.0	

학교구분

		빈도	퍼센트	유효 퍼센트	누적퍼센트
유효	중학교	100	36.4	36.4	36.4
	인문고	105	38.2	38.2	74.5
	실업고	70	25.5	25.5	100.0
	합계	275	100.0	100.0	

'성별'의 빈도표를 보면, 남자가 139명으로 전체의 50.5%를 차지한다. 여자는 136명이고 전체의 49.5%이다.

'학교구분'의 빈도표를 보면, 중학교, 인문고, 실업고의 세 가지 값이 있다. 중학교의 비율이 전체의 36.4%, 인문고의 비율이 전체의 38.2%, 실업고의 비율이 전체의 25.5%이다. 두 변수 모두 결측값이 없으므로 퍼센트와 유효 퍼센트는 동일하다.

3. 빈도표 보고하기

변수마다 따로 따로 구해진 빈도표를 보고서의 형태로 정리해 보자.

범주형 변수는 관찰값을 그대로 보고 해도 되지만, 연속형 변수는 몇 개의 범주로 묶어 보고하는 것이 좋다. 예를 들어 연속형 변수인 연령의 경우 20대, 30대, 40대 등으로 묶어서 보고하는 것이 좋다.

성별[v1]과 학교구분[sch]의 빈도를 보고서의 형태로 정리하자.[16]

SPSS로 성별과 학교유형의 빈도분석을 한 〈출력 4-1〉의 결과를 〈표 4-1〉과 같은 빈도표로 작성하여 보고한다.

<표 4-1> 응답자의 사회인구학적 특성

		빈도	%
성별	남자	139	50.5
	여자	136	49.5
학교구분	중학교	100	36.4
	일반고	105	38.2
	실업고	70	25.5

3장에서 만든 '마음을 터놓을 정도로 친한 친구의 수[v8]'는 연속형 변수이다. 이 변수의 빈도표를 만들어 보고, '성별[v1]'이나 '학교구분[sch]'과 같은 범주형 변수의 빈도표와 무엇이 다른지 생각해 보자.

빈도표 대화상자에서 재설정(R) 을 클릭하여 '성별[v1]'과 '학교구분[sch]'을 선택 변수 목록에서 제거하고, 새로운 변수 '마음을 터놓을 정도로 친한 친구의 수[v8]'를 선택변수 목록으로 옮긴 뒤 확인 을 클릭한다.

---

16) 성별과 교육수준, 연령 등의 변수를 사회인구학적 변수라 부른다.

⟨출력 4-2⟩의 빈도표를 살펴보자. 최소값은 0, 최대값은 60이고, 최빈값은 전체의 23.3%를 차지한 2이다. 결측케이스가 11케이스이므로 유효케이스는 264케이스이다. 이 변수는 결측값이 있기 때문에 퍼센트와 유효 퍼센트의 값이 다르다. 일반적으로 결측값이 있는 경우에는 분석에서 제외하기 때문에 유효 퍼센트의 값을 중점적으로 보게 된다.

유효케이스 중 마음을 터놓을 정도로 친한 친구의 수가 5명이하는 76.9%로 대다수 케이스의 관찰값이 5이하이며, 따라서 6이상이 23.1%임을 알 수 있다. 또한, 3이하의 값을 가진 사람이 56.4%로서 전체의 절반이상이 3이하의 값을 갖고 있다.

<출력 4-2> 마음을 터놓을 정도로 친한 친구의 수

마음을 터놓을 정도로 친한 친구의 수

		빈도	퍼센트	유효 퍼센트	누적퍼센트
유효	0	14	5.1	5.3	5.3
	1	23	8.4	8.7	14.0
	2	64	23.3	24.2	38.3
	3	48	17.5	18.2	56.4
	4	22	8.0	8.3	64.8
	5	32	11.6	12.1	76.9
	6	18	6.5	6.8	83.7
	7	10	3.6	3.8	87.5
	8	6	2.2	2.3	89.8
	9	4	1.5	1.5	91.3
	10	8	2.9	3.0	94.3
	11	4	1.5	1.5	95.8
	12	1	.4	.4	96.2
	13	2	.7	.8	97.0
	15	3	1.1	1.1	98.1
	16	1	.4	.4	98.5
	19	1	.4	.4	98.9
	20	1	.4	.4	99.2
	21	1	.4	.4	99.6
	60	1	.4	.4	100.0
	합계	264	96.0	100.0	
결측	시스템 결측값	11	4.0		
합계		275	100.0		

제 4 장   빈도표와 교차표

> 데이터를 분석하기에 앞서 모든 변수에 대하여 빈도표를 만들어볼 필요가 있다. 이때, 일련번호나 이름, 주소 등 각 케이스마다 서로 다른 값을 가질 수밖에 없는 변수까지도 빈도표를 만들어서 자세히 살펴보아야 하는데, 그 이유 중 중요한 것들을 소개하면 다음과 같다.
>
> ① **변수의 범위를 살펴본다.** – 부호화나 전산화 단계에서 실수로 범위 밖의 값이 데이터에 포함되는 경우가 있다. 빈도표를 확인함으로써 이같은 실수를 찾아내어 고칠 수 있다. 때로는 조사원의 실수로 엉뚱한 값이 적히는 경우도 있는데, 이 때, 빈도표 하나로 조사원관리까지도 가능하다.
>
> ② **일련번호의 경우 도수가 모두 1인지 살펴본다.** – 일련번호나 주민등록번호 등 각 대상자마다 서로 다른 값을 가지는 변수인데도 역시 부호화나 전산화단계에서 실수했을 수도 있고, 같은 케이스가 두 번 이상 포함된 경우도 있을 수 있다.
>
> ③ **변수의 응답범주가 예상했던 것과 같은지 살펴본다.** – 계획한 범주를 벗어나면 다음 단계의 진행에 문제가 발생하므로, 이러한 문제를 사전에 수정해야 한다.

청소년 질문지에서 '혹시 특별히 사귀는 이성친구가 있나요?[v9_1]' 라는 질문은 현재 친하게 지내는 이성친구가 있는 사람(9번 질문에서 '① 있다' 라고 응답한 사람)만 응답하는 질문이다. 따라서, 이 변수의 빈도는 응답자 전체를 대상으로 구하는 것이 아닌, 친하게 지내는 이성친구가 있는 사람만을 가지고 구해야 한다. 이 변수의 빈도표를 만들어 보자.

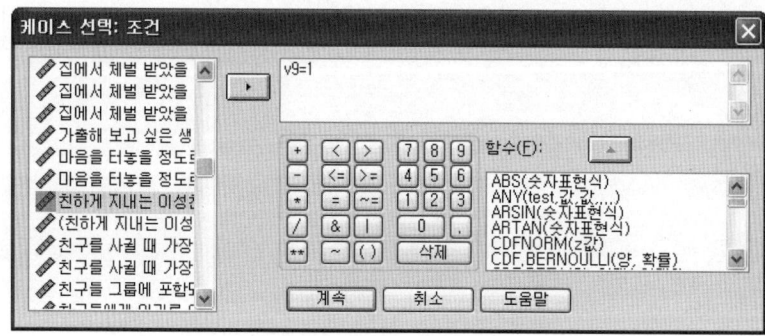

<그림 4-3> 케이스 선택 대화상자

① 빈도표를 구하기 전에 먼저, 친하게 지내는 이성친구가 있는 사람만 선택해야 한다. 3장에서 배운 '케이스 선택'을 이용하자(<그림 4-3>).

② 이제, '(친하게 지내는 이성친구 있는 경우) 특별히 사귀는 이성친구 (v9_1)'의 빈도표를 구해보자. <출력 4-3>을 보면 전체 응답자 중에 친하게 지내는 이성친구가 있는 사람은 155명이고, 이 사람들만 가지고 빈도표가 나와 있다. 빈도표를 보면, 친하게 지내는 이성친구가 있는 155명중 특별히 사귀는 이성친구가 있는 사람은 49명(31.6%)이고, 없는 사람은 106명(68.4%)으로 특별히 사귀는 이성친구가 없는 사람이 훨씬 더 많음을 알 수 있다.

③ 다시 ⊙전체 케이스(A) 를 선택하여 모든 케이스를 가지고 분석하도록 하자.

<출력 4-3> (친하게 지내는 이성친구 있는 경우) 특별히 사귀는 이성친구

통계량

(친하게 지내는 이성친구 있는 경우) 특별히 사귀는 이성친구

N	유효	155
	결측	0

(친하게 지내는 이성친구 있는 경우) 특별히 사귀는 이성친구

		빈도	퍼센트	유효 퍼센트	누적퍼센트
유효	있다	49	31.6	31.6	31.6
	없다	106	68.4	68.4	100.0
	합계	155	100.0	100.0	

> ⚠ 빈도표를 구해보면 때로 퍼센트나 유효퍼센트를 모두 합했을 때, 100.1%나 99.9% 등으로 정확히 100.0%가 아닐 경우가 있다. 이것은 소수점 둘째 자리에서 반올림하면서 생기는 반올림오차(rounding error) 때문이다. 그대로 보고해도 된다.

제2절 교차표

1. 교차표

　　빈도표를 통하여 한 변수의 분포를 살펴보는 것도 중요하지만, 때로는 서로 다른 변수에 대하여 각각의 범주들이 어떠한 방식으로 상호 분포되어 있는지 알아볼 필요가 있다. 예를 들어, 청소년 데이터를 보면 여학생이 136명으로 전체 학생들의 49.5%이고, 남학생이 139명으로 전체 학생의 50.5%임을 알 수 있다. 또 학교의 분포의 경우, 인문고가 105명으로 38.2%, 실업고가 70명으로 25.5%, 중학교가 100명으로 36.4%임을 알 수 있다. 그런데 세 학교에 남녀학생의 비율이 비슷할까? 아니면 한 학교는 남학생이 많고, 다른 학교에는 여학생이 많을까? 이러한 질문에 답하고 싶은 경우 교차표를 이용하면 편리하다.

　　다음과 같은 경우도 교차표를 이용해서 답할 수 있는 질문이다. 학생들의 성별과 '가족들과의 생활 만족도' 간에는 서로 관련이 있을까? 그리고 학교와 '가족들과의 생활 만족도'는 서로 관련이 있을까? 또한 성별에 따라 '남녀에 따른 사회적 차별에 대한 생각'에 대한 의견이 다를까?

　　교차표(cross tabulation)는 두 변수가 지니는 값을 교차시켜서 변수간의 관계를 나타내 보이는 표이다. 교차표는 대개 두 개의 변수를 교차시켜 만들기 때문에 이원배치표라고도 한다. 때로는 제3의 변수 값마다 하나씩 따로 교차표를 만들 수도 있는데, 이 교차표를 삼원배치표라 한다. 학교마다 성별과 '용돈에 대한 만족도'의 교차표를 따로 만드는 경우가 그 예이다.

　　교차표에서 각 응답 범주가 하나의 행을 이루는 변수를 행변수, 열을 이루는 변수를 열변수라 하며, 행변수와 열변수의 범주의 수에 따라 크기를 구분해서 부른다. 예를 들어 성별(남성, 여성)과 취업상태(취업, 미취업, 실직)처럼 2가지 범주와 3가지 범주가 있는 변수로 구성된 교차표는 '2×3 교차표'라 하고 '2행 3열 교차표' 또는 'two by three table'이라고 읽는다.

　　행변수와 열변수의 각 범주가 만나는 곳을 셀(cell)이라 한다. 각 셀은 행변수, 열변수의 순서로 번호를 주어 구분하는데, 1행과 1열이 만나는 곳은 (1,1)셀, 1행과 2열이 만나는 곳은 (1,2)셀, 2행과 3열이 만나는 곳은 (2,3)셀 등으로 부른다. 성별과 취업의 교차표에서는 여성(2)과 실직(3)이 만난 곳이 (2,3)셀이다. 각 셀에는 그 값을 가지는 케이스의 관측빈도가 기본으로 출력되고, 셀 옵션에서 지정을 통해 열의 합을 100으로 하는 비율(열 퍼센트)과 행의 합을 100으로 하는 비율(행 퍼센트), 전체에 대한 비율(전체 퍼센트) 등도 구할 수 있다.

각 변수값의 빈도와 퍼센트가 나와 있는 셀의 값을 주변합이라 한다. 행변수의 주변합은 오른쪽 끝에, 열변수의 주변합은 아래쪽 끝에 있다. 결측케이스가 없는 경우, 주변합의 수치는 빈도표에서 구한 값과 같다.

2. SPSS로 교차표 만들기

교차표 대화상자는 아래의 〈그림 4-4〉와 같이 교차분석(C)... 을 클릭하여 얻는다. 청소년 데이터를 이용해서 교차표를 만들고 읽는 방법을 알아보자.

<그림 4-4> 교차분석

예제 4-5

성별[v1]과 '친하게 지내는 이성친구 유무[v9]'의 교차표를 만들고 표의 내용을 살펴보자. 남자 중 친하게 지내는 이성친구가 있는 학생은 몇 %인가? 또 친하게 지내는 이성친구가 있는 학생 중 여자는 몇 %인가? 남자이면서 친하게 지내는 이성친구가 없는 학생은 전체의 몇 %인가?

① 〈그림 4-5〉와 같이 교차분석 대화상자에서 변수목록의 '성별[v1]'을 선택하여 행변수로 ▶ 옮기고, '친하게 지내는 이성친구 유무[v9]'는 항목을 선택하여 열변수로 ▶ 옮긴다.

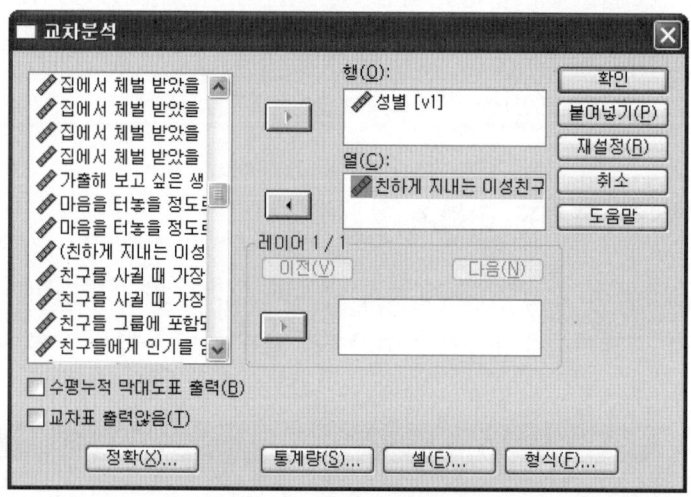

〈그림 4-5〉 교차분석 대화상자

② 전체 퍼센트와 행 퍼센트, 열 퍼센트를 출력물에 포함시키기 위해서는 〈그림 4-5〉 교차분석 대화상자의 셀(E)... 을 클릭하여 〈그림 4-6〉 셀 출력 대화상자를 연다.

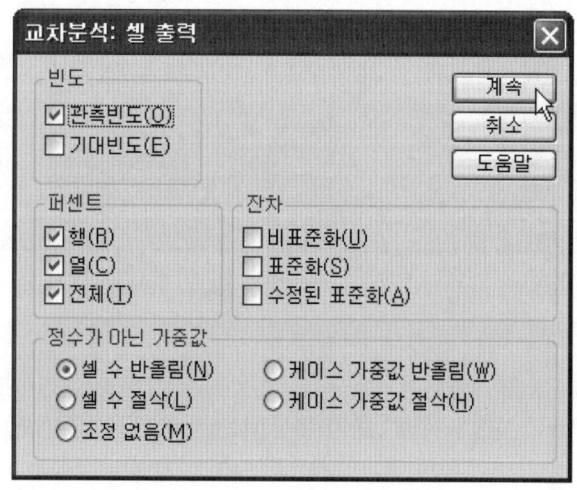

〈그림 4-6〉 셀 출력 대화상자

③ 관측빈도와 셀 수 반올림에는 기본값 설정이 되어 있으므로, 퍼센트의 ☑행(R)과 ☑열(C), ☑전체(T)를 선택하고 [계속]에 이어서 [확인]을 클릭한다(〈그림 4-6〉).

〈출력 4-4〉에는 먼저 케이스 처리 요약표가 제시되어 있는데, 이는 교차표에 사용된 유효케이스와 결측케이스에 대한 정보를 보여 준다.

'친하게 지내는 이성친구' 변수에서 결측케이스가 1명이기 때문에 교차표에서 성별의 주변합과 빈도표의 값은 다르다. 즉 성별의 주변합을 보면, 여자의 빈도는 136으로서 빈도표와 같으나, 남자의 빈도는 138로 '성별'의 빈도표(139)와 다르다. 그 이유는 남학생 중 9번 문항에 응답하지 않은 사람이 있어서 결측치로 처리되었기 때문이다.

<출력 4-4> '성별'과 '친하게 지내는 이성친구'의 교차표

케이스 처리 요약

	케이스					
	유효		결측		전체	
	N	퍼센트	N	퍼센트	N	퍼센트
성별 * 친하게 지내는 이성친구	274	99.6%	1	.4%	275	100.0%

성별 * 친하게 지내는 이성친구 교차표

			친하게 지내는 이성친구		전체
			있다	없다	
성별	남자	빈도	74	64	138
		성별의 %	53.6%	46.4%	100.0%
		친하게 지내는 이성친구의 %	47.7%	53.8%	50.4%
		전체 %	27.0%	23.4%	50.4%
	여자	빈도	81	55	136
		성별의 %	59.6%	40.4%	100.0%
		친하게 지내는 이성친구의 %	52.3%	46.2%	49.6%
		전체 %	29.6%	20.1%	49.6%
전체		빈도	155	119	274
		성별의 %	56.6%	43.4%	100.0%
		친하게 지내는 이성친구의 %	100.0%	100.0%	100.0%
		전체 %	56.6%	43.4%	100.0%

이제 '성별'과 '친하게 지내는 이성친구' 교차표의 각 셀을 살펴보면서 행 퍼센트와 열 퍼센트, 전체 퍼센트에 대해 알아보자. (1,1)셀은 성별이 '남자'이면서 '친하게 지내는 이성친구가 있다'는 케이스들로, 빈도가 74이고 '남자'의 53.6%, '친하게 지내는 이성친구가 있다'는 학생의 47.7%, 전체의 27.0%이다. 남자이면서 친하게 지내는 이성친구가 없는 학생은 전체의 23.4%이다.

반면에 '여자' 중 이성친구가 있다는 학생은 59.6%이고, 친하게 지내는 이성친구가 있다는 학생 중 '여자'는 52.3%이다. 또 '여자'이면서 친하게 지내는 이성친구가 있다는 학생은 전체의 29.6%이다.

성별[v1]과 '자신의 고민을 부모님께서 알고 계시나요?[v4]' 의 교차표를 만들고 표의 내용을 살펴보자.

이 예제는 2행3열의 표를 살펴보기 위한 것이다. 〈출력 4-5〉에 보면, 전체 응답학생의 9.8%가 '잘 알고 계신다', 60.0%가 '조금 알고 계신다', 30.2%가 '전혀 모르고 계신다'는 것을 알 수 있다. '잘 알고 계신다'는 남녀학생의 비율이 10.1%, 9.6%로 비슷하고, '조금은 알고 계신다'는 남학생이 59.0%, 여학생이 61.0%로 비슷하며, '전혀 모르고 계신다' 역시 남학생이 30.9%, 여학생이 29.4%를 차지하였다. 즉 남녀학생의 자신의 고민을 부모님이 알고 계시는 비율이 비슷함을 알 수 있다.

<출력 4-5> '성별'과 '자신의 고민 부모님이 인지여부'의 2×3 교차표

성별 * 자신의 고민 부모님 인지여부 교차표

			자신의 고민 부모님 인지여부			전체
			잘 알고 계신다	조금은 알고 계신다	전혀 모르고 계신다	
성별	남자	빈도	14	82	43	139
		성별의 %	10.1%	59.0%	30.9%	100.0%
		자신의 고민 부모님 인지여부의 %	51.9%	49.7%	51.8%	50.5%
		전체 %	5.1%	29.8%	15.6%	50.5%
	여자	빈도	13	83	40	136
		성별의 %	9.6%	61.0%	29.4%	100.0%
		자신의 고민 부모님 인지여부의 %	48.1%	50.3%	48.2%	49.5%
		전체 %	4.7%	30.2%	14.5%	49.5%
전체		빈도	27	165	83	275
		성별의 %	9.8%	60.0%	30.2%	100.0%
		자신의 고민 부모님 인지여부의 %	100.0%	100.0%	100.0%	100.0%
		전체 %	9.8%	60.0%	30.2%	100.0%

> 행과 열에 들어갈 변수를 지정하는 것은 분석자의 생각대로 하면 된다. 참고로, 논문에서는 행에 독립변수를, 열에 종속변수를 지정하는 경우가 많다.

3. 교차표 보고하기

비교하고자 하는 집단을 구분하여 여러 개의 교차표를 정리·보고하는 방법을 간단히 살펴보자. 교차표는 목적에 따라 보고하는 방법에 약간의 변화를 줄 수 있다. 만일 남자와 여자를 대비시키고자 하면, 성별을 '집단을 구분하는 변수'로 이용한다.

예제 4-7

<예제 4-6>의 결과인 <출력 4-5>에서 출력된 여러 가지 백분율 중 어떤 값을 보고서에 포함시킬 것인지 살펴보자.

⟨출력 4-5⟩의 교차표를 정리한 결과는 ⟨표 4-2⟩와 같다.

<표 4-2> '성별'과 '자신의 고민 부모님이 인지여부의 정리 결과

		자신의 고민 부모님 인지여부		
		잘 알고 계신다	조금은 알고 계신다	전혀 모르고 계신다
총수(명)		27(100.0)	165(100.0)	83(100.0)
성별	남학생	14 (51.9)	82 (49.7)	43 (51.8)
	여학생	13 (48.1)	83 (50.3)	40 (48.2)

4. 기초적 통계표 작성하기

사회조사 보고서에서 쓰이는 통계표를 작성하는 방법과 SPSS 결과물을 보고서에 포함시키는 방법에 대해 알아보자.

사회조사 보고서 등을 작성할 때에는 검정의 결과보다도 여러 사회인구학적 변수(성별, 나이, 교육수준 등)별로 응답이 어떻게 다른지 ⟨표 4-3⟩과 같이 하나로 정리하여 제시하는 경우가 많다.

제 4 장 빈도표와 교차표

<표 4-3> 기초적 통계표

		합계		가족들과의 생활 만족도				
		%	응답자 수	아주 만족한다	만족하는 편이다	불만이 약간 있는 편이다	불만이 많다	가족이 없다
전체		100.0%	275	24.0%	50.5%	20.7%	4.4%	.4%
성별	남자	100.0%	139	25.9%	53.2%	17.3%	2.9%	.7%
	여자	100.0%	136	22.1%	47.8%	24.3%	5.9%	.0%
학교구분	중학교	100.0%	100	36.0%	46.0%	14.0%	4.0%	.0%
	일반고	100.0%	105	20.0%	53.3%	22.9%	3.8%	.0%
	실업고	100.0%	70	12.9%	52.9%	27.1%	5.7%	1.4%
지역구분	대도시	100.0%	117	29.1%	40.0%	21.4%	1.7%	.9%
	중소도시	100.0%	86	17.4%	58.1%	17.4%	7.0%	.0%
	읍면지역	100.0%	72	23.6%	47.2%	23.6%	5.6%	.0%

다음의 간단한 예제를 통해 〈표 4-3〉과 같은 표를 작성해 보자.

예제 4-8 청소년 데이터에서 성별[v1], 학교구분[sch], 지역구분[city]에 따라 '가족들과의 생활 만족도[v2]'의 의견이 어떻게 다른지 통계표를 작성해서 알아보자.

기초적 통계표 대화상자를 열어보자. SPSS 주메뉴에서 분석(A) → 표(T) → 기초적 통계표(B)... 를 차례로 클릭하면(〈그림 4-7〉) 〈그림 4-8〉과 같은 대화상자가 나타난다.

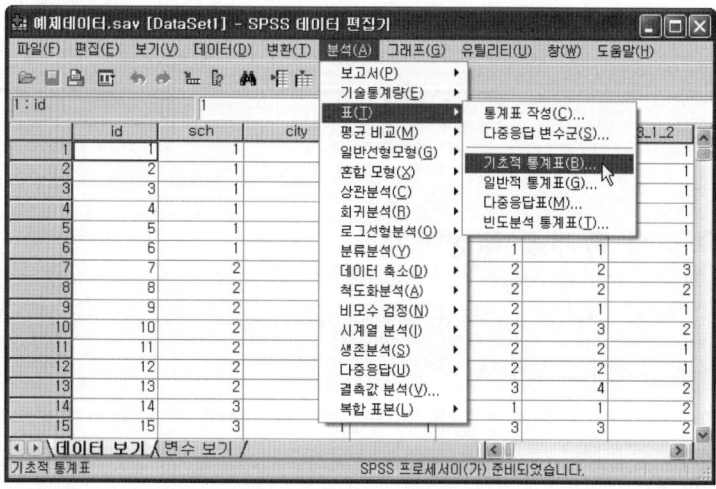

<그림 4-7> 기초적 통계표

세로방향(D): 에는 독립(집단)변수인 성별(v1), 학교구분(sch), 지역구분(city)를 옮기고, 가로방향(A): 에는 종속변수인 가족들과의 생활 만족도(v2)을 옮긴다. 각 독립변수에 대한 종속변수의 분포를 알아보기 위한 것이므로 ⊙각각 분리하여(수직누적)(H) 를 선택한다.17)

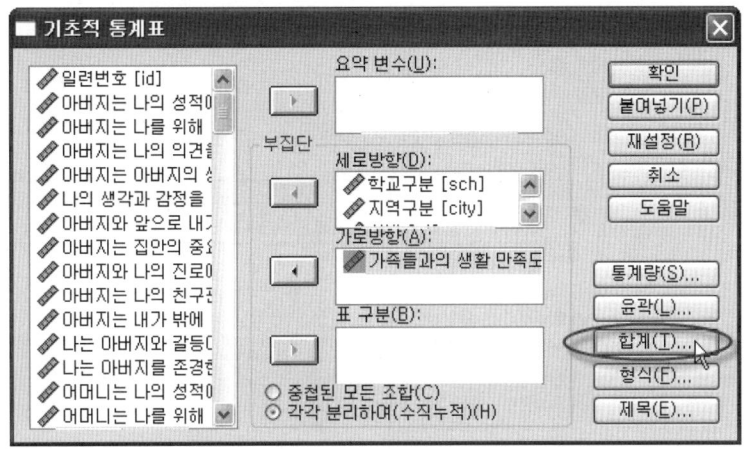

<그림 4-8> 기초적 통계표 대화상자

각 집단 변수별로 합계를 표시해 주려면 합계(T)... 를 클릭하여 <그림 4-9>와 같이 합계 대화상자에서 ☑각 집단변수의 합계(T) 를 선택한 다음 계속 과 확인 을 차례로 클릭한다.

<그림 4-9> 기초적 통계표 - 합계 대화상자

☑각 집단변수의 합계(T) 를 클릭하면 <출력 4-6>과 같이 합계가 각 집단변수의 아래에 출력되고, 각 집단별 결측값은 합계에 포함되지 않는다.

---

17) 만약 '대도시'에 사는 '여중생'의 의견과 같이 독립변수의 가능한 조합에 따라 종속변수의 분포를 보고자 하는 경우에는 ⊙중첩된 모든 조합(C) 을 선택한다.

제 4 장   빈도표와 교차표

☑ 표-주변합계 (결측집단 데이터 무시)(M) 를 선택하면 합계가 표의 맨 아래에 한번만 보고되고, 이때에는 각 집단별 결측값을 포함하여 출력한다.

결과는 〈출력 4-6〉과 같다.

<출력 4-6> 기초적 통계표 출력결과 1

		가족들과의 생활 만족도					집단 합계
		아주 만족	만족하는 편	불만이 약간 있는 편	불만 많다	가족이 없다	
성별	남자	36	74	24	4	1	139
	여자	30	65	33	8		136
집단 합계		66	139	57	12	1	275
학교구분	중학교	36	46	14	4		100
	인문고	21	56	24	4		105
	실업고	9	37	19	4	1	70
집단 합계		66	139	57	12	1	275
지역구분	대도시	34	55	25	2	1	117
	중소도시	15	50	15	6		86
	읍면지역	17	34	17	4		72
집단 합계		66	139	57	12	1	275

위의 출력결과는 빈도로 나타낸 것이다. 결과를 퍼센트(%)로 보고 싶다면 〈그림 4-8〉의 기초적 통계표 대화상자에서 통계량(S)... 을 클릭하면 통계량 대화상자 〈그림 4-10〉이 나타나는데 행 %를 선택한 후 추가(A) 와 계속 을 클릭한다. 결과는 〈출력 4-7〉과 같다.

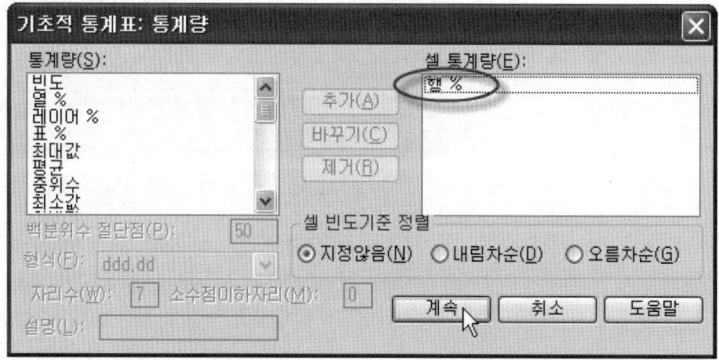

<그림 4-10> 기초적 통계표 - 통계량 대화상자

<출력 4-7> 기초적 통계표 출력결과2

		가족들과의 생활 만족도					집단 합계
		아주 만족	만족하는 편	불만이 약간 있는 편	불만 많다	가족이 없다	
		행 %	행 %	행 %	행 %	행 %	행 %
성별	남자	25.9%	53.2%	17.3%	2.9%	.7%	100.0%
	여자	22.1%	47.8%	24.3%	5.9%		100.0%
집단 합계		24.0%	50.5%	20.7%	4.4%	.4%	100.0%
학교구분	중학교	36.0%	46.0%	14.0%	4.0%		100.0%
	인문고	20.0%	53.3%	22.9%	3.8%		100.0%
	실업고	12.9%	52.9%	27.1%	5.7%	1.4%	100.0%
집단 합계		24.0%	50.5%	20.7%	4.4%	.4%	100.0%
지역구분	대도시	29.1%	47.0%	21.4%	1.7%	.9%	100.0%
	중소도시	17.4%	58.1%	17.4%	7.0%		100.0%
	읍면지역	23.6%	47.2%	23.6%	5.6%		100.0%
집단 합계		24.0%	50.5%	20.7%	4.4%	.4%	100.0%

> ❗ 기초적 통계표를 작성할 때 기초적 통계표 대화상자를 통하여 작성할 수도 있지만, 명령문에 조금 익숙한 사람은 명령문을 사용하여 표를 작성하면 본인이 원하는 모양으로 쉽게 만들 수 있다. 참고로, 아래와 같은 명령문을 Syntax창(명령문 편집기)에서 실행시키면 다음과 같은 결과를 얻을 수 있다.
>
> ```
> tables /format zero
>     /ptotal t1 '전체' t2 '합계'
>     /table t1 + v1 + sch + city by t2 + v12_1
>     /stat cpct((f4.1) '%' : v1 sch city) count(t2 'N' ).
> ```
>
> 명령문을 사용하여 작성한 통계표는 아래와 같다.

		합계		가족들과의 생활 만족도				
				아주 만족	만족하는 편	불만이 약간 있는 편	불만 많다	가족이 없다
		%	N	%	%	%	%	%
전체		100.0	275	24.0	50.5	20.7	4.4	.4
성별	남자	100.0	139	25.9	53.2	17.3	2.9	.7
	여자	100.0	136	22.1	47.8	24.3	5.9	.0
학교구분	중학교	100.0	100	36.0	46.0	14.0	4.0	.0
	인문고	100.0	105	20.0	53.3	22.9	3.8	.0
	실업고	100.0	70	12.9	52.9	27.1	5.7	1.4
지역구분	대도시	100.0	117	29.1	47.0	21.4	1.7	.9
	중소도시	100.0	86	17.4	58.1	17.4	7.0	.0
	읍면지역	100.0	72	23.6	47.2	23.6	5.6	.0

114 제 4 장   빈도표와 교차표

> SPSS 뷰어창에 나타난 출력물을 뷰어창에서 편집하려면 상당히 번거롭다. 출력물을 전문적인 문서 편집프로그램에서 편집하면 더 편리한데, 다른 편집프로그램에서 편집하려면 결과를 다른 형식의 파일로 내보내어야 한다. 개체복사를 한 경우에는 '그림'으로 인식되기 때문이다.
>
> 내보내기를 하려면 우선 출력결과 트리에 있는 결과 중 내보내고 싶은 결과를 선택한다. 이때 Ctrl을 누르면서 마우스를 클릭하면 선택하고 싶은 여러 개의 결과를 한꺼번에 선택할 수 있다. 선택된 개체에 마우스를 대고 오른쪽 버튼을 클릭하여 내보내기(E)... 를 클릭한다.
>
>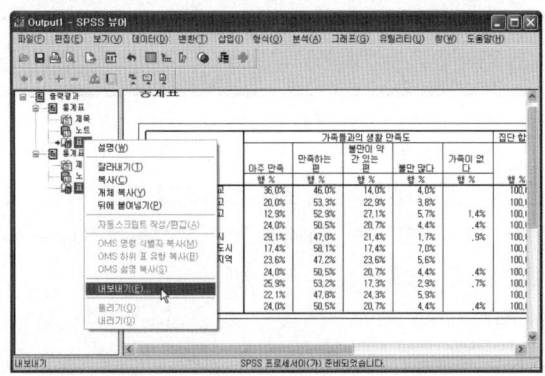
>
> 내보내기 출력결과 대화상자는 다음과 같다.
> 파일 유형(T): 은 내보내는 파일 유형을 HTML 파일 (*.htm) 이나 Text 파일 (*.txt), Excel 파일 (*.xls), Word/RTF 파일 (*.doc), Powerpoint (*.ppt) 파일 중에서 하나를 선택할 수 있다. 찾아보기(B)... 를 클릭하여 파일을 저장할 경로와 파일이름을 지정한다. 확인 을 클릭하여 내보내기를 한다.
>
>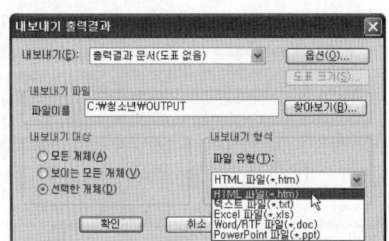
>
> 본인이 사용하는 편집 프로그램에서 가장 편하게 쓸 수 있는 파일형식을 지정하여 내보내기를 한 다음 편집프로그램에서 불러오면 편집할 수 있다.

연습문제

청소년 데이터(예제데이터.sav)를 분석하여 아래의 물음에 답하시오.

1. '가족과의 생활만족 여부(v2)'와 '용돈에 대한 만족도(v16)'의 빈도표를 출력하시오. 가족과의 생활에 만족하는 편인 사람은 몇 명인가? 이는 전체의 몇 %인가? 자기가 받고 있는 용돈이 넉넉한 편이라고 생각하는 사람은 몇 명인가? 그 사람들은 16번 문항(용돈에 대한 만족도)에 응답한 사람의 몇 %인가?

2. '어머니와의 관계(mother)'의 빈도표를 출력하여 분포를 살펴보시오. 유효케이스는 전체의 몇 %인가? 최소값은 얼마인가? 최대값은 얼마인가? 어머니와의 관계 점수가 30점 이하인 학생은 몇 %인가? 40점 이상인 학생은 몇 %인가?

3. 성별(v1)과 우리나라의 '남녀에 따른 사회적 차별에 대한 의견(v18_3)'의 교차표를 출력하고, 각 수준의 분포를 살펴보고 비교하시오. 남자 중에서 우리나라가 남녀에 따라 사회적 차별이 심하다고 생각하는 사람의 비율은 얼마인가? 우리나라가 남녀에 따라 사회적 차별이 심하지 않다고 생각하는 사람 중에서 여자의 비율은 얼마인가?

과제

제1장의 과제에서 준비한 데이터를 활용하여 아래의 과제를 해결해 보시오.

1. 각 변수의 빈도표를 출력하시오. 관찰값의 범위와 분포를 살펴보시오.

2. 범주형변수의 빈도표를 출력하시오.

3. 범주형변수의 교차표를 출력하시오. 비교하고자 하는 집단이 나타난 변수를 열에 배치하시오.

제2부

제5장 기술통계량

제1절 중심경향의 측도

제2절 산포의 측도

제3절 형태의 측도

제4절 SPSS로 기술통계량 구하기

이 장에서는 연속형의 변수에서 자료의 중심경향과 산포, 분포의 형태를 측정하는 여러 가지 지표를 구하는 방법을 알아본다.

데이터의 분포를 단숨에 파악하기에는 도표가 좋고, 데이터의 분포를 자세히 살펴보기에는 빈도표가 좋다. 그러나 도표나 빈도표는 공간을 많이 차지한다는 단점이 있다. 연속형 변수의 경우, 데이터의 중심경향의 측도(대표값)나 퍼진 정도(산포도)를 간단하게 하나의 숫자로 서술해주는 것이 기술통계량이다. 이 장에서는 여러 가지 기술통계량의 특성에 대해 살펴보고, 기술통계량을 읽는 방법을 설명한다.

제1절 중심경향의 측도

교육정도나 성별과 같은 변수는 응답의 범주가 그리 많지 않기 때문에 빈도표만으로도 간단하게 정리할 수 있지만, 키나 체중처럼 변수가 가질 수 있는 가능한 값이 아주 많은 경우, 즉 연속형 변수의 경우에는 각 값이 한두 번씩밖에 나타나지 않을 수도 있다. 이럴 때 변수가 지니는 여러 값(관찰값)의 중심이 어디인가를 파악하거나 그 변수를 대표할 만한 값이 얼마인지 알아볼 필요가 있는데, 이같은 통계량을 중심경향의 측도 또는 간단히 **대표값**이라고 한다. 여기서 **대표값**이란 대상자의 특성을 대표할 수 있는 **하나의 값**으로 평균(mean, $\bar{x}$)과 중위수(median), 최빈값(mode)이 있다.

대표값은 기술통계의 일부분이다. 여기 소개된 대표값 중 최빈값은 빈도표에서 쉽게 구할 수 있고 다른 통계량은 기술통계 또는 데이터 탐색에서 한번에 구할 수 있다. 중심경향의 측도와 산포의 측도, 형태의 측도를 모두 소개한 뒤에 SPSS로 구하는 방법을 설명한다.

1. 평균

평균(mean)에는 산술평균과 기하평균, 조화평균이 있다. 이 가운데 일반적으로 조사결과나 연구발표에 가장 많이 쓰이는 평균은 산술평균(arithmetic mean)으로, 보통 평균이라고 부르는 것이다.

$$\bar{x} = \frac{\sum x_i}{n}$$

이 식에서 $\sum x_i$는 각 케이스의 관찰값 x_i를 모두 합한다는 뜻이고, n은 유효케이스의 수를 말한다.

평균은 각 케이스의 관찰값을 모두 합해서 케이스의 수로 나눈 값으로, 모든 통계값 중 가장 많이 알려져 있고 가장 널리 쓰인다. 예를 들어 5명의 관찰값이 1, 2, 3, 4, 5인 경우 평균은 (1+2+3+4+5)/5=3이다.

평균의 중요한 특징을 몇 가지 살펴보자.

① 평균은 변수가 등간식이거나 비율식일 때 의미가 있다. 명목식 또는 서열식 변수의 경우에는 각 범주를 아무리 숫자로 나타냈다고 해도, 숫자들의 평균은 아무런 의미가 없는 것이다.

② 평균은 케이스들의 무게중심이다. 예를 들어 관찰값이 1, 2, 3, 4, 5인 데이터를 생각해보자. 각 케이스를 놀이 블록으로 생각하고, 1부터 5까지 숫자가 쓰어있는 막대 위에 각 숫자마다 블록을 하나씩 올려놓은 것으로 생각하자. 이 막대를 받침대 위에 균형있게 올려놓으려면 받침대를 어디에 두어야할까? 물론 3 아래이다.

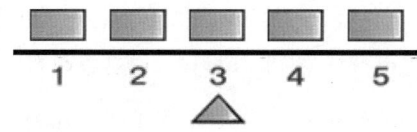

그러면 관찰값이 1, 1, 1, 1, 11인 데이터는 어떨까? 역시 1부터 11까지 숫자가 쓰어있는 막대 위에 1에 4개, 11에 하나의 블록을 올려놓았다면, 무게의 중심은 어디일까? 역시 3이다. 숫자 3 밑에 받침대를 놓아야 막대가 균형을 잡는다. 두 가지 데이터를 통해서 본 것 같이 평균은 무게중심이다.

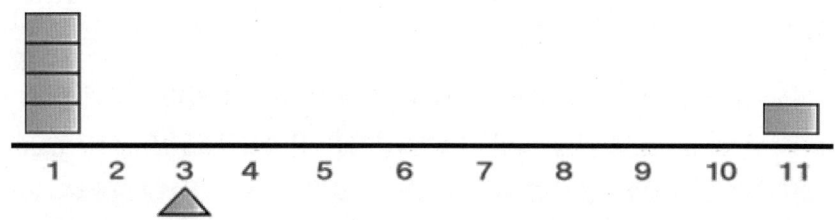

③ 각 케이스의 관찰값에서 평균을 뺀 값, 즉, 편차를 모두 합하면 항상 0이 된다.
④ 평균으로부터의 편차를 제곱하여 합하면, 다른 어떤 값으로부터의 편차를 제곱해서 합한 것보다 더 적은 값이 나온다.

평균분포에 대해서는 중심극한정리(Central Limit Theorem, CLT) 등 통계 이론이 발달되어 있으며, 연구가 가장 많이 된 통계값이다.[18] 그러나 다른 대표값에 비해 비정상적으로 크거나 비정상적으로 작은 값, 즉, 이상점의 영향을 많이 받는다. 데이터가 1, 1, 1, 1, 11인 경우, 하나만 빼고 모두 1에 있는데도 불구하고 평균(대표값)이 3인 것은 이상점 11의 영향을 많이 받기 때문이다.

기하평균(geometric mean)은 배지의 농도(10배, 100배, 1000배)에 따른 대장균 콜로니의 수, 인구증가율(2배, 1.2배) 등 기하급수적으로 변하는 변수에 많이 사용된다. 기하평균 $\overline{x_G}$ 를 구하는 공식은

$$\overline{x_G} = \sqrt[n]{x_1 \cdot x_2 \cdot \ldots \cdot x_n} = (x_1 \cdot x_2 \cdot \ldots \cdot x_n)^{\frac{1}{n}}$$

이다. 한편 조화평균(harmonic mean)은 단위시간 당 주행거리 또는 단위가격 당 구매력 등을 구할 때 쓰인다. 조화평균 $\overline{x_H}$ 를 구하는 공식은

$$\overline{x_H} = \frac{n}{\frac{1}{x_1} + \frac{1}{x_2} + \ldots + \frac{1}{x_n}}$$

이다. 기하평균이나 조화평균은 사회과학분야 데이터의 분석에 그다지 널리 쓰이지 않으므로 이 책에서는 다루지 않는다.

2. 중위수

중위수(median)는 한 변수의 관찰값들을 오름차순으로 배열했을 때, 한 가운데 위치하는 값을 말한다. 중위수의 특징을 평균과 비교해서 살펴보자.

① 중위수를 내기 위해서는 관찰값을 순서에 따라 배열해야하기 때문에 변수가 서열식이거나 등간식 이상일 때 의미가 있다.
② 데이터가 중위수를 중심으로 좌우 대칭인 경우에는 중위수와 평균은 같다.
③ 중위수를 중심으로 데이터의 꼬리가 한쪽으로 길게 분포된 경우, 평균은 중위수보다 더 꼬리 쪽에 있다.
④ 중위수는 이상점의 영향을 적게 받는다.

---

[18] 중심극한정리는 〈부록〉에 설명되어 있다.

⑤ 그러나 중위수를 내기 위해서는 케이스의 수와 절반 근처에 위치한 두 케이스의 관찰값만 필요하므로 각 케이스의 관찰값들이 가지는 정보를 최대한 이용하지 않는 약점이 있다. 표본의 크기가 5인 데이터에서 관찰값이 1, 2, 3, 4, 5인 경우나 1, 1, 3, 5, 5인 경우, 2, 3, 3, 3, 4인 경우, 또는 1, 2, 3, 4, 10인 경우의 중위수는 3으로 모두 같다. 세 번째 경우는 다른 표본에 비해 3주위에 매우 밀집되어 있는데도 이러한 정보가 충분히 활용되지 않았고, 네 번째의 경우는 이상점(10)이 있는데도 중위수는 3으로 똑같다. 이러한 성질은 때로는 장점으로 작용할 수도 있고, 때로는 단점으로 작용할 수도 있다.

3. 최빈값

최빈값(mode)은 이름이 나타내는 대로, **가장 많이 나타난 값**(특성)을 말한다. 최빈값은 관찰빈도가 가장 많은 관찰값이므로 다른 관찰값이 얼마인지 또는 몇 개의 케이스가 있는지 등은 전혀 영향을 미치지 않는다. 따라서 정보를 가장 적게 이용하는 약점이 있지만, 구하기 쉽다는 장점도 있다.

최빈값의 특징을 다른 중심경향의 측도와 비교해서 살펴보자.
① 최빈값은 변수의 측정수준에 관계없이 어느 경우에나 사용할 수 있다.
② 한 데이터에 한 개 이상의 최빈값이 있거나 하나도 없을 수 있다. 케이스의 수가 5인 데이터에서 관찰값이 1, 1, 3, 5, 5인 경우 최빈값은 1과 5이다. 또 관찰값이 1, 2, 3, 4, 5인 경우에는 최빈값이 없다.
③ 봉우리가 하나이고 좌우가 대칭인 분포에서는 평균과 중위수, 최빈값이 모두 같다(〈그림 5-1〉).

최빈값은 가족 수 등의 대표값으로 널리 사용된다.

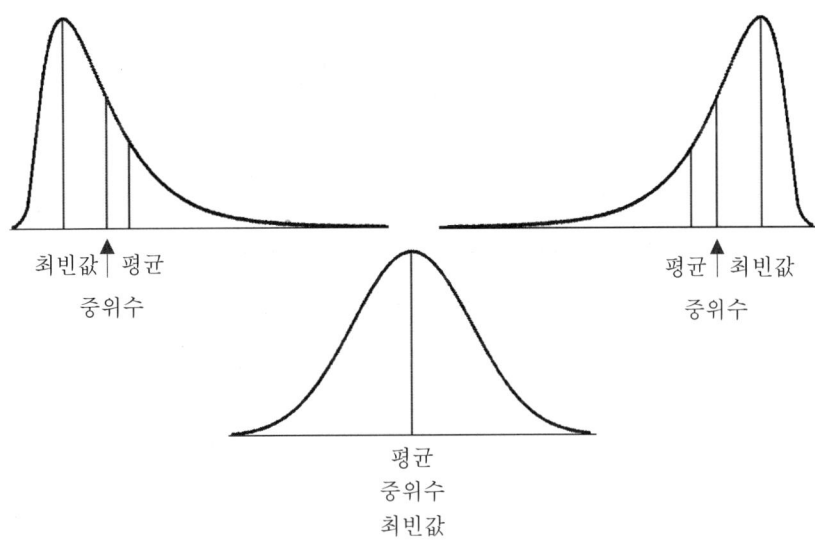

<그림 5-1> 단봉분포에서 평균, 중위수, 최빈값의 관계

<표 5-1>에 있는 네 개의 가상 데이터에서 대표값들을 비교해보자.

<표 5-1> 가상의 데이터

데이터 번호	관찰값
1	1, 2, 3, 4, 5
2	1, 1, 3, 5, 5
3	2, 3, 3, 3, 4
4	1, 2, 3, 4, 10

<표 5-2>는 평균과 중위수, 최빈값 등 세 가지의 대표값을 비교하고 있다. 데이터 번호 1~3은 관찰값이 좌우대칭으로 퍼져 있기 때문에 평균과 중위수가 3으로 모두 같다. 4번 데이터는 이상점이 있는 경우로서 평균은 영향을 받지만, 중위수는 이상점 10의 영향을 전혀 받지 않는다.

<표 5-2> 가상 데이터의 대표값 비교

데이터 번호	관찰값	평균	중위수	최빈값
1	1, 2, 3, 4, 5	3	3	없음
2	1, 1, 3, 5, 5	3	3	1, 5
3	2, 3, 3, 3, 4	3	3	3
4	1, 2, 3, 4, 10	4	3	없음

제2절 산포의 측도

산포도는 변수가 지니는 여러 수치들이 특정한 대표값(대개 평균)을 중심으로 어느 정도나 흩어져 있는가를 나타내는 통계값으로서, 퍼진 정도를 측정한다. 평균이 똑같다고 해도 관찰값들이 모여있거나 퍼진 정도가 같은 경우는 거의 없다. 표본의 크기가 5인 데이터의 관찰값이 1, 2, 3, 4, 5인 경우나 1, 1, 3, 5, 5인 경우, 또는 2, 3, 3, 3, 4인 경우의 평균은 같다. 그러나 첫 번째 데이터의 관찰값들보다 맨 마지막 데이터의 관찰값들이 평균을 중심으로 더 밀집되어 있다. 이처럼 대표값만으로는 데이터 전체의 분포 형태를 제대로 알 수 없고, 퍼진 정도를 함께 살펴볼 필요가 있다.

데이터의 퍼진 정도, 즉, 산포도를 측정하는 도구에는 여러 가지가 있다. 그 중 몇 가지를 살펴보면 범위(range), 분산(variance), 표준편차(standard deviation, SD), 사분위수범위(interquartile range) 등이 있다.

1. 범위

관찰값 중 가장 큰 값을 최대값, 가장 작은 값을 최소값이라 하는데, 이 두 값 사이의 거리가 범위이다. 범위는 일반적으로 영어 단어 range의 첫 자를 따서 R로 나타낸다. 범위를 식으로 적어보면 다음과 같다.

$$R = 최대값 - 최소값$$

범위의 장점은 쉽게 구할 수 있다는 것이다. 그러나 데이터에서 단지 두 점(최대값과 최소값)만을 사용하기 때문에 관측된 데이터를 충분히 활용하지 못하는 단점이 있다. 또 최대값 또는 최소값이 이상점일 때는 실제보다 과장된 값이 나오게 된다. 따라서 범위는 다른 산포도의 보조적인 측도로서 사용될 때가 많다.

2. 분산

분산(variance)은 평균으로부터의 편차의 제곱합을 케이스 수(n)로 나눈 것으로, 관찰값들이 평균적으로 산술평균 주위에 얼마나 밀집해있는지, 혹은 산술평균에서 얼마나 넓게 퍼져있는지를 측정한다. 표본의 분산은 s^2으로 나타내며, 그 공식은 다음과 같다.

$$s^2 = \frac{\sum(x_i - \overline{x})^2}{n-1} = \frac{\sum x_i^2 - n\overline{x}^2}{n-1}$$

여기에서 분모는 모수인 모분산에 더욱 가깝게 하기 위하여 $n-1$로 처리한다.[19]

분산은 항상 양수이다. 범위와는 달리 분산의 계산에서는 모든 케이스의 값을 다 이용하기 때문에 퍼진 정도를 가장 잘 나타낼 수 있다. 그러나 분자에서 관찰값 x를 제곱하게 되므로 처음 측정한 단위와 같지 않아 불편한 점도 있다. 또 평균처럼 이상점의 영향도 많이 받는다.

3. 표준편차

표준편차(standard deviation)는 분산의 단위가 변수의 단위와 같지 않은 문제점을 해결한 산포의 측도로서 분산의 제곱근이다.

$$s = \sqrt{s^2}$$

표준편차는 측정값과 단위가 같기 때문에 이해하기 쉽다. 연속형변수를 설명할 때 평균과 더불어 가장 많이 쓰이는 통계량이다.

표준편차는 정규분포를 따르는 변수를 표준화(standardization)할 때 특히 중요하다. 변수의 표준화는 관찰값에서 평균을 빼고 표준편차로 나누는 것으로서, 변수 X의 i번째 관찰값 x_i의 표준화된 변수 T의 값은

$$t_i = \frac{x_i - \overline{x}}{s}$$

이다. 표준화된 변수의 값은 관찰값이 **평균으로부터 몇 표준편차나 떨어져 있는가**를 나타내준다. 가설의 검정통계량 중에는 이처럼 표준화된 값을 사용하는 경우가 많다.

---

[19] 더욱 엄밀히 말하면, 분모에 n 대신에 $n-1$을 사용하는 이유는 표본분산 s^2을 불편향추정량(unbiased estimate)으로 만들기 위해서이다.

4. 사분위수범위

k 분위수란, 데이터를 오름차순으로 정렬해서 k 개로 나누었을 때 그 중 몇 번째에 위치한 데이터인지 알려주는 것으로, k 가 100이면 백분위수(percentile), k 가 10이면 십분위수(decile), k 가 4이면 사분위수(quartile) 등으로 부른다. 일사분위수는 제일 작은 값에서부터 25%에 해당하는 관찰값이므로 25백분위수이고, 삼사분위수는 75%에 해당하는 관찰값이므로 75백분위수이며, 이사분위수는 중위수(median)이다.

일사분위수와 삼사분위수 사이의 거리를 사분위수범위라고 부른다. 일사분위수를 Q_1, 삼사분위수를 Q_3 이라 할 때, 사분위수범위(inter-quartile range)

$$IQR = Q_3 - Q_1$$

이다. 이는 분포의 양 끝에 있는 값들을 제외하고 가운데 부분을 이루는 절반(50%)이 얼마나 넓은 구간에 걸쳐서 퍼져있는가를 나타낸 것으로, 대부분의 케이스가 가운데 모여있고 일부 이상점이 있는 변수들의 퍼진 정도를 비교하기 위해 많이 쓰인다.

예제 5-2 <표 5-1>에 있는 네 개의 가상 데이터에서 산포의 측도를 계산하여 비교해 보자. (각 표본의 크기가 작으므로 IQR은 구하지 말 것)

〈표 5-3〉은 각 데이터에 대하여 최소값과 최대값, 평균을 범위, 분산, 표준편차와 함께 정리한 것이다. 여기에서 관찰값이 모여있는 데이터(3번)의 산포는 다른 데이터에 비해 작고, 이상점이 있는 데이터(4번)의 산포는 상대적으로 크다. 범위와 분산, 표준편차 계산방법을 첫 번째 데이터를 예로 들어보면 다음과 같다.

범위: $R = 5 - 1 = 4$

분산: $s^2 = [(1-3)^2 + (2-3)^2 + (3-3)^2 + (4-3)^2 + (5-3)^2]/(5-1)$
$= (4 + 1 + 0 + 1 + 4)/4 = 2.5$

표준편차: $s = \sqrt{2.5} = 1.58$

각 데이터의 범위와 분산, 표준편차를 실제로 구해보라.

<표 5-3> 가상 데이터의 산포도 비교

데이터 번호	최소값	최대값	평균	범위	분산	표준편차
1	1	5	3	4	2.5	1.58
2	1	5	3	4	4.0	2.00
3	2	4	3	2	0.5	0.71
4	1	10	4	9	12.5	3.54

제3절 형태의 측도

1. 왜도

왜도(skewness)는 관측값들의 비대칭성을 측정하는 도구로, 왜도의 값이 0이면 좌우 대칭이다. 예를 들어, 정규분포는 좌우가 대칭이므로 왜도의 값이 0이다.

왜도의 부호는 관찰값 분포의 꼬리 방향을 나타낸다. 여기서 꼬리는 다른 케이스들과는 달리 아주 큰 값이나 아주 작은 값을 가지는 몇몇 케이스가 있는 부분을 가리킨다. 왜도의 값이 양수이면 관찰값들의 꼬리가 오른쪽에 있고 대부분의 관찰값들이 왼쪽에 높이 모여 있어서 마치 오른쪽으로 꼬리를 늘인 고래의 형태를 보인다. 반면에 왜도의 값이 음수이면 관찰값들의 꼬리가 왼쪽에 있어서, 왼쪽으로 꼬리를 늘어뜨리고 오른쪽으로 가는 고래의 형태를 이룬다.

왜도의 크기는 꼬리의 길이를 나타낸다. 만일 왜도를 자신의 표준오차[20]로 나누어 2 이상의 값이 나오면 꼬리가 아주 긴 것으로서 '유의한 양의 왜도를 가졌다'라고 한다. 이때 관찰값들은 오른쪽으로 긴 꼬리를 가진다. 한편 왜도를 자신의 표준오차로 나누어 -2 이하의 값이 나오면 '유의한 음의 왜도를 가졌다'라고 하는데, 이 경우 관찰값들은 왼쪽으로 길게 꼬리를 늘이며 퍼져있는 형태를 보인다.

2. 첨도

첨도(kurtosis)는 관찰값들이 산술평균 주위에 밀집된 정도를 측정하는 것이다. 관찰값이 밀집되어 있으면 좁고 뾰족한 분포를 이루겠고, 널리 퍼져있으면 낮

---

[20] 표본평균이나 왜도 등 통계량의 표준편차를 표준오차라 한다.

고 완만한 분포를 이룬다. 첨도의 기준이 되는 분포 역시 정규분포로서, 관찰값들이 정규분포와 비슷하게 분포되어 있으면 첨도의 값은 0이다.

첨도의 크기는 분포의 뾰족한 정도를 나타낸다. 첨도의 값이 0보다 크면 정규분포보다 대표값 주위에 더 밀집되어 있는 것으로서 관찰값이 좁고 높게 모여있는 형태를 띤다. 한편 음의 첨도는 관찰값이 그다지 밀집되어 있지 않기 때문에 정규분포보다 더 낮고 넓게 퍼져있는 형태를 보이게 된다.

제4절 SPSS로 기술통계량 구하기

1. SPSS로 대표값과 산포도 간단히 구하기: 기술통계

기본적인 기술통계량만 간단히 출력하기 위해서 〈그림 5-2〉와 같이 분석(A) → 기술통계량(E) → 기술통계(D)... 를 선택하면 기술통계 대화상자가 나타난다.

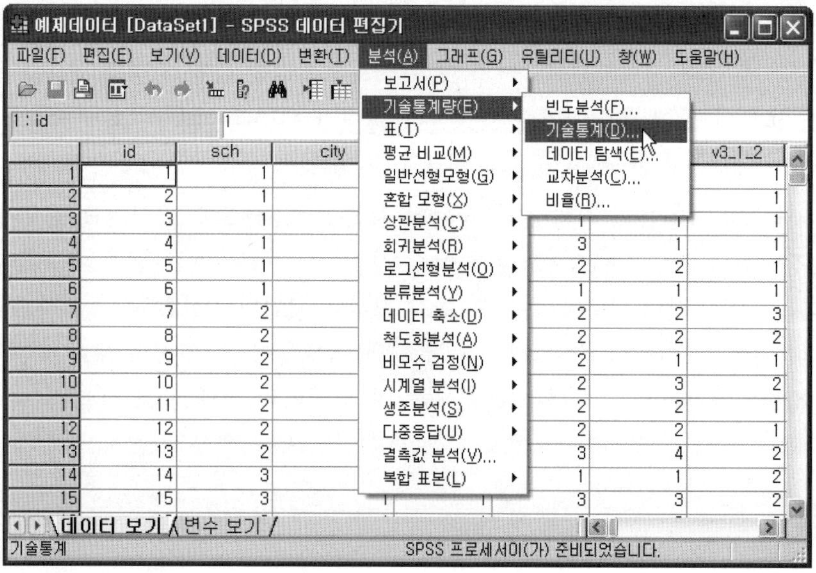

<그림 5-2> 기술통계

청소년 데이터(예제데이터.sav)를 이용해서 자아존중감점수[self]의 대표값과 산포도를 구해보자.

〈그림 5-3〉 기술통계 대화상자에서 변수 '자아존중감점수(self)'를 선택한 후 확인 을 클릭하면 기본으로 설정된 사례수(N), 최소값, 최대값, 평균, 표준편차가 출력된다.

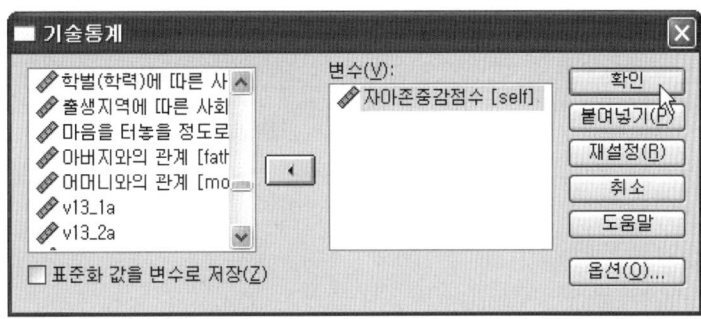

〈그림 5-3〉 기술통계 대화상자

〈출력 5-1〉에 보면 총 케이스는 275케이스지만 5케이스가 결측처리가 되어 유효 케이스 수는 270으로서 최소값은 14, 최대값은 40이고, 평균은 28.2, 표준편차는 4.80이다.

<출력 5-1> 자아존중감점수의 기술통계 (간단한 출력)

기술통계량

	N	최소값	최대값	평균	표준편차
자아존중감점수	270	14	40	28.23	4.800
유효수 (목록별)	270				

2. SPSS로 자세한 기술통계량 내기: 데이터 탐색

간단한 기술통계 내기로 최소값과 최대값, 평균, 표준편차를 알 수 있지만, 분석하고자 하는 변수의 분포를 더욱 자세히 알아보기 위해서는 자세한 기술통계량을 내어 보는 것이 좋다. 데이터 탐색이란 데이터의 구조와 특징을 알아내기 위한 모든 노력을 말한다. 이는 전통적인 기술통계분석 분야와 많은 유사점을 가지고 있지만, 한 걸음 더 나아가서 데이터가 내포하고 있는 구체적 특성을 가려낼 뿐만 아니라, 기대했던

130　제 5 장　기술통계량

데이터 구조에서 벗어나는 문제점들을 가려내어 데이터 구조의 특성을 더욱 명확하게 보여준다. 데이터 탐색에서는 데이터분석의 결과를 쉽게 요약하기 위하여 여러 가지 통계값들을 형상화하여 표현하는 그래프들도 함께 출력된다.

　　데이터 탐색 기능을 이용하여 기술통계량을 자세히 출력하기 위해서〈그림 5-4〉와 같이 분석(A) → 기술통계량(E) → 데이터 탐색(E)... 을 클릭하여 데이터탐색 대화상자를 열어야 한다. 예제를 통하여 분석방법과 출력물의 형태를 살펴보자.

<그림 5-4> 데이터 탐색

학생들의 자아존중감점수[self]의 자세한 기술통계량을 구해보자.

① 데이터 탐색 대화상자에서 변수 자아존중감점수(self)를 종속변수(D): 로 ▶ 옮기고 확인 을 클릭하면〈출력 5-2〉와 같은 결과가 나타난다. 케이스 처리 요약에는 유효한 케이스 수와 결측 케이스 수, 전체 케이스 수가 각각 나온다(〈그림 5-5〉).

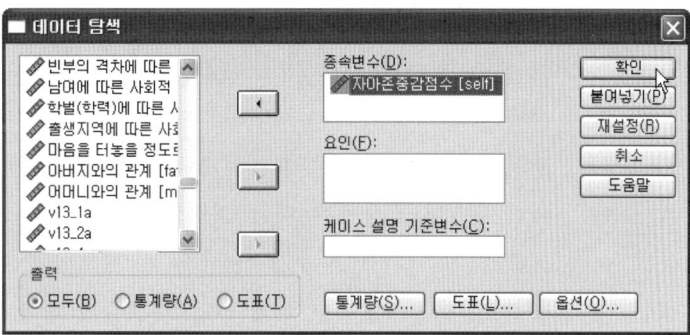

<그림 5-5> 데이터 탐색 대화상자

② 기술통계부분에는 간단한 출력에서 출력된 내용에 덧붙여 중위수와 분산, 범위, 사분위수범위, 왜도, 첨도 등이 함께 출력된다. 평균은 28.2, 중위수는 28이다.

③ 범위와 사분위수범위가 각각 26과 7인 것으로 보아, 절반은 사분위수범위인 7안에 있고, 나머지 절반은 그 바깥에 넓게 퍼져 있는 것을 알 수 있다.

④ 왜도의 값은 음수이므로 왼쪽으로 꼬리를 가진 것이다. 즉 대부분 학생들의 자아존중감점수는 높은 편인데, 몇몇 학생들이 낮은 점수를 보여 왼쪽으로 길게 퍼져있는 형태를 보이고 있다.

<출력 5-2> 자아존중감점수의 기술통계 (자세한 출력)

케이스 처리 요약

	케이스					
	유효		결측		전체	
	N	퍼센트	N	퍼센트	N	퍼센트
자아존중감점수	270	98.2%	5	1.8%	275	100.0%

기술통계

			통계량	표준오차
자아존중감점수	평균		28.23	.292
	평균의 95% 신뢰구간	하한	27.65	
		상한	28.80	
	5% 절삭평균		28.26	
	중위수		28.00	
	분산		23.038	
	표준편차		4.800	
	최소값		14	
	최대값		40	
	범위		26	
	사분위수 범위		7	
	왜도		-.051	.148
	첨도		-.352	.295

⑤ 첨도는 -.352이다. 이 값이 0보다 작은 것으로 보아, 점수는 평균 주위에 넓게 퍼져있으며, 낮고 완만하게 분포되어 있는 것으로 보인다.

출력에 나온 평균의 95% 신뢰구간과 5% 절삭평균은 앞에서 설명하지 않은 통계량이다. 우선 간단하게 이 내용을 설명하고, 신뢰구간에 관한 상세한 내용은 7장에서 다룰 것이다.

⑥ 신뢰구간은 모집단의 평균이 있을 것으로 추정되는 구간을 말한다. 95% 신뢰구간이란, 모집단의 평균이 이 구간 안에 있을 것으로 95% 확신한다는 뜻이다. 점수의 95% 신뢰구간의 하한은 27.7, 상한은 28.8이므로, 모든 학생들을 다 조사했을 때, 평균 점수는 약 27.7에서 28.8 사이에 있을 것으로 거의 확신할 수 있다.

⑦ 5% 절삭평균은 이상점이 평균에 영향을 주는 것을 막아보고자 하는 노력으로써, 데이터의 양쪽에서 5%의 데이터를 제외하고 평균을 낸 것이다. 이 값이 평균과 많은 차이가 나면 이상점의 영향이 큰 것이고, 평균과 큰 차이가 없으면 이상점의 영향이 적은 것이다. 점수의 평균은 28.2이고 5% 절삭평균도 28.2이므로, 이상점의 영향이 거의 없다는 것을 알 수 있다.

데이터 탐색 결과에는 줄기와 잎그림 도표와 상자도표가 함께 출력된다. 이 도표에 대해서는 다음 장에서 알아보기로 하자.

학생들의 '자아존중감점수[self]'의 기술통계량을 성별에 따라 따로 내어보자.

학생들의 자아존중감점수(self)의 기술통계량을 성별에 따라 따로 내기 위해서는 데이터탐색 메뉴를 이용한다(〈그림 5-6〉).

데이터 탐색 대화상자에서 변수 자아존중감점수(self)를 종속변수(D): 로, 성별(v1)을 요인(F): 으로 ▶ 옮기고 확인 을 클릭하면 〈출력 5-3〉과 같은 결과가 나타난다. 케이스 처리 요약에는 유효한 케이스 수와 결측 케이스 수, 전체 케이스 수가 각각 나온다.

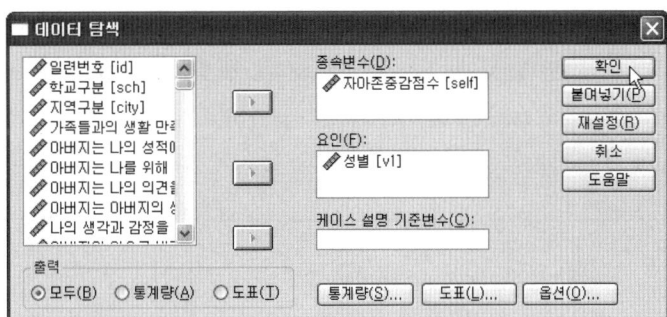

<그림 5-6> 데이터 탐색 대화상자

<출력 5-3> 성별에 따른 자아존중감점수의 기술통계

케이스 처리 요약

	성별	케이스					
		유효		결측		전체	
		N	퍼센트	N	퍼센트	N	퍼센트
자아존중감점수	남자	136	97.8%	3	2.2%	139	100.0%
	여자	134	98.5%	2	1.5%	136	100.0%

기술통계

	성별			통계량	표준오차
자아존중감점수	남자	평균		28.90	.392
		평균의 95% 신뢰구간	하한	28.12	
			상한	29.67	
		5% 절삭평균		28.94	
		중위수		29.00	
		분산		20.878	
		표준편차		4.569	
		최소값		17	
		최대값		40	
		범위		23	
		사분위수 범위		7	
		왜도		-.021	.208
		첨도		-.428	.413
	여자	평균		27.54	.427
		평균의 95% 신뢰구간	하한	26.70	
			상한	28.39	
		5% 절삭평균		27.57	
		중위수		27.00	
		분산		24.475	
		표준편차		4.947	
		최소값		14	
		최대값		39	
		범위		25	
		사분위수 범위		7	
		왜도		-.016	.209
		첨도		-.322	.416

① 기술통계부분에는 성별에 따라 따로 결과가 출력되었다.
② 남자의 경우 평균이 28.9, 중위수는 29.0이며 여자의 경우 평균이 27.5 중위수는 27.0으로 남자에 비해 점수가 낮은 편이다.

③ 왜도의 값은 남자와 여자 둘 다 음수이므로 왼쪽으로 꼬리를 가진 것이다. 즉 대부분 학생들의 자아존중감점수는 높은 편인데, 몇몇 학생들이 낮은 점수를 보여 왼쪽으로 퍼져있는 형태를 보이고 있다.

④ 첨도는 각각 -.428과 -.322로 남학생들의 점수가 여학생보다 더 넓게 퍼져있으며, 낮고 완만하게 분포되어 있는 것으로 보인다.

⑤ 남학생들의 자아존중감점수 95% 신뢰구간의 하한은 28.1, 상한은 29.7이므로 평균 점수는 약 28.1에서 29.7 사이에 있을 것으로 확신할 수 있고, 여학생들의 95% 신뢰구간의 하한은 26.7, 상한은 28.4로, 모든 여학생들을 다 조사했을 때 평균 점수는 약 26.7에서 28.4 사이에 있을 것으로 거의 확신할 수 있다.

⑥ 남학생들의 점수 평균은 28.9이고 5% 절삭평균도 28.9, 여학생들의 점수 평균은 27.5이고 5% 절삭평균은 27.6으로, 이상점의 영향이 차이가 없다는 것을 알 수 있다.

3. 대표값과 산포도 보고하기

보고서를 작성할 때는 대표값과 산포도를 동시에 제시하여 변수의 분포를 쉽게 알아볼 수 있도록 해야 한다. 연령이나 키 등의 연속형 변수를 정리한 것을 표로 보고할 때는 다음과 같이 하는 것이 좋다.

자아존중감점수[self]의 평균과 표준편차를 표로 정리해 보자.

보고서에는 〈표 5-5〉과 같이 변수이름 또는 변수 내용을 적고 평균과 표준편차를 적는다. 때로는 평균과 표준편차 사이에 ±부호를 넣어 $\bar{x} \pm s$, 또는 $\bar{x} \pm S.D.$의 형태로 적기도 한다.

<표 5-5> 자아존중감점수의 평균과 표준편차 ($n=270$)

변 수	평균($\bar{x}$)	표준편차(s)
자아존중감점수	28.2	4.80

자아존중감점수[self]의 평균과 표준편차를 성별에 따라 따로 내서 표로 정리해 보자.

모두 유효한 케이스만 가지고 집단별 평균분석을 하여 다음과 같은 결과를 얻을 수 있다. 〈출력 5-4〉는 피벗표 편집기에서 행과 열을 전치시킨 결과이다.

<출력 5-4> 집단별 평균분석결과

보고서

자아존중감점수

성별	평균	N	표준편차
남자	28.90	136	4.569
여자	27.54	134	4.947
합계	28.23	270	4.800

남녀학생의 비교는 〈표 5-4〉와 같이 정리한다.

<표 5-4> 남녀 학생의 비교

변 수	남학생 (n=136)	여학생 (n=134)
	$\bar{x} \pm S.D.$	$\bar{x} \pm S.D.$
자아존중감점수	28.9±4.57	27.5±4.95

연습문제

청소년 데이터(예제데이터.sav)를 이용하여 아래의 연습문제를 풀어 보시오.

1. 어머니와의 관계(mother)의 평균, 표준편차, 최소값, 최대값은 얼마인가? 이 장에서 배운 통계량을 모두 찾아보고 설명하시오. 통계량들 간의 관계를 설명하시오.

2. 어머니와의 관계(mother)를 성별(v1)에 따라 나누어 평균과 표준편차를 구하시오.

과 제

제1장의 과제에서 준비한 데이터를 이용해서 아래의 과제를 해결해 보시오.

1. 연속형변수의 평균과 표준편차를 구하시오. 전체에 대한 평균과 표준편차를 구하고, 다른 범주형변수를 하나 정해서 그 변수의 각 수준에 따라 평균과 표준편차를 구하시오.

제2부

제6장 도 표

제1절 이산형 변수의 도표

제2절 연속형 데이터의 도표

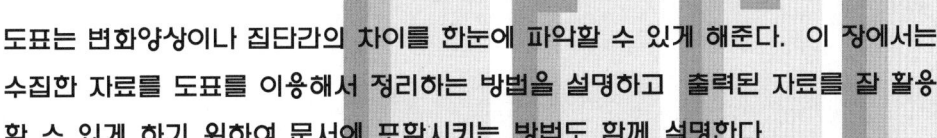

도표는 변화양상이나 집단간의 차이를 한눈에 파악할 수 있게 해준다. 이 장에서는 수집한 자료를 도표를 이용해서 정리하는 방법을 설명하고 출력된 자료를 잘 활용할 수 있게 하기 위하여 문서에 포함시키는 방법도 함께 설명한다.

수집된 데이터를 빈도표나 기술통계를 이용해 정리하였다고 해도, 빈도표에 제시된 숫자의 나열은 가시적 효과를 주지 못한다. 데이터의 분포를 단숨에 파악하기에는 역시 도표가 좋다. 데이터에 따라서는 도표를 이용하면 변화 또는 차이를 한눈에 볼 수 있는 경우도 많다.

변수의 종류에 따라 적용할 수 있는 도표가 다르다. 변수는 크게 이산형과 연속형으로 나뉘는데, 이 장에서는 변수의 종류에 따른 여러 가지 도표의 종류와 각각의 특성을 살펴보고, 도표를 이용하여 데이터를 정리하는 방법을 배운다.

제1절 이산형 변수의 도표

1. 막대도표

막대도표(bar chart)는 범주형 변수에 사용하며, 각 범주가 가지는 상대도수(%)나 도수(frequency), 또는 다른 변수의 통계량을 막대의 길이로 표현한 것이다. 범주마다 막대를 하나씩 그리다 보니 막대와 막대 사이가 서로 떨어져 있는 것이 특징이다.

막대도표를 그릴 때 주의할 점으로는

(1) 각 막대의 굵기를 일정하게 하고,

(2) 원점을 항상 0으로 지정하는 것이다.

막대의 굵기를 일정하게 하지 않으면 굵은 막대는 더 많은 양을 나타내는 것 같은 착각을 일으키게 된다. 예를 들어 한 범주의 빈도가 다른 범주의 두배가 된다고 하자. 만일 막대의 길이 뿐 아니라 굵기까지 두배로 그린다면 면적이 네배가 되어, 보는 이는 두배 이상의 차이로 느끼게 된다. 이러한 실수는 막대를 사람이나 자동차, 나무 등의 모양으로 나타낼 때 자주 일어나므로 주의해야 한다.

또 원점을 0으로 하지 않으면, 아주 작은 차이도 과장되어 보이게 된다. 따라서 굵기를 일정하게 해야 하고 원점을 반드시 0으로 해야 막대도표의 역할을 충실히 할 수 있다.

SPSS로 막대도표를 그리려면 주메뉴에서 〈그림 6-1〉과 같이 그래프(G) →
막대도표(B)... 를 클릭하면 〈그림 6-2〉 막대도표 대화상자가 나타난다.

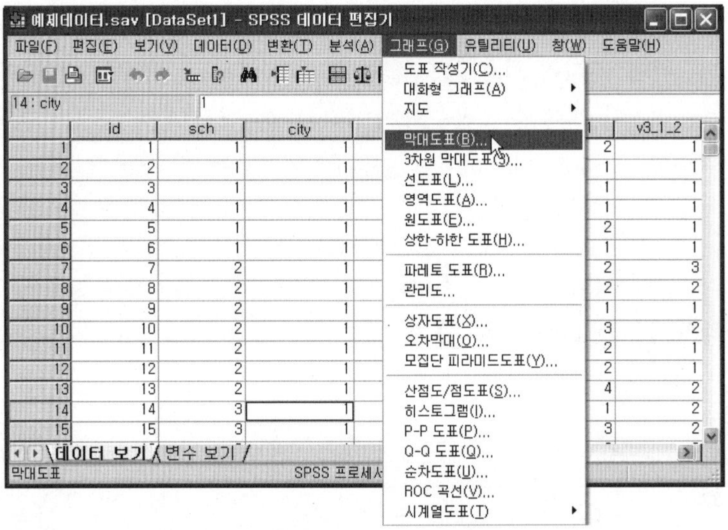

<그림 6-1> 막대도표

대화상자에서 '단순'은 한 변수의 범주마다 막대를 하나씩 작성하는 것으로 가장 기본적인 형태이다. 정의 를 클릭하면 〈그림 6-3〉과 같은 대화상자가 나타난다.

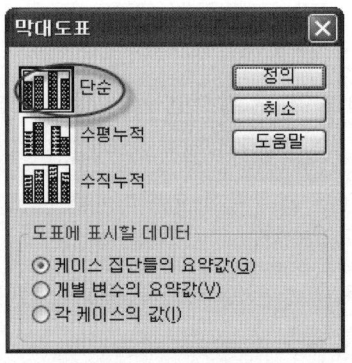

<그림 6-2> 막대도표 대화상자

예제를 중심으로 막대도표의 작성방법을 알아보고, 막대도표를 통하여 얻을 수 있는 정보에 대해 생각해보자.

청소년 데이터(예제데이터.sav)에서 응답자 중 학교구분[sch]별 비율이 얼마나 되는지 알고 싶다. 학교구분[sch]별 막대도표를 그려보자.

〈그림 6-3〉과 같이 변수목록에서 도표를 그리려는 변수 `학교구분 [sch]` 를 선택하여 `범주축(C):` 상자로 옮기고, 막대표시로 `⦿케이스 퍼센트(A)` 를 선택한 뒤 `확인` 을 클릭하면 〈출력 6-1〉과 같은 막대도표가 출력된다.

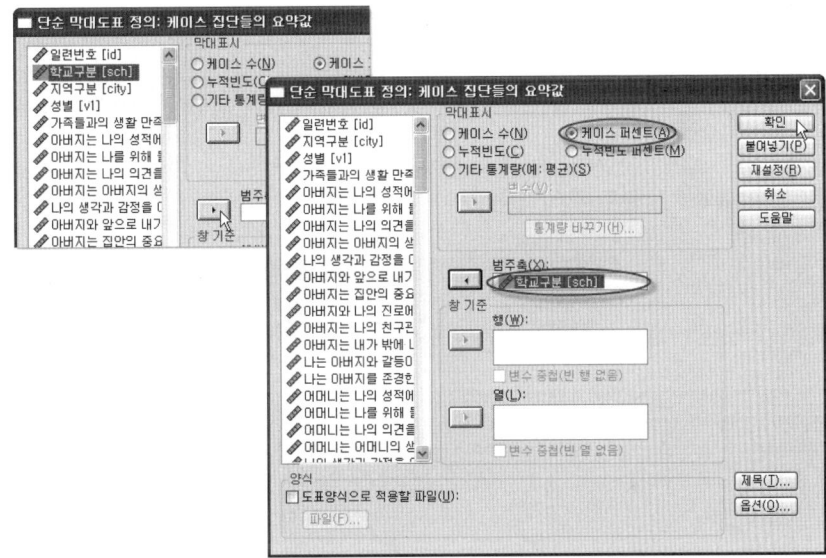

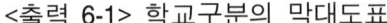
〈그림 6-3〉 막대도표 정의 대화상자

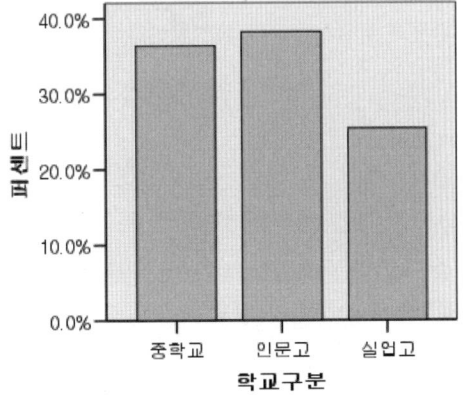
〈출력 6-1〉 학교구분의 막대도표

제 6 장 도표

 Y축의 눈금은 퍼센트를 나타낸다. 학교구분에는 중학교, 인문고, 실업고 세 개의 범주가 있으므로 각 범주마다 하나씩 세 개의 막대가 나타났고, 세 막대의 퍼센트의 합은 100퍼센트가 된다.
 막대의 단위는 퍼센트뿐 아니라 케이스의 수나 기타 통계량을 이용할 수도 있다. 위 예제에서 '케이스의 수'를 선택하면 모양은 같고 Y축의 이름과 눈금만 바뀐다. 또한 도표편집기를 이용하여 축 제목이나 단위 등을 고칠 수 있다.

 청소년 데이터(예제데이터.sav)에서 남학생과 여학생 중 누가 더 자아존중감이 높은지 알고 싶다. 남학생과 여학생의 평균 자아존중감점수[self]를 막대도표로 나타내어 보자.

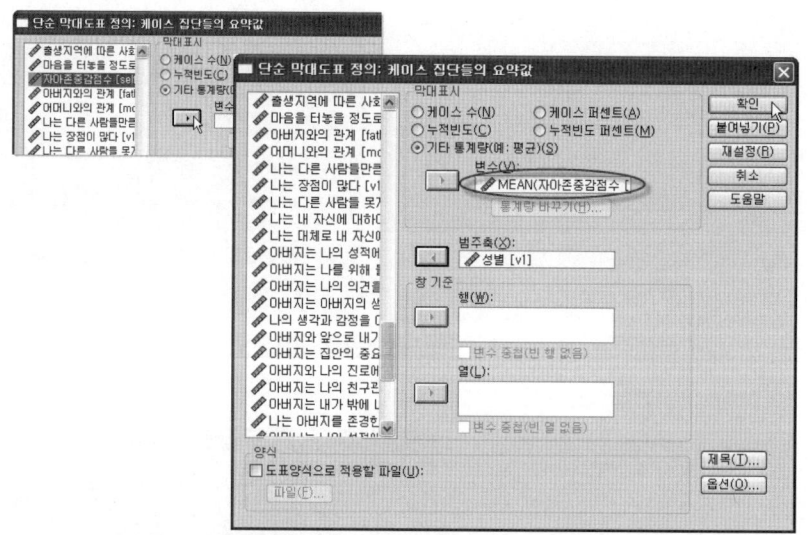

<그림 6-4> 막대도표 정의 대화상자 - 기타요약함수

 〈그림 6-4〉와 같이 범주축(C): 상자에는 변수 '성별'을 옮겨놓고, 막대표시의 ○기타 통계량(예: 평균)(S) 를 클릭해서 변수 칸을 활성화시킨다. 평균을 내고자 하는 변수 자아존중감점수[self] 를 변수 칸으로 옮겨놓으면, 평균을 나타낼 준비가 끝난다. 평균은 기본값으로 지정된 것이고, 다른 요약함수로 나타내고자 하는 경우에는 통계량 바꾸기(H)... 를 클릭(〈그림 6-5〉)하여, 다른 함수를 선택할 수 있다. 확인 을 누르면 〈출력 6-2〉와 같은 결과가 나타난다.

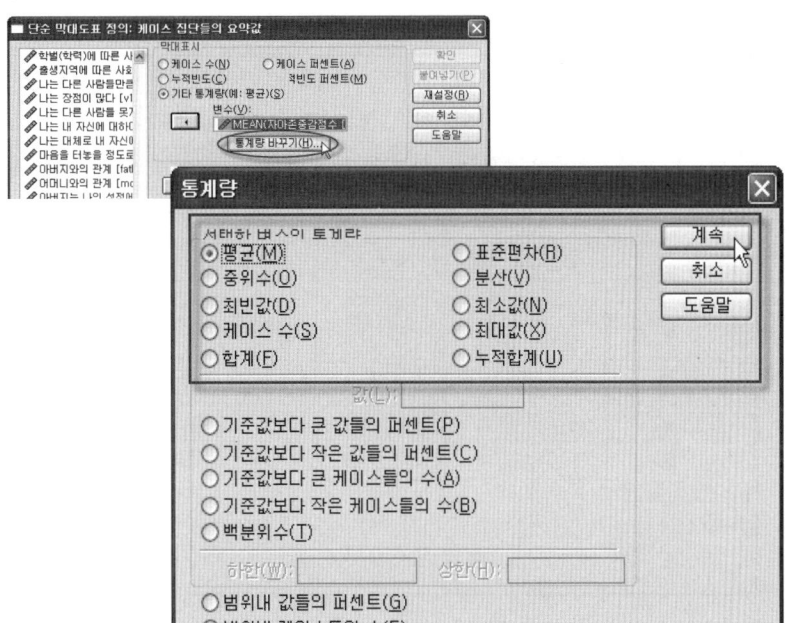

<그림 6-5> 통계량 바꾸기

막대도표에 보면 남학생들의 평균 점수는 약 29점, 여학생들의 평균 점수는 약 28점 정도로서, 남녀학생들의 자아존중감은 거의 같은 것을 알 수 있다.

<출력 6-2> 남·여학생의 자아존중감점수 평균비교

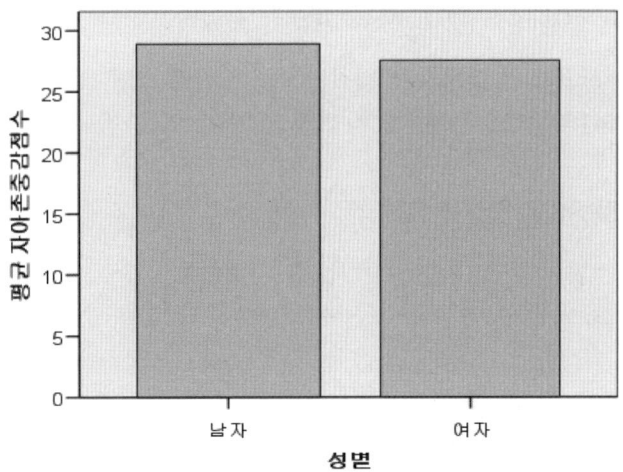

제 6 장 도 표

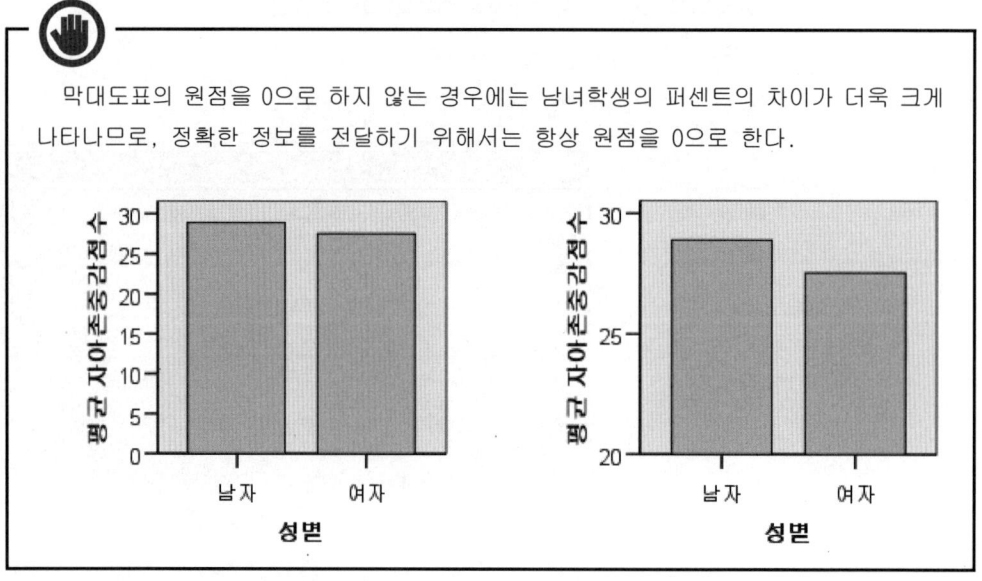

막대도표의 원점을 0으로 하지 않는 경우에는 남녀학생의 퍼센트의 차이가 더욱 크게 나타나므로, 정확한 정보를 전달하기 위해서는 항상 원점을 0으로 한다.

2. 원도표

원도표(pie chart)는 원형그림 또는 파이차트라고도 한다. 원도표는 각 응답범주의 빈도나 퍼센트, 또는 다른 변수의 통계량에 비례해서 원의 중심각 360°를 나누어 만든다. 12시 방향에서부터 시계방향으로 응답 범주의 순서에 따라 그린다.

원도표도 막대도표와 마찬가지로 범주형 변수를 도표로 표현하는 것이다. 특히 전체를 1로 놓고 범주간의 상대적인 크기 또는 점유비율을 비교하는데 효과적이다.

(1) SPSS로 원도표 그리기

〈그림 6-6〉과 같이 그래프(G) → 원도표(E)... 를 클릭하여 원도표 대화상자에서 원하는 변수와 내용을 선택한다. 구체적인 사용법은 예제를 통해서 알아보자.

6장 1절   이산형 변수의 도표   145

<그림 6-6> 원도표

예제 6-3 출생지역에 따른 사회적 차별에 대한 생각(v18_5)에 대한 응답을 원도표로 나타내 보자.

원도표 대화상자에서 기본값으로 지정된 ⊙케이스 집단들의 요약값(G) 을 그대로 둔 채 [정의] 를 클릭하면 원도표 정의 대화상자가 나온다.

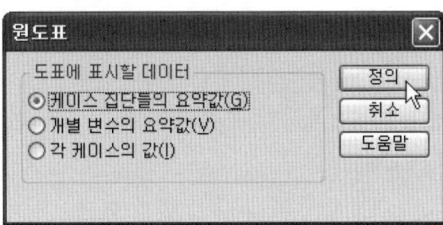

<그림 6-7> 원도표 대화상자

조각기준변수에 원도표를 그리려는 변수('출생지역에 따른 사회적 차별에 대한 생각')를 선택하여 옮긴 후 [확인] 을 클릭하면 〈출력 6-3〉과 같은 결과가 나온다.

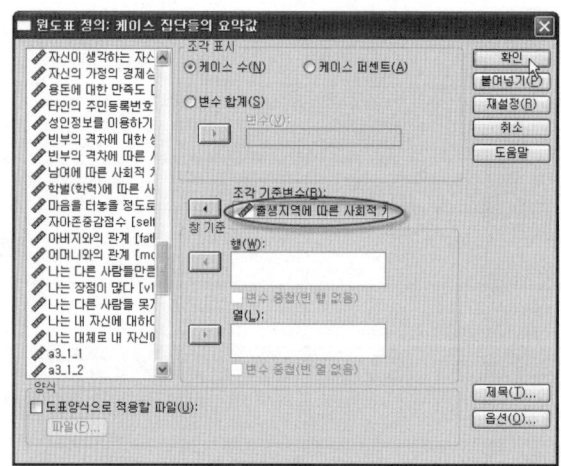

<그림 6-8> 원도표 정의 대화상자

<출력 6-3> 출생 지역에 따른 사회적 차별에 대한 생각

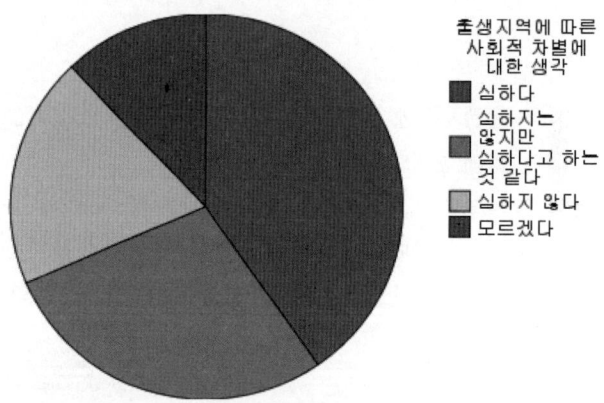

출생지역에 따라 사회적 차별이 '심하다'는 의견이 가장 많았으며, '심하지는 않지만 심하다고 하는 것 같다'가 '심하지 않다'라는 의견보다 많은 것을 알 수 있다. 잘 모르겠다는 응답도 전체의 1/8정도 되는 것 같다.

(2) SPSS에서 원도표 편집하기

SPSS에서 기본으로 설정된 원도표 형식은 각 조각의 변수값(또는 변수값 이름)만 보여준다. 도표편집기를 이용하여 도표에 빈도수나 백분율을 제시해보자.

<예제 6-3>에서 작성한 원도표의 각 조각에 빈도와 %를 표시해보자.

도표를 더블 클릭하거나 마우스의 오른쪽을 눌러 SPSS 도표 개체(O) →
열기(O) 를 클릭하여 도표편집기를 연다. 도표편집기 메뉴에서 <그림
6-9>와 같이 요소 를 클릭하여 데이터 설명 모드 를 선택한다.

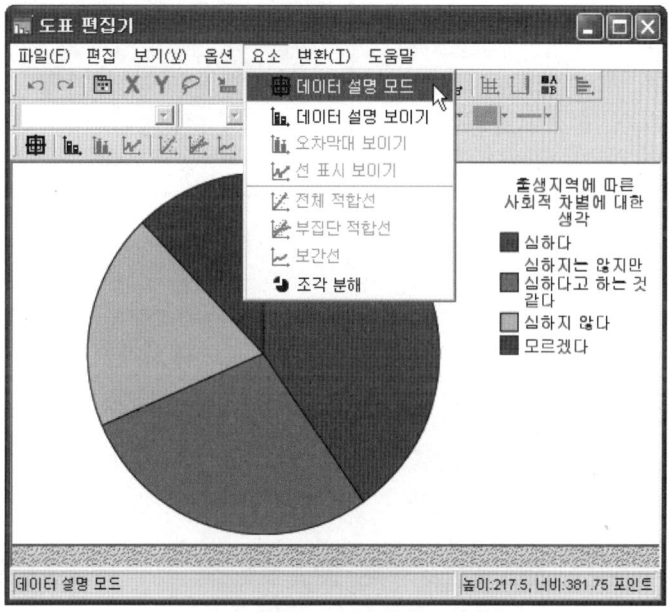

<그림 6-9> SPSS 도표 편집기

이때 마우스포인터의 모양이 화살표( )에서 데이터 설명 모드 마우스포인터( )로 바뀐다. 바뀐 마우스 포인터를 원도표의 각 조각 안에 클릭하면 빈도가 표시된다.

148 　제 6 장　도 표

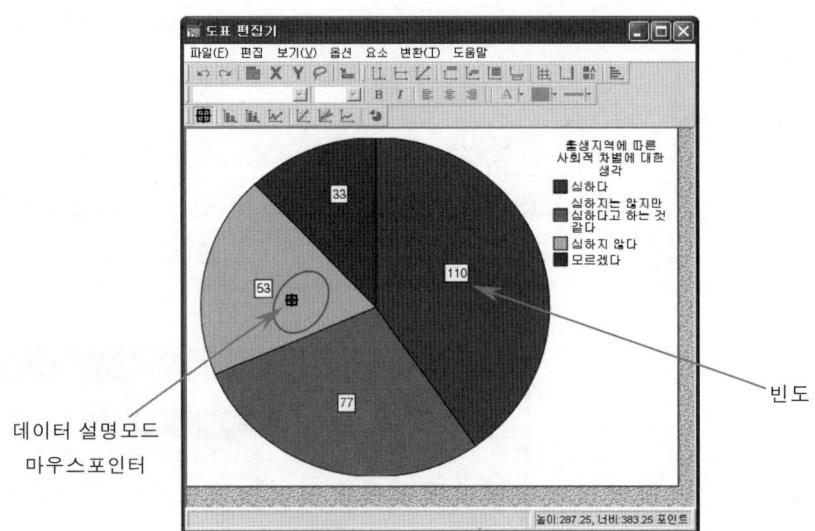

데이터 설명모드
마우스포인터

빈도

<그림 6-10> SPSS 도표 편집기

빈도와 퍼센트를 함께 표시하기 위해 데이터 설명 모드 마우스포인터()를 다시 눌러 데이터 설명 모드를 해제하고 원도표의 빈도 박스를 두 번 클릭하여 특성창을 연다. <그림 6-11> 특성창에서 데이터 값 설명 탭을 클릭하고 표시 안 함 상자 안에 있는 퍼센트를 선택한 후 ↑를 클릭하여 표시... 쪽으로 옮긴다.

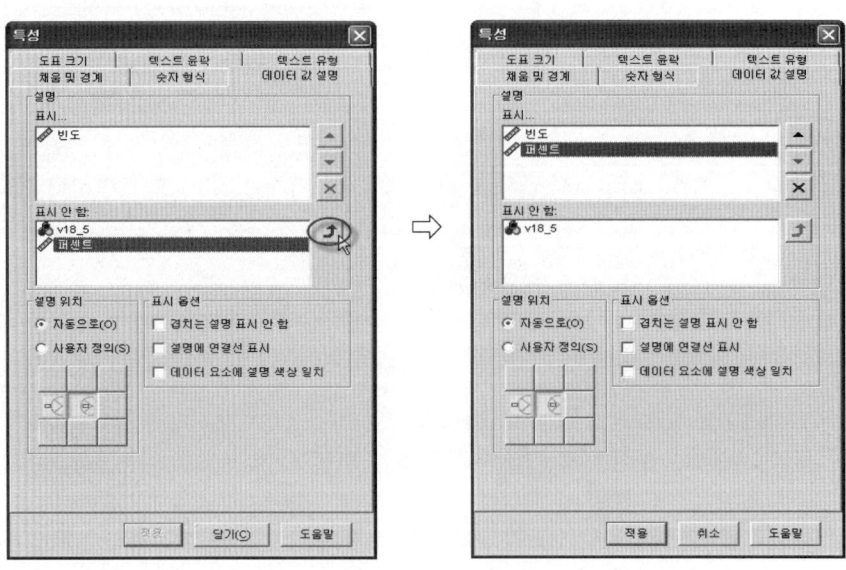

<그림 6-11> 특성창 대화상자

[적용] 과 [닫기(C)] 를 누르면 〈출력 6-4〉와 같은 원도표를 나타낼 수 있다. 각 조각에 빈도와 %가 나타나 범주간의 비교가 더 쉽다.

<출력 6-4> 빈도와 퍼센트가 출력된 원도표

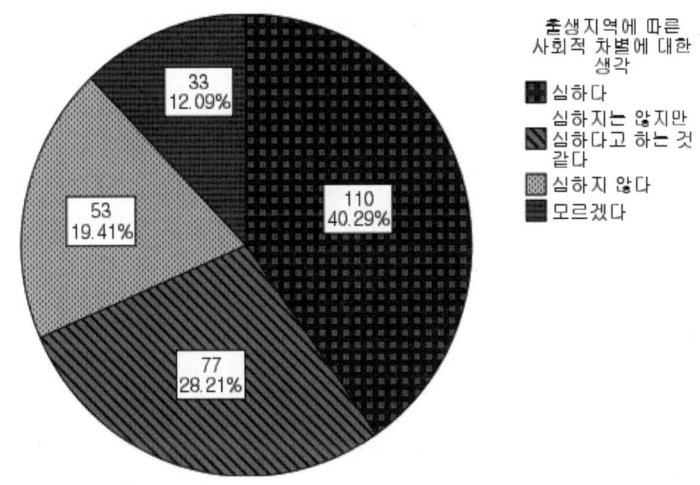

> ⓘ 원도표는 전체를 1로 놓고 범주간의 상대적인 크기를 비교하는 것이므로 전체의 합계가 100%가 넘는 복수응답 문항에는 사용할 수 없다.

제2절 연속형 데이터의 도표

1. 히스토그램

히스토그램(histogram)은 연속형 변수의 분포를 나타내는 도표로서 직사각형 막대의 면적으로 빈도나 퍼센트를 표시한다. 변수값의 구간을 정하여 여러 개의 계급으로 나눈 뒤, 각 계급에 속하는 케이스의 수를 직사각형의 막대로 나타내는 방법이다.

직사각형의 면적을 모두 합한 것을 100퍼센트로 생각하면 히스토그램은 막대의 면적으로 상대빈도를 나타낸다고 볼 수 있다. 막대도표가 막대의 높이로 빈도나 상대빈도를 나타내는 것과는 달리, 히스토그램은 기둥의 면적으로 상대빈도를 나타내기 때문에 상대빈도가 같다고 하더라도 기둥의 폭(구간)에 따라 높이가 달라질 수 있다. 구간을 일정하게 하면 막대의 길이만 비교해서도 계급간의 비교가 가능하다. 그러나 구간을 일정하게 하지 않는 경우, 자칫 사각형 막대의 길이로만 파악하려는 오류를 범하게되므로 조심하여야 한다. 히스토그램은 막대도표와는 달리 사각형의 막대들이 서로 붙어있는 것이 특징이다.[21]

<그림 6-12> 히스토그램

(1) SPSS로 히스토그램 그리기

히스토그램은 <그림 6-12>와 같이 그래프(G) → 히스토그램(I)... 을 클릭하여 그릴 수 있다. 예제를 통해 기본적인 히스토그램을 작성해 보고 히스토그램에서 알 수 있는 정보는 무엇인지 살펴보자.

자아존중감점수[self]의 분포를 히스토그램으로 나타내보자.

---

21) 이산형 변수에서 사용하는 막대도표나 원도표의 경우와 달리, 히스토그램에서는 막대와 막대 간에 간격이 없이 서로 붙어있는데, 이는 변수의 연속성을 나타내는 것이다.

〈그림 6-13〉과 같이 히스토그램 대화상자에서 변수(V): 에 히스토그램을 그리고자 하는 변수인 자아존중감점수[self]를 옮기고 확인 을 클릭하면 〈출력 6-5〉와 같은 히스토그램이 출력된다.

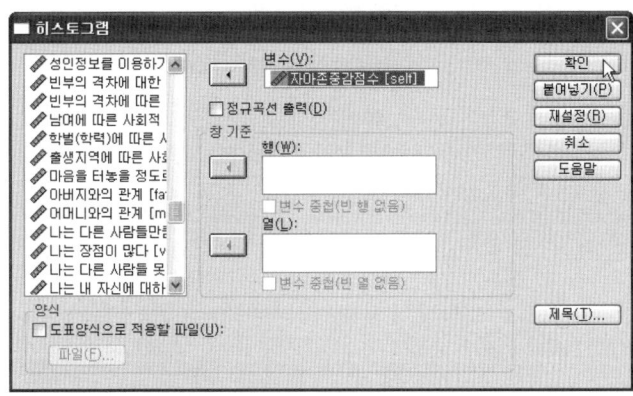

〈그림 6-13〉 히스토그램 대화상자

〈출력 6-5〉를 보며 히스토그램에서 알아낼 수 있는 정보를 생각해보자.

① X 축을 살펴보면 변수를 1.25 간격으로 나누어 각 구간의 빈도를 직사각형의 막대로 표시하였다.
② 대체로 정규분포 모양을 나타내고 있으며 점수가 높은 케이스가 점수가 낮은 케이스보다 많다.
③ 25점~26점 정도의 점수를 맞은 학생이 가장 많다.

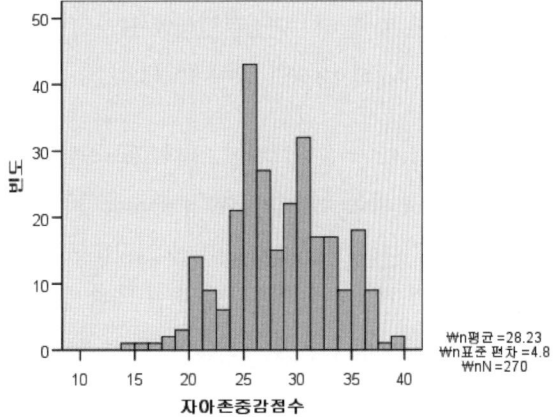

<출력 6-5> 자아존중감점수의 히스토그램

152 　제 6 장 도 표

히스토그램에 이 변수와 평균과 표준편차가 같은 정규분포곡선을 추가해 같이 그리려면, 〈그림 6-12〉의 히스토그램 대화상자에서 을 선택한다(〈출력 6-6〉).

<출력 6-6> 자아존중감점수의 히스토그램 정규분포 곡선을 덧그림

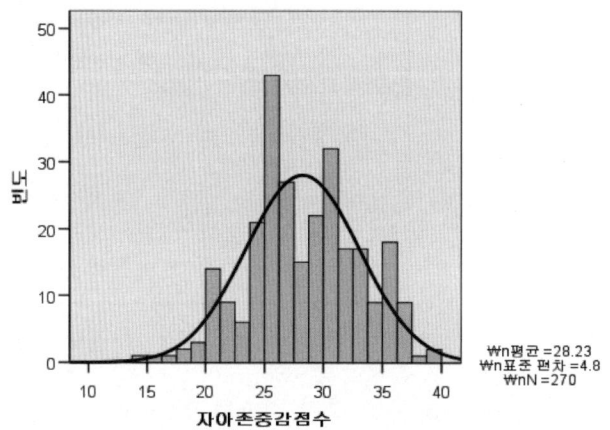

(2) 히스토그램 편집하기

　　출력된 히스토그램은 SPSS가 자체적으로 그려주는 결과이므로 분석자의 의도와 다르게 나타날 수 있다. 분석자가 의도한 대로 히스토그램을 그리기 위해서는 몇 가지 값을 지정해주어야 한다. 다음 예제를 보자.

예제 6-6

자아존중감점수[self]의 최소값은 14이고 최대값은 40인데 21개의 구간은 너무 많은 것 같다. 히스토그램에 표시되는 최소값과 최대값을 적절히 바꾸고 구간을 10개로 나누어 나타내보자.

　　구간을 수정하고자 할 때는 도표편집기를 이용한다. 도표편집기에서 도표의 X축을 더블클릭 하거나 도표편집기의 주메뉴에서 편집 → X축 선택 을 클릭 하여 특성창을 연다(〈그림 6-14〉). 특성창에서 히스토그램 옵션 을 선택하여 사용자 정의(S) 의 구간 수를 10으로 지정한다. 최소값과 최대값을 지정해주기 위해 척도화분석(A) 을 클릭하여 최소값과 최대값을 각각 10과 40으로 고친다. 적용 과 닫기(C) 를 클릭하면 새로운 결과가 〈출력 6-7〉과 같이 나온다.

6장 2절　연속형 데이터의 도표　153

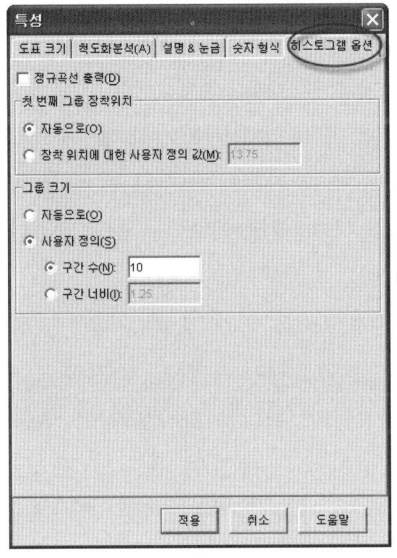 ⇒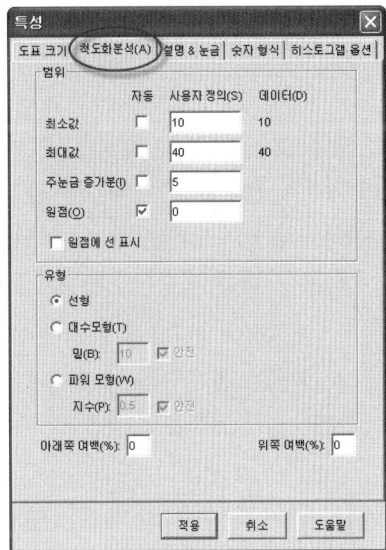

<출력 6-7> 사용자가 정의한 히스토그램의 예

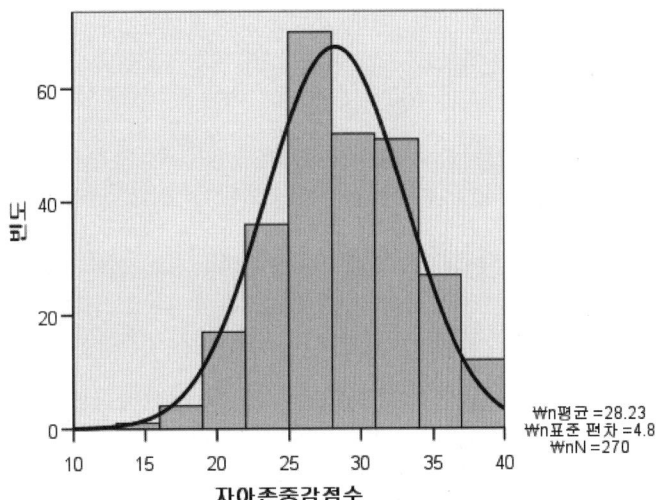

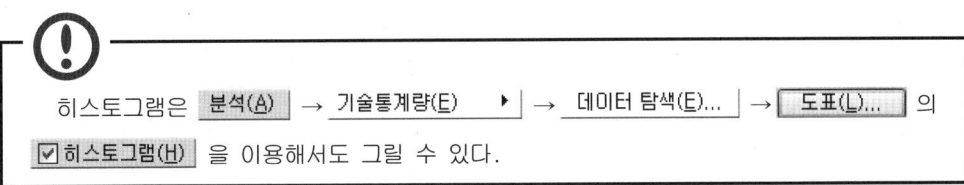

2. 줄기와 잎그림 도표

한 반 학생들의 시험점수가 어떻게 분포되어 있는지를 손쉽게 알아보는 방법은 무엇일까? 히스토그램을 그리려면 구간의 너비를 결정해야 하고 각 구간에 몇 케이스나 있는지 숫자도 미리 파악해야 하고 Y축의 간격도 정해야 하는 등 복잡하다. 컴퓨터를 이용하려 해도 학생들의 점수를 먼저 다 입력해야 한다. 점수를 입력하거나 수를 세지 않고 간단히 점수의 분포를 알 수 있는 방법은 없을까?

통계학자 John Tukey는 히스토그램과 같은 효과도 있으면서 미리 케이스 수를 세야하는 번거로움이 없는 방법을 고안해 냈는데 바로 줄기와 잎그림 도표이다. 이 도표는 각 케이스의 값을 알 수 있고 만들기 쉽다는 장점도 있다. 줄기와 잎그림(stem and leaf plot) 도표는 시험 점수처럼 관측값이 두자리 숫자로 이루어진 경우, 십의 자리 수를 줄기로 삼고, 같은 줄기를 가지는 모든 케이스들의 일의 자리 수를 잎으로 삼아, 각 잎을 나열한 도표이다. 관측값이 세자리이거나 한자리로 이루어진 경우에도 적용이 가능하다.

간단한 예를 하나 살펴보자. 20명 학생의 점수가 〈표 6-1〉과 같다고 하자.

<표 6-1> 20명 학생의 점수

87	86	91	63	72
74	85	69	94	93
89	78	75	88	96
68	91	90	79	83

① 먼저 세로 줄을 하나 긋고 줄의 왼쪽에 10의 자리 수를 6부터 9까지 적는다.
② 각 학생의 점수 중 일의 자리 수를 자신의 10의 자리 수 오른쪽에 적는다.

줄기에는 꼭 10의 자리 수를 적는 것은 아니고, 줄기의 간격은 데이터의 분포에 따라 정하면 된다. 줄기와 잎그림은 막대그래프나 히스토그램과 같은 효과도 있으면서 각 케이스의 값을 알 수 있다는 장점도 있다. 이 도표의 또 다른 장점은 만들기 쉽다는 것이다.

```
9|        9|        9|        9|1       9|14361 0
8|        8|7       8|76      8|76      8|765983
7|        7|        7|        7|        7|24859
6|        6|        6|        6|        6|398
```

　①　　　　②　　　　③　　　　④　　　　⑤
10의 자리　87점을　　86점을　　91점을　　완성된
수를 적음　나타냄　　나타냄　　나타냄　　모습

<그림 6-15> 줄기-잎그림 작성방법

SPSS에서 줄기와 잎그림 도표는 주메뉴에서 분석(A) → 기술통계량(E) → 데이터 탐색(E)... 에서 기술통계를 낼 때 도표(L)... 의 ☑줄기와 잎그림(S) 을 선택하여 작성한다.

예제 6-7　자아존중감점수[self]의 줄기와 잎그림을 그려보고, 그 의미를 생각해 보자.

　　<출력 6-8>에는 자아존중감점수의 줄기와 잎그림 도표가 나와있다. 도표를 보니 히스토그램을 90°회전시킨 모양과 같다. 대체로 정규분포에 가까운 모습을 하고 있다.

　　왼쪽에는 각 막대의 빈도(frequency)가 나와있다. 맨 윗줄은 14점이 안되는 1케이스를 이상점(extreme)으로 정의하여 나타내었다. 줄기 간격 (Stem width)이란 줄기 위치에 있는 숫자 간의 거리를 말한 것으로서, 여기서는 10이다. 10의자리 숫자가 4개 밖에 되지 않으므로 1의 자리 숫자 두 개마다 다른 줄에 표시하였다. 각 잎(Each leaf)은 1케이스를 나타낸다. 여기서는 점수의 일의 자리 숫자를 나타낸다.

<출력 6-8> 자아존중감점수의 줄기와 잎 그림도표

```
자아존중감점수

자아존중감점수 Stem-and-Leaf Plot

 Frequency    Stem &  Leaf

     1.00 Extremes    (=<14)
      .00    1 .
     2.00    1 .  67
     5.00    1 .  88999
    14.00    2 .  00000000011111
    15.00    2 .  222222222333333
    46.00    2 .  4444444444444444444444455555555555555555555555
    45.00    2 .  666666666666666777777777777777777777777777777
    37.00    2 .  8888888888888888999999999999999999999
    32.00    3 .  00000000000000011111111111111111
    34.00    3 .  2222222222222222223333333333333333
    19.00    3 .  4444444445555555555
    17.00    3 .  66666666777777777
     2.00    3 .  89
     1.00    4 .  0

 Stem width:       10
 Each leaf:     1 case(s)
```

3. 상자도표

상자도표(box plot)는 연속형변수의 중위수와 일사분위수, 삼사분위수, 최대값, 최소값 등을 한 눈에 볼 수 있게 정리한 그림이다. 일사분위수(Q_1)와 중위수(Q_2), 삼사분위수(Q_3)의 위치를 서로 평행하게 표시하고, 세 선을 이어서 상자모양을 만든데서 상자도표라는 이름이 붙었다.

일사분위수와 삼사분위수 밖으로는 ⊥ 모양과 ⊤ 모양으로 최소값과 최대값을 그려 넣는데, 최소값과 최대값의 표시가 마치 상자에 수염이 난 것 같아서 상자수염도표 (box-whisker plot)라고도 한다. 평행하는 선들 사이에는 각각 전체의 약 25%의 케이스가 분포되어 있으므로 그 거리가 멀면 넓게 퍼진 것이고, 거리가 가까우면 밀집해 있는 것이다. ⊤나 ⊥의 길이 안에도 각각 25%정도의 케이스가 들어 있기 때문에 그 길이가 길면 케이스가 넓게 퍼져있는 것이고, 짧으면 데이터가 밀집되어 있는 것이다.

이상점이 있는 경우 이상점의 위치를 ○나 * 로 표시하고 그 케이스번호를 적어준다.22) 변수의 분포를 파악할 수 있으며, 집단 간 분포의 차이를 비교하는데 특히 유용하다.

---

22) 이상점을 판단하는 기준은 일사분위수와 삼사분위수에서 1단위척도(1.5×IQR) 이상 벗어나면 '이상값'이라 하여 ○로 표시하고, 2단위척도 이상 벗어나면 '극단값'이라고 하고 * 로 표시한다.

(1) SPSS로 상자도표 그리기

상자도표는 〈그림 6-16〉과 같이 그래프(G) → 상자도표(X)... 를 클릭하여 작성한다. 예제를 통해 상자도표를 그리는 방법을 살펴보자.

<그림 6-16> 상자도표

예제
6-8

자아존중감점수[self]의 상자도표를 그려보자.

그래프(G) → 상자도표(X)... 를 클릭하면 〈그림 6-17〉과 같은 대화상자가 나타난다.

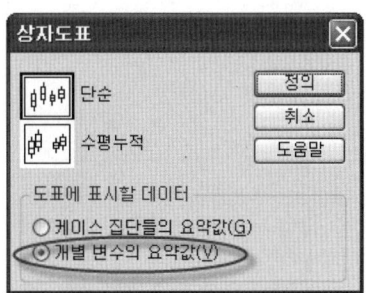

<그림 6-17> 상자도표 대화상자

상자도표 대화상자에서 단순도표와 ⊙개별 변수의 요약값(V) 을 선택하고 정의 를 클릭하면 단순 상자도표 정의 대화상자가 나온다.

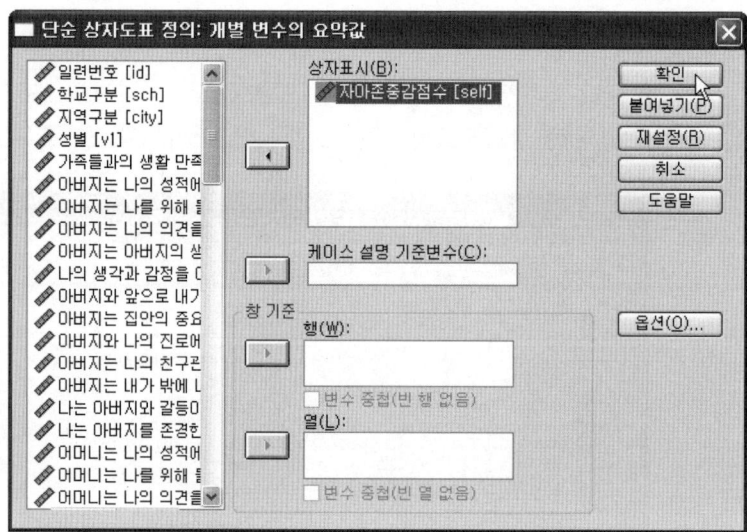

<그림 6-18> 단순 상자도표 정의 대화상자 - 개별 변수의 요약값

〈그림 6-18〉과 같이 상자표시(B): 에 자아존중감점수를 옮기고 확인 을 클릭하면 〈출력 6-9〉와 같은 결과가 나온다. 상자도표를 보면 중위수에 조금 못 미치는 케이스들은 중위수 가까이에 모여 있고, 중위수가 조금 넘는 케이스들의 점수는 상대적으로 약간 더 넓게 퍼져 있는 것을 알 수 있다. 최소값까지의 거리(⊥)나 최대값까지의 거리(⊤)는 큰 차이가 없으나, 최소값까지의 거리가 약간 더 긴 것 같다. 하위 1/4에 속한 케이스들의 점수는 상위 1/4보다 조금 더 다양하다.

<출력 6-9> 자아존중감점수의 상자도표

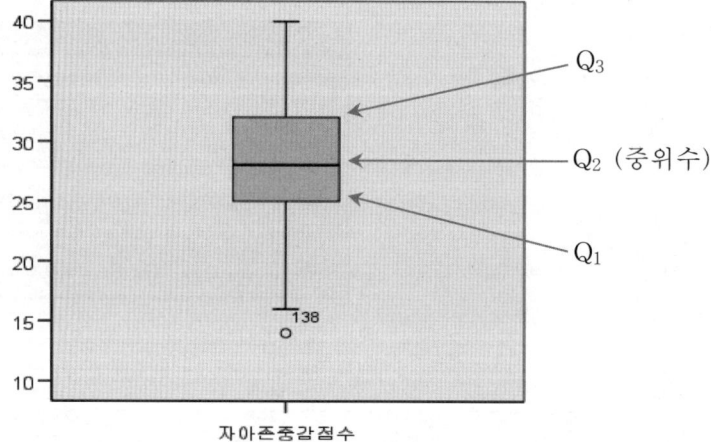

(2) 상자도표로 집단을 비교하기

상자도표는 집단들의 분포를 비교하는데 더욱 유용하다. 예제를 통해서 살펴보자.

남학생과 여학생의 자아존중감점수[self]의 상자도표를 나란히 나타내보고, 둘의 분포에 대해 설명해 보자.

자아존중감점수(self)를 성별(v1)에 따라 비교하기 위해서는 〈그림 6-17〉과 같은 상자도표 대화상자에서 ⊙케이스 집단들의 요약값(G) 을 선택하고 정의 를 클릭한다. 단순 상자도표 정의 대화상자가 나타나면 〈그림 6-19〉와 같이 변수(V): 에는 상자도표를 그리고자 하는 변수(self)를, 범주축(X): 에는 비교의 기준이 되는 변수(v1)를 옮겨놓는다. 확인 을 클릭하면 〈출력 6-10〉과 같은 결과가 나타난다.

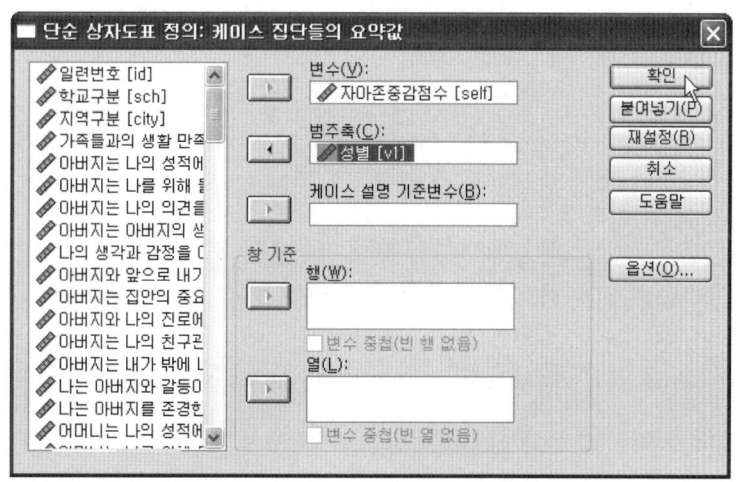

〈그림 6-19〉 상자도표 정의 대화상자 - 케이스 집단들의 요약값

〈출력 6-10〉 성별 상자도표의 비교

케이스 처리 요약

		케이스					
		유효		결측		전체	
	성별	N	퍼센트	N	퍼센트	N	퍼센트
자아존중감점수	남자	136	97.8%	3	2.2%	139	100.0%
	여자	134	98.5%	2	1.5%	136	100.0%

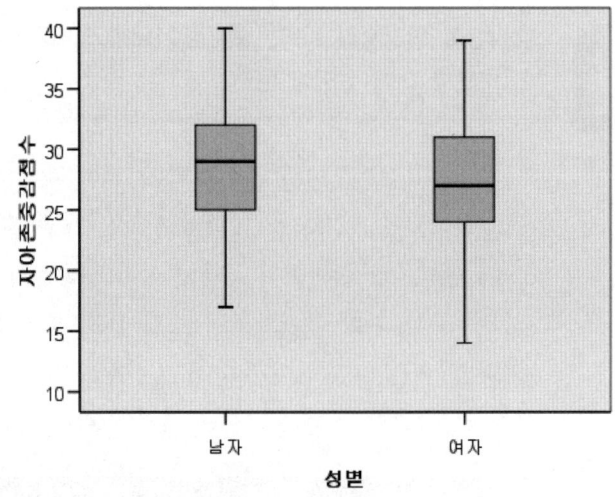

〈출력 6-10〉에는 먼저 케이스의 요약이 나와있다. 남학생과 여학생 모두 결측케이스가 없다. 〈출력 6-10〉의 상자도표를 보면서 분포를 비교해보자.

① 남학생의 중위수가 여학생의 중위수보다 높다.
② 남학생과 여학생의 박스 두께는 비슷하다. 그러나, 남학생은 중위수 위로 학생들이 더 밀집되어 있는 반면에 여학생들은 중위수 아래로 더 밀집되어 있다.
③ 남학생의 최대값이 여학생의 최대값보다 더 높다.
④ 남학생의 최소값이 여학생의 최소값보다 더 높다.
⑤ 전체적으로 여학생들의 점수가 남학생들의 점수보다 더 넓게 분포되어 있다.
⑥ 전체적으로 남학생들의 자아존중감점수가 여학생들의 점수보다 더 높다.

> 상자도표나 줄기와 잎그림은 그래프(G) 를 거치지 않고, 분석(A) → 기술통계량(E) ▶
> → 데이터 탐색(E)... 을 이용하여 그릴 수도 있다.

4. 산점도

산점도(scatter plot)는 두 변수의 분포를 XY평면 위에 나타내는 것으로서, X축 변수의 값과 Y축 변수의 값이 만나는 지점들을 평면 위에 표시한다. 양 축의 변수가 모두 연속형 변수일 때 산점도의 의미가 있다.

산점도를 보면 두 변수의 관계를 알 수 있다. 한 변수의 값이 크면 다른 변수의 값도 큰지, 또는 다른 변수의 값은 작은지, 또는 두 변수간에 그러한 관계가 전혀 없는지 등의 정보를 알 수 있다.

(1) SPSS로 산점도 그리기

산점도는 SPSS 주메뉴에서 아래의 〈그림 6-20〉과 같이 그래프(G) → 산점도/점도표(S)... 를 클릭하여 만들 수 있다.

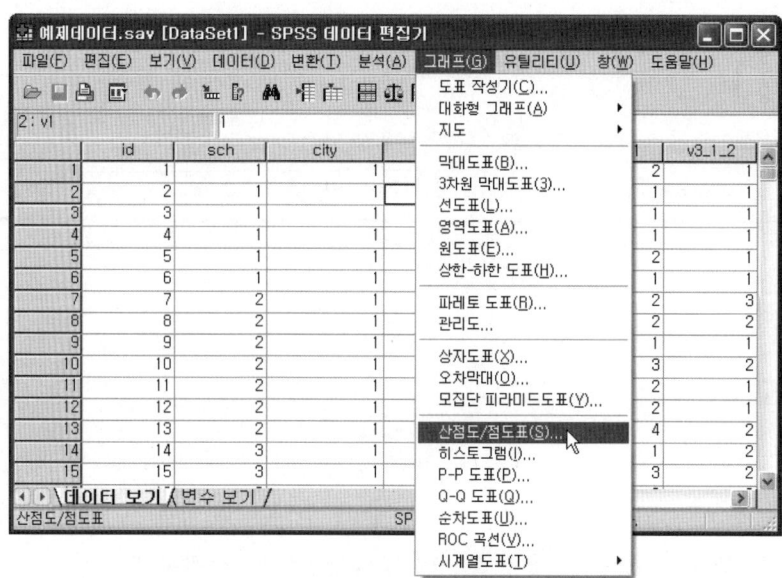

<그림 6-20> 산점도

산점도를 표현하는 방법으로는 〈그림 6-21〉에 제시된 것과 같이 다섯 가지가 있는데, 이 중에서 한 가지를 선택한 후 [정의]를 클릭한다. 단순한 산점도 그리기를 예제를 통해 알아보고, 산점도에서 얻을 수 있는 정보에 대해 생각해보자.

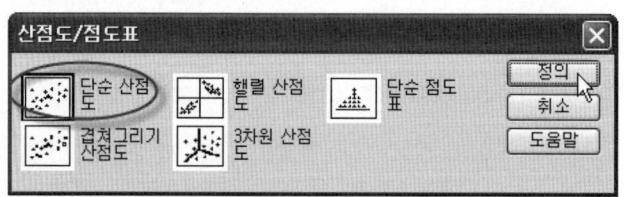

<그림 6-21> 산점도 정의 대화상자

예제 6-10

'어머니와의 관계[mother]' 와 '자아존중감점수 [self]' 간의 관계를 알아보기 위해 산점도를 그려보자.

〈그림 6-22〉 산점도 대화상자에서 Y축과 X축에 각각 변수를 지정하면 된다. 여기서 Y축에는 나중에 일어나는 것이나 가변성이 있는, 즉, 영향을 받는 변수(종속변수)를 지정하는 것이 좋고, X축에는 먼저 발생된 것이

나 이미 정해져서 바뀌지 않는, 영향을 주는 변수(독립변수)를 지정하는 것이 좋다. 이 예제에서는 어머니와의 관계는 X 축에, 자아존중감점수는 Y축에 지정하기로 한다. 확인 을 클릭하면 산점도가 나타난다.

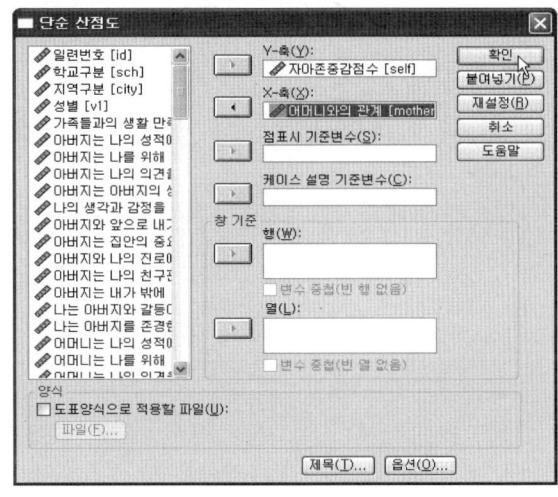

<그림 6-22> 산점도 대화상자

<출력 6-11> 어머니와의 관계와 자아존중감 점수의 산점도

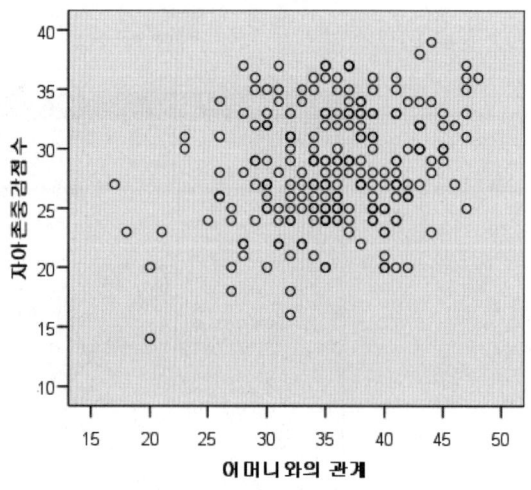

이 산점도에서는 다음과 같은 내용을 알 수 있다.

① 어머니와의 관계는 17점에서 48점 사이에 분포되어 있으며, 자아존중감점수는 14점에서 40점 사이에 분포되어 있다.

② 관계가 뚜렷하게 보이지는 않지만 어머니와의 관계가 높은 케이스는 자아존중감도 높은 경향이 있다.

이처럼 산점도는 두 변수간의 관계를 나타내주기는 하지만, 평면상에 나타내는 도표이기 때문에 각 점이 하나의 케이스를 나타내는 것인지 여러 개의 케이스를 나타내는 것인지는 알 수 없다는 단점이 있다.

예제 6-11

어머니와의 관계 [mother] 와 자아존중감점수 [self] 의 산점도를 성별 [v1]에 따라 구분하여 나타내보자.

먼저 〈예제 6-10〉처럼 X축과 Y축을 지정하고, 산점도 대화상자에서 점표시 기준변수(S): 에 성별(v1)을 지정한다. 확인 을 클릭하면 성별에 따라 다른 색으로 나타낸 산점도가 출력된다. 〈출력 6-12〉의 산점도는 색깔과 모양을 도표편집기에서 편집한 것이다.

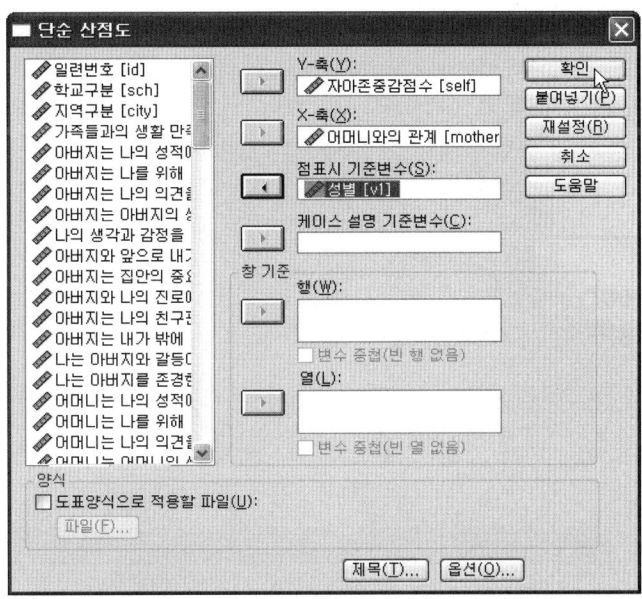

<그림 6-23> 산점도 - 점표시 기준변수

<출력 6-12> 어머니와의 관계와 자아존중감점수의
산점도: 성별로 나타냄

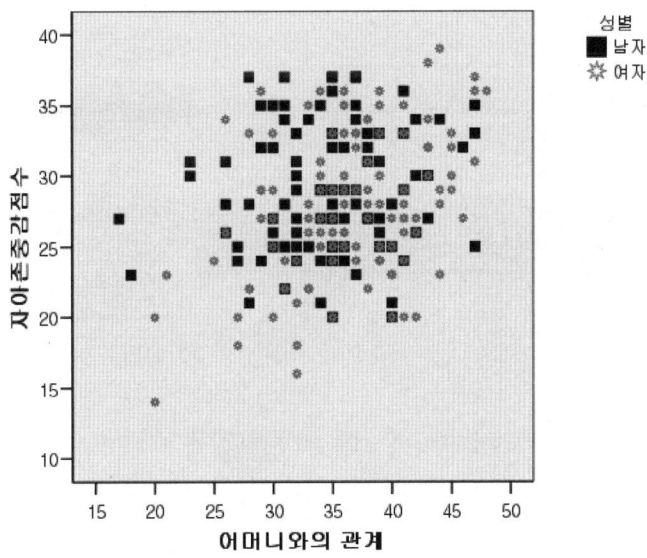

이 산점도를 보면, 남녀 모두 어머니와의 관계 점수가 높을수록 자아존중감 점수가 높게 나타나는 경향이 있음을 알 수 있다. 그러나 성별에 따라 큰 차이는 없는 것으로 생각된다.

5. 오차막대 도표

오차막대 도표(error-bar chart)는 연속형변수의 표본평균과 추정되는 모평균의 위치를 신뢰구간으로 표시하는 도표이다.23) 모평균을 추정하는 것이 주목적일 때 유용하다. 다른 변수의 응답 범주마다 따로 오차막대를 그려서 서로 비교할 수도 있다.

(1) SPSS로 오차막대 도표 그리기

오차막대 도표를 그리기 위해서는 SPSS 주메뉴에서 〈그림 6-24〉와 같이 그래프(G) → 오차막대도표(O)... 를 클릭한다.

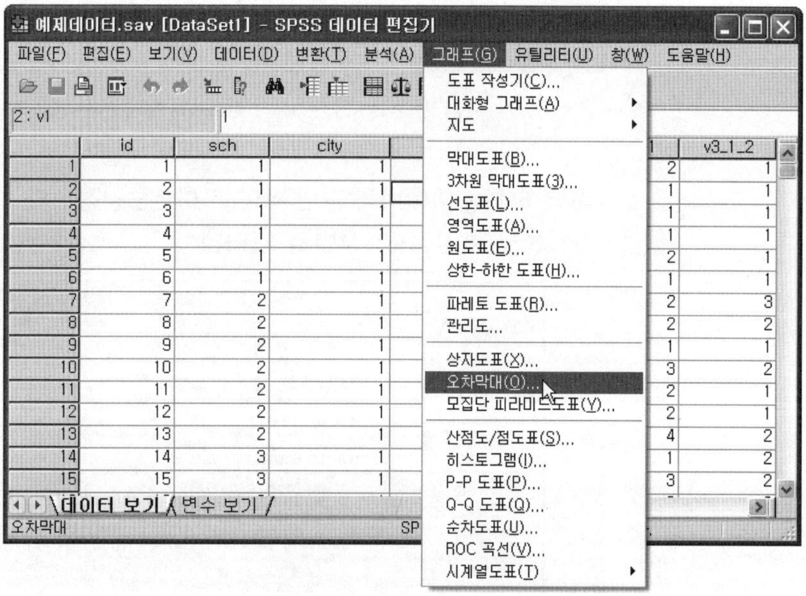

<그림 6-24> 오차막대도표

〈그림 6-25〉의 대화상자가 나오면 정의 를 클릭한 후 〈그림 6-26〉의 정의 대화상자에서 변수를 지정한다.

예제를 이용하여 기본적인 오차막대 도표의 작성방법을 알아보고, 오차막대 도표를 통하여 알 수 있는 내용은 무엇인지 생각해보자.

---

23) 오차막대도표는 조사자료분석에서 널리 쓰이지 않으므로 초보자는 그냥 넘어가도 무방하다.

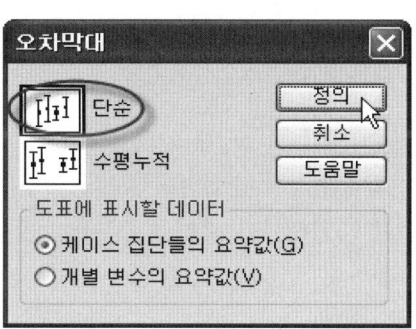

<그림 6-25> 오차막대 도표 대화상자

'학교구분[sch]'에 따라 '자아존중감점수[self]'에 차이가 있는지 나타내 보고자 한다. 신뢰구간 오차막대 도표로 나타내보자.

〈그림 6-26〉 오차막대 정의 대화상자에서 변수(V): 에는 평균을 내고자 하는 변수인 자아존중감점수(self)를 옮겨놓는다. 범주축(C): 에는 비교하고자 하는 집단을 구분하는 변수인 학교구분(sch)을 옮겨놓은 뒤 확인 을 클릭한다.

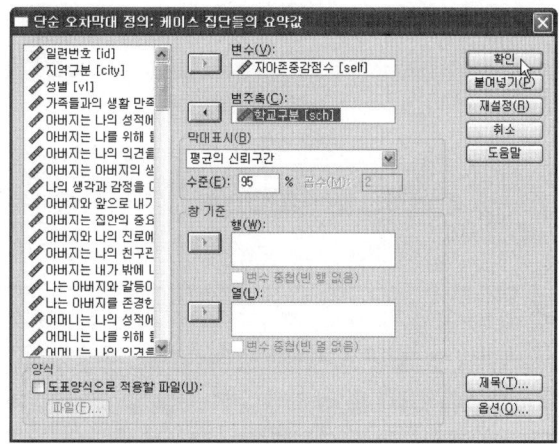

<그림 6-26> 오차막대 정의 대화상자

〈출력 6-13〉을 보면 학교에 따라 응답의 각 범주에 속하는 자아존중감점수의 평균과 95% 신뢰구간이 나타나있다. 이 도표를 보면 다음과 같은 내용을 알 수 있다.

① 자아존중감점수의 평균은 중학교가 높고 고등학교는 낮으며, 인문고가 실업고보다 조금 더 높다.
② 신뢰구간 오차막대 안의 어디든 모평균이 위치할 수 있으므로, 막대들이 서로 겹치지 않는다면 모평균의 위치가 확실히 다르다고 말할 수 있다. 이 도표에서는 중학교, 인문고, 실업고의 오차막대들이 서로 겹치므로 중학교, 인문고, 실업고간에 자아존중감점수의 평균이 확실히 다르다고는 말할 수 없다.

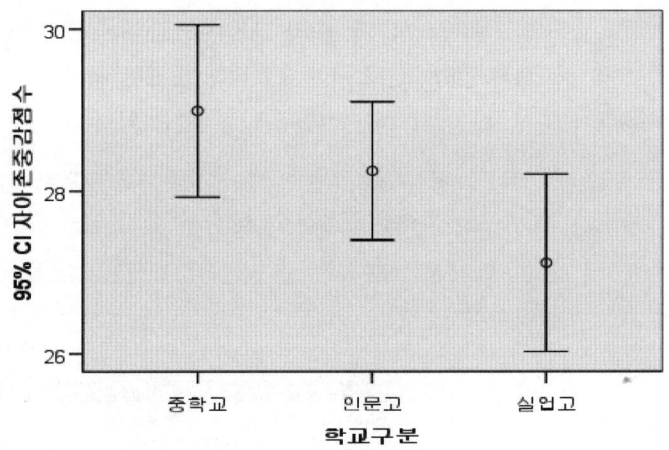

<출력 6-13> 학교별 자아존중감점수의 평균의 신뢰구간 오차막대 도표

오차막대는 케이스 수가 많은 범주일수록 더 짧고 적은 범주일수록 더 길다. 많은 케이스를 관찰할수록 오차가 적어지는 것은 당연한 일이라고 하겠다.

> 그래프(G) → 대화형 그래프(A) ▶ 또는 도표 작성기(C)... 메뉴를 이용하면 Excel의 차트마법사처럼 그래프를 좀 더 쉽게 그릴 수 있고, 그래프의 모양을 다양하게 바꾸기도 쉽다.

> 히스토그램, 줄기와 잎그림, 상자도표, 오차막대 도표는 한 변수의 특성을 보여주는 도표이고, 산점도는 두 변수의 관계를 보여주는 도표이다.

연습문제

청소년 데이터(예제데이터.sav)를 이용하여 다음을 하시오.

1. '친구들에게 인기를 얻는 것의 중요도(v12)'의 막대도표를 작성하시오. 각 축의 제목을 가운데 정렬하고 그래프의 제목에 본인의 이름을 넣으시오. 빈도표와 비교하여 어떤 점이 좋고 어떤 점이 덜 좋은지 서술하시오.

2. '가정의 사회적 위치(v14)'를 '상의 상, 상의 하'는 '상'으로, '중의 상, 중의 하'는 '중'으로 '하의 상', '하의 하'는 '하'로 코딩 변경하여 새로운 변수 '가정의 사회적 위치-상중하(v14_1)'를 만들고 이를 원도표로 그리시오. 조각안에 빈도수와 백분율을 같이 나타내시오.

3. '어머니와의 관계(mother)'의 상자도표를 작성하시오. 상자도표의 각 부분에 적절한 기술통계의 이름(예를 들면 중위수, 최대값 등)을 적어 넣으시오. 각 기술통계의 값을 함께 적으시오.

4. '어머니와의 관계(mother)'와 '아버지와의 관계(father)'간의 관계를 알 수 있도록 산점도를 그려보시오. 두 변수 간에 관계가 있는 것으로 보이는가?

제 6 장 도 표

과 제

제1장의 과제에서 준비한 데이터를 이용해서 다음을 하시오.

1. 범주형변수의 막대도표를 작성하시오. 제목을 달고 축제목을 가운데로 정렬하시오.

2. 다른 범주형변수의 원도표를 작성하시오. 제목을 달고 각 조각에 퍼센트 값이 나오게 하시오. 도표를 흑백으로 출력하여도 조각들이 서로 구분되도록 무늬를 달리 주시오.

3. 위에서 작성한 두 도표를 보고, 어느 변수에 어떤 도표가 적절한지 비교해서 간단히 서술하시오.

4. 한 범주형변수의 각 수준마다 따로 연속형변수의 상자도표를 출력하시오. 각 범주의 분포를 비교하여 보고하시오.

5. 연속형변수의 히스토그램을 작성하시오. 히스토그램에 정규분포곡선을 덧 그리고 두 분포를 비교 서술하시오.

제3부 추리통계 및 통계적 분석

제7장   추정과 검정의 기본개념

제8장   t-검정

제9장   분산분석

제10장   상관관계분석

제11장   단순회귀분석

제12장   다중회귀분석

제13장   교차분석

제14장   요인분석

제15장   신뢰도분석

제3부

제7장 추정과 검정의 기본개념

제1절 추 정

제2절 검 정

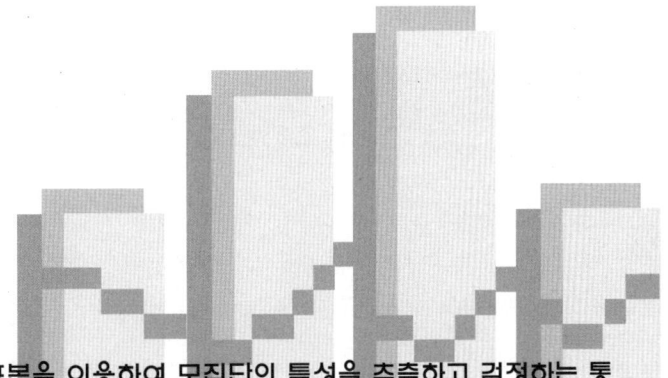

모집단의 일부로서 관측된 표본을 이용하여 모집단의 특성을 추측하고 검정하는 통계적 방법을 추측통계학이라 한다. 이 장에서는 추측통계학의 기본이 되는 개념과 SPSS로 추정하는 방법을 배운다.

제1절 추정

한 사업가가 외국에 공장을 내려고 한다. 현지 파트너를 구하기 전에 그 나라 사람들의 시간 약속 준수 정도를 알아보기로 했다.

한 사람만 봐서는 그 나라 사람들이 시간을 잘 지키는지 확인할 수 없다. 여러 사람을 만나본 뒤에야 그 나라 사람들의 속성을 파악할 수 있다. 세 명을 만나 두 명은 잘 지키고, 한 명은 잘 지키지 않았다면, 그 나라 사람은 약 67%정도 시간을 잘 지킨다고 추리할 수 있다.

이 나라 사람에 대해서 67%정도 시간을 잘 지키는 나라라고 추리했는데 만일 이 나라 사람이 사실은 69% 잘 지킨다면 사업가의 추리가 딱 들어맞았다고 할 수 없다. 그러나 '통계적 오차'의 개념을 도입해서 63%에서 71%정도로 잘 지킨다고 추리했다면 이는 제대로 추리한 것이다.

또, 그 나라를 소개해준 사람이 '이 나라 사람들은 90% 시간을 잘 지킨다'라고 했다면, 과연 그 말이 맞는지 확인하고자 할 때도 있다. 이때도 역시 여러 사람을 만나보고 나서 그만하면 소개해준 사람의 말이 맞다든지 틀리다든지 결론을 내리게 된다. 사람들을 한두 명만 만나 가지고는 시간을 잘 지키는지 아닌지에 대한 판단을 하기 어렵다면, 과연 몇 명이나 만나보아야 보다 정확한 추리가 가능할까?

이 예는 설명을 위해서 아주 단순하게 표현한 것이지만, 이러한 개념을 추정에 연관시키면 이해가 쉽다. 여기서 사업가가 관심을 가지는 내용은 '시간을 잘 지키는지 여부' 또는 '시간을 지키는 점수'라 할 수 있다. 이것이 관심있는 변수이고, 그 변수가 가지는 값이 관찰값이다.[24] 여기서 '모든 만남'은 모집단, '몇 명 만남'은 표본이라 할 수 있을 것이다. 모든 사람을 만나 몇 %나 시간을 지키는지 또는 시간을 지키는 점수의 평균이 얼마인지 파악하면 %나 평균이 모수이다. 사업가는 모든 사람을 만날 수 없으므로 몇 명만 만나서 시간약속 준수 %나 점수를 파악하면 이는 통계량이다. '67%'라고 추리한 것은 점추정이라 하고, '63%~71%'라고 추리한 것은 구간추정이라 한다. 90% 잘 지킨다는 말이 맞는지 살펴보는 것은 검정이고, '몇 명이나 만나보아야 하나'의 문제는 표본 크기의 문제이다.

모수(parameter)란 모집단의 수치적 특성을 말한다. 모수에 대응되는 통계량(statistic)은 표본의 수치적 특성을 말한다. 일반적으로 모집단은 너무 커

---

[24] 첫 번 만난 사람에서는 시간 지킴(○), 두 번째 지킴(○), 세 번째 안지킴(×)이라면, ○, ○, ×가 관찰값이다.

서 전부 다 관찰할 수 없으므로 모수의 값도 알 수 없다. 표본으로부터 모수를 추리하는 방법에 대해 생각해보자.

우리나라에서는 5년에 한번씩 인구주택센서스를 실시한다. 이번 센서스에서는 특별히 각 사람의 키를 조사했다고 하자. 센서스에서 얻은 평균키는 모수인가? 통계량인가?

센서스는 우리나라 사람 모두를 조사한다고 볼 수 있다. 따라서 센서스에서 얻은 평균키는 모수이다. ■

비록 센서스라고 하더라도, 모든 국민을 하나도 빼지 않고 조사하기란 거의 불가능하다. 예를 들면 해외출장중인 사람이나 주거가 불분명한 사람 등은 조사가 되지 않는다. 이 경우 비록 센서스라 하더라도 여기서 얻은 평균이 엄밀한 의미에서는 모수가 아니라고 할 수 있다. 그러나 일반적으로 센서스는 하나도 빼지 않고 조사한 것으로 간주한다.

관심 있는 모수에는 평균과 (성공)비율, 분산 등이 있다. 키나 몸무게, 점수 등 연속형 변수인 경우에는 평균이나 분산을, 시간을 지키는지 여부, 성별, 찬·반 등 범주형 변수인 경우에는 비율을 추정한다. 두 변수간의 관계를 나타내는 상관계수 역시 관심 있는 모수이다. 모수는 대개 그리스문자로 쓰는데, 각 모수와 그에 상응하는 통계량을 나타내는 기호는 〈표 7-1〉에 나와있다. 예를 들면, μ는 모평균이고 $\overline{X}$는 표본평균을 나타낸다.[25]

통계량을 통해 미지의 모수값을 추리하는 것을 **추정**(estimation)이라 하고, **추정하는 값을 내는 공식을 추정량**(estimator)이라 한다. 일반적으로 추정량은 모수 위에 모자(hat)를 씌워서 나타낸다. 예를 들어, 표본평균 $\overline{X} = \dfrac{\sum X_i}{n}$는 μ의 추정량이므로 $\hat{\mu} = \overline{X}$라 쓴다. $\hat{\mu}$는 'mu hat'이라고 읽는다.

---

25) 추정량은 대개 대문자로 쓰고, 그 추정량으로 계산해서 얻은 값은 소문자로 적는다. 즉, $\overline{X}$라는 추정량으로 계산해서 142가 나왔다면, $\overline{x} = 142$로 적는다.

<표 7-1> 모수와 통계량을 나타내는 기호

	모 수	통계량
평균	μ (mu)	$\bar{x}$
분산	σ^2 (sigma 제곱)	s^2
비율	π (pi)	p
상관계수	ρ (rho)	r

1. 점추정

모평균의 추정을 중심으로 추정에 관해 알아보자. 모비율이나 모분산의 추정에 관심이 있는 사람은 부록A의 2절을 참고한다.

모수를 하나의 값으로 추정하는 것을 점추정(point estimation)이라 한다. 모평균 μ의 추정량으로는 표본의 평균이나 중위수가 많이 쓰이지만 원한다면 최빈값 또는 최소값도 사용할 수 있다. 표본평균을 $\bar{X}$, 중위수를 $\tilde{x}$ (x tilde), 최빈값을 $\check{x}$ (x check), 최소값을 $\underline{x}$ (x underbar)라 하고, $\widehat{\mu_{(1)}} = \bar{X}$, $\widehat{\mu_{(2)}} = \tilde{x}$, $\widehat{\mu_{(3)}} = \check{x}$, $\widehat{\mu_{(4)}} = \underline{x}$ 라 하자. 이처럼 여러 가지 추정량이 있을 때, 그 중 가장 좋은 추정량은 무엇이며, '가장 좋다'는 기준은 무엇일까? 좋은 추정량은 일정한 성질을 만족하여야 하는데, 가장 중요한 세 가지 성질은 불편향성과 효율성, 일치성이다.26) 모평균 μ의 추정량 중 표본평균은 이러한 세 가지 성질을 만족하는 최소분산 불편향추정량(minimum variance unbiased estimator)이고, 따라서 모평균의 추정량으로 널리 쓰인다.

예제 7-2

대한민국 6학년 어린이들의 키가 얼마인지 알기 위해 표본을 추출하여 조사하였다. 표본의 평균은 142cm였다. 이 어린이들이 포함된 전국의 모든 6학년 어린이들의 평균키는 얼마라고 추정할 수 있을까?

표본평균 $\bar{X}$는 모평균의 가장 좋은 추정량이므로 표본평균값 $\bar{x}$로 추정한다. 모평균은 142cm일 것이다. ■

---

26) ① 불편향성(unbiasedness): 모든 가능한 표본에서 얻은 추정량의 기대값, 즉, 평균은 추정하려고하는 값과 같아야 한다.
② 효율성(efficiency): 추정량의 분산은 가능한한 작은 것이 좋다.
③ 일치성(consistency): 표본의 크기가 아주 커지면, 추정값이 참값과 거의 같아지는 성질이다.

제 7 장 추정과 검정의 기본개념

이 예제에서 알 수 있듯이, 모수가 어떤 특정한 값(142cm)이라고 말하는 것은 한 개의 숫자로 나타내기 때문에 구하기도 쉽고, 나타내기도 간단하고 이해하기도 쉽다.

2. 구간 추정

(1) 구간추정의 기본개념

모수의 추정량을 한 개의 숫자로 나타내는 것이 간단하고 알기 쉽기는 하지만 어린이들 키의 모평균이 반드시 142cm라고 자신할 수는 없다. 점추정은 맞는 경우보다 틀리는 경우가 더 많다. 모평균에 대해 다음과 같이 말하는 방법을 생각해보자.

"6학년 어린이들 키의 모평균은 140.2cm에서 143.8cm 사이에 있으며,
그 사이에 있다는 것을 95% 확신한다."

또는

"6학년 어린이들 키의 모평균은 139.7cm에서 144.3cm사이에 있으며,
그 사이에 있다는 것을 99.7% 확신한다."

이렇게 이야기하면, 이 추정이 얼마나 정밀하게 이루어졌는지(142cm를 중심으로 ±1.8cm이내, 또는 ±2.3cm이내)를 알 수도 있고, 주어진 두 값 사이에 있을 것으로 확신하는 정도(각각 95%와 99.7%)가 얼마인지도 알 수 있다. 이처럼 일정한 구간을 제시하여 추정하는 것을 **구간추정(interval estimation)**이라 하고, 모수가 포함되었을 것이라고 제시한 구간을 **신뢰구간(confidence interval)**이라 한다. 이때, 신뢰구간의 양 끝을 각각 하한추정량과 상한추정량이라 하고, 표본에서 얻은 값을 신뢰구간의 하한값(lower limit)과 상한값(upper limit)이라 한다.

(2) 신뢰수준

신뢰구간에서 '확신하는 정도'는 신뢰수준(reliability level)이라 하여, 대개 95%(또는 99%, 때로 90%)를 쓰는데, 연구자가 결정한다. 신뢰수준이 95%라 함은, 이와 똑같은 연구를 100번 반복해서 똑같은 방법으로 신뢰구간을 구하는 경우, 그 중 적어도 95번은 그 구간 안에 모평균이 포함될 것임을 의미한다. 즉, 모평균의 위치를 맞추지 못하는 실수는 5%이상 하지 않는다는 의미이다.

실수를 하지 않기 위해서, 즉, 신뢰수준을 높이기 위해서는 신뢰구간을 아주 넓게 정하는 방법이 있다. 예를 들어 초등학생 키의 평균에 대한 신뢰구간을 정하는 경우,

50cm에서 200cm로 정하면 틀릴 리가 없다. 즉, 신뢰수준이 100%이다. 그러나 신뢰수준을 이처럼 높게 정하면, 구간이 너무 넓어져서 추정의 의미가 없어진다.

신뢰수준을 높이면 신뢰구간이 넓어지고, 신뢰수준을 낮추면 신뢰구간이 좁아진다. 같은 신뢰수준에서 신뢰구간이 좁은 것은 추정이 정밀하게 되었다는 뜻이다.

(3) 신뢰계수

신뢰구간에 이용되는 z값 또는 t값을 신뢰계수(reliability coefficient)라 하는데, 신뢰수준에 따라 그 값이 정해진다.[27] 모분산을 아는 경우, 표준화 값으로 −1.96에서 +1.96까지의 확률이 .95이므로 95% 신뢰구간의 신뢰계수 z는 1.96이다. 모분산을 모르고 자유도가 20인 경우 95% 신뢰구간의 신뢰계수 t는 2.086이다. t값은 자유도에 따라 달라진다.

3. SPSS로 모평균 추정하기

SPSS에서 신뢰구간은 기술통계를 구할 때처럼 〈그림 7-1〉과 같이 주메뉴에서 분석(A) → 기술통계량(E) → 데이터 탐색(E)... 을 차례로 선택해서 구한다. 예제를 통해 사용법을 알아보자.

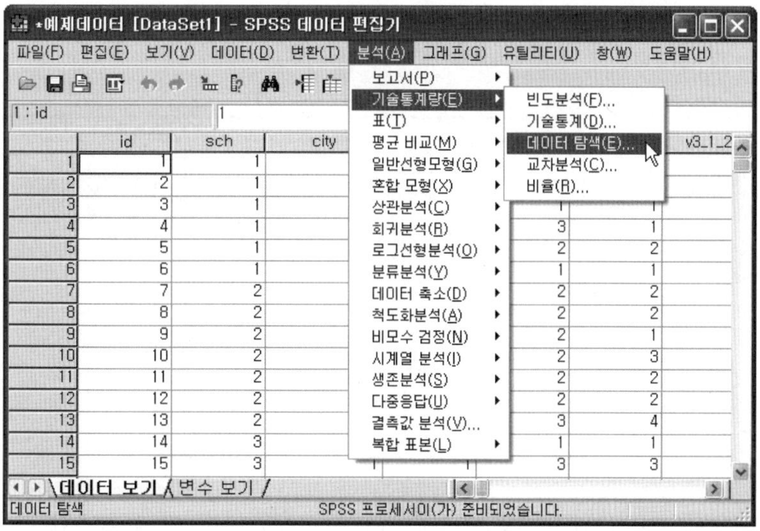

〈그림 7-1〉 SPSS로 모평균 추정하기 : 데이터 탐색

---

[27] 신뢰계수로 쓰이는 z값 또는 t값은 각각 표준정규분포, t-분포에서 얻어진 값이다. 각 분포에 대한 자세한 내용은 부록A를 참고하자.

180 제 7 장 추정과 검정의 기본개념

예제 7-3

우리나라 학생들의 자아존중감점수[self]의 모평균이 얼마인지 알아보고자 한다. 이 조사의 대상이 된 학생들의 평균 점수로 모평균의 추정값과 95%신뢰구간을 구해보고, 결과를 적절히 해석해 보자.

데이터 탐색 대화상자에서 자아존중감점수(self)를 `종속변수(D):`로 옮기고, `출력`에 `◉통계량(A)`을 클릭한 후 `확인`을 클릭한다.

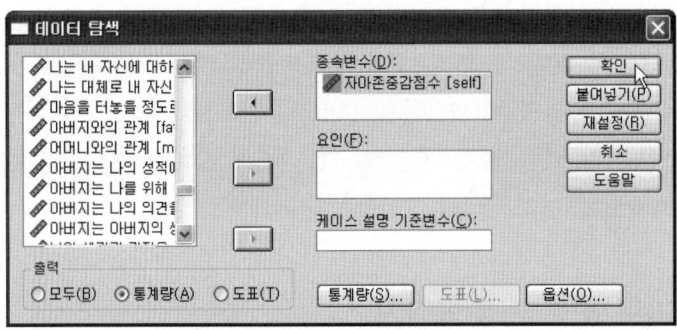

<그림 7-2> 데이터 탐색 대화상자

출력결과는 <출력 7-1>과 같다. 표본평균은 모평균의 가장 좋은 점추정량이므로, 모평균은 28.23점으로 추정할 수 있다.

<출력 7-1> 자아존중감점수의 추정

기술통계

자아존중감점수			통계량	표준오차
	평균		28.23	.292
	평균의 95% 신뢰구간	하한	27.65	
		상한	28.80	
	5% 절삭평균		28.26	
	중위수		28.00	
	분산		23.038	
	표준편차		4.800	
	최소값		14	
	최대값		40	
	범위		26	
	사분위수 범위		7	
	왜도		-.051	.148
	첨도		-.352	.295

'평균의 95% 신뢰구간' 부분은 점수 평균의 95% 신뢰구간으로서 신뢰하한은 27.65, 신뢰상한은 28.80이다.[28]

---

28) 공식을 이용해서 신뢰하한 값 27.65를 직접 구해보자. 신뢰구간 공식은 $\bar{x} \pm t \dfrac{s}{\sqrt{n}}$로서

95% 신뢰구간이 (27.65, 28.80)라는 것은 이 구간 안에 모평균이 있을 것으로 95% 확신한다는 뜻이다. 신뢰수준 95%에서 모평균은 최소 27.65, 최대 28.80 이내라고 추정할 수 있다.

신뢰구간 (27.65, 28.80)은 모평균의 위치를 구간으로 나타낸 것으로서 "자아존중감 점수의 **평균**이 27.65와 28.80사이에 있을 것이다"는 뜻이지, "자아존중감점수가 최저 27.65에서 최대 28.80다"라는 뜻이 아니다. 신뢰구간은 모평균의 구간추정값이다.

제2절 검정

1. 가설검정의 기본개념

제1절에서는 표본에서 얻어진 통계값을 바탕으로 모수에 대한 추정을 하였다. 가설검정(hypothesis testing)이란 연구자가 모수의 값을 먼저 가정한 뒤에, 표본에서 얻어진 통계값이 이 값과 어느 정도 일치하는지 혹은 일치하지 않는지 통계적으로 결정하는 절차이다. 이 절에서는 모평균에 대한 가설검정을 중심으로 설명한다.

이 절의 내용을 설명하기 위하여 다음과 같은 문제를 생각해 보자. 10년 전에 발표한 조사결과에서 초등학교 어린이들 키의 평균이 140cm라고 하였는데, 최근 여러 가지 이유로 어린이들의 평균키가 더 커졌을 것으로 생각한다. 조사자는 어린이들의 키를 측정하여 그들의 평균키가 전보다 더 커졌다는 것을 보이고자 한다.

표본평균 $\bar{x}$에서 $t\dfrac{s}{\sqrt{n}}$를 빼면 신뢰하한 값이 나온다. $\dfrac{s}{\sqrt{n}}$는 표준오차를 말하고, 출력물에서는 0.292로 나타났다. 따라서 신뢰하한은 (약간의 오차를 감안하면)

$$28.23 - 1.96 \times 0.292 = 27.66$$

으로서 출력된 값과 같다.

182   제 7 장 추정과 검정의 기본개념

(1) 가설

검정을 하기 위해서는 **특정한 값을 모수의 값으로 가정하는** 가설(hypothesis)을 세워야 한다. 가설에는 두 가지가 있어서 '지금까지 알려진 것과 같은' 가설을 귀무가설(null hypothesis, 또는 영가설: H_0)이라 하고, 이에 대비해서 '새롭게 주장하고자 하는' 가설을 대립가설(alternative hypothesis, 또는 연구가설 research hypothesis: H_1)이라 한다. 귀무가설은 H_0로 표시하고 대립가설은 H_1 또는 H_α로 표시하는데, 통계학이나 자료분석에서 흔히 쓰는 가설은 귀무가설을, 학위논문 등에서 흔히 쓰는 가설은 대립가설을 의미한다.

예에 나타난 내용을 기호로 나타내면

$$H_0 : \mu = 140 , \quad H_1 : \mu = (140 보다 큰 값)$$

이다. 대부분의 경우 크긴 더 클 것이라고 생각하지만 얼마나 클지는 알 수 없으므로

$$H_1 : \mu > 140$$

귀무가설 값　　　　대립가설 값

라고 나타내는데, 이처럼 대립가설의 값이 귀무가설의 값보다 오른쪽에 있다고 생각되는 가설을 확인하는 것을 **우측검정**이라 한다. 즉, 우리가 대립가설에서 새롭게 주장하고자 하는 값이 귀무가설의 값보다 클 때 우측검정을 사용한다. 대립가설을 하나의 값으로 지정하지 않는 이유는, 사회과학 전반의 지식체계가 어느 한 값을 지정하여 정확한 가설(exact hypothesis)을 가정할 만큼 충분하지 않기 때문이다.

만일 '더 클지 작을지는 모르지만, 그 값은 아닐 것이다'라고 가설을 세우는 경우에는

$$H_1 : \mu \neq 140$$

대립가설 값　　귀무가설 값　　대립가설 값

라고 나타낸다. 이 가설에서는 가설값 140의 양측 어디에나 μ의 값이 올 수 있으므로, 이러한 가설을 검정하는 것을 **양측검정**이라 한다.

대립가설에서 주장하는 값이 귀무가설에서 말하는 값보다 더 작을 경우에는

$$H_1 : \mu < 140$$

대립가설 값　　귀무가설 값

가 되고, 이것은 모평균 μ가 가설값 140의 왼쪽에 있는지 여부를 확인하는 것이므로 **좌측검정**이라 한다. 귀무가설에서 말하는 모평균값을 일반적으로 나타낼 때는 귀무가설의 첨자 0을 붙여 μ_0로 표시한다. 여기에서 $\mu_0 = 140$이다. 좌측검정과 우측검정을 단측검정이라 한다.

예제 7-4
우리나라 학생들의 자아존중감점수가 평균 25점이라고 한다. 표본을 통해서 정말 그런지 알아보기 위해 귀무가설과 대립가설을 세워보자.

모평균이라고 생각하는 값이 25점이므로 $\mu_0 = 25$이고, 귀무가설은 $H_0 : \mu = 25$가 된다. 연구자가 검정하고자 하는 것은 모집단 평균이 '정말 그런지' 알고자 하는 것이므로 이보다 높든 낮든 상관하지 않는다. 따라서 대립가설은 $H_1 : \mu \neq 25$이다. 이 대립가설을 말로 나타내면, '(모집단에서) 자아존중감점수의 평균은 25점이 아니다'이다. ■

(2) 기각값과 기각역, 채택역

자료에서 얻은 통계량(또는 검정통계량)을 바탕으로 귀무가설이나 대립가설 중 하나가 맞다는 결정을 내려야하는데, 이 결정의 기준이 되는 값이 **기각값**(critical value)이다. 채택역과 기각역은 귀무가설을 채택하거나 기각하게 되는 검정통계량이 위치한 곳을 말한다.

그림⟨7-3⟩에서 기각값 $c = 136$이라 할 때 136보다 작은 통계량은 기각역에 속하는 것이고 136보다 큰 통계량은 채택역에 속하는 것이다.

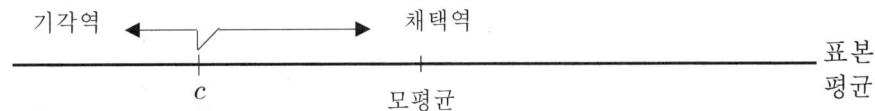

⟨그림 7-3⟩ 좌측검정의 기각역과 채택역

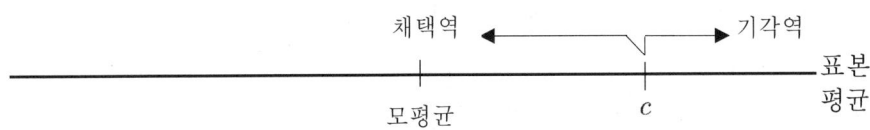

⟨그림 7-4⟩ 우측검정의 기각역과 채택역

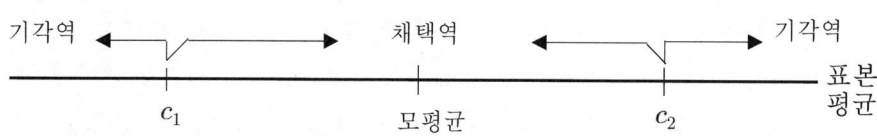

<그림 7-5> 양측검정의 기각역과 채택역

(3) 제 I 종 오류와 제 II 종 오류

표본을 통해서 가설을 검정하면, 아무리 잘 계획해서 시행해도 어느 정도의 오류는 범하기 마련이다. 귀무가설이 맞는데도 불구하고 틀렸다고 결정한다든지, 사실은 대립가설이 맞는데도 귀무가설이 맞다고 결론을 잘못 내리는 경우가 이에 속한다. 앞의 경우를 제 I 종 오류(type I error), 뒤의 경우를 제 II 종 오류(type II error)라 한다. 오류에 대해 조금 더 자세히 알아보자.

두 개의 가설이 설정되면, 그 중 맞는 것 하나만을 선택하여야 한다. 맞는 것의 선택은 자료에서 얻은 통계량의 값에 의해서 하게 된다. 어린이 키의 예를 생각해보자. 귀무가설에서는 키의 평균이 140cm라고 하였다. 제 II 종 오류를 설명하기 위해 대립가설값도 145cm라는 숫자로 지정하자. 그런데 100명 표본을 뽑아 키를 재보니 그 평균이 143cm였다. 아울러 표본의 표준편차는 25였다. 과연 어느 가설이 맞다고 해야 할까?

쉽게 생각하면 143cm가 대립가설값인 145cm에 가깝기 때문에, 대립가설이 맞다고 결정할지 모르겠다. 그러나 이 143cm라고 하는 표본평균이, 모평균이 140cm인 어린이들 중에서 우연히 큰 어린이들이 주로 뽑혀서 생긴 것이 아니라고 어떻게 장담하겠는가?

가설검정에서는 웬만큼 확실한 증거가 나타나지 않고는 귀무가설이 틀렸다고 말하지 않는다. 그런 의미에서 가설검정은 보수적이다. 가설검정은 항상 '귀무가설이 맞다고 생각할 때'라는 가정에서 출발한다. 그렇다면 대체 언제 대립가설이 맞다고 할 수 있다는 것일까? 두 가설 중 하나를 결정하는데 중요한 역할을 하는 것이 기각값이고, 기각값을 결정하는데 중요한 역할을 하는 것이 제 I 종 오류의 크기이다.

〈그림 7-6〉은 귀무가설 H_0 : $\mu=140$을 대립가설 H_1 : $\mu=145$에 대하여 우측 검정하는 경우를 설명하기 위한 그림이다. (a)는 귀무가설이 맞는 경우 표본평균이 모평균 140cm를 중심으로 정규분포를 따르고 있음을 나타낸다. 표본에서 구한 평균

값이 일정기준(기각값) 이상이면 귀무가설을 기각할 것이다. 비록 평균이 140㎝ 인 모집단에서 표집을 하더라도, 그 평균이 기각값보다 더 크게 나오는 경우가 흔치는 않지만 분명히 있다. 백 번에 너댓번이나 나올까말까한 큰 수치가 나온다면, 귀무가설을 기각은 하겠지만, 사실은 오류를 범한 것이다. 이러한 오류를 제Ⅰ종 오류라 하고 '백 번에 너댓번'처럼 오류가 나타날 수 있는 크기를 제Ⅰ종 오류의 크기라 한다.

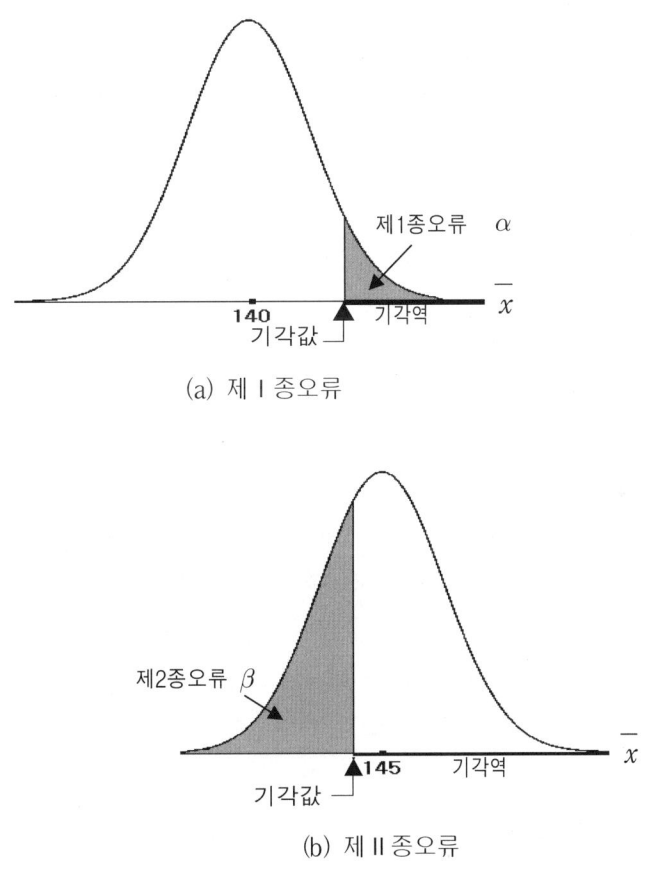

(a) 제Ⅰ종오류

(b) 제Ⅱ종오류

<그림 7-6> 기각값, 기각역과 제 Ⅰ·Ⅱ종 오류

(a)에는 기각값의 오른쪽이 어둡게 표시되어 있는데, 이 부분이 바로 오류의 크기를 나타내는 것이다. 이와 같이 '**귀무가설이 맞는데도 불구하고 틀렸다고 결론을 내리는 오류**'를 제Ⅰ종 오류라 하고, 이 오류의 크기를 α로 표시한다. 제Ⅰ종 오류의 다른 이름은 **유의수준**(significance level)이다. 기각값을 오른쪽으로 멀리할수록

유의수준 α가 작아지고, 따라서 귀무가설이 틀렸다는 결론을 내리기 어려워지며, 왼쪽으로 보낼수록 α는 커지고 귀무가설이 틀렸다는 결론을 내리기가 쉬워진다.

　　(b)는 대립가설이 맞는 경우의 평균의 표본분포로서 145cm를 중심으로 분포되어 있다. (b)와 (a)는 같은 $\bar{x}$ 축 위에 그려진 것으로서, 두 그림의 기각값을 중심으로 겹쳐서 볼 수 있다. (b)에서도 기각값의 왼쪽이 귀무가설의 채택역, 오른쪽이 귀무가설의 기각역인데, 마찬가지로 표본평균이 기각값의 오른쪽에 있으면 대립가설이 맞다는 결론을 내리고, 왼쪽에 있으면 귀무가설이 맞다는 결론을 내리게 된다.

　　모집단의 평균이 145cm이라 하자. 표본에 따라서는 **대립가설이 맞는데도** 평균이 기각값의 왼쪽인 (귀무가설의) 채택역에 올 수 있다. 이 경우 **귀무가설이 맞다고 결정을 내리게 되는데 이는 오류를 범하는 것이다.** 이 때의 오류를 제Ⅱ종 오류라고 하고 β라고 표시하며, (b)에서 어둡게 표시된 부분이다. 기각값의 오른쪽부분, 즉, $1-\beta$는 **대립가설이 맞는 경우 이를 옳다고 결정할 확률**이다. 이를 검정력(statistical power)이라 한다.

　　실제 경우와 검정 결과에 따른 두 종류의 오류가 〈표 7-2〉에 정리되어 있다. 실제로는 귀무가설이 맞는데 귀무가설을 기각한다면 제Ⅰ종 오류를 범하는 것이다. 이 오류의 크기가 α이다. 한편, 실제로는 대립가설이 맞는데 귀무가설을 채택한다면, 이 역시 오류를 범하는 것이다. 이 오류의 크기는 β이다. 그러나 대립가설이 맞는데 검정에서 귀무가설을 기각하고 대립가설이 맞다고 결론 내린다면, 이 결론은 맞는 결론이다. 이 확률의 크기가 $1-\beta$로 나타내는 검정력이다. 이 표를 볼 때 한 가지 주의할 점은, 비록 귀무가설이 맞는 경우와 대립가설이 맞는 경우가 한 표에 정리되어 있기는 하지만, 각각의 오류(확률)는 귀무가설이 맞는 경우의 분포와 대립가설이 맞는 경우의 분포에서 따로 구해진다는 점이다.

〈표 7-2〉 두 종류의 오류

실 제	결 정	
	귀무가설을 채택	귀무가설을 기각
귀무가설이 맞다	옳은 결정	α (제Ⅰ종 오류)
대립가설이 맞다	β (제Ⅱ종 오류)	$1-\beta$ (검정력)

만일 귀무가설의 평균과 대립가설의 평균이 서로 멀리 떨어져 있다면, 제Ⅰ종 오류나 제Ⅱ종 오류는 거의 없거나 아주 작을 것이다. 그러나 많은 경우, 두 가설의 평균이 그다지 멀리 떨어져 있지 않기 때문에 오류는 생기기 마련이다. 오류를 없앨 수는 없지만 줄일 수는 있다. 가장 좋은 방법은 표본의 크기를 늘려 표준오차$\left(\frac{\sigma}{\sqrt{n}}\right)$를 작게 하는 것이다. 표준오차가 작아지면 두 분포의 중심(평균)은 그대로 있더라도 분포의 폭이 좁아지기 때문에 거리가 멀어지는 효과를 볼 수 있다.

한편, 두 종류의 오류사이에는 다음과 같은 관계가 있다. 제Ⅰ종 오류를 줄이기 위해 기각값을 오른쪽으로 보내면 제Ⅱ종 오류가 커지고, 제Ⅱ종 오류를 줄이기 위해 기각값을 왼쪽으로 보내면 또 제Ⅰ종 오류가 커진다. 따라서 두 값을 조화롭게 결정해야 하는데, 많은 경우 유의수준에 중점을 두어, $\alpha=.05$, 즉, 100번 중 5번 정도의 오류를 허용하는 정도로 결정한다. 제Ⅱ종 오류는 대개 미리 결정하지 않고, 검정이 끝난 뒤 유의한 결론이 나지 않았을 때 검정력이 얼마나 되는가를 밝히는데 쓰이는데, 그 크기가 제Ⅰ종 오류의 4배, 즉, $\beta=4\alpha=.20$ 정도까지로 허용하는 편이다.

유의수준의 크기를 결정하는 요인 중의 하나는 비용이다. 만일 귀무가설이 틀렸다고 결정하는 것이 비용이 많이 드는 경우, 예를 들어 생명을 잃게 된다든지 비싼 값을 치르게 되는 경우에는 유의수준 α를 더욱 작은 값(예를 들면 .01이나 .001)으로 설정한다. 또한 귀무가설을 틀렸다고 결정하는 것이 그다지 큰 문제가 되지 않는 경우 또는 표본의 크기가 작은 경우에는 유의수준을 조금 더 큰 값(예를 들면 .10)으로 설정하기도 한다.

제Ⅱ종 오류의 크기를 구하기 위해서는 반드시 대립가설의 값 중 하나의 값을 지정해야 한다. 다시 말해서 $\mu=143$일 때의 크기, 또는 $\mu=147$일 때의 크기는 구할 수 있지만 $\mu>145$일 때의 제Ⅱ종 오류의 크기는 구할 수 없다. 이 때는 145에서부터 1씩 또는 0.5씩 μ 값을 늘여가면서 (각각의 값에서) 제Ⅱ종 오류의 크기를 구하게 된다.

(4) 유의수준

제Ⅰ종 오류의 크기를 유의수준(significance level)이라 하고 α로 나타낸다. 제Ⅰ종 오류의 크기가 .05이면 유의수준도 .05이다.

(5) 유의확률

귀무가설이 채택된다고 해도, 표본분포의 한가운데서 채택되는 경우와 기각값 가까이에서 채택되는 경우는 그 의미가 다르다. 귀무가설이 기각될 때도 마찬가지로 기각값을 겨우 벗어나서 기각하는 경우와 기각값으로부터 멀리 떨어진데서 기각하는 경우는 차이가 있다. 이러한 차이를 나타낼 수 있는 것이 바로 유의확률(p-value)이다.

유의확률은 '**귀무가설이 맞을 경우, 이 표본에서 얻은 표본평균보다 더 대립가설 쪽의 값이 나올 확률이 얼마나 되는지**'를 나타내는 값이다. 따라서, 표본평균이 귀무가설값 μ_0에서 멀수록 유의확률은 작아지게 된다. 즉 유의확률이 작아지면 대립가설을 채택하게 될 확률이 높다는 말이 된다.

그림을 통해 유의확률에 대해 좀 더 살펴보자. 〈그림 7-7〉은 좌측검정에서의 유의확률을 나타낸 것으로서, 유의확률은 항상 검정통계량의 왼쪽부분의 확률이다. 따라서 (c)나 (d)처럼 검정통계량이 양수일 때는 유의확률이 .5를 넘는다.

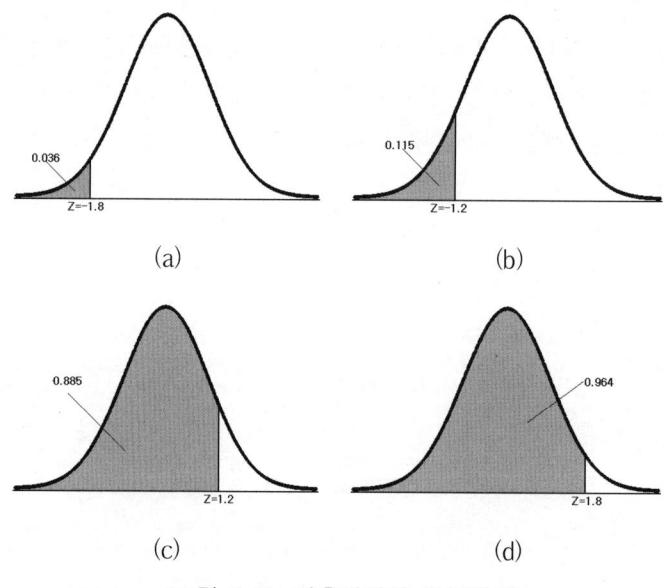

〈그림 7-7〉 좌측검정의 유의확률

〈그림 7-8〉는 우측검정에서의 유의확률을 나타낸 것이다. 검정통계량의 값에 관계없이 항상 검정통계량의 오른쪽부분의 확률이다. 만일 (c)나 (d)처럼 검정 통계량이 음수라면 유의확률은 .5보다 큰 값이 된다.

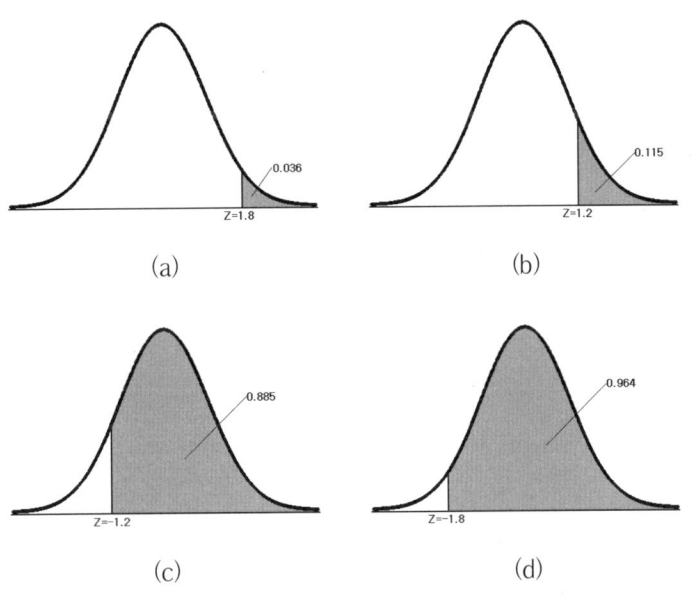

<그림 7-8> 우측검정의 유의확률

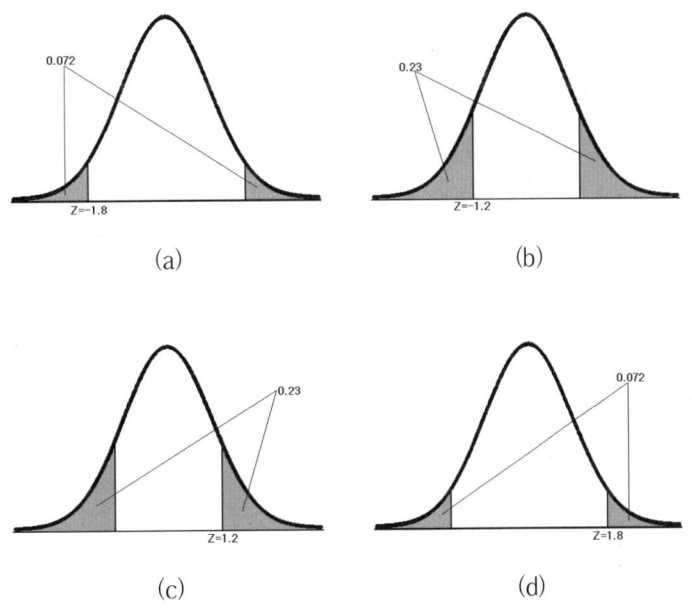

<그림 7-9> 양측검정의 유의확률

제 7 장 추정과 검정의 기본개념

〈그림 7-9〉는 양측검정에서 유의확률을 나타낸 것이다. 검정통계량의 값이 양수이든 음수이든 상관없이 항상 양측의 확률로 나타난다. 〈그림 7-9〉(a), (b)와 〈그림 7-7〉(a), (b)는 서로 검정통계량 z의 값이 동일하지만 그 확률은 양측 유의확률이 좌측 유의확률의 두 배이고, 〈그림 7-9〉(c), (d)는 각각 〈그림 7-8〉(a), (b)와 검정통계량의 값이 동일하지만 유의확률은 두 배가 되는 것을 알 수 있다. 이처럼 유의확률이 두 배로 커지는 것은 (대립)가설의 방향을 모르기 때문에 감수해야 하는 손해이다.

(6) 검정통계량

매 조사마다 서로 다른 변수나 서로 다른 표본에서 데이터를 수집하게 되기 때문에 평균과 분산이 달라지고 기각값 또한 매번 달라진다. 그때마다 새롭게 기각값과 유의확률을 계산해야 하는 번거로움을 피하기 위하여 검정통계량을 이용한다. 평균에 대한 **검정통계량(test statistic)**은 표본의 통계량을 표준화한 것이다.

모평균의 검정통계량은 통계량인 표본평균을 표준오차로 나눈것으로서,

$$z = \frac{\bar{x} - \mu_0}{\frac{\sigma}{\sqrt{n}}} \quad \text{또는} \quad t = \frac{\bar{x} - \mu_0}{\frac{s}{\sqrt{n}}}$$

이다. 즉, 모분산(σ^2)을 알면 z값을 계산하고, 모분산을 모르면 표본분산(s^2)을 이용하여 t 값을 계산한다. 실제 분석시에는 모분산을 아는 경우가 거의 없으므로 t 값을 계산하게 된다.

(7) 결정원칙

귀무가설을 채택할 것인가 기각할 것인가를 결정하는 기준을 결정원칙(decision rule)이라 하며, 이는 대립가설의 종류에 따라 달라진다. 각 대립가설에 대한 결정원칙은 다음과 같다.

① 좌측검정인 경우 ($H_1 : \mu < \mu_0$)

검정통계량의 값 t가 기각값 c 보다 작거나 유의확률 p 가 유의수준 $\alpha = .05$보다 작으면 귀무가설을 기각한다.

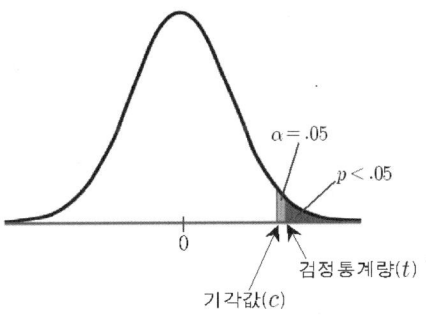

<그림 7-10> 좌측검정의 기각값과
검정통계량, 유의확률

② 우측검정인 경우 ($H_1 : \mu > \mu_0$)

 검정통계량의 값 t 가 기각값 c 보다 크거나 유의확률 p 가 유의수준 $\alpha = .05$ 보다 작으면 귀무가설을 기각한다.

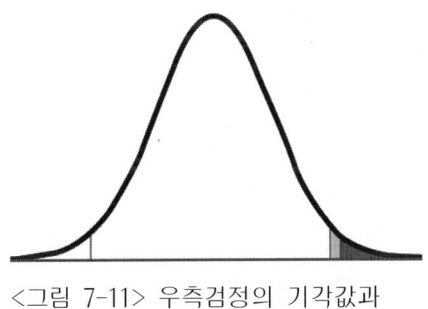

<그림 7-11> 우측검정의 기각값과
검정통계량, 유의확률

③ 양측검정인 경우 ($H_1 : \mu \neq \mu_0$)

 검정통계량의 값이 기각값보다 더 밖에 있으면 귀무가설을 기각한다. 검정통계량 t 가 기각값 c 보다 더 밖에 있다는 것은 $t > c$ 이거나 $t < -c$ 인 경우를 말한다 (〈그림7-12〉). 즉 t 값이 양수일 때는 c 보다 크면, t 값이 음수일 때는 $-c$ 보다 작으면 귀무가설을 기각하게 된다.

단측검정일때와 마찬가지로 유의확률 p 가 유의수준 α 보다 작으면 귀무가설을 기각한다. 혹은 $(1-\alpha) \times 100\%$ 신뢰구간에 귀무가설의 값이 포함되지 않으면 귀무가설을 기각한다.

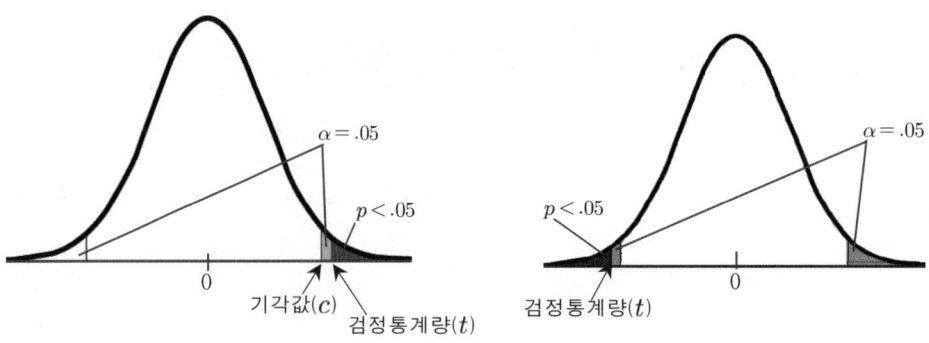

<그림 7-12> 양측검정의 기각값과 검정통계량, 유의확률

귀무가설을 채택할 때 검정통계량은 항상 채택역 안에 있기 때문에 유의확률은 항상 유의수준 α보다 크다. 유의확률을 이용하면 기각값을 따로 구하지 않더라도 유의수준과 비교해서 가설검정을 할 수 있다. SPSS 등의 통계 패키지에서는 유의확률 값을 계산해주므로 유의확률을 이용하여 가설검정을 한다. **유의확률이 유의수준보다 작으면 '통계적으로 유의한(의미있는) 결과'라** 하고 귀무가설을 기각한다. 검정통계량과 기각값을 비교해서 귀무가설의 채택여부를 결정하는 검정방법을 '정성적'인 검정이라 하는데 반해서, 유의확률의 크기에 따라 귀무가설의 채택여부를 결정하는 검정방법을 '정량적'인 검정이라 한다. SPSS에서 출력해주는 것처럼 정량적인 방법으로 가설을 검정하는 것이 여러 가지 측면에서 효과적이다.

귀무가설을 채택한다는 것은 '귀무가설이 틀렸다고 할만한 충분한 근거가 이 표본에는 없다'는 뜻이다. 한편 귀무가설을 기각한다 함은 귀무가설이 맞다면 이러한 결과가 나오기란 매우 드물다는 것으로서 '대립가설의 내용이 맞다'는 뜻이다.

2. 가설검정의 절차

SPSS를 이용한 가설검정의 절차는 다음과 같다. 기억해 두자.
① 가설을 설정한다. 귀무가설에는 '평균이 5이다'라거나, '집단간의 차이가 없다' 등 '같다'는 표현이 들어간다. 즉, 식으로 표현할 때 '='가 들어간다. 대립가

설은 반대로 '다르다', '크다', '작다'는 표현이 들어간다.

② 데이터의 성격에 맞는 검정방법을 선택한다.

<표 7-3> 가설, 검정방법과 SPSS 절차

(귀무)가설	검정방법	SPSS절차
평균은 μ_0이다	단일표본 t-검정	평균 비교(M) ▶ → 일표본 T 검정(S)...
두 집단의 평균은 서로 같다	독립표본 t-검정	평균 비교(M) ▶ → 독립표본 T 검정(T)...
평균이 사후에 변화가 없다	대응표본 t-검정	평균 비교(M) ▶ → 대응표본 T 검정(P)...
세 집단의 평균은 모두 같다	분산분석	평균 비교(M) ▶ → 일원배치 분산분석(O)...
두 연속형 변수는 서로 독립이다	상관관계분석	상관분석(C) ▶ → 이변량 상관계수(B)...
두 범주형 변수는 서로 독립이다	교차분석	기술통계량(E) ▶ → 교차분석(C)...
기울기는 0이다	회귀분석	회귀분석(R) ▶ → 선형(L)...

③ 각 분석에 필요한 가정들을 검토한다.

(예, 분산분석에서의 정규성, 독립성, 등분산성)

④ SPSS 출력물에서 '유의확률'을 찾아 본인이 정한 유의수준과 비교해 본다. 특별한 경우가 아니면 유의수준은 .05를 많이 사용한다. 유의확률은 귀무가설을 기각할 수 있는 최소의 유의수준이므로 유의확률이 유의수준보다 작으면 귀무가설을 기각한다. 즉, 통계적으로 유의하다.

단측검정의 경우 유의확률 계산에 주의한다(p.184 참조).

⑤ 가설에 맞게 결론을 내린다. 가설의 기각여부는 귀무가설을 기준으로 생각하지만, 결론은 대립가설을 기준으로 기술한다.

예) H_0 : 4인가족의 한달 생활비는 200만원이다.

H_1 : 4인가족의 한달 생활비는 200만원이 아니다.

p =.03이라면 H_0를 기각하고, 따라서 4인 가족의 한달 생활비는 200만원이 아니라고 할 수 있다.

p =.09라면 H_0를 기각할 수 없다. 따라서, 4인가족의 한달 생활비는 200만원이 아니라고 할만한 충분한 근거가 없다(즉, 200만원이다)고 결론 내린다.

제 7 장 추정과 검정의 기본개념

연 습 문 제

청소년 데이터(예제데이터.sav)를 이용하여 다음을 하시오.

1. '어머니와의 관계(mother)' 점수는 몇 점인지 점추정하고 95% 신뢰구간으로 구간추정하시오. 또 90% 신뢰구간과 99% 신뢰구간을 구하시오. 세 개의 구간 중 어느 경우가 가장 좁은가? 이러한 차이는 왜 생기는 것인가? 그 의미는 무엇일까 생각해보고 간단히 서술하시오.

2. 어머니와의 관계 점수의 평균은 40점이라고 한다. 표본을 통해서 정말 그런지 알고자 한다. 귀무가설과 대립가설을 세워보시오. 가설들을 기호로 나타내어 보시오.

3. 위 1번에서 구한 95% 신뢰구간을 볼 때, 유의수준 .05에서 검정한 결과가 어떻게 될 것 같은지 예상하여 보자.

과 제

제1장의 과제에서 작성한 데이터를 이용하여 다음을 하시오.

1. 연속형변수 중에서 관심이 많은 것을 하나 선택하여 모평균의 95% 신뢰구간을 구하고 해석하시오.

제3부

제8장　t-검정

▎제1절　단일표본 t-검정

▎제2절　독립표본 t-검정

▎제3절　대응표본 t-검정

이 장에서는 연구에서 많이 활용되는 평균의 검정 방법을 배운다. 한 집단의 평균이 어떤 특성값과 같은지 검정하는 단일표본 t-검정, 두 집단의 평균이 같은지 검정하는 독립표본 t-검정과 짝을 이루는 변수의 두 관찰값의 차이를 검정하는 대응표본 t-검정에 대해 공부한다.

제1절 단일표본 t-검정

검정의 기본개념에 대해서는 앞장에서 알아보았다. 이제 실제로 SPSS를 이용하여 검정하는 방법을 알아보자.

1. SPSS로 평균에 대한 단일표본 t-검정하기

단일표본에 대한 가설검정 중 가장 흔히 사용되는 것은 평균에 대한 검정이다. SPSS를 이용하여 평균에 대한 가설검정을 하기 위해 〈그림 8-1〉과 같이 분석(A) → 평균 비교(M) → 일표본 T 검정(S)... 을 클릭한다. 예제를 통해서 검정방법을 알아보자.

〈그림 8-1〉 단일표본 t-검정

예제 8-1

'청소년의 자아존중감점수[self]' 가 평균 25점이라는 기록이 있다. 청소년 데이터를 이용해서 모집단인 우리나라 청소년의 자아존중감점수 평균이 25점이라고 할 수 있는지 유의수준 .05에서 검정해 보자.

검정을 하기 위해서는 먼저 가설을 세워야 하는데, 가설을 적어보면

$$H_0 : \mu = 25 \quad \text{vs} \quad H_1 : \mu \neq 25$$

이고, 이는 양측검정이다.[29]

일표본 t-검정 대화상자를 열고 검정하고자 하는 변수인 '자아존중감점수(self)'를 검정변수(T): 목록으로 옮긴다. 검정하고자 하는 평균값 25를 검정값(V): 상자에 입력하고 확인 을 클릭한다. 결과는 〈출력 8-1〉과 같다.

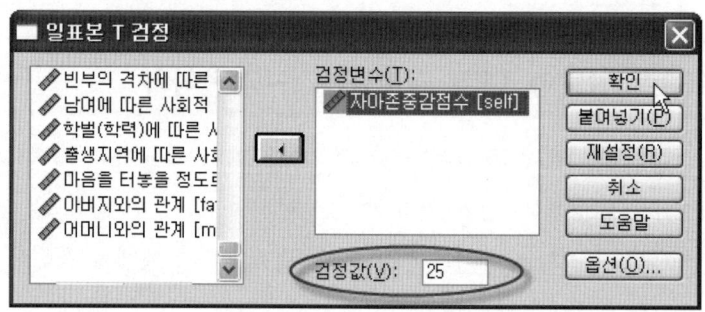

〈그림 8-2〉 일표본 t-검정 대화상자

〈출력 8-1〉 자아존중감점수의 평균이 25인지 검정

일표본 통계량

	N	평균	표준편차	평균의 표준오차
자아존중감점수	270	28.23	4.800	.292

일표본 검정

	검정값 = 25					
	t	자유도	유의확률 (양쪽)	평균차	차이의 95% 신뢰구간 하한	상한
자아존중감점수	11.044	269	.000	3.226	2.65	3.80

일표본 통계량 부분에는 케이스 수와 평균, 표준편차, 평균의 표준오차가 나와있다. 데이터의 평균은 28.23점으로서 모집단 평균은 25점과 차이가 있다. 그러나 가설의 맞고 틀린 것은 표본 오차의 크기와 밀접한 관계가 있으므로 단순히 차이가 난다고 해서 (귀무)가설이 틀리다고 할 수는 없다.

일표본 검정 부분에는 검정하고자 하는 값이 검정값=25로 표시되고, 검정통계량 t와 유의확률, 검정값과 평균의 차이, 차이의 95% 신뢰구간 등이 출력된다. 이 예에서는 가설을 검정하는 유의확률이 .000으로서, 유의수준 .05에서 유의하다($p<.001$).30) 따라서, 모평균이 25가 아니라고 결론 내릴 수 있다.

---

29) vs는 versus의 약자이다.
30) 유의확률 p-값을 보고할 때, 몇가지 주의할 점이 있다.

표본평균(여기서는 28.23)과 검정값(여기서는 25) 차이의 95% 신뢰구간은 (2.65, 3.80)으로서, 신뢰구간 안에 0을 포함하지 않기 때문에 차이가 있다. 이 결과도 모평균이 25와 다르다는 결론을 뒷받침한다.

양측검정과 구간추정의 관계

구간추정에서는 표본평균을 중심으로 모평균이 들어있을 것으로 생각되는 구간을 구한다. 만일 이 구간에 연구자가 생각하는 모평균값이 들어간다면, 연구자는 모평균이 가정한 값과 같다고 생각할만한 충분한 근거가 있다. 즉, 신뢰구간에 모평균 μ_0 가 들어간다는 것은, $H_0 : \mu = \mu_0$ 라는 귀무가설을 채택하는 것과 같다.

자아존중감점수의 95% 신뢰구간을 구해보면 (27.65, 28.80)이고, 위 <예제 8-1>에서 '자아존중감점수의 평균은 25이다' 라는 귀무가설을 기각할 수 있었다.

이 예에서 본 것 같이 유의수준 α = .05에서 검정결과 귀무가설을 기각하는 경우, 같은 정도의 신뢰구간, 즉, $(1-\alpha) \times 100 = (1-.05) \times 100 = 95\%$ 신뢰구간 안에는 귀무가설의 값이 포함되지 않는다. 이것은 우연히 일어난 것이 아니고, 양측검정 계산공식에 따라 항상 그러하다.

따라서 양측검정을 할 때 귀무가설을 기각하기 위해서는

① 검정통계량이 기각역에 위치하거나,

② 유의확률이 유의수준 α보다 작거나,

③ $(1-\alpha) \times 100\%$ 신뢰구간 안에 귀무가설값이 포함되지 않거나, 또는

④ 차이의 $(1-\alpha) \times 100\%$ 신뢰구간 안에 0이 포함되지 않아야 하는데, 이 네가지 방법은 모두 동일한 결과를 얻게 되어 있다.

연구자의 의도는 표본의 학생들이 뽑힌 모집단의 자아존중감점수(self) 평균이 25보다 큰지 알고자 하는 것이다. 대립가설을 '평균은 25보다 크다' 라고 세우고 가설을 단측검정해 보자. 유의수준은 .05에서 검정하자.

---

① 정수자리 0은 적지 않는다 (.002, .03처럼 적는다).

② 출력된 값이 .0000인 경우는 <.001로 적는다.

③ 출력된 값이 1.000인 경우는 >.999로 적는다.

제 8 장 t-검정

귀무가설과 대립가설을 다시 적어보면

$$H_0: \mu = 25 \quad vs \quad H_1: \mu > 25$$

이다. 대립가설의 값이 (귀무)가설값보다 크므로 '25보다 크다'고 하는 우측검정을 선택한다.

SPSS에서 단측검정을 실행하는 옵션은 따로 없으므로 좌측검정이나 우측검정을 할 때도 양측검정의 출력물을 이용한다. 먼저 표본평균을 검정값과 비교하여, 수직선상에서 표본의 평균이 대립가설과 같은 방향에 있는지 점검한다. 이 예제에서는 표본의 평균이 28.23이고 검정값이 25이므로, 평균이 검정값의 오른쪽에 있고 가설도 우측검정이므로 서로 같은 방향이다. 따라서 대립가설이 지지될 가능성이 있다고 하겠다.

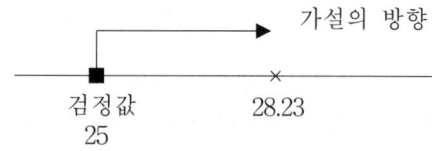

이 예에서처럼 표본평균이 대립가설 방향에 있는 경우에는 양측검정 유의확률의 절반이 단측검정 유의확률이다. 〈출력 8-1〉에서 양측검정 유의확률이 .000이므로, 단측검정 유의확률은 .000/2 = .000이다. 유의수준 .05에서 유의한 결과이다. (이 표본에는) 모집단의 평균이 25보다 크다고 할만한 충분한 근거가 있다(p<.001).

가설검정은 데이터를 바탕으로 귀무가설이 틀리다고 할만한 충분한 근거가 있는지를 검정한다. 대립가설이 맞는지 틀리는지 검정하는 것이 아니다.

양측검정의 유의확률이 p일 때 단측검정의 유의확률은 통계량이 대립가설 방향과 같으면 $p/2$, 대립가설 방향과 다르면 $1 - p/2$ 이다(<그림 7-7>~<그림 7-9> 참고). 좌측검정이냐 우측검정이냐의 여부로 달라지지 않는다.

제2절 독립표본 t-검정

지금까지는 데이터 전체가 하나의 모집단으로부터 수집된 경우 모집단 평균에 대해 추정하고 검정하는 방법을 배웠다. 이 절에서는 서로 독립인 두 집단에서 측정된 데이터의 평균을 비교하는 방법을 공부한다.

두 집단은, 예를 들면, 남자와 여자의 집단, 도시사람과 농촌사람의 집단, 지병이 있는 노인과 지병이 없는 노인의 집단 등을 말한다. 두 집단 평균을 비교하는 예로서 남자어린이 키의 평균과 여자어린이 키의 평균을 비교하고자 하는 상황을 생각해보자. 편의상 여자어린이들을 집단 1이라 하고, 남자어린이들을 집단 2라 하자. 각 집단의 모평균과 분산, 각 집단에 있는 어린이들의 수(표본의 크기)를 나타내는 기호는 각각 〈표 8-1〉에 나타난 것과 같다.

<표 8-1> 두 집단의 모수

집 단	여자 어린이	남자 어린이
집단번호	1	2
평균	μ_1	μ_2
분산	σ_1^2	σ_2^2
표본크기	n_1	n_2

1. 가설 - 무엇을 검정하나?

만일 남녀 두 집단의 키의 평균을 비교하고자 한다면 비교하여 알아보고자 하는 내용은 세 가지가 있을 수 있다. '두 집단의 평균키가 서로 다른지', '여자의 평균키가 남자의 평균키보다 큰지' 또는 '여자의 평균키가 남자의 평균키보다 작은지' 알아보는 것 등이다. 이 내용을 가설로 적어보면 다음과 같다.

독립표본 t-검정에서 **귀무가설**은

H_0 : 한 집단의 평균과 다른 집단의 평균은 서로 같다

또는 $H_0 : \mu_1 = \mu_2$

또는 $H_0 : \mu_1 - \mu_2 = 0$ 이다.

남·여 학생의 평균키를 비교한다면

$$H_0 : \text{여자의 평균키와 남자의 평균키는 서로 같다}$$

처럼 고쳐 쓰면 된다.

대립가설은

$$H_1 : \text{한 집단의 평균과 다른 집단의 평균은 서로 같지 않다.}$$

또는 $H_1 : \mu_1 \neq \mu_2$

또는 $H_0 : \mu_1 - \mu_2 \neq 0$

이다. 이 대립가설에서 두 평균의 차이 $\mu_1 - \mu_2$가 0을 중심으로 좌우 어느 곳에나 올 수 있으므로, **양측검정**이다.

만일 한 집단의 평균이 다른 집단의 평균보다 작은지 검정하고자 한다면, 가설은

$$H_0 : \mu_1 = \mu_2 \quad \text{vs} \quad H_1 : \mu_1 < \mu_2$$

이고 양변에서 μ_2를 빼면

$$H_0 : \mu_1 - \mu_2 = 0 \quad \text{vs} \quad H_1 : \mu_1 - \mu_2 < 0$$

이다. 대립가설에서 두 평균의 차이 $\mu_1 - \mu_2$가 0을 중심으로 왼쪽에 있으므로 **좌측검정**이다.

우측검정은 대립가설에서 두 평균의 차이 $\mu_1 - \mu_2$가 0을 중심으로 오른쪽에 오는 경우로서, 한 집단의 평균이 다른 집단의 평균보다 큰지 검정하고자 하는 경우이다. 이때 가설은

$$H_0 : \mu_1 = \mu_2 \quad \text{vs} \quad H_1 : \mu_1 > \mu_2$$

또는 $H_0 : \mu_1 - \mu_2 = 0 \quad \text{vs} \quad H_1 : \mu_1 - \mu_2 > 0$ 이다.

두 집단의 차이가 같다고 하더라도, 방향을 몰라 양쪽을 모두 고려해야 하는 양측검정에 비해, 단측검정은 집단간 차이의 '방향'을 설명해 준다는 점에서 더 바람직한 검정방법이다. 단, 가설은 데이터를 수집하기 전에 세워야 하며, 단측가설을 세우는 경우에는 선행연구와 기타 관찰을 바탕으로 방향을 예측할만한 충분한 근거가 있어야 한다.

가설을 말할 때 항상 1번 집단과 비교해서 말해야 좌측인지 우측인지를 쉽게 구분 할 수 있다. 부호가 숫자로 되어있지 않고 문자로 된 경우, 알파벳 순으로 먼저 나오는 집단을 1로, 나중에 나오는 집단을 2로 정한다.

예제를 통해 단측검정을 이해해보자.

안경을 쓴 사람을 1로, 쓰지 않은 사람을 2로 부호화한 데이터가 있다. 안경을 쓴 사람이 쓰지 않은 사람보다 공부를 더 잘한다(평균점수가 더 높다)는 대립가설을 μ_1, μ_2를 이용해서 나타내고 좌측검정인지 우측검정인지 말하시오.

안경을 쓴 사람의 평균점수 μ_1이 쓰지 않은 사람의 평균점수 μ_2보다 더 높다고 하므로 대립가설은 $H_1 : \mu_1 > \mu_2$이다. 양쪽에서 μ_2를 빼보면 $\mu_1 - \mu_2 > 0$으로서 두 평균의 차이 $\mu_1 - \mu_2$가 0보다 더 오른쪽에 있으므로 우측검정이다. ■

남자를 1로, 여자를 2로 부호화한 데이터가 있다. 여자 키의 평균이 남자 키의 평균보다 더 큰지 알아보고자 한다. 연구가설을 μ_1, μ_2를 이용해서 적고 좌측검정인지 우측검정인지 말하시오.

여자 키의 평균 μ_2가 남자 키의 평균 μ_1보다 더 큰지 알아보고자 하므로 대립가설은 $H_1 : \mu_2 > \mu_1$이다. 첫 번째 집단을 먼저 적으면 $H_1 : \mu_1 < \mu_2$이 된다. 이 가설은 (양쪽에서 μ_2를 빼보면) 좌측검정임을 알 수 있다. ■

2. 가정 – 언제 사용할 수 있나?

(1) 측정 변수가 구간식변수 이상이어야 한다. 명목식변수나 서열식변수인 경우에는 평균 자체가 의미가 없기 때문이다.
(2) 두 집단이 서로 독립이어야 한다. 예를 들어 설명해보자. 키가 서로 같은지 알아보기 위하여 남자집단과 여자집단을 비교한다고 할 때, 남자와 여자의 키를 측정하는 방법에는 크게 다음과 같은 두 가지가 있을 것이다. 하나는 한 집에서 한 사람(남자든 여자든)의 키만 측정하는 방법이고, 다른 하나는 한 집에서 오빠와 동생의 키를 측정한다든지, 남편과 아내의 키를 측정하는 방법이다. 한집에서 한명씩만 측정하는 경우는 남자집단과 여자집단이 서로 독립이라 할 수 있겠으나, 남매나 부부를 측정하는 것은 서로 독립이 아니라고 할 수 있다.

왜냐하면 두 사람은 서로 같은 유전자를 공유하거나, 일반적으로 키 큰 여자는 키 큰 남자와 결혼하는 경향이 있고, 키 작은 남자는 키가 그다지 크지 않은 여자와 결혼하는 경향이 있기 때문이다. 이러한 표본은 대응표본이라 한다.

서로 독립이 아닌 예를 하나 더 들어보자. 어떤 자극의 영향력을 파악하기 위해 사전-사후에 조사하는 형태의 데이터에서 사전-사후에 관찰된 사람들은 서로 독립이 아니다.31)

(3) 각 집단에서 측정한 변수의 분포가 정규분포를 따르거나 거의 정규분포에 가깝다는 가정을 할 수 있어야한다. 이 가정은 확실하게 그렇지 않다는 근거가 있지 않은 이상, 큰 표본인 경우(적어도 30이상)에는 대개 다 가정을 할 수 있는 것으로 생각한다.

3. SPSS로 독립표본 t-검정하기

독립표본 t-검정은 SPSS의 주메뉴에서 〈그림 8-3〉과 같이 분석(A) → 평균 비교(M) → 독립표본 T 검정(T)... 을 클릭하여 실행한다.

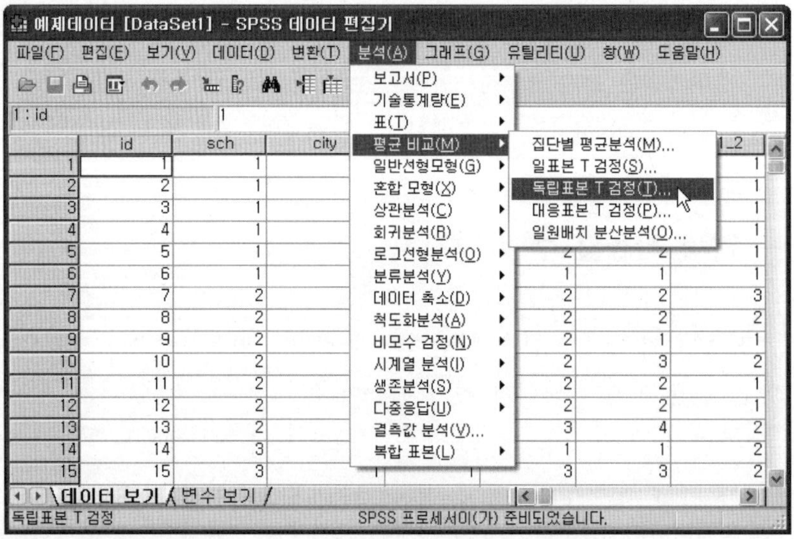

<그림 8-3> 독립표본 t-검정

---

31) 이 경우에는 각 사람의 사전-사후 점수가 서로 대응되게 데이터를 수집해서 대응표본 검정방법을 이용해야 한다.

두 집단의 분산이 서로 같을 때와 서로 다를 때의 통계량이 다르므로 적절한 통계량을 구하기 위해서는 분산이 서로 같은지 같지 않은지를 먼저 점검하여야 한다. **독립표본** t-**검정 방법**을 정리해 보면,

① 검정변수와 집단변수를 지정한다. 집단을 정의한다.
② 두 집단이 잘 정의되었는지 확인하고, 각각의 평균을 점검한다.
③ 두 집단의 분산이 동일한지 점검한다.
④ 분산의 동일성에 대한 검정결과에 따라 적절한 검정통계량과 유의확률을 바탕으로 결론을 내린다.

이제 예제를 통해서 실제로 검정해보자. 먼저 양측검정(두 집단의 평균이 서로 다르다는 대립가설을 검정)하는 방법을 공부한 뒤, 이어서 단측검정 방법을 배운다.

(1) 양측검정

남학생들과 여학생들의 '자아존중감점수(self)'에 차이가 있을까 없을까? 청소년 데이터를 이용하여 남학생과 여학생의 자아존중감점수가 서로 같은지 다른지 알아보자. 유의수준 .05에서 검정해 보자.

먼저 가설을 세워보자. 이 데이터에서 남자는 1로, 여자는 2로 코딩되었으므로 가설을 세울 때 남자를 먼저 적는다.

H_0 : 남학생과 여학생의 자아존중감점수에 차이가 없다($\mu_1 = \mu_2$)
H_1 : 남학생과 여학생의 자아존중감점수에 차이가 있다($\mu_1 \neq \mu_2$)

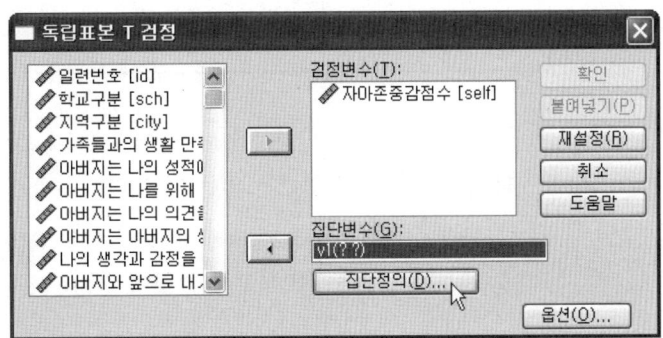

<그림 8-4> 독립표본 t-검정 대화상자

남녀 학생들은 서로 독립이라 할 수 있으므로 독립표본 t-검정의 대화상자를 연다. 〈그림 8-4〉와 같이 분석 변수는 자아존중감점수(self)로, 집단변수는 성별(v1)로 지정한 뒤 집단정의(D)... 를 클릭하여 대화상자에서 두 집단의 코드를 적어 집단을 정의한 다음 계속 과 확인 을 클릭한다(〈그림 8-5〉). 집단 정의에 사용되지 않은 집단의 관찰값은 분석에서 제외된다.

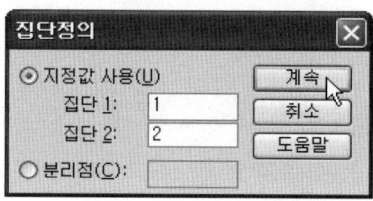

〈그림 8-5〉 두 집단 정의 대화상자

출력물을 단계적으로 살펴보자.

① 먼저 두 집단이 바르게 지정되었는지, 또 어느 집단이 첫째 집단으로 지정되었는지를 확인한다. 〈출력 8-2〉를 보면 남자가 첫째 집단으로, 여자가 둘째 집단으로 지정되었다.

<출력 8-2> 독립표본 t-검정 결과

집단통계량

	성별	N	평균	표준편차	평균의 표준오차
자아존중감점수	남자	136	28.90	4.569	.392
	여자	134	27.54	4.947	.427

독립표본 검정

		Levene의 등분산 검정		평균의 동일성에 대한 t-검정						
		F	유의확률	t	자유도	유의확률 (양쪽)	평균차	차이의 표준오차	차이의 95% 신뢰구간	
									하한	상한
자아존중감점수	등분산이 가정됨	.353	.553	2.334	268	.020	1.352	.579	.211	2.493
	등분산이 가정되지 않음			2.332	265.646	.020	1.352	.580	.211	2.494

② 집단통계량을 보면 남자는 136명, 여자는 134명이고, 각각의 평균은 28.90과 27.54로서 큰 차이는 없는 것 같다. 표준편차의 크기도 비슷하다.

③ 다음으로 점검할 사항은 '분산이 동일한가' 확인하는 것이다. 출력결과에 Levene의 등분산검정 부분에 F 값과 유의확률이 나타난다.[32] 유의확률이

---

32) Levene 등분산 검정의 귀무가설은 '두 집단의 분산은 동일하다(등분산)'이다.

.05보다 작으면 등분산의 가설을 기각하게 되므로 등분산을 가정할 수 없는 것이고, .05보다 크면 등분산을 가정할 수 있는 것이다. 여기서는 .553으로 등분산을 가정할 수 있다.

④ 등분산을 가정할 수 있으므로 '등분산이 가정됨' 줄의 결과를 본다. 이 때 유의확률은 .020이다. 만약, 등분산을 가정할 수 없을 경우에는 '등분산이 가정되지 않음' 줄의 유의확률을 본다.

⑤ 유의확률은 .020로서 유의수준 .05에서 유의하다. 자아존중감점수의 남학생 평균과 여학생 평균은 통계적으로 유의한 차이가 있다 (p=.020). 귀무가설을 기각하고 '두 집단의 평균은 통계적으로 유의한 차이가 있다'는 결론을 내린다.

⑥ 두 평균이 서로 같다면, 평균의 차이는 0과 다르지 않을 것이다. 출력에서 '차이의 95% 신뢰구간'은 두 집단 평균간 차이의 신뢰구간을 말하는 것으로서 남녀의 점수 차의 95% 신뢰구간은 (0.211, 2.493)이다. 차이는 0과 유의하게 다르고, 구간이 모두 양수로 되어있음은 남학생(첫번째 집단)의 점수가 더 높다는 것을 나타낸다.

평균의 차이(여기서는 1.35)만 보아서는 위와 같은 결론을 내리기 어렵다. 섣부른 결론은 내리지 말고 반드시 가설검정을 하도록 한다. 이러한 이유로 '통계적으로 유의한 차이'가 있다는 표현을 사용한다.

t-검정시 항상 두 집단의 평균, 표본의 크기, 최대·최소값과 표준편차 등의 값을 유의해서 보는 습관을 들인다.

(2) 단측검정

두 집단의 평균이 서로 같지 않다는 결과가 선행연구 결과 이미 나와있는 경우, 한쪽이 다른 쪽보다 더 크다(또는 작다)는 단측검정을 할 필요가 있다. 예를 들어, 초등학교 6학년 남녀 어린이들 키의 평균이 서로 다르다는 연구가 이미 활발히 된 경우, 같은지 다른지만 반복해서 연구하는 것은 별 의미가 없다. 오히려 여학생의 키가 더 큰지(혹은 남학생의 키가 더 큰지)를 연구할 필요가 있는 것이다. 예를 들어, 청소년 데이터와는 달리 남학생을 '1'번, 여학생을 '0'번 집단이라 할 때, '0'번 집단의 평균이 '1'번 집단의 평균보다 더 크다는 대립가설은

$$H_1 : 여자의 평균키는 남자의 평균키보다 더 크다$$

또는 $H_1 : \mu_{여자} > \mu_{남자}$

이다. 이 가설의 양변에서 같은 값 $\mu_{남자}$를 빼면

$$H_1 : \mu_{여자} - \mu_{남자} > 0$$

로 바뀌고, 가설의 값이 0을 중심으로 오른쪽에 가설의 값이 있기 때문에 우측검정이 된다.33) 가설의 방향에 따라서 정확한 유의확률을 구할 수 있게 되고, 이를 바탕으로 검정의 결과가 나오므로 가설을 정확히 세우는 것이 중요하다.

이제 예제를 통해 단측검정 방법을 알아보자.

선행연구에서 남·여학생들의 자아존중감점수는 서로 다르다는 결과가 이미 나와 있다고 한다. 모두들 남학생들이 자아존중감점수가 높을 것이라고 말하는데, 한 연구자는 '요즈음은 여학생들의 점수가 남학생보다 높을 것이다' 라는 의심이 생겨 자신의 가설이 뒷받침되는지 검정해보기로 했다. 유의수준 .05에서 검정해 보자.

SPSS에서는 단측검정과 양측검정 방법이 따로 있는 것이 아니다. 양측검정의 출력물을 가설에 맞게 해석하여야 한다.

① 올바른 해석을 위해서 먼저 가설을 기호로 나타내고 가설의 방향을 결정한다. 이 예제에서는 '여학생의 점수가 남학생의 점수보다 더 크다'인데, 데이터에서 여자는 2, 남자는 1로 코딩되어 있으므로, 가설은 H_1 : $\mu_{남학생} - \mu_{여학생} < 0$ 로서 좌측검정이다. 출력물에 먼저 나오는 집단(남학생)의 기호를 가설에도 먼저 적는다.

---

33) 이때 양쪽에서 $\mu_{여자}$를 빼면 좌측검정이 된다. 그러면 도대체 어떤 집단을 빼야하나? SPSS를 이용해서 검정할 때는 항상 1번 집단을 위주로 생각한다. 여기서 1번 집단이라 함은 출력물에서 먼저 나오는 집단을 말한다. 따라서 양쪽에서 첫째 집단의 평균인 $\mu_{여자}$를 빼서 H_1 : $\mu_{남자} - \mu_{여자} < 0$ 라고 쓰고 0보다 작으므로 좌측검정이라 하는 것은 맞지 않다. 항상 2번째 집단의 평균(여기서는 $\mu_{남자}$)을 뺀다.

② 표본의 평균이 가설과 같은 방향인지 두 평균을 비교한다. 남학생의 평균이 28.90이고 여학생의 평균이 27.54로서 평균차는 1.35이다. 여학생의 평균이 더 낮다. 가설과는 반대방향이다.

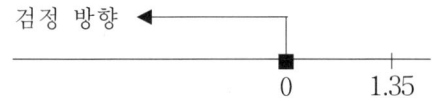

③ 유의확률을 계산한다. 양측검정의 유의확률을 $p_{양측}$이라고 하면, 가설과 평균이 같은 방향일 때의 유의확률은 $p = p_{양측}/2$이다. 그러나 가설과 평균의 방향이 반대일 때는 $p = 1 - p_{양측}/2$이다. 이 예제에서 $p_{양측}$ = .020이므로 $p = 1 - .020/2 = .99$이다.

④ 유의수준 .05에서 전혀 유의하지 않은 결과이므로, 이 연구자의 (대립)가설은 지지되지 않는다. 즉, 여학생들의 자아존중감점수가 남학생보다 높다고 말할 수 없다. ■

단측검정을 하고자 할 때는 반드시 유의확률을 적절히 변환시켜야 한다. 출력된 유의확률을 그대로 인용하다가는 엉뚱한 결론에 도달할 수 있다. 이 예제에서 만일 유의확률을 .020으로 그대로 이용했다면 이 연구자는 유의한 결과가 나왔다고 생각했을 것이다. 또, 가설의 방향을 고려하지 않은 채 $p = p_{양측}/2 = .010$로 이용했더라도 정반대의 결론에 도달했을 것이다.

4. t-검정 결과 보고하기

t-검정을 하고 나면 그 결과를 표나 도표(오차막대 도표)의 형태로 제시하고 설명해 준다. 보고서에 제시하는 표의 형태를 보기를 통해 알아보자.

남녀 학생[v1]의 '자아존중감점수[self]'의 평균을 비교한 결과 <출력 8-2>를 표로 제시해 보자.

제 8 장   t-검정

t-검정 결과는 〈표 8-2〉처럼 기술통계량 표에 함께 보고한다. 검정통계량과 유의확률을 적고, 단측검정인 경우에는 단측검정임을 주석으로 나타낸다.

<표 8-2> 남녀 학생의 비교

변 수	남학생 (n=136) $\overline{x} \pm S.D.$	여학생 (n=134) $\overline{x} \pm S.D.$	$t\,(p)$
자아존중감점수	28.90±4.57	27.54±4.95	2.334 (.020)

제3절   대응표본 t-검정

대응표본(matched pair sample)은 한 분석단위 안에 서로 같은 내용이 관찰된 것이다. 대응표본의 평균에 대한 검정은 **짝비교**라고도 하며, 서로 대응되는 두 관찰값의 차이를 분석하는 것이다.

1. 가설 - 무엇을 검정하나?

런닝머신이 살을 빼는데 탁월한 효과가 있다고 하는데, 정말 그런지 알고자 한다. 연구자는 런닝머신을 사용하기 전 몸무게를 측정한 후 모든 참가자에게 매일 같은 시간에 운동을 하도록 하였다. 일정기간 운동을 한 뒤, 모든 참가자의 몸무게를 다시 한번 측정하였다.

이처럼 한 대상에서 같은 항목을 (사전-사후에) 반복해서 조사하였다면, '항목의 점수는 사후에 변화(감소, 증가)하였는가'를 검정하게 될 것이다. 한편 서로 다른 대상(부부)이지만 대응되는 항목을 조사한 경우에는 '한 편의 점수가 다른 편의 점수와 다른지(적은지, 큰지)'를 검정하게 된다. 두 경우 모두 대응되는 관찰값의 차이를 먼저 내게 된다.

i번째 관찰단위에서 한 편의 관찰값을 x_i, 다른 편의 관찰값을 y_i라 하면, 두 관찰값의 차이는 $d_i = x_i - y_i$로 나타낼 수 있다. 만일 두 관찰값이 서로 같다면 차이의 평균 $\overline{d}$은 0에 가까울 것이다. 따라서 가설은, 모집단에서 차이를 나타내는 모수를 δ라 한다면,

귀무가설: $H_0 : \delta = 0$
대립가설: $H_1 : \delta \neq 0$ (양측가설)
$H_1 : \delta > 0$ (우측가설)
$H_1 : \delta < 0$ (좌측가설)

가 된다. 이렇게 되면 두 변수 X와 Y에 대해서 검정하는 것이 아니고 차이를 나타내는 변수 D에 대해 단일표본 가설을 검정하는 것과 같다.

2. 가정 - 언제 사용할 수 있나?

(1) 두 개의 관찰값 x_i와 y_i가 같은 분석단위에서 측정되어야 한다. 따라서 이 관찰값들은 서로 다른 케이스라기보다는 '서로 다른 변수'로 지칭되는 것이 마땅하다. 예를 들면 '사전의 관찰값', '사후의 관찰값' 등이다. 서로 다른 케이스에서 관측되었더라도 하나의 분석단위이다.

(2) 두 개의 관찰값 x_i와 y_i는 같은 항목에 대한 관측값(예를 들어 영어과목의 중간고사 성적과 기말고사 성적)이거나 비교할 수 있는 내용(예를 들어 영어점수와 수학점수를 측정한 것)이어야 한다.

(3) 두 개의 관찰값 x_i와 y_i는 적어도 구간식변수이어야 한다.

(4) 두 변수의 차이가 정규분포한다는 가정을 만족하여야 한다. 정규분포성에 확신할 수 없으면 표본의 크기가 충분해야한다. 적어도 30 이상은 되어야 한다.

3. SPSS로 대응표본 t-검정하기

SPSS의 주메뉴에서 분석(A) → 평균 비교(M) ▶ → 대응표본 T 검정(P)...을 클릭하여 실행한다(〈그림 8-6〉). 예제를 통하여 검정방법을 살펴보고 결과를 해석해보자.

제 8 장   t-검정

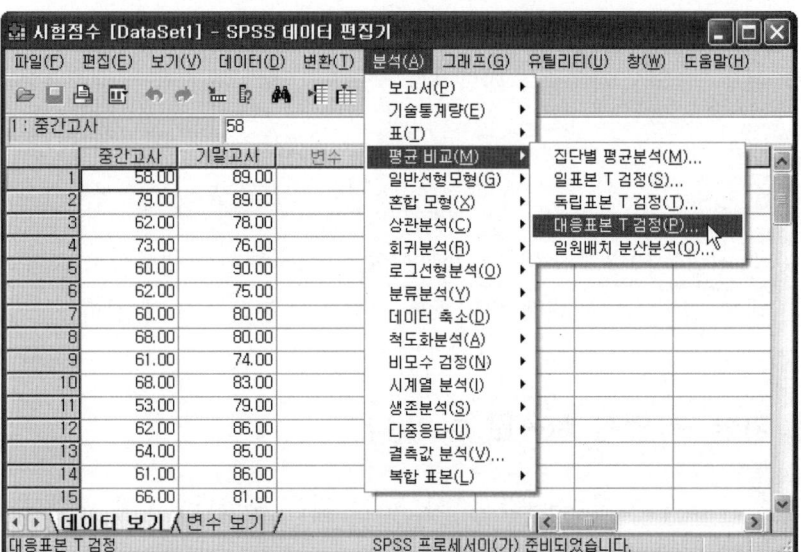

<그림 8-6> 대응표본 t-검정하기

다음과 같은 예를 생각해 보자. 어느 고등학교에서 중간고사 이후 성적이 중간정도 되는 학생들 중 50명의 희망자를 뽑아 특별 수업을 실시하였다. 특별수업은 기말고사 전까지 계속되었는데, 특별수업이 효과가 있었는지 알아보고자 한다. 각 학생의 중간고사와 기말고사의 평균 점수가 <표 8-3>에 나와 있다. 특별수업이 학생들의 성적을 향상시켰는지 검정해 보자. 검정은 유의수준 .05로 하자.

<표 8-3> 학생들의 시험 점수

번호	중간	기말	번호	중간	기말	번호	중간	기말	번호	중간	기말	번호	중간	기말	번호	중간	기말
1	58	89	11	53	79	21	67	80	31	70	87	41	66	82
2	79	89	12	62	86	22	71	84	32	79	88	42	55	88
3	62	78	13	64	85	23	62	82	33	74	90	43	68	84
4	73	76	14	61	86	24	66	93	34	73	86	44	65	76
5	60	90	15	66	81	25	61	83	35	54	93	45	60	92
6	62	75	16	67	85	26	58	88	36	68	81	46	60	85
7	60	80	17	69	89	27	65	93	37	67	86	47	62	86
8	68	80	18	67	89	28	70	89	38	58	82	48	58	82
9	61	74	19	69	86	29	61	80	39	76	84	49	68	86
10	68	83	20	57	90	30	66	93	40	59	83	50	68	88

'중간고사'와 '기말고사'라는 변수명으로 위의 데이터를 각각 입력한 다음 변수 '중간고사'와 '기말고사'를 ▶ 를 클릭(〈그림 8-7〉)하여 오른쪽으로 옮긴 뒤 확인 을 클릭하여 실행시킨다.

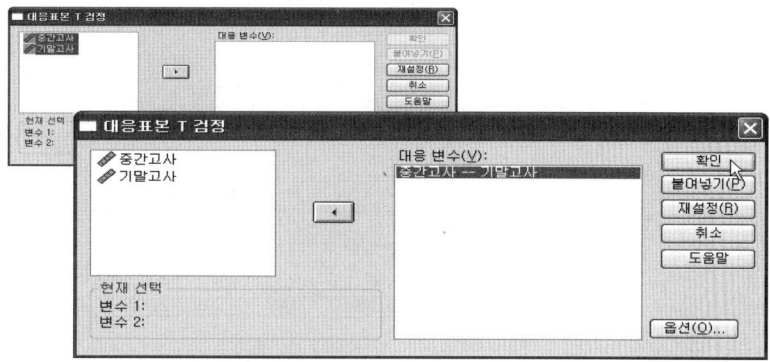

〈그림 8-7〉 대응표본 t-검정을 위해 대응변수

① t-검정의 결과 〈출력 8-3〉을 살펴보자. 이 경우 모든 사람이 빠짐없이 시험을 보았으므로 빈도수는 둘 다 50이다. 중간고사 점수의 평균은 64.82, 기말고사 점수의 평균은 84.88로 서로 상당한 차이가 있는 것을 알 수 있다. 하지만, 점수 차이로만 결론을 내려서는 안되고 가설검정을 통해 결론을 내리도록 한다.

② 두 번째 부분에는 두 변수간의 상관계수가 제시되어 있다. 상관계수는 .071로서 매우 낮고 통계적으로도 유의하지 않다. 두 변수 간에는 유의한 양의 상관이 있다고 할 수 없다.[34]

③ 세 번째 부분이 우리가 관심있는 대응표본의 검정 결과이다. '대응 1'은 중간고사 점수에서 기말고사 점수를 뺀 변수를 뜻하며, '평균'이 $\bar{d}$ 즉, 차이의 평균을 나타낸다. 이 값이 음수이면 기말고사 점수가 더 높아진 것이다. 차이의 평균은 -20.06이고 표준편차는 7.47이다.[35] 유의확률은 .000으로 유의수준 .05에서 통계적으로 유의한 결과이다.

④ 결론적으로 중간고사 점수와 기말고사 점수는 유의한 차이가 있다. 즉, 특별수업이 학생들에게 효과가 있었다고 할 수 있다.

---

34) 상관계수와 상관관계에 대해서는 10장에서 자세하게 공부한다.

35) 검정통계량을 계산해 보면 $\dfrac{-20.06}{7.47/\sqrt{50}} = \dfrac{-20.06}{1.06} = -18.925$이다. 결과의 t에 나와있는 값 -18.980과는 소수아래 자리수만 약간 차이가 날 뿐이다.

<출력 8-3> 대응표본 t-검정 결과

대응표본 통계량

		평균	N	표준편차	평균의 표준오차
대응 1	중간고사	64.8200	50	6.03287	.85318
	기말고사	84.8800	50	4.85983	.68728

대응표본 상관계수

		N	상관계수	유의확률
대응 1	중간고사 & 기말고사	50	.071	.624

대응표본 검정

		대응차					t	자유도	유의확률 (양쪽)
		평균	표준편차	평균의 표준오차	차이의 95% 신뢰구간				
					하한	상한			
대응 1	중간고사 - 기말고사	-20.06000	7.47352	1.05692	-22.18395	-17.93605	-18.980	49	.000

 만일 '중간점수'와 '기말점수'를 하나의 변수로 입력하여 마치 총 50×2 = 100개의 케이스가 있는 것 같이 만들어 독립표본 t-검정을 하였다면, 검정통계량은 t = -18.31이고 자유도는 99에 유의확률은 p = .000으로 나왔을 것이다.
 유의확률이 같으니 문제가 없다고 생각할지 모르겠으나, 두 가지 분석방법의 결과가 항상 똑같이 나오는 것은 아니므로 주의해야 한다. 게다가 바르게 분석하는 방법이 있다면 구태여 틀리게 분석할 필요는 없다.

연습문제

청소년 데이터(예제데이터.sav)를 이용하여 다음을 하시오.

1. 어머니와의 관계(mother)의 평균이 40점이라는 가설을 세우고, 유의수준 .05에서 검정하시오.

2. 95% 신뢰구간을 SPSS를 통해 구해보고 1번 결과와 비교해 보시오.

3. 어머니와의 관계(mother)의 평균이 성별에 따라 차이가 있는지를 유의수준 .05에서 검정하시오. 남학생과 여학생의 평균점수를 적고 검정통계량과 유의확률을 보고하시오. 결과를 설명하시오.

4. 남학생의 어머니와의 관계가 여학생보다 높다는 가설을 기호를 이용해서 적고 검정하시오. 유의수준 .05에서 검정하시오.

과 제

제1장의 과제에서 만든 데이터에 있는 연속형변수 중 관심있는 변수에 대해 다음을 하시오.

1. 위에서 선택한 변수의 삼사분위수(Q3)의 값을 μ_0로 정하고 모평균의 값이 μ_0 인지에 대하여 양측검정하시오. 검정결과를 위의 결과와 비교해서 서술하시오.

2. 위에서 선택하지 않은 다른 연속형변수의 삼사분위수(Q3)의 값을 μ_0로 정하시오. 모평균의 값이 μ_0보다 작은지 좌측검정하시오. 가설을 기호를 이용해서 적고 검정통계량과 유의확률을 적으시오. 해석을 적으시오.

3. 이항형변수의 각 범주에서 1번에서 선택한 변수의 평균이 서로 같은지 유의수준 .05에서 검정하시오. 결과를 표로 제시하고 해석하시오.

4. 같은 출력물을 보고 첫 번째 집단의 평균이 두 번째 집단의 평균보다 더 큰지 유의수준 .05에서 우측검정하시오. 유의확률을 제시하고 결과를 해석하시오. 검정한 대립가설을 적으시오.

5. 두 개의 연속형변수가 서로 같은 내용을 측정하는지 검토해보시오.

   ① 대응표본 t-검정이 가능한지 가능하지 않은지 서술하시오. 그 이유를 대시오.

   ② 가능한 경우에는 실행하시오. 가설을 적고 결과를 해석하시오.

제3부

제9장 분산분석

제1절 일원배치 분산분석

제2절 다중비교

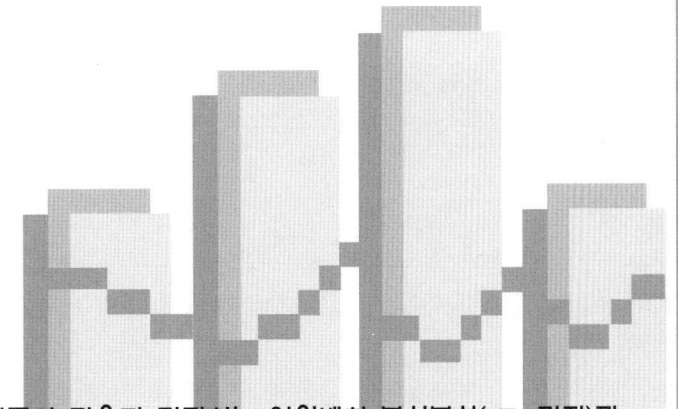

이 장에서는 여러 집단의 평균이 같은지 검정하는 일원배치 분산분석(F-검정)과 대표적인 사후분석인 다중비교를 배운다.

제1절 일원배치 분산분석: 여러 독립표본 평균의 비교

연속형 변수의 평균을 세 개 이상의 집단에서 비교하는 경우를 생각해 보자. 예를 들어 학력이 중졸이하, 고졸, 대학이상인 세 집단이 있다고 할 때, 각 집단에 속하는 사람들이 생각하는 행복지수의 평균에 차이가 있는지 알아보는 문제가 이에 속한다. 이처럼 집단이 여러 개 있는 경우에는 서로를 어떻게 통계적으로 비교할 수 있을까?

독립표본 t-검정을 공부한 사람은 아마 둘씩 비교하는 방법을 생각할지 모르겠다. 예를 들어 중졸이하와 고졸을 비교하고, 고졸과 대학이상을 비교하는 식으로 말이다. 그러나 이러한 접근방법은 옳지 않다. 두 표본 t-검정을 일반화시킨 F-검정을 이용하는 것이 옳다. F-검정은 분산을 분석하기 때문에 분산분석이라는 이름으로 더 널리 알려져 있다. 이 절에서는 여러 집단의 평균을 한꺼번에 비교하는 방법인 일원배치 분산분석(oneway ANalysis Of VAriance: ANOVA)을 배운다.[36]

분산분석에서도 '집단'을 나누어주는 변수와 '평균'을 구할 변수가 필요하다. 평균을 구하여 비교하고자 하는 변수, 예를 들어 행복지수나 자아존중감점수 등을 분석변수, 반응변수 또는 종속변수라 한다. 종속변수는 구간식이거나 적어도 서열식으로 측정되어야 한다.

집단을 나타내는 변수는 독립변수 또는 설명변수라 하기도 하고, 실험자료인 경우에는 처리 조건을 나타내는 요인이라고도 한다. 독립변수의 예를 들면 조사자료인 경우에는 교육수준, 혈액형, 인종 등이 있겠고, 실험자료인 경우에는 배지의 종류, 배양기 온도 수준, 처치의 종류 등이 있다. 독립변수는 단순히 어떤 특성을 가졌는지 여부만 나타내면 되므로 명목식으로 측정하면 되지만, 수준이 6이하인 서열식으로 측정한 자료도 가능하다. 분산분석의 경우 비교하고자 하는 집단의 수는 3~5 정도가 적당하다.

1. 가설 — 무엇을 검정하나?

분산분석을 할 때 검정하고자 하는 귀무가설은

H_0 : 모든 집단의 평균은 다 같다.

또는 $H_0 : \mu_1 = \mu_2 = ... = \mu_k$

---

[36] 종속변수의 평균을 비교하는 설명변수가 하나이므로 일원배치 분산분석이라고 한다. 만약, 설명변수(요인)가 두 개라면(예, 학력과 성별) 이원배치 분산분석이다.

이고, 이에 대한 대립가설은

H_1 : 집단의 평균이 다 같지는 않다.

또는 H_1 : Not all μ's are the same.

이다. 대립가설에서 보듯이 주의할 점은, 만일 검정결과가 유의하여 귀무가설을 기각한다 해도, '모든 집단의 평균은 다 다르다'라는 결론을 내릴 수 없다는 것이다. '모든 집단의 평균이 다 같지는 않다'라는 결론은 내릴 수 있다. 또, '모든 집단의 평균이 다 같지는 않다'라는 말은 '집단 중 적어도 어느 하나는 평균이 다르다'는 의미이다.

〈표 9-1〉의 데이터를 예로 들어 생각해 보자.

<표 9-1> 일정한 농도로 희석하는데 필요한 증류수의 양

회사	A		B		C	
	35	29	28	27	33	32
필요한	31	29	29	25	31	32
증류수 양	30	32	26	28	30	32
	29	30	24	27	29	33

이 데이터는 세 회사—A, B, C 회사—의 분말제품을 일정한 농도로 희석하는데 필요한 증류수의 양에 대한 데이터이다. 세 가지의 제품은 모두 같은 양의 증류수를 필요로 한다고 하는데, 과연 그런지, 필요로 하는 증류수의 양이 다른 제품이 있는지 알고 싶다. 세 제품이 필요로 하는 증류수 양의 모평균을 각각 μ_1, μ_2, μ_3 이라 하고, 세 집단의 공통 평균을 μ 라 하면 검정하고자 하는 가설은

H_0 : $\mu_1 = \mu_2 = \mu_3 (= \mu)$

vs H_1 : $\mu_i \neq \mu$ for some i, $i = 1, 2, 3$

가 된다. 즉,

H_0 : 세 회사의 제품을 일정한 농도로 희석하는데 필요한 증류수의 양은 모두 같다
H_1 : 세 회사의 제품을 일정한 농도로 희석하는데 필요한 증류수의 양이 모두 같지는 않다

이다.

2. 분산분석표

분산분석을 할 때는 가설검정을 위해서 변동(VAriation)을 분할하여 정리한 '분산분석표(ANOVA table)'를 이용한다. 변동을 상수로 나누면 분산이 되므로 두 가지 용어를 구분하지 않아도 크게 문제되지는 않는다. 〈표 9-2〉의 분산분석표를 먼저 공부하자. 표에 적힌 것은 k개의 집단을 비교하고자 하는 것으로서, 각 집단에는 동일한 크기의 표본 n이 있는 경우이다.

(1) 변동 요인은 총제곱합(총합)을 집단간의 차이에 의한 부분(between)과 집단 내의 케이스간의 차이에 의한 부분(within)으로 나눈다.

(2) 총합의 자유도는 항상 (총 표본의 수−1)이고, 집단 간 변동의 자유도는 (집단의 수−1), 집단 내 변동의 자유도는 (각 집단의 표본의 크기−1) × 집단수이다. 집단 간 변동의 자유도와 집단 내 변동의 자유도를 합하면 항상 총합의 자유도가 된다.

$$(k-1)+k(n-1)=k-1+kn-k=kn-1$$

〈표 9-2〉 분산분석표

요인 (source)	자유도 (df)	제곱합 (SS)	평균제곱합 (mean SS)	검정통계량 (F)	유의확률 (p-value)
집단간 (between)	$k-1$	SSB	$MSB=\dfrac{SSB}{k-1}$	$F=\dfrac{MSB}{MSW}$	
집단내 (within)	$k(n-1)$	SSW	$MSW=\dfrac{SSW}{k(n-1)}$		
총합 (total)	$kn-1$	SST			

(3) 제곱합은 다음과 같다.

$$\begin{aligned}SST &= SSB + SSW \\ \sum_{ij}(y_{ij}-\overline{y})^2 &= \sum_i n(\overline{y_i}-\overline{y})^2 + \sum_{ij}(y_{ij}-\overline{y_i})^2\end{aligned} \quad (9\text{-}1)$$

여기서, y_{ij}는 각 케이스의 관찰값을 나타내고 $\overline{y}$는 전체평균이며, $\overline{y_i}$는 i번째 집단의 평균이다. SSB와 SSW의 합은 항상 SST와 같다.

(4) 평균제곱합은 제곱합을 자신의 자유도로 나눈 것이다.

(5) 검정통계량은 이렇다. 만일 집단들의 평균이 모두 같다면 식 (9-1)에서 SSB 가 이론적으로 0이어야 하나 표본에서는 0에 아주 가까운 값이 될 것이다. 그러나 귀무가설에서 멀어질수록, 즉 집단간의 평균이 같지 않을 때, SSB의 값은 더 커지고, 따라서 $F=\dfrac{MSB}{MSW}$의 값도 점점 더 커질 것이다. 따라서 두 값의 비 F가 크면 귀무가설을 기각하고 이 값이 작으면 귀무가설을 채택한다.

(6) 검정통계량 F가 얼마나 커야 크다고 결론지을지 결정하는 것은, 이 통계량의 분포가 결정짓는다. 검정통계량 F는 자유도가 $(k-1)$와 $k(n-1)$인 F분포를 따르므로, 이 분포표에서 유의확률을 구한다. 유의확률이 유의수준보다 작으면 귀무가설을 기각하여 '평균들이 다 같지는 않다'는 결론을 내린다.

(7) 각 집단의 표본크기가 동일하지 않은 경우, 즉 n_i인 경우, 집단내 자유도는 $\Sigma n_i - k$이고 총합자유도는 $\Sigma n_i - 1$이다. 집단간 자유도는 여전히 $k-1$이다.

평균을 비교하는데 '평균분석' 같은 이름을 쓰지 않고 왜 '분산분석'이라고 부를까? 그 이유는 이렇다. SSW를 자신의 자유도로 나눈 값은 y의 분산이다. 이를 s_1^2이라 하자. SSB를 자신의 자유도로 나눈 값은 각 집단 표본평균들의 분산 $s_{\bar{y}}^2$에 n을 곱한 것과 같으며, 이는 y분산의 또다른 형태이다. s_2^2이라 하자.

분산분석의 검정통계량 F는 s_1^2인 MSB와 s_2^2인 MSW의 비이다. 이처럼 분산을 분석하기 때문에 이 분석방법은 평균의 비교이면서도 '분산분석'이라 한다.

3. 가정 - 언제 사용할 수 있나?

데이터에 대하여 다음과 같은 가정을 할 수 있을 때 사용할 수 있다. 이를 분산분석에 필요한 가정이라 한다.

(1) **독립성 : 집단들은 서로 독립이고, 집단내의 케이스들은 서로 독립이다** — 분석하고자 하는 종속변수와 관련된 요소들을 케이스들이 공유하지 않는다는 뜻이다. 만일 한 가정에서 어린이, 청소년, 성인을 표집한 뒤 사회문제에 대한 어린이집단, 청소년집단, 성인집단의 의견 점수를 비교하고자 한다면, 각 집단에 있는 사람은 생활습관이나 사고방식 등을 공유하므로 집단들이 서로 독립이라고 할 수 없다. 또한 한 가정에서 여러 명의 성인을 표집하는 경우도, 집단내의 케이스들이 서로 독립이라고 할 수 없다.

(2) **정규성 : 각 집단에서 종속변수는 정규분포를 따른다** — 우리 주위의 연속형 변수들 중 많은 수는 정규분포를 따른다고 가정할 수 있다. 정규분포를 따르지 않는다고 생각할 만한 특별한 이유가 없고 각 집단의 크기가 30을 넘으면 이 가정은 가능한 것으로 본다. 정규성이 의심되면 분석(A) → 비모수 검정(N) ▶ 에서 각 집단의 정규성을 검정하여 확인한다.

(3) **등분산성 : 종속변수의 분산은 모든 집단에서 서로 같다** — t-검정에서는 분산의 동질성에 대한 검정을 해서 동일분산을 가정하는 경우와 가정하지 않는 경우의 통계량을 각각 이용할 수 있었다. 하지만 분산분석은 분산이 동일할 때 만 바른 결과를 얻을 수 있으므로, 이 가정은 무엇보다 중요하다.

4. SPSS로 분산분석하기

세 개 이상의 독립집단간 평균의 차이를 검정하기 위해 SPSS의 주메뉴에서 아래의 〈그림 9-1〉과 같이 분석(A) → 평균 비교(M) ▶ → 일원배치 분산분석(O)... 을 클릭하여 분석한다. 예제를 통해서 분산분석 방법과 출력물을 해석하는 방법을 알아보자.

224 제 9 장 분산분석

[SPSS 데이터 편집기 스크린샷 - 일원배치 분산분석 메뉴 선택]

<그림 9-1> 일원배치 분산분석

예제
9-1

<표 9-1>에 있는 가상의 데이터를 SPSS를 이용해 분산분석하여 보자. 이해를 돕기 위해 가상의 데이터를 다시 설명하면 다음과 같다.

세 회사에서 생산되는 약품을 기준에 맞게 희석하기 위하여 필요한 증류수 양의 평균이 모두 같은지, 회사에 따라 차이가 있는지 알아보고자 한다. 가설검정을 위하여 각 회사제품의 상자에서 각각 8병씩 무작위로 뽑아서 희석에 필요한 증류수의 양을 측정하였다. 회사 A, B, C를 집단 i =1, 2, 3이라 하자.

이 문제는 다음의 네 단계로 풀어보자.

(1) 가설을 세우고
(2) 먼저 데이터를 입력하여 SPSS 데이터시트를 만든 뒤
(3) 가정을 점검하고
(4) 분산분석을 실행한다.

(1) 먼저 가설을 세워보자.

H_0: A, B, C 세 회사의 약품을 희석하기 위한 증류수의 양이 모두 같다.

H_1: A, B, C 세 회사의 약품을 희석하기 위한 증류수의 양이 모두 같지는 않다.

(2) 〈표 9-1〉의 데이터를 SPSS로 분석할 수 있도록 〈그림 9-2〉와 같이 변수 '회사'와 '증류수'를 만들고 각각에 데이터를 입력한다. 종속변수와 요인(독립변수) 모두 숫자변수로 정의해야 한다. '회사'라는 변수는 번호 1, 2, 3으로 구분하고, 모든 관찰값은 같은 변수(한 줄)로 입력한다.

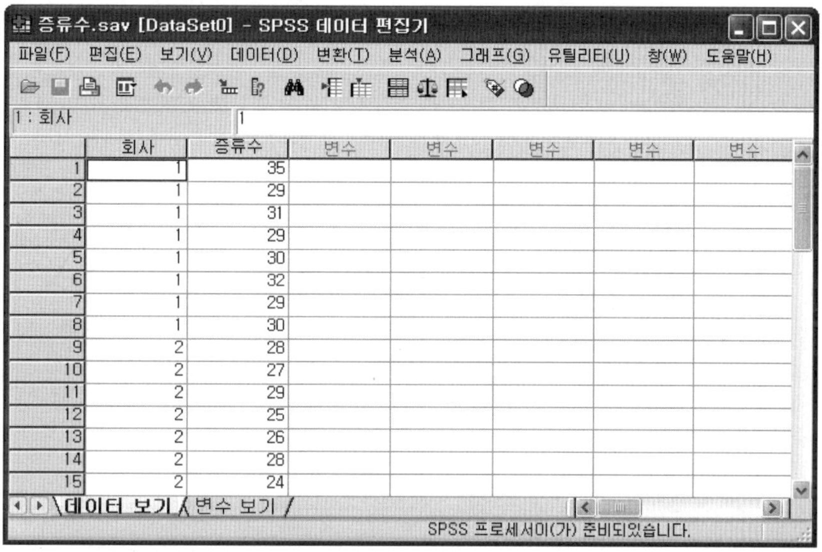

<그림 9-2> 분산분석 데이터 입력 예시

(3) 분산분석의 가정에 대해 생각해 보자.

① 독립성 – 세 회사의 제품은 서로 독립이라 할 수 있고, 같은 회사 안에서도 각 케이스는 서로 독립이라 할 수 있다.

② 정규성 – 증류수의 양은 정규분포를 따르지 않는다고 믿을 만한 이유가 없으므로, 정규분포를 따른다고 가정할 수 있다.

③ 분산의 동질성 – 옵션으로 지정하여 확인한다.

(4) 분산분석을 실행한다.

일원배치 분산분석 대화상자에서 평균을 비교하고자 하는 변수(증류수)를 선택하여 종속변수(D): 상자로 옮기고 집단을 구분해주는 변수(회사)를 선택하여 요인분석(F): 상자로 옮긴다.

종속변수의 기술통계를 점검하고 분산의 동질성을 검정하기 위하여 옵션(O)... 을 클릭하여 ☑기술통계(D) 와 ☑분산 동질성 검정(H) 을 선택하고 계속 과 확인 을 클릭하여 일원배치 분산분석을 실행한다.

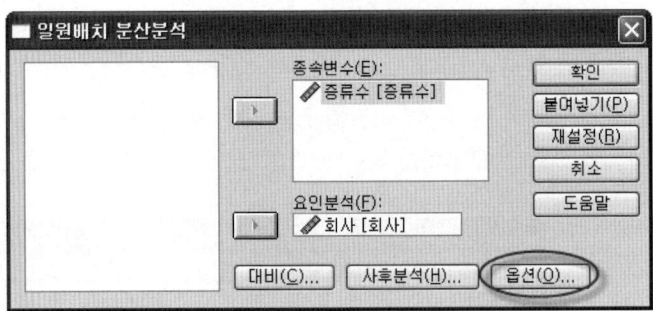

<그림 9-3> 일원배치 분산분석 대화상자 열기

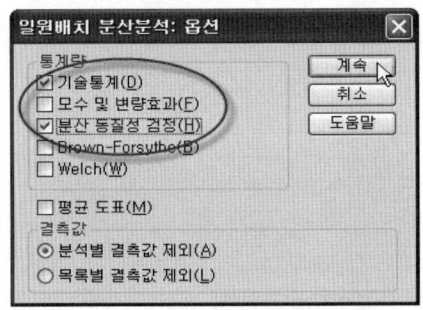

<그림 9-4> 분산분석 옵션 대화상자

① 〈출력 9-1〉의 결과에서 먼저 각 회사제품에 필요한 증류수의 양의 평균을 보면 A회사는 30.63이고, B회사는 26.75, C회사는 31.50으로서 A와 C회사의 평균이 비슷하게 높고 B회사의 양이 가장 낮다. 유의한 결과가 나오는 경우 세 회사 중에서 하나를 선택한다면 희석액의 양이 많은 A회사나 C회사 제품을 선택하겠다. 평균의 신뢰구간을 살펴보면 A회사와 C회사의 신뢰구간은 서로 많이 겹치고, B회사의 신뢰구간은 다른 회사의 구간과 겹치지 않는다.

② 분산의 동질성을 점검해보면, 유의확률 .719로서 귀무가설, 즉, 분산이 동일하다는 귀무가설을 채택한다.[37]

③ 분산분석표를 보면 유의확률은 .001보다 작다. 회사들의 평균 증류수의 양은 모두 같지는 않다(적어도 어느 한 회사의 약품에 필요한 증류수의 양이 다르다).[38]

---

[37] 분산의 동질성 검정에서 귀무가설은 '분산이 동일하다'이다.
[38] 집단과 케이스를 제대로 분석하였는지 확인하는 간단한 방법은 자유도가 맞는지 확인하는 것

<출력 9-1> 증류수의 양에 대한 일원배치 분산분석 결과

기술통계

증류수 증류수

	N	평균	표준편차	표준오차	평균에 대한 95% 신뢰구간		최소값	최대값
					하한값	상한값		
1	8	30.63	2.066	.730	28.90	32.35	29	35
2	8	26.75	1.669	.590	25.35	28.15	24	29
3	8	31.50	1.414	.500	30.32	32.68	29	33
합계	24	29.63	2.683	.548	28.49	30.76	24	35

분산의 동질성에 대한 검정

증류수 증류수

Levene 통계량	자유도1	자유도2	유의확률
.335	2	21	.719

분산분석

증류수 증류수

	제곱합	자유도	평균제곱	F	유의확률
집단-간	102.250	2	51.125	16.941	.000
집단-내	63.375	21	3.018		
합계	165.625	23			

만약, 분산의 동질성 가정을 충족하지 못하는 경우에는 종속변수를 y^2, $\sqrt{y}$, $\log y$, $\frac{1}{y}$ 등으로 변환하여 분석해야 한다. 분산의 동질성이 확보되지 않는 경우에도 SPSS는 분산분석을 수행하여 결과를 보여주는데, 해당 결과는 단순히 통계량의 공식에 의한 값을 보여주는 것이지 분석 결과가 제대로 나온 것은 아니다.

예제 9-2

'학교구분[sch]'에 따라 '자아존중감점수[self]'의 평균이 다 같은지 유의수준 .05에서 검정해 보자. 청소년 데이터를 이용하자. 먼저,

(1) 가설을 세우고,
(2) 분산분석에 필요한 가정이 충족되는지 알아보고,
(3) 가설을 검정하자.

(1) 가설을 세워보자.

H_0: 학교급에 따라 자아존중감점수의 평균이 모두 같다.

H_1: 자아존중감점수의 평균이 모든 학교급에서 다 같은 것은 아니다.

이다. 여기서는 비교할 집단이 셋이므로 집단 간 자유도는 2이고, 각 집단에 8케이스씩 있으므로 집단내 자유도는 24-3=21 이다.

제 9 장 분산분석

(2) 분산분석이 가능한지 알아보기 위하여 데이터에 대해 분산분석의 가정을 살펴보자.

　① 독립성 – 각 학교는 독립이고 각 학교 내에서 학생 한명 한명은 독립이므로 각 케이스들은 서로 독립이라 할 수 있다.

　② 정규성 – 자아존중감점수는 케이스가 충분히 많아 정규분포에 근접한다고 가정할 수 있다.

　③ 분산의 동질성 – 분산분석과정에서 옵션으로 분산의 동질성을 검정할 수 있기 때문에 분산분석 결과 출력물을 보며 알아보기로 하자.

(3) 일원배치 분산분석을 실행한다. '자아존중감점수(self)'를 선택하여 종속변수(D): 상자로 옮기고 '학교구분(sch)'을 선택하여 요인분석(F): 상자로 옮긴다. 종속변수의 기술통계를 점검하고 분산의 동질성을 검정하기 위하여 옵션(O)... 을 클릭하여 ☑기술통계(D) 와 ☑분산 동질성 검정(H) 을 선택한다(〈그림9-4〉).

　① 출력의 첫 부분에는 종속변수의 기술통계가 나온다. 학교구분과 자아존중감점수가 모두 측정된 유효 케이스는 270이고, 자아존중감점수의 전체 평균은 28.2, 표준편차는 4.8이다. 각 집단의 평균은 29.0과 28.2, 27.1로서, 첫 두 집단의 평균은 별 차이가 없는 것 같다. 만일 유의한 차이가 있다면 세 번째 집단인 '실업고' 집단일 것이다.

〈출력 9-2〉 일원배치 분산분석 결과

기술통계

자아존중감점수

	N	평균	표준편차	표준오차	평균에 대한 95% 신뢰구간 하한값	평균에 대한 95% 신뢰구간 상한값	최소값	최대값
중학교	97	28.99	5.279	.536	27.93	30.05	16	40
인문고	104	28.25	4.379	.429	27.40	29.10	17	38
실업고	69	27.12	4.546	.547	26.02	28.21	14	37
합계	270	28.23	4.800	.292	27.65	28.80	14	40

분산의 동질성에 대한 검정

자아존중감점수

Levene 통계량	자유도1	자유도2	유의확률
2.936	2	267	.055

분산분석

자아존중감점수

	제곱합	자유도	평균제곱	F	유의확률
집단-간	141.656	2	70.828	3.123	.046
집단-내	6055.562	267	22.680		
합계	6197.219	269			

② 두 번째 부분에는 분산의 동질성에 대한 검정결과가 나온다. 이 예제의 경우 분산의 동질성 검정의 유의확률은 .055로서 귀무가설을 기각할 수 없다. 즉, 분산은 서로 동일하다.

③ 출력물의 세 번째 부분 분산분석표에서 '모든 집단의 평균은 다 같다'는 귀무가설을 검정하는 유의확률은 .046이다. 유의수준 .05보다 작으므로 귀무가설을 기각한다. 모든 집단의 평균이 다 같은 것은 아니라는 결론을 얻는다. 집단간과 집단내의 자유도는 각각 $k-1=2$와 $\Sigma n_i - k = 267$이고 합계의 자유도는 $\Sigma n_i - 1 = 269$이다.

제2절 다중비교

일단 일원배치 분산분석을 한 뒤, 그 결과에 따라 다음 단계의 분석을 할 것인지 말 것인지 결정하여 행하는 분석을 사후분석이라 한다. 대표적인 사후분석에는 다중비교가 있다.

분산분석에서 유의한 결과가 나오면 어느 집단과 어느 집단간에 차이가 있는지 알아야 할 때가 많다.[39] 이 경우, 가장 먼저 생각나는 것은 두 집단씩 짝을 맞추어 t-검정하는 방법일 것이다. 〈예제 9-1〉의 예를 들어보면, 모든 회사의 제품에 필요한 증류수의 양이 다 같지는 않다는 결론을 얻었을 때, A회사와 B회사, A회사와 C회사, B회사와 C회사의 평균을 각각 독립표본 t-검정으로 비교해 보면 그 중 어느 두 집단이 유의하게 다른지 알 수 있을 것이다.

그러나 한 변수를 가지고 이처럼 여러 번에 걸쳐 검정하는 데에는 문제가 있다. 각 검정을 유의수준 .05에서 검정한다면, 이는 '각 검정에서 귀무가설이 맞는데도 이를 기각하게 될 확률이 .05'라는 말이다. 그러나 세 검정이 사실은 '회사간의 차이'라는 하나의 검정이기 때문에, 회사간의 차이가 없다는 귀무가설을 기각하게 될 확률 즉, '세 가지 검정 중 적어도 한 번 이상 귀무가설을 기각하게 될 확률'은 애초 기대했던

---

[39] 분산분석의 F-검정에서 유의하지 않은 결과가 나오면, 집단간에는 아무런 차이가 없다는 결론을 얻으므로 사후검정이 필요 없다. 만약, F-검정에서 유의하지 않은 결과가 나왔을 때 사후검정을 해 보면 유의한 차이가 하나도 나오지 않는다.

.05보다 더 커져서

$$1-(1-.05)^3=.1426$$

이 된다. 즉, 귀무가설이 맞는데도 불구하고 그렇지 않다는 틀린 결론을 내릴 확률이 거의 세배나 높아지는 것이다.

이러한 문제를 감안해서 집단간의 비교를 하는 것을 다중비교(multiple comparison)라 한다. 다중비교 방법에는 여러 가지가 있는데, 이 방법들은 모두 여러 집단을 반복해서 비교하더라도 전체적인 제Ⅰ종 오류의 크기 α가 기대하는 수준 (예를 들면 .05)을 넘지 않도록 하는데 그 목적이 있다. '여러 번' 비교하기 때문에 증가하는 제Ⅰ종 오류 α를 각기 조금씩 다른 방법으로 조절하여, 두 평균간의 차이 중 주어진 수준 α에서 유의하다고 생각할 수 있는 차이인 '최소유의차(LSD; least significant difference)'를 구하던가, 또는 그 최소유의차를 구하기 위한 계수를 서로 다른 방법으로 구함으로써 평균들을 비교하는 것이다. 두 평균의 차이가 최소유의차보다 크면 두 집단의 평균은 통계적으로 유의하게 다른 것이고, 작으면 서로 다르다고 할 수 없다.

여러 가지 다중비교 방법 중 LSD방법, Duncan방법, Tukey방법, Scheffé방법, Bonferroni방법 등이 많이 쓰이므로 각각을 간단하게 비교하면 다음과 같다.[40]

1. 여러 가지 다중비교 방법

(1) LSD방법

상당히 보수적인 방법, 즉, 유의한 결과를 얻기 힘든 방법으로 알려져 있다. R. A. Fisher가 처음 제안한 방법으로서, 가능한 모든 짝비교의 개수를 감안하여 새 유의수준 α를 정해서 매 짝비교마다 α에 해당하는 계수를 이용한다. k개의 평균을 비교하는 경우의 짝비교의 개수는 $\frac{k(k-1)}{2}$인데, 예를 들어 세 개의 평균을 비교한다면 $\frac{3(3-1)}{2}=3$이다. 최근에는 짝비교방법을 설명하는 목적으로 주로 쓰이고, 실제 데이터분석에서는 그다지 활발히 쓰이지 않는다.

(2) Scheffé방법

---

[40] Duncan은 '던칸', Tukey는 '투키', Scheffé는 '슈페', Bonferroni는 '본페로니'로 각각 읽는다.

여기 소개된 방법들 중 가장 보수적인 방법이다. 그러나 이 방법은 매우 일반적인 문제에도 적용할 수 있는데, 예를 들면 평균들의 선형결합(예를 들어 $3\mu_1 + 2\mu_2$와 $2\mu_3 - 3\mu_4$를 비교하는 등)을 검정할 수도 있는 방법이다. 비록 약간의 대가를 치러야 하지만 이것저것 시험해 보고자 할 경우 적절한 방법이다.

(3) Tukey방법

대체로 보수적인 방법으로 분류된다. 원래는 모든 집단의 크기가 동일한 경우를 중심으로 개발되었으나, 이제는 서로 다른 경우에도 적용이 가능하게 발전되었다. 계수는 집단의 개수와 표본의 크기에 따라 개발되어 있다. 평균간의 비교를 할 때 널리 쓰이는 방법이다.

(4) Bonferroni방법

이 방법도 상당히 일반적으로 쓰일 수 있는 방법이다. 짝비교의 횟수로 유의수준을 조절해 주는 것으로서, 특히 여러 개의 변수에 대해 반복적으로 t-검정을 할 때도 활용할 수 있다. 예를 들어, 남자와 여자 집단의 맥박, 호흡수, 콜레스테롤 수치, 폐활량 등을 비교한다거나, 남학생과 여학생의 국어, 수학, 영어, 사회, 음악점수를 비교하는 등의 검정을 할 때 검정들이 서로 독립이 아니므로 이를 조절해 주는 것이다. Scheffé방법이나 Tukey방법과 함께 많이 쓰이는 방법이지만, 이 방법도 상당히 보수적이다.

(5) Duncan방법

이 방법은 위에 열거한 방법들이 너무 보수적이라서 검정력이 낮기 때문에 이를 해소하기 위해 개발된 방법이다.[41] 따라서 유의한 결과를 비교적 쉽게 얻을 수 있다 (지금까지 소개된 방법 중 가장 진보적이다). 이 때문에 비록 많은 연구분야에서 환영받기는 하지만, 통계학자들은 이 방법을 별로 권하지 않는다.

열거된 다섯 가지 방법 중에서 Scheffé방법이나 Tukey방법, Bonferroni방법을 사용하는 것이 좋다. 이 세 가지의 결과는 비슷하지만, 각 집단의 크기가 모두 같으면

---

[41] 검정력(statistical power)은 유의한 차이가 있을 때 이를 제대로 찾아낼 확률을 말한다. 유의한 차이가 있는데도 찾아내지 못하는 제Ⅱ종 오류를 β라고 하면, 검정력은 $(1-\beta)$이다.

Tukey방법을 사용하는 것이 좋다. 표본의 크기가 다른 경우에는 Scheffé방법이 바람직하다. 한 방법이 다른 방법보다 특별히 더 좋다거나 더 나쁘지는 않으므로 사용 방법을 선택하고자 할 때는 ① 여러 분야에서 많이 사용되는 방법인지, ② 선행연구에서 많이 사용한 방법인지, ③ 사용하기 용이한 방법인지 등을 기준으로 선택한다. 학자에 따라서는 여러 가지 방법을 모두 시도해 봐서 그 중 가장 유의한 결과를 선택하는 것도 큰 문제가 없다고 하기도 한다.42)

2. SPSS로 다중비교하기

SPSS에서 다중비교 결과를 출력하고자 하면 〈그림 9-3〉의 일원배치 분산분석 대화상자에서 사후분석(H)... 을 선택하고 여러 다중비교 방법 중에서 원하는 방법을 선택하면 된다. 예제를 통해 활용방법을 알아보자.

증류수의 양을 비교분석한 가상의 데이터 분석에서 회사들이 다 같지는 않다는 결론을 얻었다. 과연 어느 회사의 제품이 다른 회사의 제품과 차이가 있는지 다중비교를 통해서 알아보자. 본문에서 소개된 다중비교방법들을 적용해보고 그 결과를 서로 비교해보자. 유의수준은 .05로 하자.

일원배치 분산분석 대화상자에서 종속변수와 요인을 모두 선택한 뒤 사후분석(H)... 대화상자에서 필요한 다중비교방법들을 모두 선택한다. 유의수준은 기본값으로 .05가 지정되어 있다. 계속 과 확인 을 클릭 하여 다중비교를 실행한다(〈그림 9-5〉).

---

42) 예를 들면 Neter, John, William Wasserman, and Michael H. Kutner (1985). Applied Linear Statistical Models. 2nd ed. Illinois: Irwin, Homewood. p. 584.

9장 2절 다중비교 233

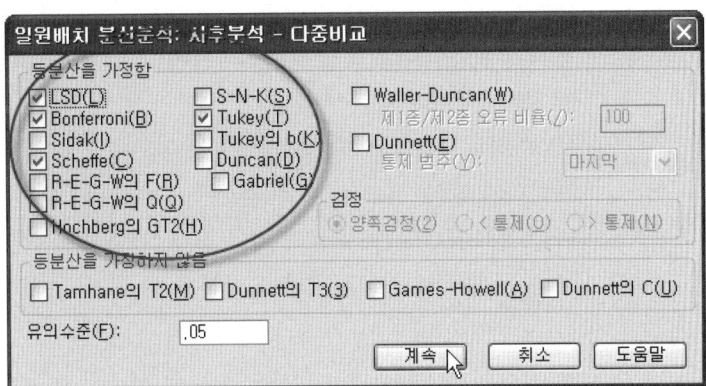

<그림 9-5> 원하는 다중비교 방법을 모두 선택

<출력 9-3> 가상 데이터의 다중비교 결과

다중 비교

종속변수: 증류수

	(I) 회사	(J) 회사	평균 차이(I-J)	표준오차	유의확률	95% 신뢰구간 하한값	상한값
Tukey HSD	1	2	3.875*	.869	.001	1.69	6.06
		3	-.875	.869	.580	-3.06	1.31
	2	1	-3.875*	.869	.001	-6.06	-1.69
		3	-4.750*	.869	.000	-6.94	-2.56
	3	1	.875	.869	.580	-1.31	3.06
		2	4.750*	.869	.000	2.56	6.94
Scheffe	1	2	3.875*	.869	.001	1.59	6.16
		3	-.875	.869	.609	-3.16	1.41
	2	1	-3.875*	.869	.001	-6.16	-1.59
		3	-4.750*	.869	.000	-7.04	-2.46
	3	1	.875	.869	.609	-1.41	3.16
		2	4.750*	.869	.000	2.46	7.04
LSD	1	2	3.875*	.869	.000	2.07	5.68
		3	-.875	.869	.325	-2.68	.93
	2	1	-3.875*	.869	.000	-5.68	-2.07
		3	-4.750*	.869	.000	-6.56	-2.94
	3	1	.875	.869	.325	-.93	2.68
		2	4.750*	.869	.000	2.94	6.56
Bonferroni	1	2	3.875*	.869	.001	1.62	6.13
		3	-.875	.869	.976	-3.13	1.38
	2	1	-3.875*	.869	.001	-6.13	-1.62
		3	-4.750*	.869	.000	-7.01	-2.49
	3	1	.875	.869	.976	-1.38	3.13
		2	4.750*	.869	.000	2.49	7.01

*. 평균 차이는 .05 수준에서 유의합니다.

증류수

	회사	N	유의수준 = .050에 대한 부집단 1	2
Tukey HSD[a]	2	8	26.75	
	1	8		30.63
	3	8		31.50
	유의확률		1.000	.580
Duncan[a]	2	8	26.75	
	1	8		30.63
	3	8		31.50
	유의확률		1.000	.325
Scheffe[a]	2	8	26.75	
	1	8		30.63
	3	8		31.50
	유의확률		1.000	.609

동일 집단에 있는 집단에 대한 평균이 표시됩니다.
a. 조화평균 표본 크기 = 8.000을(를) 사용

〈출력 9-3〉의 다중비교 결과를 살펴보자. 첫 부분에는 Tukey의 다중비교 결과가 나와있다. 첫줄에는 A회사와 B회사를 비교하고 있다. A회사의 평균에서 B회사의 평균을 빼면 그 차이가 3.875이고 표준오차는 0.87이다.[43] 95% 신뢰구간을 보면 하한값과 상한값이 모두 양수이다. 신뢰구간이 0을 포함하지 않는 것으로 보아 평균이 0과 유의하게 다름을 알 수 있다. 유의확률 역시 .001이고 평균의 차이 값 3.875에 * 표시가 첨자되어 있는 것으로 보아 두 평균의 차이는 0과 유의하게 다르다. A회사와 B두 회사의 평균 증류수의 양은 유의한 차이가 있다.

한편, A회사와 C회사의 비교는 평균의 차이가 -0.875인데 유의확률도 .05보다 크고 (.580) 95% 신뢰구간도 0을 포함하므로 서로 유의한 차이가 없는 것이다.

C회사와 B회사를 비교해보면 평균의 차이 4.75는 통계적으로 유의한 차이이다. B회사와 C회사를 비교하는 것(I회사:2, J회사:3)은 단지 어느 회사의 평균을 빼었는가의 차이일 뿐 C회사와 B회사를 비교하는 것(I회사:3, J회사:2)와 동일하므로 각 수치의 부호만 다를 뿐 차이의 크기는 같다. 다른 비교방법들의 결과도 Tukey의 다중비교 결과와 같다. 차이점이 있다면 신뢰구간의 폭이 약간씩 차이가 나는 것이다.

Tukey와 Scheffé 방법으로 한 다중비교 결과는 평균차이와 유의확률, 평균차이의 신뢰구간과 함께 부집단이 나오고, Duncan 방법으로 한 결과는 부집단만 알려준다. 〈출력 9-3〉의 아래쪽 표를 보면 증류수 자료는 두 개의 부집단으로 나뉠 수 있고 1번 부집단에는 B회사가(2번), 2번 부집단에는 A회사(1번)과 C회사(3번)이 있는 것을 알 수 있다. 즉, A회사와 C회사는 통계적으로 유의한 차이가 없고, B회사와 A회사, B회사와 C회사간에는 통계적으로 유의한 차이가 있는 것이다.

<예제 9-2>의 자아존중감점수에 대한 분석결과, 학교 유형에 따라 자아존중감점수에 차이가 있다는 것을 알았다. 그렇다면, 어떤 학교급간에 차이가 나는지 다중비교를 통해서 알아보도록 하자. 본문에서 소개된 다중비교방법들을 모두 적용해보고 그 결과를 비교해 보자. 유의수준은 .05로 하자.

---

[43] 모든 비교에서 평균의 차이의 표준오차가 같은 값으로 나오는 이유는 세 집단의 표본 크기가 모두 같기 때문이다.

분산분석에서 유의한 결과가 나왔으므로 다중비교가 의미있다. 일원배치 분산분석 대화상자에서 변수를 선택한 다음 사후분석 대화상자를 연다. 사후분석(H)... 부분에서 검토하고자 하는 다중비교방법을 모두 클릭하고 계속 을 선택한 다음 확인 을 클릭한다. 〈출력 9-4〉는 Scheffé와 Duncan으로 다중비교한 결과이다. 왼쪽 위에는 자아존중감 점수가 종속변수임을 나타내 주고 있다.

① 집단간의 비교는 세 유형의 '학교'를 둘씩 비교해서 6개의 평균차로 보여 주고 있는데, 왼쪽에 있는 수준(I)의 평균에서 오른쪽에 있는 수준(J)의 평균을 뺀 결과가 0과 유의하게 다른지 알아보는 것이다. 두 집단의 차이와, 차이의 신뢰구간을 계산해서 0과 유의하게 다른지 검정하는 형식으로 출력되었다. 차이가 0이라는 말은 두 집단의 평균이 서로 같다는 말이므로, 차이가 0과 유의하게 다르기 위해서는 신뢰구간의 하한값과 상한값이 모두 + 이거나 모두 − 이어야 한다. 즉, 0을 중심으로 둘 다 같은 쪽에 있어야 한다.

② 〈출력 9-4〉 아래 부분의 '*. 평균차이는 .05 수준에서 유의합니다'라는 내용은 Scheffé로 비교했을 때, 유의수준 .05에서 유의한 차이가 있는 비교에 '*' 표시가 있다는 뜻이다.

예제 9-4

'중학교'와 '실업고'의 평균의 차이는 유의수준 .05에서 유의한데, '인문고'는 '중학교'나 '실업고'와 차이가 없다. 즉, 세 학교유형 중 '중학교'와 '실업고' 학생 간에만 통계적으로 유의한 차이가 있다. 예제 9-3의 결과와 다른 것은 예제 9-3에서는 B회사와 A·C회사의 두 개의 부집단으로 확실히 나뉘었는데, 이 예제의 경우에는 학교가 두 개의 부집단으로 확실히 나뉘지 않은 것이다. 1번 부집단에는 실업고와 인문고가, 2번 부집단에는 인문고와 중학교가 있는데, 이는 '실업고'와 '중학교' 학생 간에만 차이가 있는 것임을 나타내 준다.

<출력 9-4> Scheffé의 다중비교 결과

다중 비교

종속변수: 자아존중감점수

	(I) 학교구분	(J) 학교구분	평균 차이(I-J)	표준오차	유의확률	95% 신뢰구간 하한값	상한값
Scheffe	중학교	인문고	.740	.672	.547	-.92	2.39
		실업고	1.874*	.750	.046	.03	3.72
	인문고	중학교	-.740	.672	.547	-2.39	.92
		실업고	1.134	.739	.310	-.69	2.95
	실업고	중학교	-1.874*	.750	.046	-3.72	-.03
		인문고	-1.134	.739	.310	-2.95	.69

*. 평균 차이는 .05 수준에서 유의합니다.

자아존중감점수

	학교구분	N	유의수준 = .050에 대한 부집단 1	2
Duncan a,b	실업고	69	27.12	
	인문고	104	28.25	28.25
	중학교	97		28.99
	유의확률		.117	.306
Scheffe a,b	실업고	69	27.12	
	인문고	104	28.25	28.25
	중학교	97		28.99
	유의확률		.292	.592

동일 집단군에 있는 집단에 대한 평균이 표시됩니다.
a. 조화평균 표본 크기 = 87.165을(를) 사용
b. 집단 크기가 같지 않습니다. 집단크기의 조화평균이 사용됩니다. 제1종 오류 수준은 보장할 수 없습니다.

3. 분산분석 결과 보고하기

분산분석 결과를 보고하는 것은 t-검정 결과 보고하기와 비슷하다. 예제를 통해 알아보자.

<예제 9-2>의 분산분석 결과를 표의 형태로 보고하시오.

분산분석의 결과는 t-검정 결과와 마찬가지로 평균을 정리한 표에 덧붙여 보고해도 된다. 다중비교 결과 <출력 9-4>도 함께 적어준다(<표 9-3>).

<표 9-3> 세 학교별 자아존중감점수의 비교

학교구분	(n)	$\overline{x} \pm S.D.$	$F(p)$
중학교[1]	97	28.99±5.28	3.123 (0.046)
인문고[2]	104	28.25±4.38	3<2
실업고[3]	69	27.12±4.55	

> 만일 한 변수의 평균을 여러 가지 기준으로 구분해서 비교하는 경우에는 위와 같은 표를 이어서 만들면 된다. 예를 들어 회사에 따른 비교, 실험자에 따른 비교를 하고자 하면
>
> | | | (n) | $\overline{x} \pm S.D.$ | $F(p)$ |
> |---|---|---|---|---|
> | 회사 | A | | | |
> | | B | | | |
> | | C | | | |
> | 실험자 | 가 | | | |
> | | 나 | | | |
> | | 다 | | | |
> | | 라 | | | |

등으로 정리한다.

> 만일 여러 변수의 평균을 같은 기준으로 분류해서 보고하고자 한다면 표의 모양을 약간 다르게 하는 것이 좋다. 예를 들어 세 회사를 판매량, 가격 면에서 비교하고자 하면 다음과 같이 정리한다.
>
> | 회사 | A ($n=8$) | B ($n=8$) | C ($n=8$) | |
> |---|---|---|---|---|
> | 변수 | $\overline{x} \pm S.D.$ | $\overline{x} \pm S.D.$ | $\overline{x} \pm S.D.$ | $F(p)$ |
> | 판매량 | | | | |
> | 가격 | | | | |
>
> 표와 함께 오차막대도표를 첨부할 수 있으면 첨부한다.

연습문제

청소년 데이터(예제데이터.sav)를 이용하여 다음을 하시오.

1. '어머니와의 관계(mother)' 점수의 평균이 '학교구분(sch)'에 따라 차이가 있는지 검정하시오.

   ① 가설을 적으시오.

   ② 일원배치 분산분석의 가정이 가능한지 검토하시오.

   ③ 일원배치 분산분석을 이용하여 검정하시오. 일원배치 분산분석의 단계에 따라 수행내용을 서술하시오. 유의수준 .05를 이용하시오.

   ④ 일원배치 분산분석으로 검정하시오. 학교구분에 따라 어머니와의 관계 점수에 차이가 있다면 어느 학교에서 평균이 다른지 LSD, Scheffé, Bonferroni, Tukey, Duncan 방법으로 다중비교해 보시오.

과 제

제1장의 과제에서 만든 데이터에서 연속형변수 중 관심있는 변수에 대해 다음을 하시오.

1. 다항형의 범주형변수의 각 범주에서 평균이 서로 같은지 유의수준 .05에서 검정하시오. 평균과 표준편차를 표로 제시하시오. 분산분석 표를 제시하고 해석하시오.

2. 위에서 실행한 분석에 이어 Tukey방법으로 평균에 대해 다중비교하시오.

   ① 위에서 유의한 결과가 나온 경우: 어느 수준의 평균이 유의하게 다른지 결과를 제시하고 해석하시오.

   ② 위에서 유의하지 않은 결과가 나온 경우: 유의한 차이가 있는 수준이 있는가? 왜 그런 결과가 나왔는지 간단히 적으시오.

제3부

제10장 상관관계분석

제1절 산점도와 상관관계

제2절 상관계수

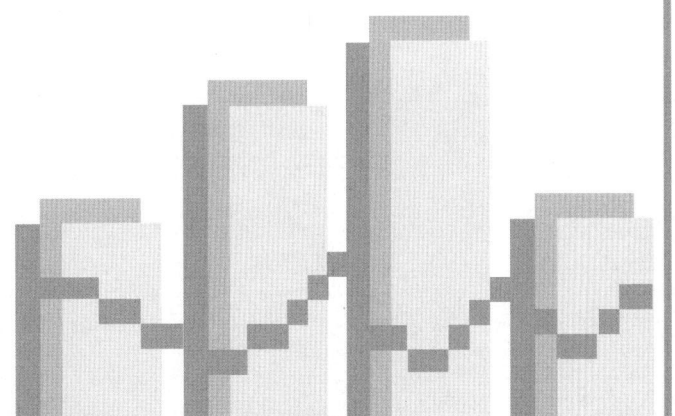

이 장에서는 두 변수의 선형의 관계를 나타내는 상관계수에 대하여 공부한다. 여기에서 두 변수는 구간식 이상으로 측정된 변수를 말한다.

제1절 산점도와 상관관계

우리는 종종 두 변수, 예를 들면 원의 지름과 원의 둘레, 체중과 키, 시간(in hours)과 기억력(점수)간에 어떤 관계가 있는지를 알아보고자 한다. 원의 지름이 커지면 원의 둘레도 일정한 비율로 커진다. 키와 체중은 지름과 둘레처럼 정확하게 변하지는 않지만, 키가 큰 사람은 대부분 체중도 많이 나간다. 시간과 기억력 사이에는, 시간이 많이 지나면 기억력이 낮아지는 관계가 있다. 두 변수간의 대체적인 관계는 산점도(scatter plot)를 통해서 알아볼 수 있는데 그 관계의 강도를 하나의 수치로 나타낸 것이 상관계수이다.

〈그림 10-1〉은 원의 지름을 X축, 원의 둘레를 Y축에 그린 산점도로서, 모든 점이 직선상에 나타난다. 지름이 얼마인지 알면 둘레가 얼마인지를, 거꾸로 둘레가 얼마인지 알면 지름이 얼마인지를 정확히 알 수 있다. 지름이 커질수록 둘레도 커진다. 이러한 관계를 완전한 양의 (선형)상관관계 또는 완전한 정적 관계(perfect positive linear correlation)라고 한다. 이때 지름과 둘레의 상관계수는 $r=1.0$으로서, 상관계수 중에는 가장 큰 값이다.

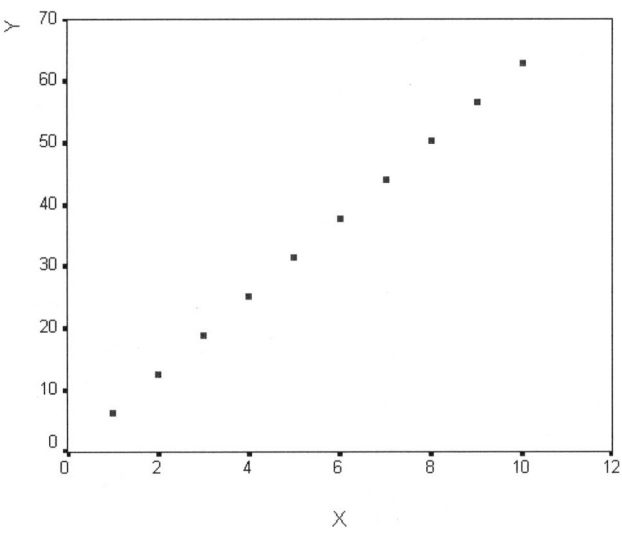

〈그림 10-1〉 완전한 양의 (선형)상관관계 ($r=1.00$)
 : 지름(x)과 원의 둘레($y = 2\pi r$)

〈그림 10-2〉는 21cm짜리 연필에서 사용한 연필의 길이(x)와 남은 연필의 길이(y)를 나타낸 것으로, 많이 사용할수록 남은 길이는 짧아지는 음의 관계가 있으며, 하나를 알면 다른 하나도 정확히 알 수 있는 완전한 선형의 관계를 가진다. 이 때 두 변수간에는 완전한 음의 (선형)상관관계 또는 완전한 부적 관계(perfect negative linear correlation)가 있으며, 상관계수는 $r=-1.0$으로서 상관계수 중 가장 작은 값이다.

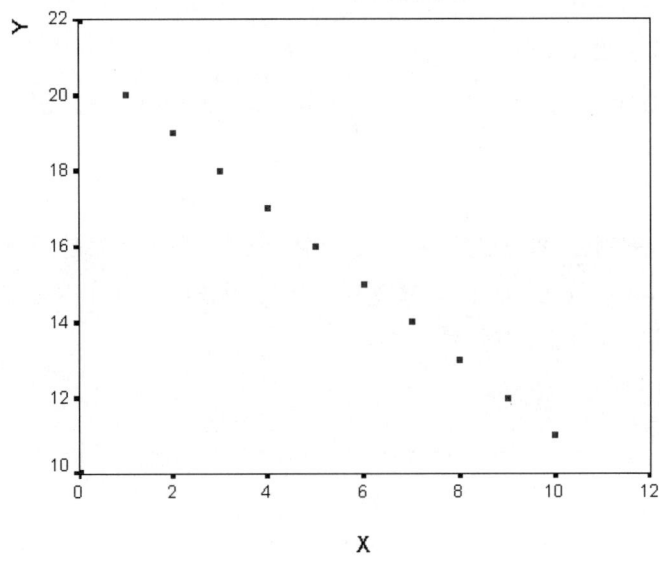

〈그림 10-2〉 완전한 음의 (선형)상관관계 ($r = -1.00$)
: 사용한 길이(x)와 남은 길이($y = 21 - x$)

〈그림 10-3〉은 SPSS의 난수생성 기능을 이용해서 x는 0에서 20까지, y는 0에서 1까지의 숫자를 무작위로 뽑아 산점도로 나타낸 것이다. x와 y숫자들은 서로 독립적으로 무작위추출 했기 때문에 서로 아무런 관계가 있을 수 없으며, 점들은 아무런 일관성 없이 퍼져 있는 것을 알 수 있다. 이 경우 두 변수간에는 아무런 상관관계가 없다고 말하며, 상관계수는 $r=0$에 가까워진다. 〈그림 10-3〉의 경우 상관계수는 .018로서 완전히 0은 아니지만 매우 작은 값임을 알 수 있다.

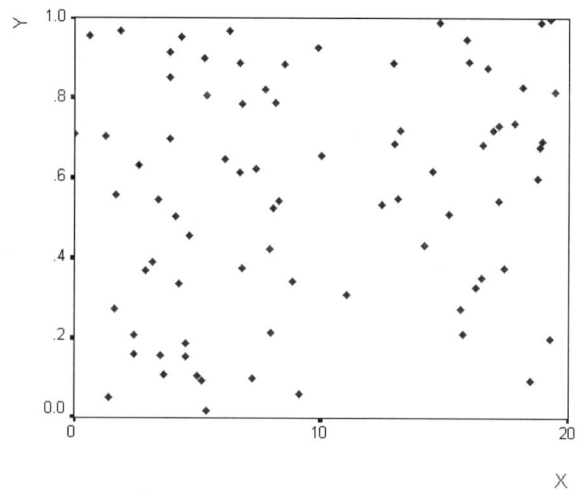

<그림 10-3> 선형의 상관관계 없음 ($r=.018$)

　〈그림 10-4〉 역시 두 변수간에 선형의 상관관계가 없는 경우이다. 이 경우는 선형의 관계가 없다 뿐이지, 사실은 두 변수간에 비선형(non-linear)의 관계가 있는 경우이다. x값이 0을 향하여 커질 동안에는 y값이 점차 작아지다가, x가 0보다 커지면 y도 점차 증가한다. 그러나 (선형)상관계수는 '(선형의) 상관관계가 없는 경우'의 상관계수인 $r=.006$이다. 이처럼 비선형의 상관관계가 있는 경우에도 상관계수가 0에 가깝게 나오거나, 비선형의 관계인데도 상관계수가 상당히 크게(1.0이나 -1.0에 가깝게) 나올 수 있다. 이 그림은 상관계수에만 집착하다가는 자칫 중요한 비선형의 관계를 놓치는 일이 있을 수 있다는 것을 알려주는 중요한 그림이다. 그러나, 특별한 지시가 없는 경우 일반적으로 '**상관관계(correlation)**'란 선형의 상관관계를 뜻한다.

　보통 수집된 데이터의 각 케이스는 개인별 차이, 즉, 오차가 있기 때문에 이 데이터를 가지고 산점도를 그리면 함수관계에 있는 변수들의 그림인 〈그림 10-1〉이나 〈그림 10-2〉와 같이 직선으로 나타나지 않는다. 〈그림 10-5〉에는 양의 상관관계가 있는 데이터의 산점도가 제시되어 있다. 두 변수의 상관계수는 .994로서 아주 높은 상관관계이다. 점들이 모두 직선상에 있지 않은 이유는 각 데이터마다 조금씩의 오차가 있기 때문이다.

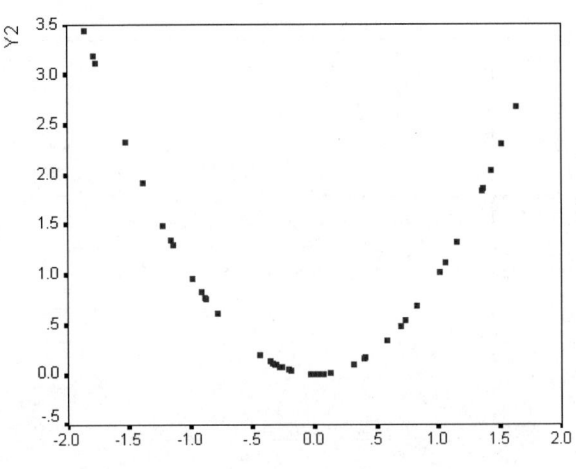

<그림 10-4> 선형의 상관관계 없음 ($r=.006$)
: 비선형의 상관관계 ($y^2 = x$)

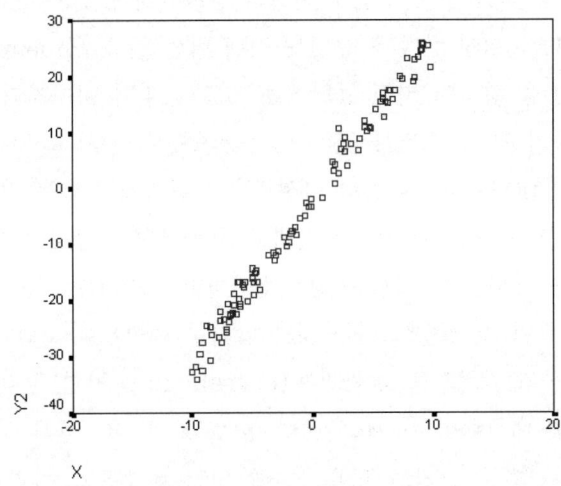

<그림 10-5> 유의한 선형의 상관관계 ($r=.994$)

비선형의 관계가 있는 데이터도 마찬가지이다. 〈그림 10-6〉에 제시된 산점도는 상관계수가 -.059로서 거의 0에 가까운 값이다. 함수관계에 있는 두 변수의 산점도인 〈그림 10-4〉와 비교해 볼 때 대체적인 형태는 비슷하지만 관찰값들이 모두 다 곡선 상에 위치하지는 않은 것을 알 수 있다.

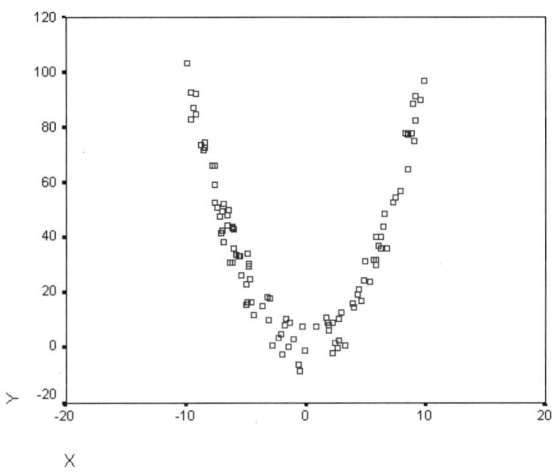

<그림 10-6> 선형의 상관관계 없음($r = -.059$)
: 비선형의 상관관계

제2절 상관계수

　　산점도는 분석단계에서 데이터의 형태를 손쉽게 알 수 있도록 도와주는 역할을 하는데, 많은 공간을 차지하기 때문에 간단하게 요약해서 보고하는 형태로 사용하기는 어렵다. 이를 간단하게 하나의 숫자로 나타내는 것이 **상관계수**이다.

　　상관계수에는 모수적 상관계수인 피어슨 상관계수(Pearson)와 비모수적 상관계수인 스피어만 상관계수(Spearman)가 있다.44) 모수적 상관계수는 구간식으로 측정한 데이터값을 그대로 이용하는데 반해서 비모수적 상관계수는 데이터값을 작은 것부터 차례로 순위를 매겨 서열식으로 바꾼 뒤 순위를 이용해서 상관계수를 구하는 것이다. 스피어만 상관계수는 데이터에 이상점이 있거나, 데이터의 크기 (n)가 작을 때 많이 쓰인다. 이 책에서 사용하는 데이터는 크기가 충분히 큰 경우라고 생각되므로, 피어슨 상관계수를 중심으로 설명한다.

---

44) ・모수적 : 변수가 어떤 특정 분포(정규분포, t-분포, F-분포 등)를 따를 것이라는 가정 하에서 분석하는 것
　　・비모수적 : 변수가 어떤 특정 분포를 따를 것이라는 가정이 없는 상태에서 분석하는 것

상관계수의 범위는 -1.0≤ r ≤1.0으로, 반지름과 원둘레의 관계처럼 완전한 양의 관계를 가질 때는 r=1.0이고, 사용한 연필의 길이와 남은 길이의 관계와 같이 완전한 음의 관계를 가질 때는 r=-1.0이다. 두 변수간에 아무런 선형의 관계가 없을 때는 r=.0이다.

1. 가설 – 무엇을 검정하나?

모집단에서 두 변수간에 선형의 상관관계가 없다는 것은 상관계수가 0이라는 뜻이다. 따라서 검정하고자 하는 가설은 다음과 같다.

H_0: $\rho = 0$ (H_0: 두 변수간에 관계가 없다)
H_1: $\rho \neq 0$ (H_1: 두 변수간에 관계가 있다)

만일 선행연구에서 이미 두 변수간에 유의한 상관관계가 있다는 결론을 얻었고, 이론적으로 양의 상관 또는 음의 상관이 있을 것으로 믿을만한 충분한 근거가 있다면 단측검정을 하는 것이 연구자에게는 더 유리하다.[45] 단측검정의 가설은 아래와 같다.

H_1: $\rho < 0$ (H_1: 두 변수간에 음의 상관이 있다; 좌측검정)
H_1: $\rho > 0$ (H_1: 두 변수간에 양의 상관이 있다; 우측검정)

2. 가정 – 언제 사용할 수 있나?

두 변수가 모두 같은 분석단위에서 측정되어야 하고, 정규분포를 따르는 연속형의 변수이어야 한다. 만일 데이터가 충분히 크면 정규분포를 가정할 수 있다.

3. SPSS로 상관계수 구하기

상관계수는 주메뉴에서 〈그림 10-7〉과 같이 분석(A) → 상관분석(C) ▶ → 이변량 상관계수(B)... 를 차례로 클릭하여 구한다. 예제를 통해서 직접 상관계수를 구해 보자.

---

[45] 여기서 유리하다는 말은 유의한 결과를 얻기가 더 쉽다는 뜻이다.

<그림 10-7> 상관계수 구하기

예제
10-1

'자아존중감점수(self)'와 '아버지와의 관계(father)'의 상관계수와 산점도를 구해보자. 유의수준 .05에서 검정해보자.

문제에서는 상관계수만 요구했지만, 상관계수를 낼 때는 항상 산점도를 먼저 검토하는 것이 좋다. 자아존중감점수(self)와 아버지와의 관계(father)간의 산점도는 〈그림 10-8〉과 같다. 산점도만을 보고는 두 변수간에 강한 선형의 관계가 없는 것처럼 보이는데, 상관계수를 구해 확인해 보도록 하자.

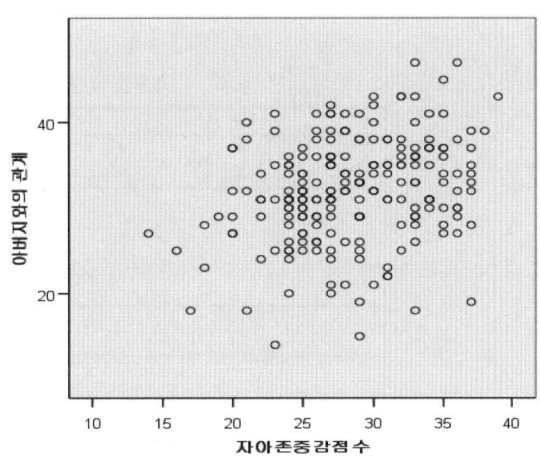

<그림 10-8> 자아존중감점수와 아버지와의 관계 산점도

제 10 장 상관관계분석

상관계수 대화상자의 변수목록에서 아버지와의 관계(father)와 자아존중감점수(self)를 선택하여 각각 선택변수목록으로 옮긴다. 변수들의 평균과 표준편차를 구하기 위하여 옵션(O)... 을 클릭하여 옵션 대화상자에서 ☑평균과 표준편차(M)을 선택하고 계속 과 확인 을 클릭한다(〈그림 10-9〉).

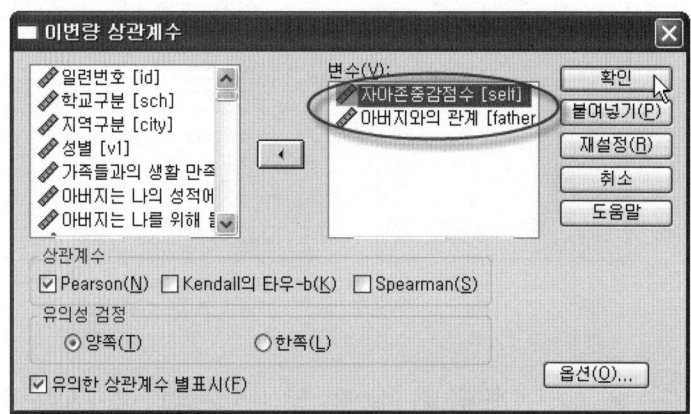

<그림 10-9> 상관계수 대화상자

〈출력 10-1〉의 기술통계량을 보면 자아존중감점수와 아버지와의 관계의 평균은 각각 28.2와 32.1이고, 자아존중감점수의 유효 케이스 수는 270이고 아버지와의 관계 변수의 유효케이스 수는 결측치가 있어서 216이다.

<출력 10-1> 아버지와의 관계와 자아존중감점수의
상관계수

기술통계량

	평균	표준편차	N
자아존중감점수	28.23	4.800	270
아버지와의 관계	32.09	5.978	216

상관계수

		자아존중감점수	아버지와의 관계
자아존중감점수	Pearson 상관계수	1	.270**
	유의확률 (양쪽)		.000
	N	270	214
아버지와의 관계	Pearson 상관계수	.270**	1
	유의확률 (양쪽)	.000	
	N	214	216

**. 상관계수는 0.01 수준(양쪽)에서 유의합니다.

상관계수부분을 보면, 두 변수가 모두 유효한 것은 216케이스이다. 이 케이스들을 이용하여 계산한 상관계수는 .270으로서 그다지 큰 값은 아니다.46) 유의확률은 .00으로 유의수준 .05보다 작으므로 상관계수는 0과 유의하게 다르다. 두 변수 간에는 통계적으로 유의한 상관이 있다.

■

예 제
10-2

두 변수 간에 양의 상관관계가 있는지 알아보고자 한다. 자아존중감점수(self)와 아버지와의 관계(father)의 상관계수가 0보다 큰지 단측검증해보자.

상관계수의 단측검정은 〈그림 10-10〉과 같이 상관계수 대화상자의 유의성 검정 에서 ⊙한쪽(L) 을 선택한다. 〈출력 10-2〉의 결과를 보면 상관계수와 유의확률이 양측검정과 같은 것을 알 수 있다.47) 두 변수 간에는 유의한 양의 상관관계가 있다고 말할 수 있다.

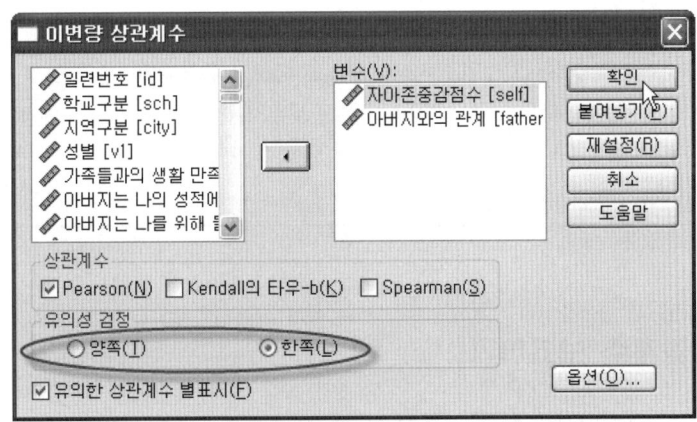

〈그림 10-10〉 상관계수 대화상자 - 단측검정

---

46) 사회과학 데이터에서는 이처럼 낮으면서도 유의한 상관계수가 나오는 일이 흔하다. 상관계수를 해석할 때는 '의미가 있는' 값인지 잘 생각해볼 필요가 있다.
47) 원래 단측검정은 상관계수는 양측검정과 같게 나오고 유의확률은 양측검증의 반으로 나오지만 자아존중감점수와 아버지와의 관계는 양측검정의 유의확률이 .000이기 때문에 단측검정 역시 .000으로 유의확률도 같게 나왔다.

250　제 10 장　상관관계분석

<출력 10-2> 아버지와의 관계와 자아존중감점수의
상관계수 단측검정

상관계수

		자아존중 감점수	아버지와 의 관계
자아존중감점수	Pearson 상관계수	1	.269**
	유의확률 (한쪽)		.000
	N	275	216
아버지와의 관계	Pearson 상관계수	.269**	1
	유의확률 (한쪽)	.000	
	N	216	216

**. 상관계수는 0.01 수준(한쪽)에서 유의합니다.

　단측검정을 할 때 SPSS는 표본 상관계수의 방향으로 검정하여 유의확률을 계산하므로, 만일 상관계수의 방향이 대립가설의 방향과 일치하지 않는 경우에는 (단측 유의확률) = 1-(출력된 유의확률)로 계산하고 해석하여야 한다.

　상관계수가 -1.0이나 1.0에 가까울수록 상관관계가 높다고 해석하고, 0에 가까울수록 상관관계가 낮다고 해석한다.　상관계수가 0이라는 것은 '선형의 상관관계가 없다'는 것이다.　이것은 단지 선형의 관계가 없다 뿐이지 두 변수 간에 관계가 전혀 없다는 뜻은 아니므로 주의하여야 한다.

4. 상관계수 보고하기

　　상관계수는 대개 다음과 같이 보고한다.　보기를 통해서 알아보자.

아버지와의 관계[father], 어머니와의 관계[mother], 자아존중감점수[self]간의 상관계수를 표로 정리해 보자.

　　상관계수표에는 출력물 〈출력 10-2〉에 나타난 상관계수와 유의확률 p값을 적는다.　같은 변수(아버지와의 관계와 아버지와의 관계, 어머니와의 관계와 어머니와의 관계, 자아존중감점수와 자아존중감점수)의 상관계수는 항상 1이므로 적지 않는다.　또 중복되는 값은 한번만 적는다.　〈표 10-1〉

은 두 변수의 상관계수를 정리한 것이다. 유의확률이 유의수준보다 작은 경우에는 주석을 달아준다.

분석하는 변수가 많은 경우에는 유의확률을 일일이 적을 공간이 부족할 때도 있다. 이때는 〈표 10-2〉처럼 보고한다.

<출력 10-3> 세 점수의 상관관계

기술통계량

	평균	표준편차	N
아버지와의 관계	32.09	5.978	216
어머니와의 관계	35.65	5.796	226
자아존중감점수	28.23	4.800	270

상관계수

		아버지와의 관계	어머니와의 관계	자아존중감점수
아버지와의 관계	Pearson 상관계수	1	.675**	.270**
	유의확률 (양쪽)		.000	.000
	N	216	209	214
어머니와의 관계	Pearson 상관계수	.675**	1	.255**
	유의확률 (양쪽)	.000		.000
	N	209	226	224
자아존중감점수	Pearson 상관계수	.270**	.255**	1
	유의확률 (양쪽)	.000	.000	
	N	214	224	270

**. 상관계수는 0.01 수준(양쪽)에서 유의합니다.

<표 10-1> 변수들 간의 상관계수

	아버지와의 관계 r(p)	어머니와의 관계 r(p)
어머니와의 관계	.675(.000)	
자아존중감점수	.270(.000)	.255(.000)

<표 10-2> 변수들 간의 상관계수

	아버지와의 관계	어머니와의 관계
어머니와의 관계	.675***	
자아존중감점수	.270***	.255***

* $p < .05$, ** $p < .01$, *** $p < .001$

---

48) SPSS 출력물에서는 유의수준 .05수준에서 유의한 경우(*)와 .01수준에서 유의한 경우(**)로만 구분해 준다. 보고할 때는 일반적으로 세 가지 수준으로 구분해 준다.

제 10 장 상관관계분석

연습문제

청소년 데이터(예제데이터.sav)를 이용하여 아래의 연습문제를 풀어 보시오.

1. 어머니와의 관계(mother)와 마음을 터놓을 정도로 친한 친구 수(v8)는 서로 상관이 있을 것으로 생각된다.

① 산점도를 그리시오. 두 변수 간에는 상관관계가 있는 것으로 보이는가? 있다면 양의 상관일까? 음의 상관일까?

② 두 변수의 상관관계를 유의수준 .05에서 검정하시오. 적절히 해석하시오.

과 제

제1장의 과제에서 만든 데이터를 이용하여 다음을 하시오.

1. 두 연속형 변수의 산점도를 그리시오. 산점도를 보고 알 수 있는 것을 세 가지 이상 적으시오. 만일 겹치는 점들이 없다면 상관계수가 대략 얼마일지 예상해 보시오.

2. 산점도를 그린 두 연속형 변수의 모집단 상관계수가 .0인지 아닌지 유의수준 .05에서 검정하시오. 기호를 이용해 가설을 적고 검정통계량과 유의확률을 적으시오. 결과를 해석하시오.

제3부

제11장 단순회귀분석

제1절 회귀분석의 기본개념

제2절 단순회귀분석

제3절 잔차분석

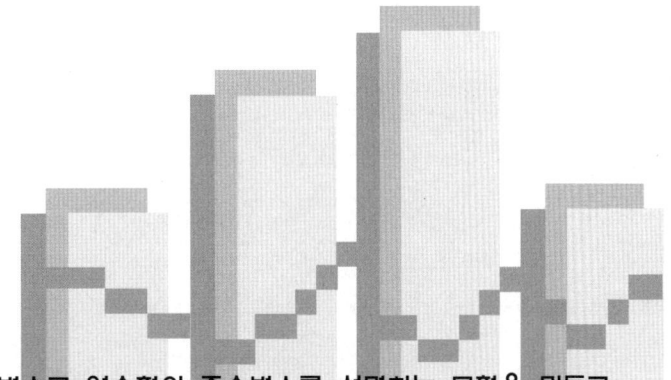

이 장에서는 연속형의 독립변수로 연속형의 종속변수를 설명하는 모형을 만들고, 모형을 이용하여 종속변수의 값을 예측하는 회귀분석방법을 배운다. 그리고, 독립변수가 하나만 있는 단순선형회귀분석을 소개한다.

제1절 회귀분석의 기본개념

회귀분석(Regression analysis)은 한 변수를 이용하여 다른 변수의 값을 설명하거나 예측할 수 있는 모형으로 데이터를 분석하는 것이다. 이때 설명하는 변수를 설명변수 또는 독립변수라 한다. 설명이 되거나 예측이 되는 변수를 종속변수 또는 반응변수라고 한다. 설명하는 변수가 하나인 경우 단순회귀분석, 설명하는 변수가 두개 이상인 경우 다중회귀분석이라고 한다. 이 장에서는 단순회귀분석을 중심으로 설명한다.

회귀분석을 설명하기 위해 다음과 같은 예를 들어보자. 비만 정도를 측정하는 방법에 표준체중과 실제체중을 비교해 보는 방법이 있다. 표준체중을 내는 방법이

$$\text{표준체중 kg} = (\text{키 cm} - 100) \times 0.9$$

라고 하자. 이 식에 의하면 키가 160cm인 사람의 표준체중은 (160-100)×0.9=54이다. 이 말은 모든 160cm인 사람의 체중이 54kg이라는 것은 물론 아니다. 키가 160cm인 사람의 체중이 54kg을 중심으로 퍼져있다는 것으로서, 말하자면 이 사람들의 평균체중이 54kg이라는 것이다. 회귀분석에서는 독립변수를 '변수'라고는 부르지만, 이 예에서처럼 키를 '160cm'로 고정시켰을 때 종속변수의 평균(분포)을 알아보는 것으로서, 독립변수의 각 값은 주어진 값 또는 고정된 값으로 취급된다.

이 예에서 체중을 Y, 키를 X라하고 위의 식을 다시 적어보면,

$$Y = (X - 100) \times 0.9 = -90 + 0.9X$$

가 된다. 이를 X, Y 평면상에서 생각해 보면, y절편이 -90이고 기울기가 0.9인 직선이 된다. 이 직선은 같은 키를 가진 사람들의 평균 체중을 산점도로 나타냈을 때, 평균들이 이뤄내는 선을 말한다. 실제 데이터에서는 물론 모든 평균이 직선 위에 나타나는 것은 아니다.

1. 왜 회귀분석을 하는가?

회귀분석을 하는 목적에는 여러 가지가 있겠지만, 그 중 대표적인 것을 몇 가지 살펴보면 다음과 같다.

(1) 두 변수간 관계의 강도와 방향을 나타내는 회귀계수에 대한 추정 및 검정을 한다.

(2) 두 변수의 관계를 설명하는 회귀방정식 모형을 찾는다.

(3) 한 변수가 다른 변수의 변동(variation) 중 얼마나 많은 부분을 설명하는지 파악한다.
(4) 한 변수로 다른 변수의 값을 예측한다.
(5) 한 변수가 단위량 증가할 때 다른 변수의 변화량이 얼마나 되는지 알아본다.

2. 독립변수와 종속변수

회귀분석의 첫 단계는 독립변수와 종속변수를 구분하는 것이다. 종속변수 (dependent variable)는 대개 '가장 관심있는 변수'이다. 시간적으로 다른 변수보다 늦게 나타나거나, 다른 변수의 결과로서 일어나는 변수가 종속변수가 된다. 키와 몸무게의 경우처럼 누가 먼저인지 알 수 없는 경우에는 자신의 의지로 조절이 되지 않는 변수(키), 즉, 주어진 값을 가지는 변수는 독립변수(independent variable)로, 어느 정도 변화가 가능한 변수(체중)는 종속변수로 결정한다.

시간적인 선후를 가릴 수 없어도, 두 변수간의 관계를 설명하는 수단으로서 회귀분석을 이용하기도 한다. 이때는 될 수 있으면 해석이 가능한 쪽으로 종속변수와 독립변수를 구분한다.

3. 기호의 정의

독립변수를 X, 종속변수를 Y라 하자. 변수 Y는 반드시 연속형이어야 하고, X는 적어도 서열식이거나 구간식 변수이어야 한다.[49]

모집단에서 두 변수간의 관계를 나타내는 가상의 직선 $Y = \alpha + \beta X$를 회귀방정식이라 하고 표본에서 찾아낸 회귀직선 $\hat{Y} = a + bX$를 추정회귀방정식이라 한다.

변수 X와 Y를 관찰한 실제 값을 각각 x_i와 y_i, $i = 1, 2, \cdots, n$으로 표시하자. i번째 케이스의 x_i값에 대하여 Y 예측값(predicted value)은 $\hat{y_i} = a + bx_i$이다($\hat{y_i}$는 y i hat이라 읽는다). 관찰값(y_i)과 예측값($\hat{y_i}$)의 차이를 잔차(residual)라 하며 e_i로 나타낸다.

---

[49] X가 범주형인 경우도 가능한데, 이 경우에는 X를 더미변수(dummy variable : 지시변수, 가변수)로 전환시켜야 한다. 이 경우는 분산분석과 같은 결과를 얻게 된다.

4. 회귀모형

회귀모형(regression model)은 회귀방정식 모형을 간단히 이르는 말로서 독립변수가 종속변수와 어떻게 관련되어 있는지를 식으로 나타낸 것이다.

회귀분석을 할 때에는 가장 먼저 회귀모형의 유의성을 검정하는데, 통계적으로 유의한 결과가 나오면 "모형이 유의하다"라고 한다. 모형이 유의하다 함은 독립변수가 종속변수를 설명하는데 도움이 된다는 것이다. 즉, 모형에 포함된 독립변수의 계수가 0과 유의하게 다르다는 것이다. 모형의 유의성 검정은 9장에서도 살펴본 분산분석표를 이용해서 한다.

<표 11-1> 단순회귀분석의 분산분석표

요인 (source)	자유도 (d)	제곱합 (SS)	평균제곱합 (mean SS)	검정통계량 (F)	유의확률 (p value)
회귀모형 (Reg)	1	$SSReg$	$MSReg = SSReg$	$F = \dfrac{MSReg}{MSE}$	$F > F_{(1,\ n-2)}$
잔차 (error)	$n-2$	SSE	$MSE = \dfrac{SSE}{n-2}$		
합계 (total)	$n-1$	SST			

분산분석에서 변동 요인은 총제곱합(총합)을 집단간의 차이에 의한 부분(between)과 집단내의 케이스간의 차이에 의한 부분(within)으로 나눈다고 했는데, 회귀분석에서도 비슷하다. 회귀분석에서 총 오차의 합계는 회귀식으로 설명되는 부분(서로 다른 x값을 가지는 y 평균의 차이에 의한 부분)과 회귀식으로 설명되지 않는 부분(같은 x값을 가지는 서로 다른 케이스 간의 차이에 의한 부분)으로 나눌 수 있다. 〈그림 11-1〉을 살펴보면 쉽게 이해할 수 있다.

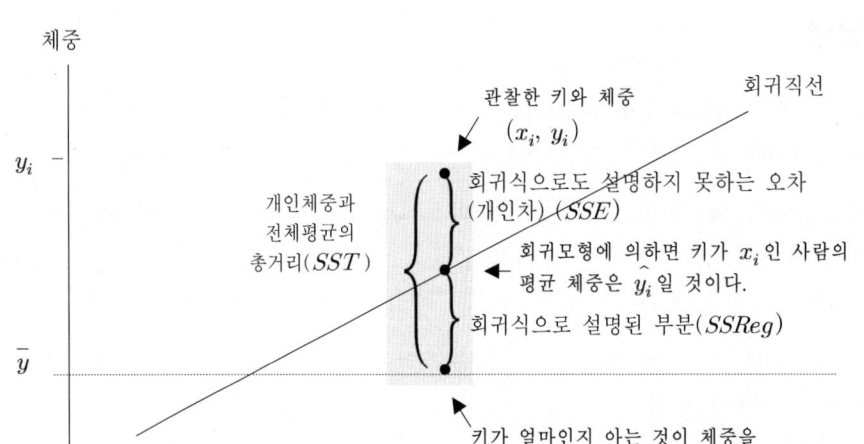

<그림 11-1> 회귀분석에서 총오차의 분할

5. 회귀계수

회귀모형에서 독립변수의 계수를 회귀계수(regression coefficient)라 한다. 모집단의 계수는 라틴어 β로 나타내고, 표본에서 구한 추정량은 대응되는 영어의 소문자 b로 나타낸다. 회귀계수 b는 '독립변수의 값이 한 단위(1) 증가할 때마다 종속변수의 값은 평균적으로 계수 b 만큼 변화한다'고 해석한다. 위의 예에서 체중모형의 경우 계수가 0.9이므로, 키가 1cm 커지면, 체중은 0.9kg 증가한다는 것이다. 계수가 0보다 작으면 x가 증가할수록 y는 감소하는 것이다.

만약 회귀계수의 검정결과 유의하지 않은 결과가 나오면 '변수 X는 변수 Y를 설명하는데 별 도움이 되지 않는다'거나 '변수 X와 변수 Y는 선형의 관계가 없다'고 결론 짓는다. 필요한 경우 비선형모형을 검토할 수도 있다.

6. 결정계수

결정계수는 검정하는 통계량이 아니다. 단지 종속변수의 총 변동(SST)중 몇 %를 독립변수를 이용한 모형으로 설명가능한가를 나타내줄 뿐이다.

결정계수(coefficient of determination)는 독립변수가 종속변수의 변동 중 얼만큼을 설명할 수 있는지 나타내는 것으로서 R^2으로 적고

$$R^2 = \frac{SSReg}{SST}$$

이다. 이 값은 0에서 1사이로서, 100을 곱해서 '종속변수 Y의 변동 중 몇 %를 독립변수가 설명해 내는가'를 나타내 준다. 이 값이 클수록 모형의 (종속변수를 설명하는) 설명력이 높은 것이다. 단순선형회귀분석에서 R^2은 표본상관계수의 제곱, 즉, r^2과 같다.

제2절 단순회귀분석

1. 가설 — 무엇을 검정하나?

회귀분석에서는 회귀모형의 검정과 회귀계수의 검정이 각각 이루어지므로 가설을 각각 세워야 한다. 차례대로 살펴보자.

(1) 회귀모형의 유의성 검정

회귀모형이 유의하다는 것은 회귀식이 의미가 있다는 것이고, 이는 바로 모집단에서 기울기 β가 0과 유의하게 다름을 뜻하는 것이다. 검정하고자 하는 귀무가설은

H_0 : 기울기는 0이다.

또는 $H_0 : \beta = 0$

이고 이에 대한 대립가설은

H_1 : 기울기는 0이 아니다.

또는 $H_1 : \beta \neq 0$ 이다.

(2) 회귀계수의 유의성 검정

만일 키와 체중이 서로 선형의 관계에 있지 않다면, 키가 작은 사람 중에도 체중이 많이 나가는 사람과 적게 나가는 사람이 있을 테고, 키가 큰 사람 중에도 마찬가지일 것이다(〈그림 10-3〉 참조). 이런 경우에 각 키에서 체중의 평균을 직선으로 나타내 보면, 아마 X축과 평행인, 즉, 기울기가 0인 직선이 될 것이다. 그러나 키와 체중이 서로 선형의 관계에 있다면(〈그림 10-5〉 참조), 모든 키의 체중의 평균을 직선으로 나타냈을 때 기울기가 0이 아닌 직선이 될 것이다.

모집단에서 **기울기 β가 0과 같은지 같지 않은지 검정하는 것**이 바로 두 변수 간의 관계를 알아보는 것으로서, β가 0과 유의하게 다를 때 비로소 회귀모형이 만들어지는 것이다. 검정하고자 하는 귀무가설은

H_0 : 기울기는 0이다.

또는 H_0 : $\beta = 0$

이고 이에 대한 대립가설은

H_1 : 기울기는 0이 아니다.

또는 H_1 : $\beta \neq 0$

이다. 많은 경우 절편 α는 단지 회귀직선의 위치를 조절해 줄 뿐, 그 값이 어떤 특별한 값과 같은지 다른지는 관심 밖인 경우가 많으므로 이 책에서는 설명하지 않는다.

단순회귀분석에는 독립변수가 하나밖에 없기 때문에 회귀계수에 대한 가설과 회귀모형에 대한 가설이 서로 같다. 따라서 검정 결과도 같은데, 단지 유의성을 판단하는 기준이 되는 검정통계량만 다르다. 모형의 유의성 검정은 분산분석표를 이용해서 하므로 분산분석표의 검정통계량 F와 유의확률로 유의성을 판단하고, 계수의 유의성은 각 계수별로 검정통계량 t와 유의확률로 각각 유의성을 판단한다. 그런데, 단순회귀분석에서는 회귀계수에 대한 가설과 회귀모형에 대한 가설이 서로 같으므로 결과적으로 유의확률은 같고, 검정통계량은 $F = t^2$의 관계가 있게 된다.[50]

---

[50] 자세한 내용은 부록 A를 참고하자.

2. 가정 - 언제 사용할 수 있나?

분산분석과 마찬가지로 선형회귀분석을 실행하기 위해서는 데이터에 대하여 일정한 가정을 할 수 있어야 한다.

(1) **선형성**: 모집단에서 주어진 X값을 가지는 케이스들의 Y의 평균은 모두 일직선 위에 있다.

(4) **독립성**: 각 케이스는 서로 독립이다.

(2) **정규성**: 같은 X값을 가지는 케이스들의 Y값은 정규분포를 따른다.

(3) **등분산성**: 모든 X에서 Y의 분산이 모두 같다.

(5) 독립변수 X는 오차 없이 측정 가능한 수학적 변수이고, 종속변수 Y는 측정오차를 수반하는 확률변수이다.

그렇다면 회귀분석과 분산분석은 어떻게 다른가? 회귀분석과 분산분석은 다음과 같이 정리하여 비교할 수 있다.

	분산분석	회귀분석
종속변수	연속형 변수	연속형 변수
독립변수(인자)	범주형 변수	연속형 변수
독립·종속 변수간의 관계에 대한 가정	아무런 관계도 전제하지 않음	선형의 함수관계
필요한 데이터	독립변수의 각 수준별로 두 개 이상의 반응변수의 값 (특별한 경우에는 하나만 있어도 됨)	여러개의 독립변수 값에 대한 반응변수의 값
주요 분석 문제	독립변수 수준간에 종속변수의 평균을 비교하는 문제	- 독립변수와 종속변수간의 함수와 그 특성에 관한 추정 - 독립변수의 특정한 값에 대한 종속변수의 값 또는 그 기대값에 대한 추론

3. 평균의 추정과 새 케이스 값의 예측

가설검정 결과 기울기가 유의하다는 결론이 나면, 추정회귀모형을 이용하여 다음 두 가지를 할 수 있다.

(1) $X=x$인 모든 케이스들의 평균 μ_x을 추정(estimation)하기와

(2) $X=x$인 어떤 새 케이스의 $\hat{y}_x$값을 예측(prediction)하는 것이다.

둘 다 같은 회귀방정식을 이용하기 때문에 추정값이나 예측값은 서로 같다. 하지만 어떤 한 케이스의 값을 예측하는 것이, 그런 케이스들의 평균을 추정하는 것 보다 오차가 더 크다. 이를 살펴보기 위해서 추정값과 예측값을 X, Y평면상에 도표로 나타내어 살펴보자. 평균이 50인 변수 X를 이용하여

$$\hat{y} = 3.7 + 5.027x$$

라는 회귀식으로부터 $\hat{y}_x$와 예측값의 95% 예측구간, 추정값의 95% 신뢰구간을 모두 함께 도표로 나타내보면 〈그림 11-2〉와 같다. 그림의 위쪽으로부터 예측값의 예측 상한, 추정값의 추정 상한, 예측/추정값, 추정 하한, 예측 하한이다. 그림을 자세히 보면 다음을 알 수 있다.

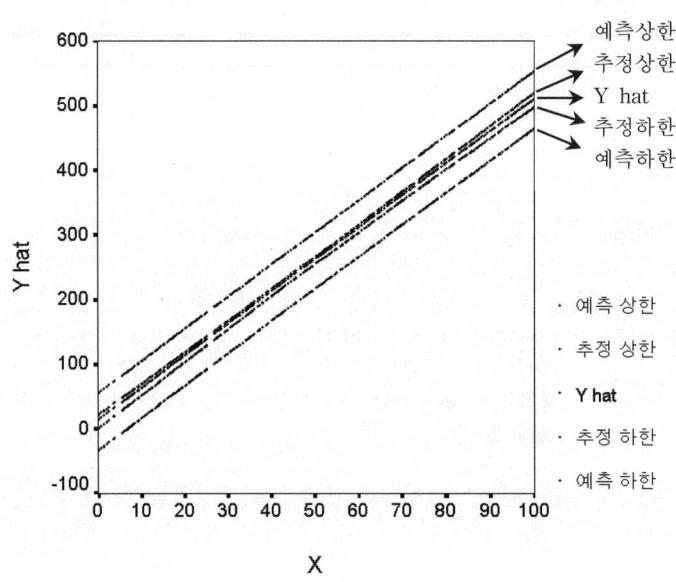

〈그림 11-2〉 추정과 예측구간의 도표

(1) 예측값/추정값은 선형을 이룬다.
(2) 추정값의 신뢰구간이 예측값의 예측구간보다 더 좁다.
(3) 신뢰구간은 X가 평균인 50에 가까워질 때 가장 좁다.
(4) 신뢰구간은 X가 평균인 50에서 멀어질수록 점점 더 넓어진다.
(5) 예측구간도 신뢰구간과 마찬가지로 X가 평균인 50에 가까워질 때 가장 좁고 멀어질수록 더 넓어진다.

4. 회귀분석의 순서

(1) 종속변수와 독립변수를 구분한다.
(2) 종속변수에 대하여 분석에 필요한 가정이 가능한지 살펴본다.
(3) 변수의 산점도를 그리고 독립변수와 종속변수의 상관관계를 검토한다.
   두 변수간에 관계가 있는지, 관계가 있다면 선형의 관계인지 비선형의 관계인지를 먼저 확인한다. 이는 매우 중요한 과정이다. 종속변수를 Y축에 독립변수를 X축에 그린다.
   두 변수간에 유의한 상관관계가 있으면, 유의한 모형이 만들어진다.
(4) 원하는 모형을 구한다.
(5) 분산분석표의 F검정으로 모형의 적합성을 검정한다.
(6) 독립변수의 기울기가 0과 유의하게 다른지 검정한다.
(7) 유의한 결과가 나오면, 모형과 결정계수를 보고한다.
   모형은

$$종속변수 = 절편 + 기울기 \times 독립변수$$

   의 형태로 제시한다. 절편은 단순히 회귀직선의 위치를 이동시키는 것이므로 특별한 경우가 아니고는 이 값에는 별 관심이 없다. 유의하지 않아도 상관없다.
(8) 종속변수의 값을 조심스럽게 예측하거나 주어진 x값에서 Y의 평균을 추정할 수 있다. 예측은 대개 데이터에서 관찰되지 않은 부분에 대해 하게 되는데, 데이터의 범위 밖에는 어떤 관계가 될지 알 수 없으므로 아주 조심스럽게 한다. '데이터의 범위'란 데이터에 관찰된 x값의 범위를 말한다. 관찰된 x값에 대해서는 평균의 추정값과 신뢰구간, 예측값과 신뢰구간을 구할 수 있다.

5. SPSS로 단순선형회귀분석하기

SPSS의 주 메뉴에서 아래의 〈그림 11-3〉과 같이 분석(A) → 회귀분석(R) → 선형(L)... 을 차례로 클릭하여 회귀분석 대화상자를 연다. 회귀분석을 실행하는 방법을 예제를 통해 살펴보자.

〈그림 11-3〉 단순 선형 회귀분석

예제 11-1

청소년 데이터(예제데이터.sav)에서 '자아존중감 점수[self]'를 '아버지와의 관계 [father]'로 설명하는 회귀분석을 실행하고, 분석의 각 단계를 차례로 서술해보자.

(1) 종속변수와 독립변수를 구분한다.

두 변수의 선후를 정하기는 힘들지만, 이 예제에서는 '아버지와의 관계가 자아존중감에 영향을 미칠 것이다'라는 가정 하에 '아버지와의 관계'(father)를 독립변수로, '자아존중감점수'(self)를 종속변수로 결정한다.

(2) 종속변수에 대하여 회귀분석에 필요한 가정이 가능한지 살펴본다.

① 선형성: 아버지와의 관계와 자아존중감점수간에는 서로 선형의 관계가 있다고 가정한다.

② 독립성: 각 케이스는 서로 독립이라고 가정할 수 있다.

③ 정규성: '아버지와의 관계' 정도가 같은 학생들의 '자아존중감점수'는 정규분포를 따른다고 가정할 수 있다.

④ 분산의 동질성: 같은 '아버지와의 관계' 점수를 가진 사람들의 '자아존중감점수'의 분산은 서로 같다고 가정하자. 이 가정은 분석 후 잔차산점도를 그려서 대략적으로 알아볼 수 있다.

(3) 변수의 산점도를 그린다.

두 변수의 산점도는 10장에서 이미 검토해 보았다.

(4) 원하는 모형을 구한다.

〈그림 11-4〉와 같이 선형 회귀분석 대화상자에서 'self'를 선택하여 종속변수(D): 상자로 옮기고, 'father'를 선택하여 독립변수(I): 상자로 옮긴 다음 확인 을 클릭하면 결과가 출력된다.

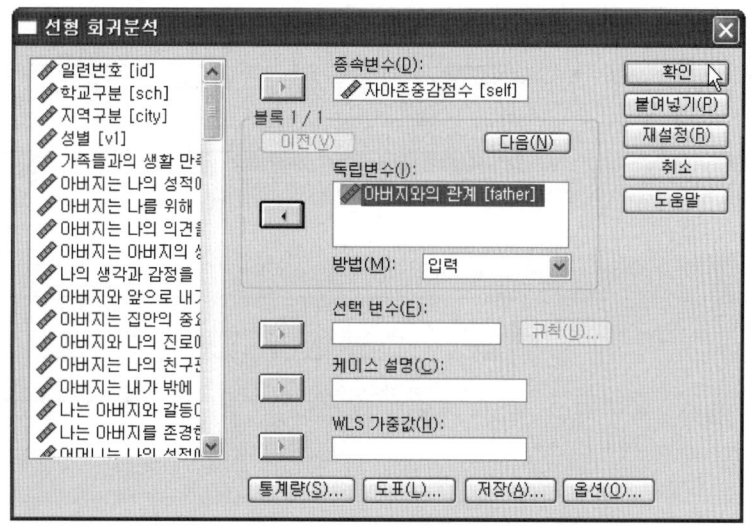

〈그림 11-4〉 단순선형회귀분석 대화상자

〈출력 11-1〉에는 분석의 결과가 나와있다. '모형 요약' 부분에는 두 변수의 상관계수 $r = .270$과 결정계수 $R^2 = .073$이 나와있다. 두 값의 관계는 이미 앞에서 본 것과 같이 $r^2 = R^2$의 관계에 있다. 상관계수 어깨에 있는

a표시에서 '(상수)'와 '아버지와의 관계'는 각각 절편과 독립변수를 나타내는 것으로서, 절편이 있는 모형임을 말해준다.

(5) 모형의 적합성을 검정한다.

분산분석 부분에서는 먼저 표 아래에 주석으로 나타난 종속변수를 확인한다. 이 분석에서는 하나의 모형만 만들었으므로 분산분석표의 '모형' 번호로 1이 나오고, 선형회귀분석(모형)과 잔차, 합계가 나오는데, 제곱합과 만나는 부분이 각각 $SSReg$, SSE, SST이다.

검정통계량 F는 모형 평균제곱($MSReg$)을 잔차 평균제곱(MSE)으로 나눈 값으로 370.721/22.187=16.708이 통계량의 유의확률은 .001보다 작다. 따라서 모형은 통계적으로 유의하다.[51]

<출력 11-1> 자아존중감점수의 회귀분석 결과

모형 요약

모형	R	R 제곱	수정된 R 제곱	추정값의 표준오차
1	.270[a]	.073	.069	4.710

a. 예측값: (상수), 아버지와의 관계

분산분석[b]

모형		제곱합	자유도	평균제곱	F	유의확률
1	선형회귀분석	370.721	1	370.721	16.709	.000[a]
	잔차	4703.583	212	22.187		
	합계	5074.304	213			

a. 예측값: (상수), 아버지와의 관계
b. 종속변수: 자아존중감점수

계수[a]

모형		비표준화 계수		표준화 계수	t	유의확률
		B	표준오차	베타		
1	(상수)	21.371	1.756		12.173	.000
	아버지와의 관계	.220	.054	.270	4.088	.000

a. 종속변수: 자아존중감점수

---

51) 합계의 자유도는 유효 케이스 수 n이 214이므로 214−1=213이고, 모형 자유도는 독립변수의 수가 하나이므로 1, 잔차의 자유도는 두 값의 차이인 212이다. 평균제곱은 제곱합을 자유도로 나눈 것이다.

⑹ 독립변수의 기울기(회귀계수)가 0과 유의하게 다른지 검정한다.

상수에 대한 검정은 별로 관심이 없는 부분이므로 생략한다. '아버지와의 관계'의 계수는 0.220로서, 이 분석에서 가장 관심있는 부분이다. 회귀계수가 0과 다른지 검정하는 양측검정 유의확률은 .001보다 작다. 기울기는 0과 유의하게 다르다.[52]

⑺ 결과가 유의하므로 모형과 결정계수를 제시하고 종속변수의 값을 조심스럽게 예측해보자. 모형은

자아존중감점수(self) = 21.371 + 0.220 × 아버지와의 관계(father)

이다. 모형을 보면, '아버지와의 관계' 점수와 '자아존중감' 점수간에는 양의 관계(b>0)가 있고, 아버지와의 관계가 1점 증가하면 자아존중감점수는 0.220씩 증가한다. 이 모형의 결정계수는 .073으로서 아버지와의 관계는 자아존중감 변동의 7.3% 밖에 설명하지 못한다. 즉, 자아존중감은 아버지와의 관계 외에도 많은 다른 요인의 영향을 받는다.

⑻ 종속변수의 값을 조심스럽게 예측 또는 추정한다.

아버지와의 관계점수가 10점인 사람의 자아존중감점수를 계산해보면 21.371+0.220×10=23.571이다. 또한 절편은 아버지와의 관계가 0점인 사람의 자아존중감점수의 예측값을 나타내며, 이 모형에서는 21.371점이다. 하지만 아버지와의 관계 0점은 데이터의 범위 밖에 있으므로 실제로는 별 의미가 없다. 아버지와의 관계의 범위는 14점에서 39점이므로, 이 범위 안에서는 자유스럽게 예측 또는 추정할 수 있다. 회귀모형을 이용하여 예측/추정한 값은 〈그림 11-5〉와 같다.

도표에 보면 아버지와의 관계에 상관없이 예측과 추정의 구간이 비교적 일정한 것을 알 수 있다. 또한 예측구간은 추정구간보다 훨씬 더 넓다.

---

[52] 기울기 검정의 유의확률 .000을 잠깐 주의깊게 살펴보자. 분산분석표의 모형의 검정에서도 같은 유의확률이 나왔다. 이는 두 검정이 서로 같은 것을 검정하기 때문이고, 단순회귀분석에서는 F-검정 통계량과 t-검정 통계량 사이에 $F=t^2$의 관계가 있기 때문이다. 또 상관관계분석에서 두 변수의 상관계수의 유의확률 역시 같은 값이 나온 것을 상기하자. 이는 상관계수와 결정계수가 서로 $r^2 = R^2$으로 관련되어 있기 때문이다.

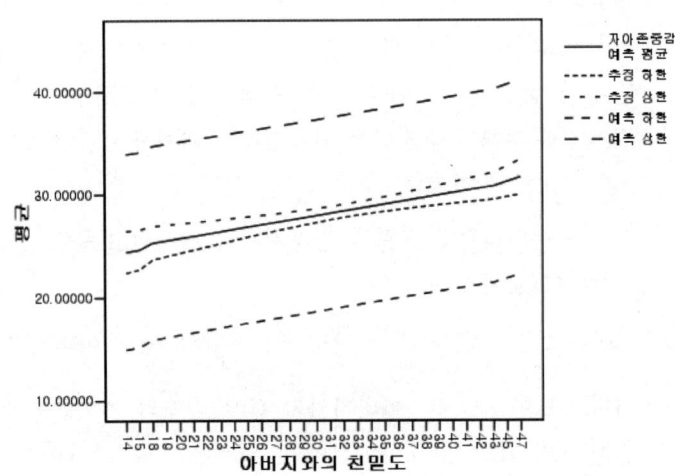

<그림 11-5> '아버지와의 관계'와 '자아존중감점수'모형에
의한 추정과 예측구간의 도표

제3절 잔차분석

1. 잔차분석

(1) 왜 하는가?

회귀분석의 가정 중 선형성이나 동일분산성은 잔차를 보아 어느 정도 알 수 있다. 이러한 가정에 대한 검토는 분석을 하기 전에 하여야 하나, 많은 경우 회귀모형을 만든 뒤 잔차를 분석하여 분산의 동질성과 선형성에 대한 검토를 하게된다.

잔차를 살펴보면 이상점에 대한 정보도 알 수 있다. 다른 관찰값과는 동떨어진 케이스가 있는지를 살펴보아 그 이유를 파악하고 부호화나 전산화가 잘못되었으면 이를 바로잡을 수 있다. 또 너무나 이상한 케이스인 경우는 분석에서 제외할 수도 있다.

이 부분에서는 잔차를 이용하여 선형성과 동일분산성을 파악하는 문제를 간단히 살펴보자.

(2) 언제 사용할 수 있나?

잔차분석은 케이스의 수가 적당한 경우에 도움이 된다. 케이스의 수가 너무 적거나 또 너무 많은 경우에는 크게 도움이 되지 않는다.

2. 잔차와 잔차산점도

잔차분석은 잔차의 산점도를 이용한다. 각각의 관찰값(y_i)으로부터 회귀직선($\hat{y}_i = a + bx_i$)까지의 수직거리를 잔차라 한다(〈그림 11-6〉). 표본의 잔차는 e_i로 표시하며 계산식은 다음과 같다.

$$e_i = y_i - \hat{y}_i$$
$$= y_i - (a + bx_i)$$

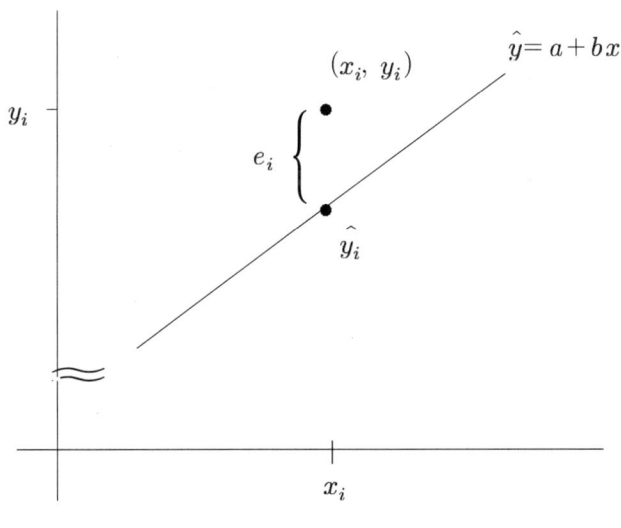

〈그림 11-6〉 잔차 e_i

잔차의 값을 독립변수 x의 값이나 예측값에 대하여 산점도로 나타내는 것을 잔차산점도(residual plot)라 한다. 잔차산점도는 회귀직선을 수평으로 놓고 그 주위에 잔차를 점으로 나타낸다. 〈그림 11-7〉에서 (a)는 xy 산점도를 설명하는 그림이고, (b)는 (a)의 잔차산점도를 설명하는 그림이다.

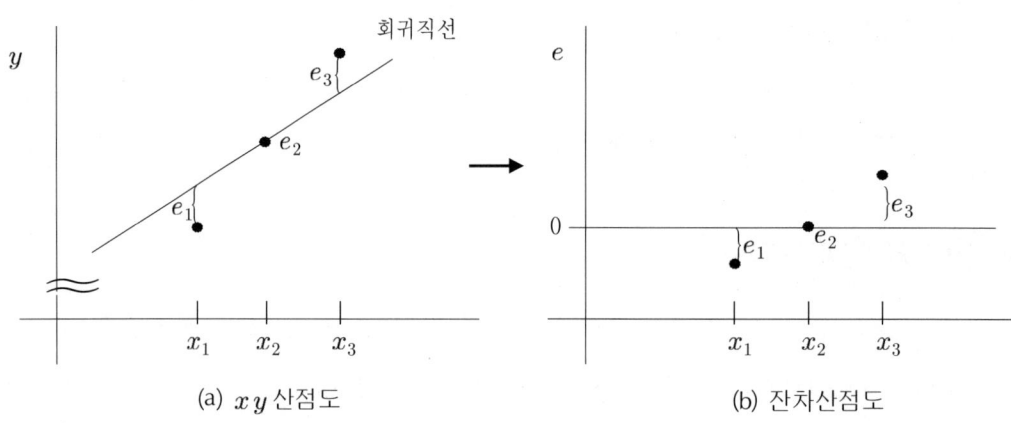

<그림 11-6> xy 산점도와 잔차산점도

xy 산점도에서는 Y 축이 종속변수를 나타내지만 잔차산점도에서 Y 축은 잔차(e)를 나타낸다. xy 산점도의 회귀직선이 잔차산점도에서는 $e=0$인 수평선으로 나타난다. xy 산점도에서 회귀직선의 아래쪽에 있던 관찰값들은 잔차산점도에서도 $e=0$인 수평선의 아래쪽에 있다.

(1) 등분산성의 잔차산점도

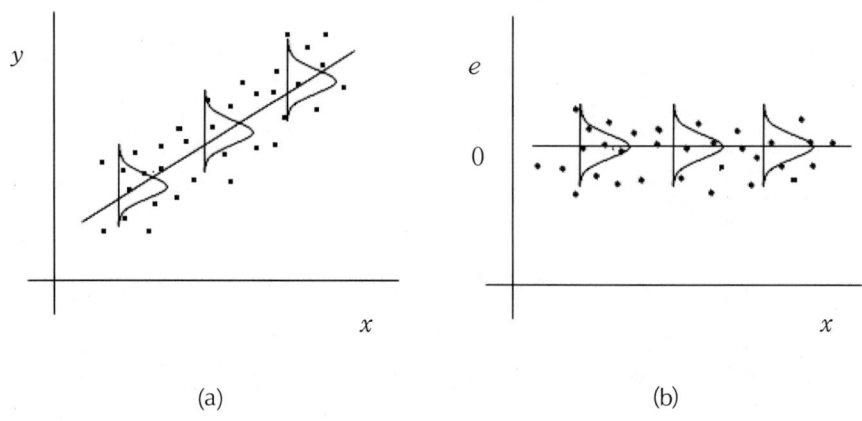

<그림 11-8> 등분산의 잔차산점도

관찰된 모든 x_i에서 Y의 분산이 동일하다면, 관찰값(y_i)은 회귀직선($\hat{y_i}$) 주위에 비슷한 너비로 퍼져 있을 것이다 (〈그림 11-8〉(a)). 이를 잔차산점도로 나타내면 e=0인 수평선 주위에 일정한 너비로 잔차가 퍼져있게 된다 (〈그림 11-8〉(b)).

〈그림 11-9〉는 〈그림 11-8〉처럼 생긴 잔차산점도를 간단하게 형상화 한 것이다. (a)는 위의 그림을 간단하게 형상화한 것으로서 대략 수평인 두 직선으로 나타난다. (b)는 x값(또는 $\hat{y}$값)이 커질수록 분산이 증가하는 경우이고, (c)는 감소하는 경우이다. (d)는 분산이 커지다가 x가 어떤 값 이상이 되면 다시 점점 작아지는 경우를 나타낸다. 잔차산점도에서 (a)처럼 산점도의 폭이 일정하면 분산이 동일한 경우이고, (b)나 (c), (d)처럼 일정하지 않으면 분산이 동일하지 않은 경우이다. 분산이 동일하지 않은 경우의 잔차산점도는 잔차의 폭이 일정하지 않게 나타난다.

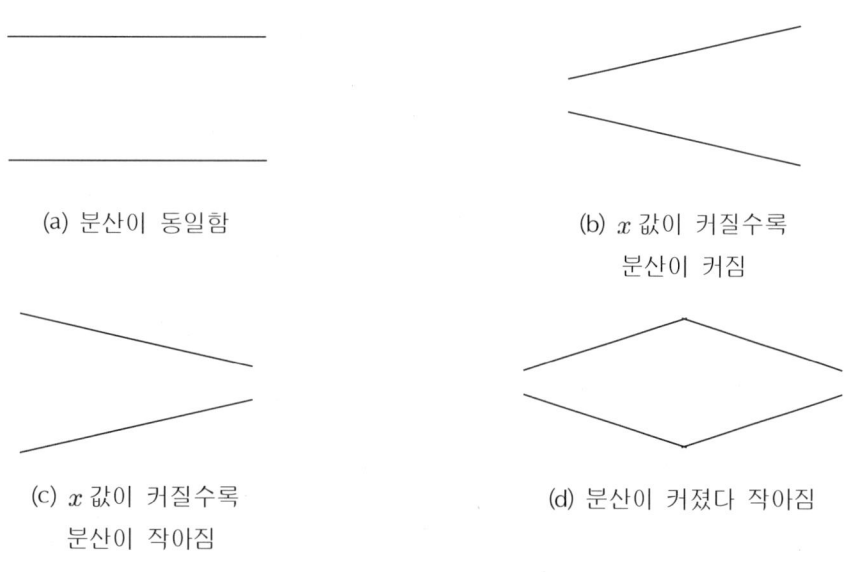

〈그림 11-9〉 분산의 크기에 대한 여러 가지 잔차산점도의 형태

분산이 동일하지 않은 것으로 나타나는 경우에는 가중회귀분석 등의 방법을 이용하는 것이 좋다. 관찰값의 수(n)가 너무 적거나 너무 많은 경우에는 잔차산점도만 가지고 동일분산성을 판단하기란 쉽지 않다.

(2) 선형성의 잔차산점도

독립변수 X와 종속변수 Y간에 선형의 관계가 있다면 관찰값들은 〈그림 11-8〉의 (a)처럼 아무런 패턴도 보이지 않고 회귀직선의 위·아래에 무작위로 퍼져 있을 것이다. 그러나 만일 두 변수간에 비선형의 관계가 있다면 관찰값은 회귀직선의 위·아래에 어떤 패턴을 보이면서 무리지어 있을 것이다. 〈그림 11-10〉의 (a)는 포물선의 관계가 있는 X와 Y의 산점도 위에 회귀직선을 그린 것이다. 이 그림에서 보면 x의 값이 아주 작을 때와 많을 때는 잔차가 위쪽에 모여 있고, x의 값이 중간 정도에서는 아래쪽에 모여 있다. 이러한 형태는 (b)의 잔차산점도에 더욱 잘 나타나 있다. 비선형의 산점도는 수평선을 중심으로 위·아래가 대칭이 아닌 모습으로 나타난다.

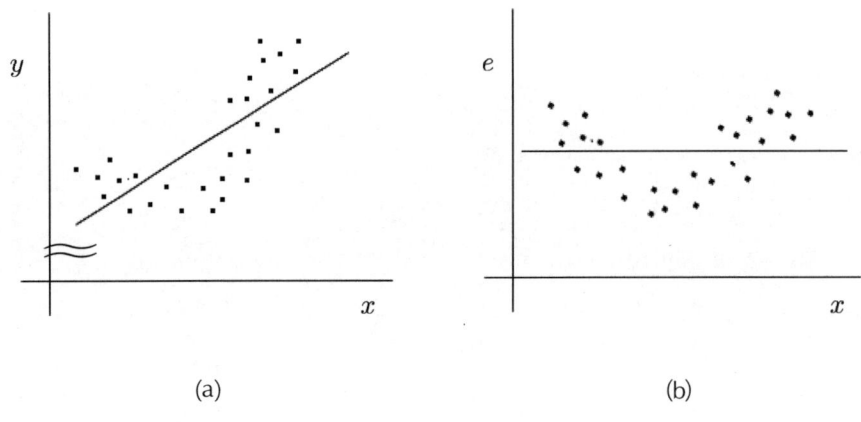

〈그림 11-10〉 포물선의 관계에 있는 X, Y의 산점도와 잔차산점도

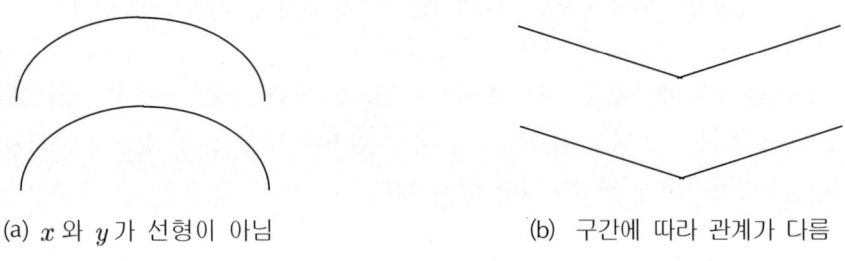

(a) x와 y가 선형이 아님   (b) 구간에 따라 관계가 다름

〈그림 11-11〉 선형성에 대한 여러 가지 잔차산점도의 형태

〈그림 11-11〉의 (a)는 두 변수의 관계가 선형이 아닌 경우이다. 이 경우에는 x 의 제곱을 모형에 포함시키거나 y 값의 대수(log)를 취하는 등의 조처를 취해야 한다.

〈그림 11-11〉의 (b)는 구간에 따라 선형의 관계가 다른 경우이다. 꺾인 부분의 왼쪽과 오른쪽에 서로 다른 모형을 적용할 수 있다.

이 부분에서 본 것 같이 잔차산점도에서 $e=0$을 중심으로 위·아래가 서로 대칭이 되지 않는 경우는 선형성의 가정을 의심하게 된다. 선형성의 가정도 표본의 크기가 충분히 큰 경우에 더욱 판단하기 쉽다.

3. SPSS로 잔차산점도 만들기

회귀분석 대화상자에서 지정하여 만들 수 있다. 예제를 통해서 알아보자.

<예제 11-1>의 회귀분석에서 잔차산점도를 만들어보자.

회귀분석 대화상자에서 종속변수와 독립변수를 모두 선택한 뒤 도표(L)... 를 클릭하여 도표 대화상자를 연다. 〈그림 11-12〉처럼 Y: 축에 들어갈 변수로 ZRESID를, X: 축에 들어갈 변수로 ZPRED를 각각 선택한다. ZRESID는 표준화 잔차로서 평균이 0, 분산이 1이 되도록 표준화시킨 잔차를 나타낸다. ZPRED는 표준화된 예측값으로서 역시 평균이 0, 분산이 1이 되도록 표준화시킨 변수이다.

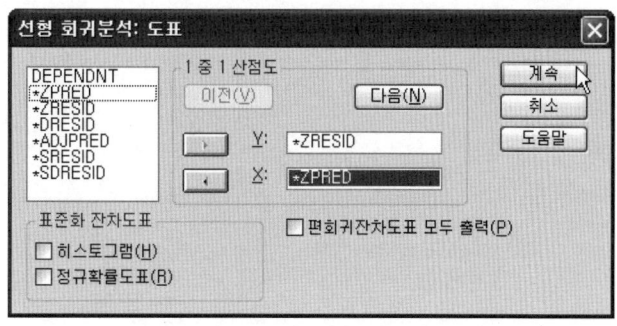

<그림 11-12> 도표 대화상자에서 각 축의 변수 설정

274 제 11 장 단순회귀분석

잔차산점도는 〈그림 11-13〉과 같다. 0을 기준으로 고르게 퍼져있는지를 알아보기 위해 따로 선을 하나 그어보았다. 0을 기준으로 특별한 패턴없이 위아래가 대칭이므로 선형성의 가정을 만족하는 것으로 보인다.

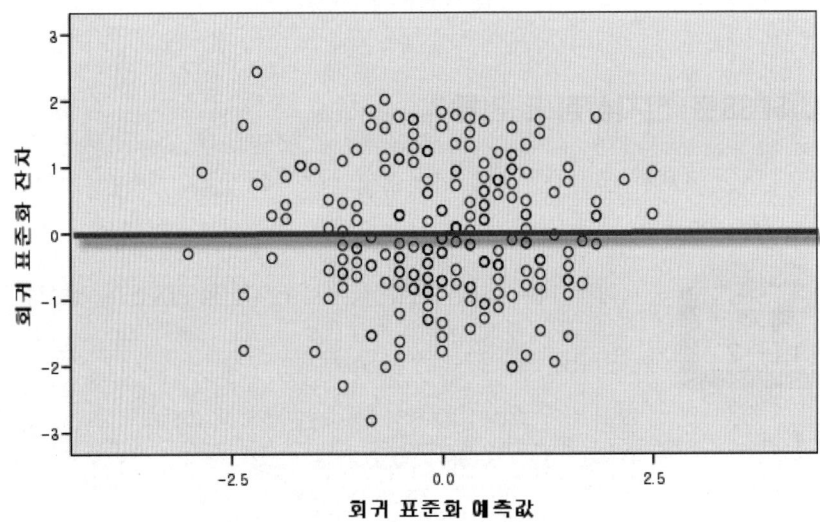

〈그림 11-13〉 잔차산점도

연습문제

청소년 데이터(예제데이터.sav)를 이용하여 아래의 연습문제를 풀어 보시오.

1. 청소년 데이터(예제데이터.sav)에서 어머니와의 관계(mother)를 아버지와의 관계(father)로 설명하는 단순선형회귀모형을 구하시오.

    ① 회귀분석의 가정에 합당한 데이터인지 검토해보시오.

    ② 회귀분석의 단계에 따라 분석과정을 적으시오.

    ③ 아버지와의 관계 점수가 30점인 사람의 어머니와의 관계 점수를 예측해 보시오.

과제

제1장의 과제에서 만든 데이터에서 연속형변수 중 관심있는 변수에 대해 다음을 하시오.

1. 다른 연속형의 변수를 독립변수로 한 단순회귀분석을 하시오.

2. 회귀분석의 단계를 적고 한마디 이상의 해석 또는 설명을 곁들이시오.

3. 결과를 표로 만들어 제시하고 해석하시오.

4. 독립변수의 값 중 제3사분위수의 값을 가지는 케이스들의 종속변수값을 예측하시오.

제3부

제12장 다중회귀분석

제1절 다중회귀분석

제2절 더미변수를 이용한 다중회귀분석

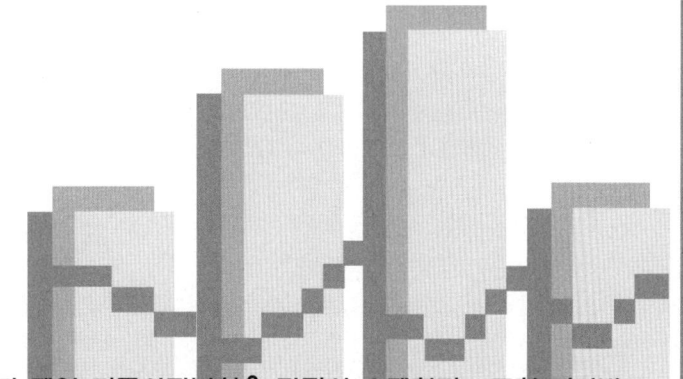

이 장에서는 독립변수가 여러 개인 다중회귀분석을 간단히 소개한다. 또한 더미변수를 이용해서 범주형 독립변수로 연속형의 종속변수를 설명하는 모형을 만드는 방법을 소개한다.

제1절 다중회귀분석

회귀분석을 하는 또 다른 목적은, 종속변수와 다른 여러 변수들과의 관계를 하나의 간단한 모형으로 나타내거나, 제3의 변수의 영향을 통제한 상태에서 두 변수간의 관계를 알아보기 위한 것이다. 제3의 변수의 영향을 통제한다는 것은 제3의 변수의 값을 일정하게 유지한 채, 종속변수와 다른 독립변수의 관계를 본다는 것이다. 이를 위해서는, **다중회귀분석**(multiple regression analysis)이 적합한데, 다중회귀분석은 독립변수의 수가 여러 개인 회귀분석을 말한다. 이 절에서는 다중회귀분석이 무엇인지 간단히 소개한다. 여기에 나온 내용보다 더 깊이 있는 내용을 알고싶은 사람은 회귀분석이나 선형모형에 관련된 책을 참고하기 바란다.

1. 왜 다중회귀분석을 하는가?

다중회귀분석에서도 단순선형회귀분석과 마찬가지로 다음을 할 수 있다.
⑴ 여러 개의 독립변수로 종속변수를 설명하는 모형을 만든다.
⑵ 여러 변수가 포함된 모형의 적합성을 검정한다.
⑶ 각 회귀계수의 유의성을 검정한다.
⑷ 여러 독립변수들이 종속변수의 변동을 얼마나 설명하는지 알아본다.
⑸ 회귀식을 이용해서 종속변수의 값을 예측/추정한다.
⑹ 여러 개의 독립변수 중에서 유의한 변수만 선택하여 유의한 모형을 만든다.
⑺ 독립변수들이 종속변수에 미치는 영향의 정도를 비교한다.

2. 회귀모형의 유의성 검정

다중회귀분석에서 구한 모형을 다중회귀모형(multiple regression model)이라 한다. 단순회귀모형이 $Y = \alpha + \beta X$이라면, 다중회귀모형은 k개의 독립변수가 있을 때, $Y = \alpha + \beta_1 X_1 + \beta_2 X_2 + ... + \beta_k X_k$이다. 다중회귀분석의 경우 변수의 개수가 같아도 포함된 변수에 따라 모형은 다르게 나타날 수 있으며, 여러 개의 변수 중에서 통계적으로 유의한 것만 선택할 수도 있다.

다중회귀분석에서도 가장 먼저 회귀모형의 유의성을 검정한다. 모집단에서 여러 변수들의 기울기 β가 모두 0과 같은지 검정하는 것이 바로 다중회귀모형의 유의성검정이다. 독립변수가 k개 있다고 할 때, 검정하고자 하는 귀무가설은

H_0 : 기울기는 모두 0이다.

또는　　　　　　　　H_0 : $\beta_1 = \beta_2 = ... = \beta_k = 0$

이고 이에 대한 대립가설은

H_1 : 기울기중 하나라도 0이 아니다.

또는　　　　　　　　H_1 : not all $\beta_i = 0$, $i = 1, 2, ..., k$

이다.

　　유의한 결과가 나오면 "모형이 통계적으로 유의하다"라고 하며, 독립변수가 종속변수를 설명하는데 도움이 되는 것이다. 그런데 여기에서 주의할 점은 **다중회귀분석에서 '모형이 유의하다'는 말은 '모형에 포함된 모든 독립변수가 모두 유의하다'는 뜻은 아니다. 이는 '여러 독립변수 중 하나라도 유의한 것이 있다'는 뜻이다.**

　　단순회귀분석에는 독립변수가 하나밖에 없기 때문에 회귀계수에 대한 가설과 회귀모형에 대한 가설이 서로 같지만 다중회귀분석에서는 독립변수가 여러 개 있으므로 두 가설이 서로 다르다. 따라서, 단순회귀분석에서는 모형의 검정통계량 F와 회귀계수의 검정통계량 t 사이에 $F = t^2$ 라는 관계가 성립하였지만, 다중회귀분석에서는 그렇지 않다.

3. 표준화 계수

　　때로는 독립변수들이 종속변수에 미치는 영향을 서로 비교하고자 할 때가 있다. 예를 들어 키와 연령으로 체중을 설명하는 다중회귀모형을 만드는 경우, 키와 연령 중 어느 변수가 체중을 더 잘 설명할까 하는 문제가 그것이다. 이 경우, 회귀계수들을 직접 비교하는 것은 별 의미가 없다. 왜냐하면 회귀계수는 독립변수의 단위에 영향을 받기 때문이다.

　　예를 들어 다음과 같은 다중회귀모형을 생각해보자.

$$\hat{y} = 10 + 5 x_1 + 500 x_2$$

　　이 모형을 보면 마치 x_2가 종속변수의 설명에 더 중요한 것 같이 보인다. 왜냐하

면 x_1이 1 증가하면 $\hat{y}$은 5 밖에 증가하지 않지만 x_2가 1 증가하면 $\hat{y}$는 500이나 증가하기 때문이다. 그렇지만 x_1은 cm로, x_2는 m로 측정되었다고 생각해보자. 두 변수가 모두 1m (또는 100cm) 증가하는 경우를 생각해보자. x_1이 1m 증가하면 이는 100cm이므로 종속변수는 500이 증가할 것이다. 또 x_2가 1m 증가해도 종속변수는 500이 증가할 것이다. 결국 계수만 봐서는 두 변수 중 누가 더 중요한지 우열을 가릴 수 없다. 이러한 문제를 해결하기 위하여 회귀계수를 단위에 상관없는 계수로 만드는 것을 회귀계수의 표준화라 하고, 이렇게 만들어진 회귀계수를 표준화 (회귀) 계수 또는 베타(Beta) 계수라 한다.

표준화계수(standardized coefficient)의 특성은 상관계수와 비슷하다. 범위는 -1.0에서 1.0사이로서, -1.0이나 1.0에 가까울수록 종속변수에 더 많은 영향을 미치는 것이고, 0에 가까울수록 영향력이 적은 것이다. 여러 개의 독립변수가 있는 경우, 표준화 계수가 클수록 종속변수에 더 많은 영향을 미치는 것이다.

4. 다중회귀분석의 순서

다중회귀분석을 하는 방법도 단순회귀분석을 하는 방법과 크게 다르지 않다. 그 순서를 단계별로 정리해보자.

(1) 종속변수와 독립변수를 구분한다.

독립변수가 두 개 이상일 뿐 단순회귀분석의 경우와 같다.

(2) 변수의 산점도를 그린다.

종속변수와 각각의 독립변수간에 관계가 있는지, 관계가 있다면 그것이 선형의 관계인지 또는 비선형의 관계인지를 먼저 점검한다. 매우 중요한 과정이다. 종속변수를 Y축에 독립변수를 X축에 그린다. 각 독립변수마다 따로 그린다. 상관계수를 구해보는 것도 도움이 된다.

(3) 원하는 다중회귀모형을 설정하고 분석한다.

(4) 모형의 적합성을 검정한다.

분산분석표를 이용한다.

다중회귀분석에서도 결정계수 R^2(R-square)값을 본다. 이 값은 0에서 1사이에 나오는데, 100을 곱해서 '종속변수의 변동의 몇%를 독립변수들이 설명해 내는가'로 해석할 수 있다. 이 값이 클수록 모형의 설명력이 더 큰 것이다.

변수의 수가 늘어날수록 R^2값도 커지는데, 아무리 공헌도가 적은 변수라 할지라도, 종속변수를 조금이라도 더 설명하기 때문에, 변수의 수가 늘수록 R^2값이 커지는 것이다. 이러한 문제를 해결하기 위하여 변수의 수를 고려하여 R^2값을 조정한 조정R^2(Adjusted R^2)를 많이 이용한다.

(5) 각 독립변수의 계수가 0과 유의하게 다른지 검정한다.

분산분석표의 유의확률이 모든 변수에 대한 검정이라면, 계수의 유의확률은 각 변수에 대한 검정을 하는 것이다.

(6) 필요한 경우, 표준화 계수를 비교하여 변수들을 중요도에 따라 순위를 매긴다.

(7) 유의한 결과가 나오면, 모형과 결정계수를 제시하고 설명한다.

k개의 독립변수를 $X_1, X_2, \cdots, X_k$로 나타내면, 모형은

$$\hat{y} = b_0 + b_1 X_1 + b_2 X_2 + \ldots + b_k X_k$$

로 제시한다.

다중회귀방정식에서의 계수는 '다른 변수의 값을 일정하게 놓았을 때, 이 변수의 값이 한 단위 증가하면 종속변수의 값은 평균적으로 계수만큼 변화한다'고 해석한다. 예를 들어 연령과 키가 있는 체중의 모형의 경우, 같은 연령 안에서, 키가 1cm커지면 체중은 $b_{키}$ kg 증가함을 의미한다. 구체적으로 예를 들어

$$\widehat{체중} = 85 + 0.02 \times 연령 + 0.7 \times 키$$

라면 연령이 같은 사람들의 키가 1cm 증가하면 체중은 0.7kg 증가한다고 해석한다. 또 키가 같은 경우 1살이 많아질수록 체중은 0.02kg씩 증가한다. 교호작용이 있는 경우에는 한 변수의 값을 고정시킨 상태로 다른 독립변수와 종속변수의 관계를 설명한다. 고정시킨 변수의 여러 가지 값에 대해 설명을 따로 해서 교호작용을 알 수 있게 설명한다.

(8) 종속변수의 값을 조심스럽게 예측할 수 있다.

예측과 추정에 대한 것은 단순선형회귀분석과 마찬가지로 아주 조심스럽게 한다.

다중회귀분석에서 교호작용에 대해 조금 더 생각해보자. 키와 체중, 연령을 예로 들어 생각해 보자. 키와 연령 간에는 교호작용이 있어서 젊은 사람(20대)은 키가 클수록 체중이 급격히 불어나는데 비해 나이 든 사람(50대)은 키가 작아도 상당히 체중이 많고, 키가 큰 사람도 상대적으로 증가량이 적다. 즉, 20대의 기울기는 더 급하고, 50대의 기울기는 완만하다. 이 관계를 회귀식으로 나타내면,

$$체중 = -120 + 1.1 \times 키 + 1.95 \times 연령 - 0.01 \times (키 \times 나이)$$

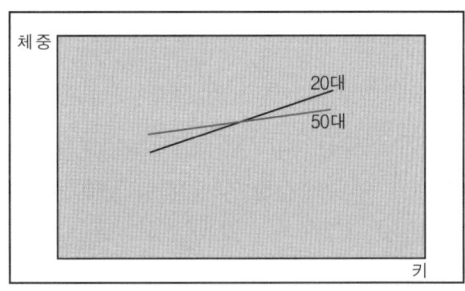

처럼 된다. 이 식에는 상수항인 절편과 키, 연령을 나타내는 항이 각각 있고, 키와 연령의 교호작용을 나타내는 항(키 × 연령)이 있다. 키와 연령의 교호작용이 있다는 말은, 체중과 키의 관계가 연령의 수준에 따라 다르다는 것을 말한다. 또 체중과 연령의 관계도 키에 따라 다르다는 뜻이다.

위 식에서, 예를 들어 25세인 사람과 35세인 사람의 경우

$$25세 : \widehat{체중} = (-120 + 1.95 \times 25) + (1.1 - 0.01 \times 25)키$$
$$= -71.25 + 0.85키$$
$$35세 : \widehat{체중} = (-120 + 1.95 \times 35) + (1.1 - 0.01 \times 35)키$$
$$= -51.75 + 0.75키$$

가 되어, 25세인 사람들과 35세인 사람들의 회귀방정식은 절편과 기울기가 모두 서로 다르다. 따라서 25세인 경우와 35세인 경우의 회귀식을 따로 설명해준다. 설명하고자 하는 연령은 연구자의 필요에 따라 결정한다.

5. SPSS로 다중회귀분석하기

다중회귀분석의 단계를 예제를 통해서 직접 알아보자.

청소년 데이터(예제데이터.sav)에서 '자아존중감점수[self]'는 '아버지와의 관계 [father]' 뿐만 아니라 '마음을 터놓을 정도로 친한 친구의 수[v8]'와도 관계가 있을 것으로 생각되어, 다중회귀분석을 해보고자 한다. 변수선택 방법은 입력 을 선택한다.

(1) 종속변수와 독립변수를 구분한다.

아버지와의 관계(father)와 마음을 터놓을 정도로 친한 친구의 수(v8)를 독립변수로, 자아존중감점수(self)를 종속변수로 정한다.

(2) 변수의 산점도를 그리거나 상관계수를 검토한다.

각각의 독립변수를 종속변수와 산점도를 그려보아 선형관계를 화면으로 확인해 보자. 이러한 관계는 변수간의 상관계수를 보아서도 알 수 있다. 자아존중감점수와 아버지와의 관계의 상관계수는 .269이고 자아존중감점수와 마음을 터놓을 정도로 친한 친구의 수의 상관계수는 .145이다. 또 독립변수인 아버지와의 관계와 마음을 터놓을 정도로 친한 친구의 수의 상관계수는 .141이다(상관분석 부분을 참조하여 직접 구해 보자). 상관계수가 크지는 않지만 유의미한 상관관계가 있으므로 좋은 모형이 만들어질 것으로 예상된다.

(3) 원하는 다중회귀모형을 구한다.

분석절차는 단순회귀분석과 거의 동일하며 단지 독립변수가 2개인 점만 다르다. SPSS의 주 메뉴에서 분석(A) → 회귀분석(R) → 선형(L)... 을 차례로 클릭하여 회귀분석 대화상자를 열어 종속변수와 독립변수를 선택한다(〈그림 12-1〉). 독립변수 목록에 원하는 독립변수를 모두 지정한다. 확인 을 클릭하면 결과를 얻을 수 있다.

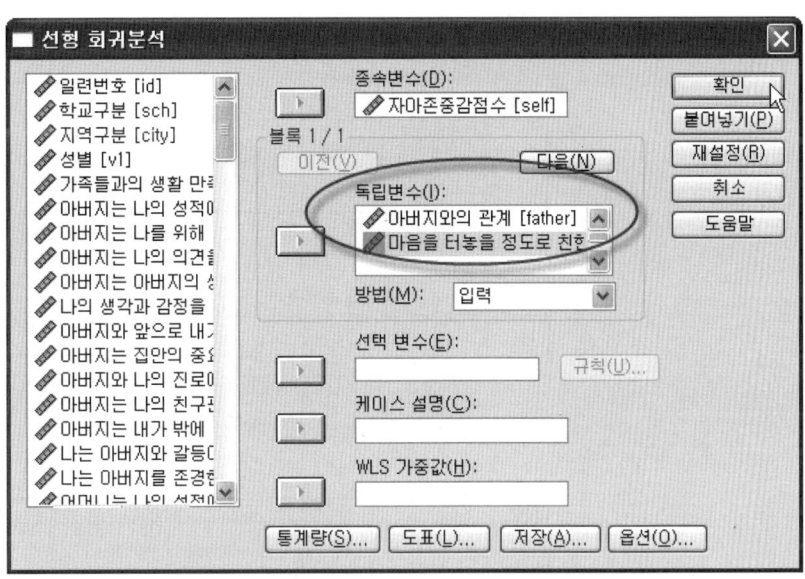

<그림 12-1> 다중회귀분석을 위해 변수를 선택

(4) 모형의 적합성을 검정한다.

<출력 12-1>에는 단순선형회귀분석에서는 설명하지 않은 입력/제거된 변수 부분이 포함되어 있다. 이 부분에는 모형에 사용된 변수들의 목록이 나온다. 이 정보는 여러 개의 독립변수 중 일부를 선택하여 통계적으로 유의한 다중회귀모형을 만들고자 할 때 유용한 것으로, 어느 변수를 선택하고 어느 변수를 제거했는지에 대한 설명이 있다. 이 예에서는 모든 변수가 모형에 '입력'되었다.

모형의 요약 부분에 보면 결정계수 R^2은 .083으로서, 아버지와의 관계와 마음 친구 수는 자아존중감점수의 총 변동의 약 8.3%를 설명한다. 낮은 값이지만, 단순회귀분석 때의 7.3%보다 조금 더 높아진 것을 알 수 있다. 그러나 R^2이 증가했다고 해서 새로 입력된 변수가 반드시 통계적으로 유의한 것은 아니다. 종속변수와는 아무런 관계가 없는 변수일지라도, 변수의 수가 증가하면 결정계수의 값은 조금이라도 증가함을 상기하자. 수정된 R^2은 7.4%이다.

분산분석에서 모형표의 유의확률은 .001보다 작다. 유의수준 $\alpha = .05$에서 유의한 결과로서, 이 모형은 통계적으로 유의한 모형이다. 적어도 변수 한 개는 유의하다고 예상할 수 있다.

<출력 12-1> 다중회귀분석 출력 결과

진입/제거된 변수[b]

모형	진입된 변수	제거된 변수	방법
1	마음을 터놓을 정도로 친한 친구의 수, 아버지와의 관계	.	입력

a. 요청된 모든 변수가 입력되었습니다.
b. 종속변수: 자아존중감점수

모형 요약

모형	R	R 제곱	수정된 R 제곱	추정값의 표준오차
1	.287[a]	.083	.074	4.625

a. 예측값: (상수), 마음을 터놓을 정도로 친한 친구의 수, 아버지와의 관계
a. 예측값: (상수), 마음을 터놓을 정도로 친한 친구의 수, 아버지와의 관계

분산분석[b]

모형		제곱합	자유도	평균제곱	F	유의확률
1	선형회귀분석	392.420	2	196.210	9.174	.000[a]
	잔차	4363.184	204	21.388		
	합계	4755.604	206			

a. 예측값: (상수), 마음을 터놓을 정도로 친한 친구의 수, 아버지와의 관계
b. 종속변수: 자아존중감점수

계수[a]

모형		비표준화 계수		표준화 계수	t	유의확률
		B	표준오차	베타		
1	(상수)	21.785	1.791		12.161	.000
	아버지와의 관계	.193	.056	.234	3.456	.001
	마음을 터놓을 정도로 친한 친구의 수	.129	.064	.136	2.008	.046

a. 종속변수: 자아존중감점수

(5) 출력의 계수 부분에서 각 독립변수의 계수가 0과 유의하게 다른지 검정한다.
〈출력 12-1〉에서 아버지와의 관계의 계수는 0.193이고 유의확률은 .001로서 유의수준 .05에서 유의하다. 마음을 터놓을 정도로 친한 친구의 수 계수는 0.129이고 그 유의확률은 .040으로서 유의수준 .05에서 역시 유의하다. 회귀계수 중 절편은 21.785이다.

(6) 유의한 결과가 나오면, 모형과 결정계수를 제시하고 점수를 예측한다.
이 분석의 모형을 제시해보면

자아존중감점수 = 21.785 + 0.193 × 아버지와의 관계 + 0.129 × 마음을 터놓을 정도로 친한 친구의 수

이다. 모형을 보면, 아버지와의 관계 정도가 같을 때 마음을 터놓을 정도로 친한 친구의 수가 많을수록 자아존중감점수는 증가하고, 마음을 터놓을 정도로 친한 친구의 수가 같은 학생들 중에서도 아버지와의 관계가 좋을수록 자아존중감점수가 증가한다.

(7) 자아존중감점수를 설명하는데 두 독립변수 모두 유의하므로 두 변수 중 어느 변수가 더 많은 영향을 미치는지 표준화계수(베타)로 비교할 수 있다. 아버지와의 관계의 베타는 .234이고 마음을 터놓을 정도로 친한 친구의 수의 베타는 .136이므로 자아존중감점수를 설명하는데 아버지와의 관계가 더 큰 영향을 미치는 것을 알 수 있다. 영향력의 크기는 베타의 부호와 상관없이 절대값의 크기로 비교한다. 부호는 방향만을 나타내준다.

> **! 변수선택 방법의 여러가지**
>
> 위의 <그림 12-1>의 방법(M): 입력 안의 을 클릭하면 '입력', '단계선택', '제거', '후진(후진제거)', '전진(전진선택)'과 같은 항목이 보인다. 이는 여러 개의 독립변수들 가운데, 최적모형을 이룰 수 있는 변수들을 선택하는 방법들이다.
>
> 1. 입력 : 처음에 선택한 k개의 독립변수들을 모두 가지고 다중회귀분석을 하는 방법
> 2. 제거 : 선택한 변수들을 모두 제거하고 다중회귀분석을 하는 방법
> 3. 전진선택 : 상수항만 있는 상태에서 k개의 예상 독립변수들 가운데, F-통계량을 가장 크게 하는 변수부터 하나씩 찾아 모형에 포함시키는 방법
> 4. 후진제거 : k개의 독립변수를 포함하는 상태에서 F-통계량이 가장 작은 변수를 하나씩 찾아 제거해 나가는 방법
> 5. 단계적 선택 : 단계마다 3.4번의 행위를 반복해서 최적 모형을 찾는 방법

다중회귀분석에서 항상 모든 변수가 유의한 결과를 얻는 것은 아니다. 유의하지 않은 독립변수가 있는 경우를 살펴보자.

예제 12-2

청소년 데이터(예제데이터.sav)에서 자아존중감점수[self]는 아버지와의 관계[father] 뿐만 아니라 어머니와의 관계[mother]와도 관련이 있을 것으로 생각되어, 다중회귀분석을 해보고자 한다. 변수선택 방법은 입력 을 선택한다.

(1) 종속변수와 독립변수를 구분한다.

아버지와의 관계(father)와 어머니와의 관계(mother)를 독립변수로, 자아존중감점수(self)를 종속변수로 정한다.

(2) 변수의 산점도를 그리거나 상관계수를 검토한다.

각각의 독립변수를 종속변수와 산점도를 그려보아 선형관계를 화면으로 확인해 보고 변수간의 상관계수도 살펴보자. 자아존중감점수와 아버지와의 관계의 상관계수는 .270이고 자아존중감점수와 어머니와의 관계의 상관계수는 .255이다. 또 독립변수인 아버지와의 관계와 어머니와의 관계의 상관계수는 .675이다.

(3) 다중회귀분석을 실행한다.

분석하는 절차는 앞 절의 다중회귀분석 절차와 동일하다. 회귀분석 대화상자를 열어 종속변수와 독립변수를 선택한다. 독립변수에는 아버지와의 관계(father)와 어머니와의 관계(mother)를 옮기고, 종속변수에는 자아존중감점수(self)를 옮긴 후 확인 을 클릭하면 〈출력 12-2〉와 같은 결과를 얻을 수 있다.

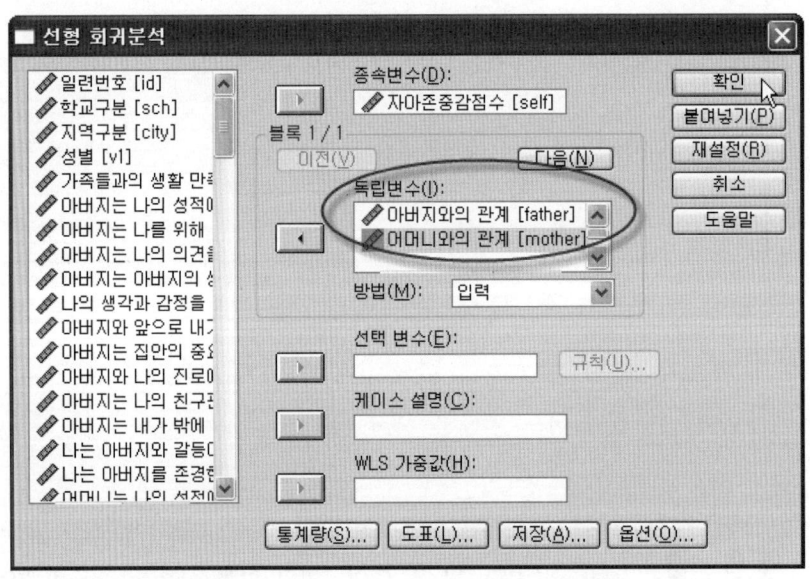

<그림 12-2> 다중회귀분석을 위해 변수를 선택(입력)

(4) 모형의 적합성을 검정한다.

모형의 요약 부분에 보면 결정계수 R^2 은 .081로서, 아버지와의 관계와 어머니와의 관계는 자아존중감점수의 총 변동의 약 8.1%를 설명한다. 낮은 값이지만 역시 단순회귀분석 때의 7.3%보다 조금 더 높아진 것을 알 수 있다. 수정된 R^2 은 7.3%이다.

분산분석표의 유의확률은 .001보다 작다. 유의수준 $\alpha = .05$에서 유의한 결과로서, 이 모형은 유의한 모형이다. 적어도 변수 한 개는 유의하다고 예상할 수 있다.

<출력 12-2> 다중회귀분석 출력 결과

진입/제거된 변수[b]

모형	진입된 변수	제거된 변수	방법
1	어머니와의 관계, 아버지와의 관계[a]	.	입력

a. 요청된 모든 변수가 입력되었습니다.
b. 종속변수: 자아존중감점수

모형 요약

모형	R	R 제곱	수정된 R 제곱	추정값의 표준오차
1	.285[a]	.081	.072	4.624

a. 예측값: (상수), 어머니와의 관계, 아버지와의 관계

분산분석[b]

모형		제곱합	자유도	평균제곱	F	유의확률
1	선형회귀분석	384.133	2	192.066	8.983	.000[a]
	잔차	4361.587	204	21.380		
	합계	4745.720	206			

a. 예측값: (상수), 어머니와의 관계, 아버지와의 관계
b. 종속변수: 자아존중감점수

계수[a]

모형		비표준화 계수		표준화 계수	t	유의확률
		B	표준오차	베타		
1	(상수)	19.988	2.091		9.557	.000
	아버지와의 관계	.151	.074	.186	2.048	.042
	어머니와의 관계	.103	.076	.123	1.355	.177

a. 종속변수: 자아존중감점수

(5) 출력의 계수 부분에서 각 독립변수의 계수가 0과 유의하게 다른지 검정한다.

아버지와의 관계 계수는 0.151이고 유의확률은 .042로서 유의수준 .05에서 유의하다. 어머니와의 관계는 0.103이고 그 유의확률은 .177으로서 유의수준 .05에서 유의하지 않다.

이 모형에서는 한 변수는 유의하지 않고 다른 한 변수는 유의하다. 이렇게 회귀계수검정결과 독립변수 중에서 유의하지 않은 변수가 있을 때는 다음 중 한가지 방법을 택한다.

① 유의하지 않은 변수가 기본적으로 종속변수와 관련이 있을 것으로 생각되는 변수 또는 중요한 사회인구학적 변수라면, 유의하지 않더라도 모형에 포함시켜 분석한다.

② 유의하지 않은 변수가 종속변수와의 관련성에 있어서 아직 이렇다할 관계가 정립되지 않은 변수라면 제외시키고 더 단순한 모형을 적합시킨다.

③ 회귀분석의 목적이 관련성여부를 보고자 하는 것이라면, 처음 포함시키기로 결정한 변수는 그대로 포함시킨 채 모형을 설명한다.

이 예제에서는 아버지와의 관계와 어머니와의 관계가 자아존중감과 관련이 있는지 알고자 하는 것이므로 ③의 경우이다. 변수를 모두 둔 채 끝낸다. 아버지와의 관계는 자녀의 자아존중감과 유의한 관계가 있지만 어머니와의 관계는 그렇지 않다.

이번에는 변수선택 방법을 단계 선택 으로 해보고 입력 방법과 어떻게 다른지 살펴보자. 이 방법은 변수선택방법 중 가장 널리 사용되는 방법이다. 회귀분석 대화상자에서 독립변수와 종속변수는 그대로 두고 방법만 단계 선택 으로 바꾼 후 확인 을 클릭하면 〈출력 12-3〉과 같은 결과를 얻을 수 있다(〈그림12-3〉).

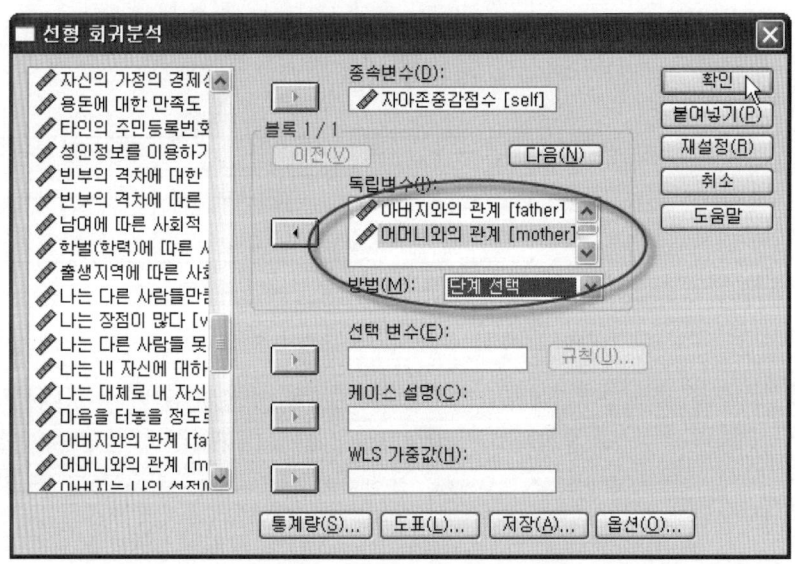

<그림 12-3> 다중회귀분석을 위해 변수를 선택(단계선택)

(1) 진입된 변수와 제거된 변수가 무엇인지 확인한다.

모형은 1개만 만들어져 있고, 첫 번째 모형에서 진입된 변수는 아버지와의 관계 변수이다.

(2) 모형의 적합성을 검정한다.

모형의 요약 부분에 보면 결정계수 R^2 은 .073으로서, 아버지와의 관계는 자아존중감점수의 총 변동의 약 7.3%를 설명한다. 단순회귀분석 때와 같은 값임을 알 수 있다.

분산분석표의 유의확률은 .000으로 유의수준 $\alpha=.05$에서 유의한 결과로서, 이 모형은 유의한 모형이다. 아버지와의 관계 변수는 자아존중감을 설명하는 유의한 변수임을 알 수 있다.

<출력 12-3> 다중회귀분석 출력 결과 - 단계선택방법

진입/제거된 변수[a]

모형	진입된 변수	제거된 변수	방법
1	아버지와의 관계	.	단계선택 (기준: 입력할 F의 확률 <= .050, 제거할 F의 확률 >= .100).

a. 종속변수: 자아존중감점수

모형 요약

모형	R	R 제곱	수정된 R 제곱	추정값의 표준오차
1	.270[a]	.073	.068	4.633

a. 예측값: (상수), 아버지와의 관계

분산분석[b]

모형		제곱합	자유도	평균제곱	F	유의확률
1	선형회귀분석	344.895	1	344.895	16.066	.000[a]
	잔차	4400.825	205	21.467		
	합계	4745.720	206			

a. 예측값: (상수), 아버지와의 관계
b. 종속변수: 자아존중감점수

계수[a]

모형		비표준화 계수 B	표준오차	표준화 계수 베타	t	유의확률
1	(상수)	21.469	1.786		12.018	.000
	아버지와의 관계	.219	.055	.270	4.008	.000

a. 종속변수: 자아존중감점수

제외된 변수[b]

모형		진입-베타	t	유의확률	편상관	공선성 통계량 공차한계
1	어머니와의 관계	.123[a]	1.355	.177	.094	.544

a. 모형내의 예측값: (상수), 아버지와의 관계
b. 종속변수: 자아존중감점수

(3) 출력의 계수 부분에서 독립변수의 계수가 0과 유의하게 다른지 검정한다.

아버지와의 관계 계수는 0.219이고 유의확률은 .0000으로서 유의수준 .05에서 유의하다. 제외된 변수 부분에는 회귀모형에 포함되지 않은 변수인 어머니와의 관계 변수에 대한 결과가 나와 있는데, 유의확률은 .177로서 유의수준 .05에서 유의하지 않아서 제외되었음을 알 수 있다.

이처럼 단계선택 방법을 사용하면 여러 개의 독립변수 가운데, 가장 유의한 변수부터 포함시키거나 전체 중에 가장 유의하지 않은 변수를 제외시켜서 모형을 만든다. 이 예제의 경우에는 2개의 독립변수 중 한 변수는 유의하고, 다른 한 변수는 유의하지 않아 모형이 1개만 나왔지만, 만약 여러 개의 독립변수를 가지고 모형을 만드는 경우라면 전진과 후진을 반복하면서 여러 개의 회귀모형 결과를 출력해준다.

모형의 적합성 검정에서 유의한 결과가 나왔는데도 모형에 포함된 독립변수들 중 하나도 유의하지 않은 결과가 나올 때는 어떻게 해야하나? 예를 들어, 값이 상당히 큰 두 개의 변수를 곱해서 교호작용 변수를 만들면, 새 변수의 분산이 너무 커서 다른 변수들을 압도하게 된다. 이때는 독립변수간에 큰 연관이 있는 것처럼 여겨지는 다중공선성(multi-collinearity)의 문제가 생겨 회귀계수를 제대로 구할 수 없다. 데이터 분석시 ① 어떤 독립변수를 추가하거나 제거했을 때 추정값에 큰 변화가 생긴다거나, ② 검정결과가 상식적인 결과와 차이가 난다거나, ③ 회귀계수의 추정값이 상식적으로 생각하는 부호와 반대되는 결과가 나오는 경우에는 다중공선성을 의심해 볼 수 있다. 이 경우 해결하는 방법은 큰 역할을 하지 못하는 변수를 제거하거나 두 변수를 그대로 곱하지 않고, 각 변수에서 자신의 평균을 뺀 값을 서로 곱해서 새 변수를 만드는 것이다. 다른 방법은 교호작용을 뺀 모형을 적합시키는 것이다.

---

6. 회귀분석 결과 보고하기

다중회귀분석을 보고할 때는, 결정계수와 회귀계수, 표준오차, 표준화계수, t-값, 유의확률을 적는다.

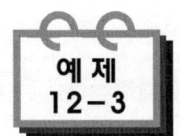

<예제 12-1>의 결과인 <출력 12-1>을 보고 다중회귀분석 결과를 보고하여 보자.

회귀분석 결과는 <표 12-1>과 같이 제시한다.

<표 12-1> 자아존중감점수에 대한 회귀분석 결과

변수	b	S.E.(b)	β	t (p)
절편	21.785	1.791		12.161 (.000)
아버지와의 관계	0.193	0.056	.234	3.456 (.001)
마음을 터놓을 정도로 친한 친구의 수	0.129	0.064	.136	2.088 (.046)

$R^2 = .074$

제2절 더미변수를 이용한 다중회귀분석

지금까지는 종속변수와 독립변수 모두 연속형인 경우만 회귀분석의 예제로 다루었다. 그러나, 독립변수가 항상 연속형일 수만은 없고, 특히 사회과학 데이터에는 범주형으로 조사된 변수가 많다. 아래 두 가지 예를 살펴보고, 독립변수 가운데 범주형 변수가 포함된 경우의 분석방법에 대해 알아보자.

종속변수	가능한 독립변수
연소득	교육수준(년수; X_1), 근무경력(년수; X_2), 성별(X_3)
빙과류 판매량	온도(°C; X_1), 계절(X_2)

위의 예에서 '성별'이나 '계절'은 범주형 변수이다. 범주형 변수는 사칙연산을 할 수 없다. 이러한 데이터들을 회귀분석하기 위해서는 더미변수(dummy variable ; 가변수, 지시변수)로 변환해야 한다.

더미변수를 통한 회귀분석을 하는 과정은 크게 세 가지 과정으로 나뉜다.

(1) 범주형 변수의 더미변수화
(2) 더미변수를 포함한 회귀분석 실행
(3) 회귀분석 결과의 해석

1. 더미변수의 수

　　범주형 변수를 더미변수로 만들기 위해서는 먼저 더미변수를 몇 개 만들 것인가를 정해야 한다. 더미변수는 0과 1만을 가지는 변수로서 성별 같은 범주형 변수에서 특정항목, 예를 들어 '남자'에 해당되면 1, 아니면 0을 지정한다. 1과 0의 값을 갖기 때문에 더미변수 하나는 두 개의 범주를 설명할 수 있다. 예를 들어, 연소득을 설명하는 모형의 성별을 더미변수화 할 경우 아래와 같이 '남자'라는 하나의 더미변수만 있으면 설명이 가능해진다.

구분	변수	변수의 값	
		남자	여자
원변수	성별	m	f
더미변수	남자	1	0

이처럼 더미변수를 포함하는 회귀식은 다음과 같다.

$$\hat{y} = \beta_0 + \beta_1 \times x_1 + \beta_2 \times x_2 + \beta_3 \times 남자$$

이 경우 완성된 회귀식은 두 개가 되는데, 두 식은 절편이 서로 다르다.53)

여자인 경우 (남자 dummy=0) ; $\hat{y} = \beta_0 + \beta_1 \times x_1 + \beta_2 \times x_2$

남자인 경우 (남자 dummy=1) ; $\hat{y} = (\beta_0 + \beta_3) + \beta_1 \times x_1 + \beta_2 \times x_2$

　　이상에서는 두 가지 범주를 갖는 변수를 더미변수화 했는데, 범주가 세 개 이상인 경우도 많다. 빙과류 판매량에 대한 회귀분석 모형에서 더미변수화 할 계절(X_3)의 범주는 4개(봄, 여름, 가을, 겨울)이다. 이런 경우 더미변수 3개를 다음과 같이 만들 수 있다.

변수		변수의 값			
		봄	여름	가을	겨울
원변수	계절	1	2	3	4
더미변수	spring	1	0	0	0
(3개)	summer	0	1	0	0
	fall	0	0	1	0

---

53) 남자를 0, 여자를 1로 놓으면 절편은 바뀌지만 나머지 결과는 같다.

봄은 더미변수 spring의 값이 1이고 나머지는 0이며, 여름은 더미변수 summer의 값이 1, 나머지는 0이고, 가을은 더미변수 fall의 값이 1, 나머지는 0이다.[54) 겨울인 경우는 더미변수 spring, summer, fall의 값이 모두 0이다. 더미변수의 수 = 범주의 수 - 1 이다.

2. SPSS로 더미변수를 포함한 다중회귀분석하기

다음의 예제를 통해서 더미변수를 포함한 회귀분석을 SPSS로 해보자.

학생들의 '자아존중감점수[self]'는 '어머니와의 관계[mother]'에도 영향을 받지만 '성별[v1]'에 따라서도 차이가 있을 것으로 생각된다. 이를 다중회귀분석으로 확인해보자.

(1) 성별을 더미변수화 한다.

성별은 남과 여 두 가지로 분류되므로 더미변수가 한 개 필요하다. 남자는 1, 여자는 0인 더미변수 '성별더미'를 만들어 보자.

원래 성별은 남자는 1, 여자는 2로 코딩되어 있었으므로 새로운 변수로 코딩 변경하여 변수 '성별더미(v1a)'를 만들자.

(2) 더미변수를 포함한 다중회귀분석을 실행한다.

분석하는 절차는 앞 절의 다중회귀분석 절차와 동일하다. 회귀분석 대화상자를 열어 종속변수와 독립변수를 선택한다. 독립변수에는 어머니와의 관계(mother)와 성별더미(v1a)를 옮기고, 종속변수에는 자아존중감점수(self)를 옮긴 후 [확인] 을 클릭하면 〈출력 12-4〉와 같은 결과를 얻을 수 있다.

---

54) 빙과류 판매량 모형: $\hat{y} = \beta_0 + \beta_1 \times x_1 + \beta_2 \times \text{spring} + \beta_3 \times \text{summer} + \beta_4 \times \text{fall}$

제 12 장 다중회귀분석

<출력 12-4> 더미변수를 이용한 회귀분석

진입/제거된 변수b

모형	진입된 변수	제거된 변수	방법
1	성별더미, 어머니와의 관계	.	입력

a. 요청된 모든 변수가 입력되었습니다.
b. 종속변수: 자아존중감점수

모형 요약

모형	R	R 제곱	수정된 R 제곱	추정값의 표준오차
1	.311a	.096	.088	4.608

a. 예측값: (상수), 성별더미, 어머니와의 관계

분산분석b

모형		제곱합	자유도	평균제곱	F	유의확률
1	선형회귀분석	500.653	2	250.326	11.790	.000a
	잔차	4692.204	221	21.232		
	합계	5192.857	223			

a. 예측값: (상수), 성별더미, 어머니와의 관계
b. 종속변수: 자아존중감점수

계수a

모형		비표준화 계수 B	표준오차	표준화 계수 베타	t	유의확률
1	(상수)	19.155	2.007		9.546	.000
	어머니와의 관계	.235	.054	.282	4.359	.000
	성별더미	1.737	.625	.180	2.780	.006

a. 종속변수: 자아존중감점수

(3) 모형의 적합성을 검정한다.

<출력 12-4>의 모형 요약 부분을 보면 R^2은 .096으로서, 성별과 어머니와의 관계는 자아존중감점수의 총 변동의 9.6%를 설명한다. 비교적 낮은 값이지만 단순회귀분석 때와 앞 절의 아버지와의 관계와 어머니와의 관계를 독립변수로 한 다중회귀분석 때보다는 조금 높아졌다. 수정된 R^2은 7.3%이다.

분산분석표의 유의확률은 .001보다 작다. 유의수준 $\alpha = .05$에서 유의한 결과로서, 이 모형은 유의한 모형이다. 적어도 변수 한 개는 유의하다고 예상할 수 있다.

(4) 계수 부분에서 각 독립변수의 계수가 0과 유의하게 다른지 검정한다.

어머니와의 관계의 계수는 0.235이고 유의확률은 .001보다 작다. 성별의 계수는 1.737이고 유의확률은 .005로서 두 변수 모두 유의수준 .05에서 유의하다. 회귀방정식을 적어보면

$$\hat{y} = 19.155 + 0.235 \times 어머니와의\ 관계 + 1.737 \times 성별더미$$

12장 2절 더미변수를 이용한 다중회귀분석

▶ 남자인 경우 (성별더미 = 1)

$$\hat{y} = 19.155 + 0.235 \times 어머니와의\ 관계 + 1.737 \times 1$$
$$= (19.155 + 1.737) + 0.235 \times 어머니와의\ 관계$$
$$= 20.892 + 0.235 \times 어머니와의\ 관계$$

▶ 여자인 경우 (성별더미 = 0)

$$\hat{y} = 19.155 + 0.235 \times 어머니와의\ 관계$$

성별에 따라 회귀식의 절편이 다르므로 종속변수의 값을 예측하는 경우에도 성별에 맞는 식을 적용하여 예측값을 구하도록 한다.

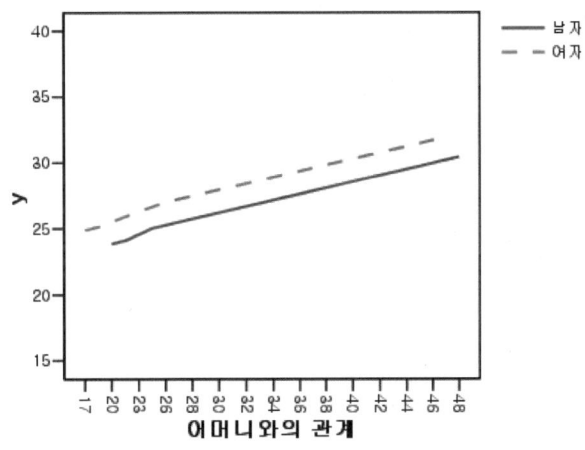

<그림 12-4> 회귀방정식 그래프

연습문제

청소년 데이터(예제데이터.sav)를 이용하여 아래의 연습문제를 풀어 보시오.

1. 청소년 데이터(예제데이터.sav)에서 '어머니와의 관계(mother)'를 '아버지와의 관계(father)'와 '자신의 고민을 부모님께서 알고 계시는지 여부(v4)'로 설명하는 다중회귀분석을 시행하시오. 고민을 알고 계시는지(v4)는 서열식변수인데, 연속형 변수로 간주하고 회귀분석을 시행하시오. 단, 다중회귀분석을 하기 전에 (1) 고민이 없는 경우를 결측처리 하고, (2) 부모님께서 고민을 잘 알고 계실수록 점수가 높아지게 변수를 변환하여 해석이 쉽게 하시오.

   ① 모형의 유의성을 유의수준 .05에서 검정하시오.

   ② 각 독립변수의 유의성을 유의수준 .05에서 검정하시오.

   ③ 회귀계수를 해석하시오.

   ④ 독립변수 중 자아존중감에 더 많은 영향을 미치는 변수는 어느 것인가? 표준화 계수를 비교하시오.

2. 위의 회귀모형에 성별을 독립변수에 포함하여 회귀분석 해 보시오.

과 제

제1장의 과제에서 만든 데이터에서 연속형변수 중 관심있는 변수에 대해 다음을 하시오.

1. 다른 연속형의 변수들을 독립변수로 한 다중회귀분석을 하시오.

2. 회귀분석의 단계를 적고 한마디 이상의 해석 또는 설명을 곁들이시오.

3. 결과를 표로 만들어 제시하고 해석하시오.

4. 독립변수에 범주형 변수를 넣어서, 더미변수를 포함하는 다중회귀분석을 하시오.

제3부

제13장 교차분석

제1절 교차분석

제2절 대응표본 검정

제3절 교차표 데이터의 분석

이 장에서는 교차표를 이용하여 범주형변수와 범주형변수간의 관계를 알아보는 방법을 배운다.

제1절 교차분석

제4장에서는 두 범주형 변수를 교차표로 정리하고 비율을 비교해 보았다. 〈예제 4-4〉의 '성별'과 '친하게 지내는 이성친구 유무'의 2×2 교차표에 보면 여학생이 남학생보다 '그렇다'고 한 비율이 약간 더 높았다. 이 정도 차이를 가지고 '성별'과 '친하게 지내는 이성친구 유무'가 서로 관계가 있다고 말할 수 있을까? 위와 같은 두 변수의 관계에 대하여 객관적으로 서술하기 위해서는 확률적인 근거가 필요하다.

교차표로 정리된 두 범주형 변수의 관계를 확률적으로 분석하고 검정하는 것을 교차분석(cross tabulation analysis)이라 한다. 교차분석에 사용되는 검정통계량은 카이제곱분포를 따르기 때문에, 교차분석을 카이제곱분석(chi-square analysis)이라고도 한다. 먼저 독립성에 대해 생각해보고, 이어서 카이제곱분석에 대해 알아보자.

1. 두 변수의 독립성

두 변수가 서로 독립이라 하는 것은 연속형 변수의 경우처럼 서로 아무런 상관이 없다는 뜻이다. 예를 들어 아이스크림을 좋아하느냐 좋아하지 않느냐 하는 것과 삼촌이 있느냐 없느냐 하는 두 변수는 아마 아무런 관계도 없을 것이다. 그러나 부모 중 한 분이라도 안경을 쓰면 자녀들도 안경을 쓰게되기 쉽기 때문에 본인의 안경착용여부와 부모의 안경착용여부는 서로 관계가 있을 것이다. 아이스크림 선호여부와 삼촌 유무처럼 서로 관계가 없는 경우는 '서로 독립이다'라고 하고, 본인의 안경착용여부와 부모의 안경착용여부처럼 관계가 있는 경우는 '서로 독립이 아니다'라고 한다. 독립이 아닌 것을 때로 '서로 종속이다' 또는 '서로 상관이 있다'라고 하기도 한다.

교차분석은 두 변수가 서로 독립이 아니라고 할 수 있는가를 알아보는 것으로서, 연구논문 등에서는 다음과 같은 가설로 나타낸다.

연구가설: 두 변수는 서로 관계가 있을 것이다.

이제 두 변수가 서로 관계가 있는지 검정하는 방법을 알아보자.

2. 관찰빈도와 기대빈도

교차분석은 두 변수간의 관계를 검정하는 것으로서, 상관관계분석을 명목식 또는 서열식 데이터에 적용한 것이라 할 수 있다. 즉, 두 개의 범주형 변수에 대한 상관관계분석이라고 할 수 있는 것이다.

먼저 〈표 13-1〉과 같이 r개의 행(row)과 c개의 열(column)이 있는 $r \times c$ 교차표를 생각하자. 셀의 관찰빈도를 O_{ij}, 셀 빈도의 전체에 대한 비율을 p_{ij}로 표시하자. 또 i번째 행의 합을 각각 $O_{i.}$ 와 $p_{i.}$ 로, j번째 셀의 합은 각각 $O_{.j}$ 와 $p_{.j}$ 로 나타내고, 총합은 $O_{..}$ 과 $p_{..}$ 으로 나타내자(〈표 13-1〉, 〈표 13-2〉 참조). p_{ij}는 총합에 대한 비율이기 때문에 $p_{..}$ 은 항상 1이다.

각 행의 합과 각 열의 합을 **주변합**이라 하고, 전체 합은 총합이라 한다. $A=1$인 행의 주변합은 $O_{1.}$, 주변비율은 $p_{1.}$ 이고, $B=2$인 열의 주변합은 $O_{.2}$, 주변비율은 $p_{.2}$ 등이다.

확률이론에 의하면 두 변수가 서로 독립인 경우, 각 셀의 비율 p_{ij} 는 해당 셀의 두 주변 비율의 곱과 같다. 즉, $p_{ij} = p_{i.} \times p_{.j}$ 이다. 만일 이것이 참이라면 (i,j)번째 셀에 있을 것으로 기대되는 빈도, 즉 기대빈도(E_{ij})는 전체 관찰빈도에 해당 열의 비율을 곱한 것과 같으므로 식으로 나타내면

$$E_{ij} = O_{..} \times p_{ij} = O_{..} \times p_{i.} \times p_{.j} = O_{..} \times \frac{O_{i.}}{O_{..}} \times \frac{O_{.j}}{O_{..}} = \frac{O_{i.} \times O_{.j}}{O_{..}}$$

이다.55)

〈표 13-1〉 변수 A 와 B 의 $r \times c$ 교차표 : 빈도

행 변수 A	열 변수 B				계
	1	2	⋯	c	
1	O_{11}	O_{12}	⋯	O_{1c}	$O_{1.}$
2	O_{21}	O_{22}	⋯	O_{2c}	$O_{2.}$
⋯	⋯	⋯	⋯	⋯	⋯
r	O_{r1}	O_{r2}	⋯	O_{rc}	$O_{r.}$
계	$O_{.1}$	$O_{.2}$	⋯	$O_{.c}$	$O_{..}$

---

55) 관찰빈도의 O 는 observed frequency, 기대빈도의 E 는 expected frequency의 첫자이다.

<표 13-2> 변수 A와 B의 $r \times c$ 교차표 : 비율

행 변수 A	열 변수 B				계
	1	2	...	c	
1	p_{11}	p_{12}	...	p_{1c}	$p_{1.}$
2	p_{21}	p_{22}	...	p_{2c}	$p_{2.}$
...	...	...	...	...	...
r	p_{r1}	p_{r2}	...	p_{rc}	$p_{r.}$
계	$p_{.1}$	$p_{.2}$	...	$p_{.c}$	1

예제 13-1

'성별[v1]'과 '친하게 지내는 이성친구 유무[v9]'의 데이터를 정리한 2×2 교차표 <표 13-3>에서 각 셀의 기대빈도가 얼마인지 구해보자.

남자이면서 친하게 지내는 이성친구가 있다고 한 청소년의 기대빈도는

$$E_{\text{남자, 있다}} = 274 \times \frac{155}{274} \times \frac{138}{274} = \frac{155 \times 138}{274} = 78.1$$

이고, 같은 방법으로 각 셀의 기대빈도는 <표 13-4>와 같다. 기대빈도의 행, 열의 합은 관찰빈도의 주변합과 같다.

<표 13-3> 성별과 친하게 지내는 이성친구 2×2 교차표 : 관찰빈도

성별	친하게 지내는 이성친구		계
	있다	없다	
남자	74	64	138
여자	81	55	136
계	155	119	274

<표 13-4> 성별과 친하게 지내는 이성친구 2×2 교차표 : 기대빈도

성별	친하게 지내는 이성친구		계
	있다	없다	
남자	78.1	59.9	138
여자	76.9	59.1	136
계	155	119	274

3. 자유도

교차분석에서 자유도(degree of freedom ; df)는 값을 자유스럽게 변화시킬 수 있는 셀의 수를 말한다. 예를 들어 설명해보자. 한 가족에서 남자의 수를 X, 여자의 수를 Y라 하면, 가족의 수는 일정하기 때문에 값이 변할 수 있는 것은 X와 Y 두 가지이다. 이 가족의 전체 수가 5명이라 할 때, 남자의 수 X가 3이면 여자의 수는

$$Y = 5 - X$$

로서 지절로 2명이 된다. 만일 남자의 수가 1명이라면 Y는 저절로 4명이 된다. 이 경우 자유도는 1이다. 즉, 자유롭게 변화할 수 있는 것은 X나 Y 중 하나 뿐이라는 뜻이다.

교차표를 예로 들어 생각해보자. 케이스 수의 총합과 주변합이 데이터에서 제시된 것과 같을 때 각 셀에 빈도를 적어 넣는 경우를 생각해보자. 예제를 통해 살펴보자.

[성별×지역구분]과 같은 2행3열의 교차표에서 주변합이 <표 13-5>와 같이 주어졌을 때, 자유롭게 값을 적어 넣을 수 있는 셀의 수는 몇 개인가?

<표 13-5> 성별과 지역구분

성별	지역구분			계
	대도시	중소도시	읍면지역	
남				139
여				136
계	117	86	72	275

왼쪽 위부터 오른쪽으로 차례로 값을 적어 넣는 경우를 생각해보자. (남자, 대도시)에 0에서 117사이의 값을 적고 나면, (여자, 대도시)는 저절로 결정이 된다. 나머지 4개의 셀 중 (남자, 중소도시)에 적절한 값을 적고나면 나머지 3개의 셀의 값은 저절로 결정이 된다. 따라서 자유롭게 값을 적을 수 있는 셀의 수는 2개이다.

이처럼 주변합이 고정된 경우, 각 열에서 총 r개의 셀 중 $r-1$개의 셀에 들어갈 값을 알면 마지막 셀의 값은 저절로 구해진다. 각 행에서도 마찬가지로 $c-1$개의 셀

에 들어갈 값을 알면 마지막 셀의 값은 저절로 구해진다. 이처럼 마지막 행과 열에 있는 셀 안에 들어가는 값은 자유롭게 바뀔 수 없기 때문에 교차표에서의 자유도는 $(r-1) \times (c-1)$이다.

예제 13-3 '학교구분[sch]' 과 '빈부의 격차에 대한 생각[v18_1]' 을 나타낸 3×4 교차표에서 자유도는 얼마인가?

$r=3$, $c=4$이므로 자유도는 $(3-1) \times (4-1) = 6$이다. ■

4. 가정 – 언제 사용할 수 있는가?

독립변수와 종속변수가 모두 범주형 데이터인 경우에 사용한다. 단, 수집된 데이터가 충분히 커야 하는데 그 판단은 기대빈도로 내린다. 교차표에 있는 전체 셀의 개수 중 25% 이상에서 기대빈도가 5 미만의 값이 나오면 데이터가 충분히 크지 않은 것이다. SPSS의 카이제곱검정에서는 기대빈도가 5미만인 셀의 퍼센트와 최소 기대빈도를 출력해준다. 만일 수집된 데이터가 충분치 않다는 결론이 나오면 정확한 검정을 한다.56)

---

56) 정확한 검정을 하기 위해서는 4장에서 배웠던 교차분석의 대화상자(〈그림 4-4〉)를 열어 정확(X)... 을 클릭하고 〈그림 13-1〉과 같이 ⊙정확한 검정(E) 을 선택한다. 정확한 검정은 점근적 분포인 카이제곱분포를 사용하지 않고 주어진 주변합으로 구할 수 있는 모든 표를 만들어 통계량을 구해서, 주어진 표의 통계량보다 더 큰 값이 나올 확률을 정확하게 계산하는데, 이 방법을 개발한 학자인 R. A. Fisher를 기려 Fisher의 Exact test라고 한다. 이 책에서는 큰 데이터를 중심으로 설명하므로 정확한 통계 부분은 이 이상 다루지 않는다.

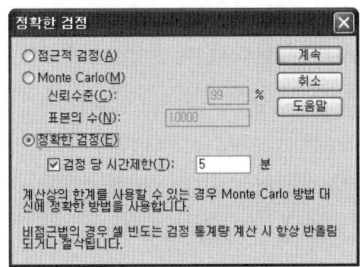

〈그림 13-1〉 데이터가 적은 경우에 사용하는 정확한 검정 대화상자

306   제 13 장   교차분석

5. SPSS로 두 범주형 변수의 관계 검정하기

교차표 만들기 방법대로 메뉴에서 분석(A) → 기술통계량(E) ▶ → 교차분석(C)... 을 차례로 클릭하여 구한다. 자세한 분석방법은 예제를 통해서 알아보자.

예제 13-4

청소년 데이터를 가지고 '성별[v1]' 과 '남녀에 따른 사회적 차별에 대한 생각 [v18_3]' 의 관계를 검정해 보자. 성별과 남녀에 따른 사회적 차별에 대한 생각 은 서로 독립일까? 서로 관계가 있을까? 검정통계량과 유의확률은 각각 얼마인 가? 그 값을 보아 어떤 결론을 내릴 수 있을까? 유의수준 .05에서 검정해 보자.

먼저, 가설을 세워보자.

H_0 : 성별과 남녀에 따른 사회적 차별에 대한 생각과는 관계가 없다(서로 독립이다).

H_1 : 성별과 남녀에 따른 사회적 차별에 대한 생각과는 관계가 있다.

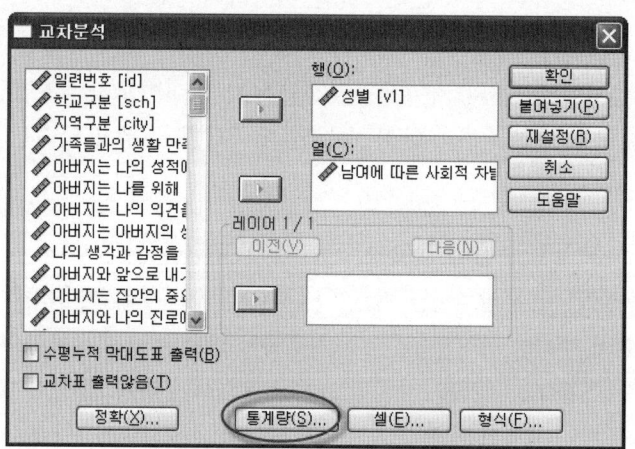

<그림 13-2> 교차분석 대화상자

성별과 남녀에 따른 사회적 차별에 대한 생각 사이에 관계가 있는지를 정확히 알기 위해서는 검정통계량이 필요하다.

검정통계량을 내기 위해서 <그림 13-2>와 같이 교차분석 대화상자에서 교차표를 만들 변수를 선택한 뒤 통계량(S)... 을 클릭하면 <그림 13-3>과 같은 대화상자가 나타난다. 카이제곱 통계량을 선택하고 계속 을 클릭하여 교차표와 통계량을 구한다.

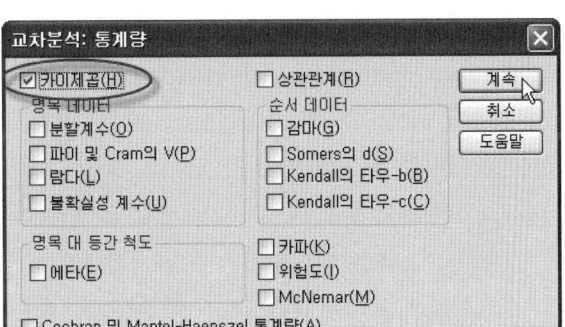

<그림 13-3> 카이제곱 통계량을 위한 통계량 옵션 대화상자

<출력 13-1> 성별과 '남녀에 따른 사회적 차별에 대한 생각'과의 관계 검정

케이스 처리 요약

	케이스					
	유효		결측		전체	
	N	퍼센트	N	퍼센트	N	퍼센트
성별 * 남여에 따른 사회적 차별에 대한 생각	273	99.3%	2	.7%	275	100.0%

성별 * 남여에 따른 사회적 차별에 대한 생각 교차표

빈도

		남여에 따른 사회적 차별에 대한 생각				전체
		심하다	심하지는 않지만 심하다고 하는 것 같다	심하지 않다	모르겠다	
성별	남자	44	54	27	14	139
	여자	58	57	12	7	134
전체		102	111	39	21	273

카이제곱 검정

	값	자유도	점근 유의확률 (양측검정)
Pearson 카이제곱	10.017[a]	3	.018
우도비	10.216	3	.017
선형 대 선형결합	5.093	1	.024
유효 케이스 수	273		

a. 0 셀 (.0%)은(는) 5보다 작은 기대 빈도를 가지는 셀입니다. 최소 기대빈도는 10.31입니다.

<출력 13-1>에는 카이제곱 검정통계량과 유의확률 등이 나와 있다. 다음 사항들을 점검하면서 출력물을 살펴보자.

① 데이터는 충분히 큰가? — 표의 맨 아래 줄에 나온 유효케이스 수는 273 으로서 상당히 큰 것 같다. 표 아래에 보면 최소 기대빈도는 10.31이 며, 5보다 작은 기대빈도를 가지는 셀이 하나도 없음을 알 수 있다. 데 이터는 충분히 크다.
② 자유도는 맞는가? — 2행 4열 교차표이므로 자유도가 3맞다.
③ 유의확률은 얼마인가? — 유의확률은 .018이다.
④ 이것은 유의한 결과인가? 어떻게 해석하는가? — 유의수준 .05보다 작기 때문에 유의하다. 성별과 '남녀에 따른 사회적 차별에 대한 생각'과는 통계적 으로 유의한 관계가 있다.

6. 교차분석 결과 보고하기

교차분석의 결과는 교차표에 덧붙여서 보고한다. 보기를 통해 알아보자.

<예제 13-4>의 결과인 <출력 13-1>의 카이제곱 검정 결과를 표로 정리해 보자.

교차분석 결과는 교차표에 카이제곱 검정통계량과 유의확률을 덧붙여 보고한 다. 〈표 13-6〉은 4장의 〈표 4-2〉와 같은 표 형식에서 교차분석 결과를 덧 붙인 것이다. 여기에서 두 변수간의 관계가 있는지 없는지 알아보는 Peaerson의 카이제곱의 값과 유의확률을 교차분석 표에 덧붙여 준다.

<표 13-6> 성별에 따른 비교

		남자(n=139)	여자(n=134)	χ^2 (p)
남녀에 따른 사회적 차별	심하다	44 (43.1)	58 (56.9)	10.017 (.012)
	심하지는 않지만 심하다고 하는것 같다	54 (48.6)	57 (51.4)	
	심하지 않다	27 (69.2)	12 (30.8)	
	모르겠다	14 (66.7)	7 (33.3)	

제2절 대응표본 검정

앞 절에서 서로 다른 두 개의 범주형 변수간에 관계가 있는지 여부를 검정하는 방법을 공부하였다. 이 절에서는 이항형 변수에서 사전-사후에 응답의 분포가 변화했는지, 또는 같은 분석단위(예를 들면 가족) 안에 있는 사람들의 응답이 서로 다른지를 검정하는 방법을 배운다.

1. 대응표본

8장 3절의 대응표본 t-검정에서 살펴본 것과 같이 사전-사후나 같은 분석단위 안에 있는 사람들처럼, 같거나 유사한 내용을 측정한 데이터는 서로 '대응'되는 표본에서 측정한 데이터이다. 사전-사후의 데이터는 스스로 자기 자신의 대응되는 표본이고, 남편과 부인처럼 같은 분석단위 안에서는 두 사람이 서로 대응되는 표본이다.

2. 가설 – 무엇을 검정하나?

대응되는 표본에서 분석의 주 관심사는 사전의 분포와 사후의 분포가 같은지 또는 두 대응 관찰값의 분포가 같은지 알아보는 것이다. 이러한 분석은 대응표본 검정이라 하는데, 전문용어로는 주변합의 동일성의 검정(test of marginal homogeneity)이라 한다.

H_0: 두 변수의 주변합은 동일하다(사전의 분포와 사후의 분포간에 변화가 없다)
H_1: 두 변수의 주변합은 동일하지 않다(사전의 분포와 사후의 분포간에 변화가 있다)

대응표본 검정은, 이 방법을 개발한 학자를 기려 McNemar의 검정이라고 부른다.[57] 다음의 예를 통해 McNemar의 검정을 사용하는 경우를 알아보자. 먼저 〈표 13-6〉에 제시된 가상의 데이터를 살펴보자.

---

[57] McNemar는 '맥니마'라고 읽는다.

제 13 장 교차분석

<표 13-6> 지지하는 정당 - 유세 전과 후

id	유세 전	유세 후	id	유세 전	유세 후	id	유세 전	유세 후	id	유세 전	유세 후	id	유세 전	유세 후
1	A	A	21	B	B	41	B	A	61	A	A	81	B	B
2	A	A	22	A	B	42	A	A	62	B	B	82	A	A
3	B	A	23	B	A	43	B	B	63	B	A	83	B	B
4	B	B	24	A	A	44	A	A	64	A	A	84	A	B
5	B	B	25	B	B	45	A	B	65	A	A	85	A	A
6	A	B	26	A	B	46	B	B	66	A	A	86	B	B
7	A	B	27	A	A	47	A	A	67	B	B	87	A	A
8	B	B	28	A	B	48	A	A	68	A	A	88	A	A
9	B	B	29	A	A	49	A	B	69	A	A	89	B	B
10	B	A	30	B	B	50	A	B	70	B	B	90	A	B
11	A	A	31	A	A	51	A	A	71	B	B	91	B	A
12	A	B	32	B	B	52	B	A	72	A	A	92	A	A
13	B	A	33	A	B	53	A	B	73	B	B	93	B	A
14	A	A	34	A	A	54	A	A	74	A	B	94	A	A
15	B	A	35	B	B	55	B	B	75	A	A	95	B	B
16	A	A	36	A	A	56	A	A	76	A	A	96	A	B
17	A	A	37	A	A	57	B	B	77	B	A	97	B	B
18	B	B	38	A	A	58	A	A	78	A	A	98	B	B
19	B	B	39	A	A	59	B	B	79	B	B	99	B	A
20	A	B	40	A	A	60	A	B	80	A	A	100	A	A

위 자료는 유세의 효과를 알아보기 위한 데이터로서, 100명의 유권자를 대상으로 유세 전과 유세 후 지지하는 정당을 조사하였다. 이 데이터를 분석하는 목적은 유세 전·후의 정당지지가 같은지 다른지 알아보는 것이다. 유세의 효과가 있다면 유세 전·후의 지지정당의 분포가 다를 것이다. 위 자료를 교차표로 정리하면 〈표 13-7〉과 같다.

<표 13-7> 지지하는 정당 - 유세 전과 후 교차표

유세 전	유세 후		계
	A정당	B정당	
A정당	40	20	60
B정당	10	30	40
계	50	50	100

표에 의하면 유세 전에는 A정당을 지지하는 사람이 더 많았다. 유세 전에 A정당을 지지하던 사람은 60명에서 유세 후에는 50명으로, B정당을 지지하는 사람은 40명에서 50명으로 각각 바뀌었다. A정당을 지지하던 사람 중 10명이 B정당을 지지하게 된 것 같다.

데이터를 조금 더 자세히 보면 같은 정당을 계속 지지하는 사람, 즉, 유세의 영향을 받지 않은 사람들과 다른 정당을 지지하게 된 사람, 즉, 유세의 영향을 받은 사람의 두 종류가 있음을 알 수 있다. A정당을 계속 지지하는 40명과 B정당을 계속 지지하는 30명은 유세의 영향을 받지 않는 사람이다. 이 사람들은 교차표의 주대각선 ((1,1)셀과 (2,2)셀)에 있는 사람들이다. 유세의 영향을 받은 사람은 30명으로서 주대각선 이외의 셀에 있는 사람들이다. 이 30명을 자세히 살펴보자.

유세 후에 지지하는 정당이 바뀐 사람은 A정당에서 B정당으로 20명, B정당에서 A정당으로 10명이다. 즉, 유세의 영향으로 변화한 사람 중 B정당을 지지하게 된 사람의 비율이 A정당을 지지하게 된 사람의 두 배이다. B정당으로서는 유세의 효과를 톡톡히 본 셈이다.

이처럼 한 쪽으로 변화한 사람의 비율이 다른 쪽으로 변화한 사람의 비율보다 더 높은 경우, 유세는 효과가 있는 것이다(〈표 13-8〉). 그러나 만일 다른 정당을 지지하게 된 사람이 똑같이 15명씩이라면 유세는 아무런 효과가 없다고 볼 수 있다. 이 경우에는 유세 전·후의 지지율의 분포가 동일할 것이다. 이러한 가정을 바탕으로 검정하는 방법이 McNemar의 검정이다.

〈표 13-8〉 30명의 변화로 본 유세의 효과

지지정당의 변화		주변합의 변화	유세의 효과
A→B	B→A		
20명	10명	있음	있는 것 같음
15명	15명	없음	없음
10명	20명	있음	있는 것 같음

3. 가정 - 언제 사용할 수 있는가?

대응표본 검정은 행과 열의 크기가 같은 경우, 즉, $r=c$인 경우에 사용할 수 있다. 같은 내용을 반복해서 측정한 경우나 같은 내용을 한 쌍의 응답자에게 질문하면 행과 열의 크기가 같다. 행과 열의 크기가 같다해도 서로 완전히 다른 항목을 가지고는 분석할 수 없다.

기본적인 대응표본 검정방법은 각 변수의 응답범주가 2인 경우를 바탕으로 개발되었지만, 응답범주가 3이상인 경우에도 응답 내용에 순서가 있는 경우에는 이 방법을 적용할 수 있다. 사전-사후의 주변합의 분포가 동일한지 검정하는 것이다.

4. SPSS로 대응표본 검정하기

SPSS를 이용하여 대응표본을 분석하는 방법은 McNemar의 검정통계량을 이용하는 것이다. 〈예제 13-4〉에서 했던 것과 동일하게 메뉴에서 분석(A) → 기술통계량(E) ▶ → 교차분석(C)... 을 차례로 선택한다. 자세한 내용은 예제를 통해서 알아보자.

〈표 13-6〉과 같은 가상의 데이터에서 유세 후에 지지하는 정당이 바뀌었을까? 유의수준 0.05에서 검정해보자.

가설을 먼저 세우자.

H_0: 유세 전과 유세 후 지지정당에 변화가 없다.

H_1: 유세 전과 유세 후 지지정당에 변화가 있다.

먼저, 〈표 13-6〉의 데이터를 SPSS 데이터 편집기에 입력하자.58) 입력할 때에는 A, B의 문자변수로 입력하는 것 보다 A정당은 1, B정당은 2의 식으로 숫자변수로 입력하는 것이 좋다. 이 데이터는 대응되는 데이터이기 때문에 교차분석 대화상자에서 변수를 선택한 뒤 통계량(S)... 을 클릭하여 대화상자가 나오면 〈그림 13-4〉와 같이 McNemar를 선택하고 계속 을 클릭한다.

---

58) 각 id를 하나의 케이스로 '유세 전'이라는 변수와 '유세 후'라는 변수로 입력하여 100케이스를 만든다.

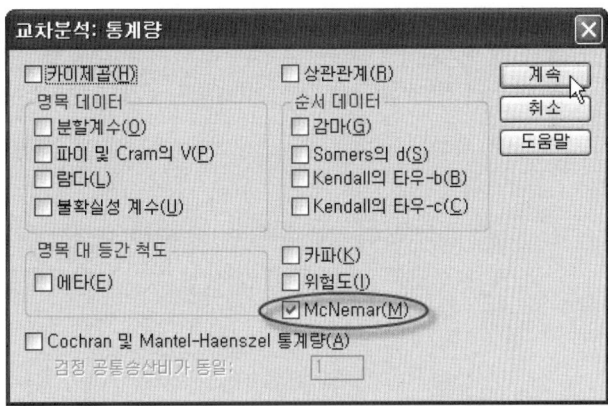

<그림13-4> McNemar의 통계량을 위한 통계량 옵션 대화상자

출력물에는 케이스 요약표와 교차표가 먼저 나온 뒤 McNemar의 통계량에 의한 유의확률이 나온다. 〈출력 13-2〉에 보면 유의확률은 .099로서 유의수준 .05에서 볼 때 유의하지 않은 결과이다. 이 예제의 경우, 출력물에 "이항분포를 사용함"이라는 주석이 있는 것으로 보아 .099는 이항분포를 이용한 정확한 유의확률이다.

<출력 13-2> 지지정당 변화에 대한 대응표본 검정

빈도

		유세후 A	유세후 B	전체
유세전	A	40	20	60
	B	10	30	40
전체		50	50	100

카이제곱 검정

	값	정확한 유의확률 (양측검정)
McNemar 검정		.099[a]
유효 케이스 수	100	

a. 이항분포를 사용함.

유세 후에 A정당 지지자 중 20명이 B정당을 지지하게 되고, B정당 지지자 중 10명이 A정당을 지지하게 되었지만, 이러한 변화는 통계적으로 유의하지 않기 때문에 유세 전·후의 지지정당의 분포는 서로 다르지 않다고 결론내린다.

예제 13-6

유세 전과 후의 교차표에서 대응표본 검정을 하지 않고 피어슨 카이제곱검정을 하면 무슨 검정을 하는 것일까? 유의수준 .05에서 검정하고 검정 결과의 의미를 생각해보자.

교차표를 분석하는 방법은 앞 절에서 배웠으므로 그 방법으로 분석하면 〈출력 13-3〉과 같은 결과가 나온다. 유의확률은 .001보다 작아 유의한 결과이다.

이 분석으로 무엇을 알 수 있을까? 피어슨 카이제곱분석은 두 변수간에 관계가 있는지 없는지를 알아보는 것이므로, 여기서는 유세 전의 지지정당과 유세 후의 지지정당 간에 관계가 있는지 검정하는 것이다. 유의한 결과가 나왔으므로 유세 전의 지지정당과 유세 후의 지지정당 사이에는 유의한 관계가 있다는 결론을 내리게 될 것이다. 대부분의 사람들(전체의 70%)이 같은 정당을 지지하고 있으니 당연한 결과라고 하겠다.

참고로, 2×2 교차표에서는 카이제곱 검정을 하면 점근유의확률 이외에도 정확한 유의확률을 함께 보여준다.

우리는 Pearson 카이제곱의 점근유의확률을 보고 해석하면 된다.

<출력 13-3> 유세 전과 후의 지지정당의 관계 검정

카이제곱 검정

	값	자유도	점근 유의확률 (양측검정)	정확한 유의확률 (양측검정)	정확한 유의확률 (단측검정)
Pearson 카이제곱	16.667[b]	1	.000		
연속수정[a]	15.042	1	.000		
우도비	17.261	1	.000		
Fisher의 정확한 검정				.000	.000
선형 대 선형결합	16.500	1	.000		
McNemar 검정				.099[c]	
유효 케이스 수	100				

a. 2×2 표에 대해서만 계산됨
b. 0 셀 (.0%)은(는) 5보다 작은 기대 빈도를 가지는 셀입니다. 최소 기대빈도는 20.00입니다.

제3절 교차표 데이터의 분석

지금까지는 각 케이스의 응답 내용이 SPSS데이터의 한 줄을 차지하는 형태의 데이터를 가지고 교차분석하는 방법을 공부하였다. 이 절에서는 교차표가 제시되었는데 각 케이스의 응답내용은 없고 두 변수간의 관계 또는 대응표본 분석을 하여야 할 경우 이미 생성된 교차표를 SPSS로 분석하는 방법을 배운다.

앞서 살펴본 〈표 13-6〉의 경우, 각 응답자가 유세 전과 후에 각각 어느 정당을 지지한다고 응답하였는지 알 수 있지만, 만약 데이터가 〈표 13-7〉처럼 정리된 교차표만 주어진다면 유세 전과 후에 모두 A정당을 지지한 사람 수, 전과 후에 모두 B정당을 지지한 사람 수 등만 알 수 있다. 이 데이터를 분석하는 방법을 중심으로 알아보자.

1. 교차표를 SPSS데이터로 만들기

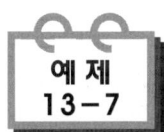

예제 13-7

〈표 13-7〉과 같은 교차표를 SPSS데이터로 만들어 보자.

주 메뉴에서 〈그림 13-5〉와 같이 파일(F) → 새로 만들기(N) ▶
→ 데이터(A) 를 클릭하여 데이터 편집기를 시작한다. 두 변수 값의 조합 (또는 각 셀)이 각각 하나의 케이스가 되도록 데이터를 입력한다.

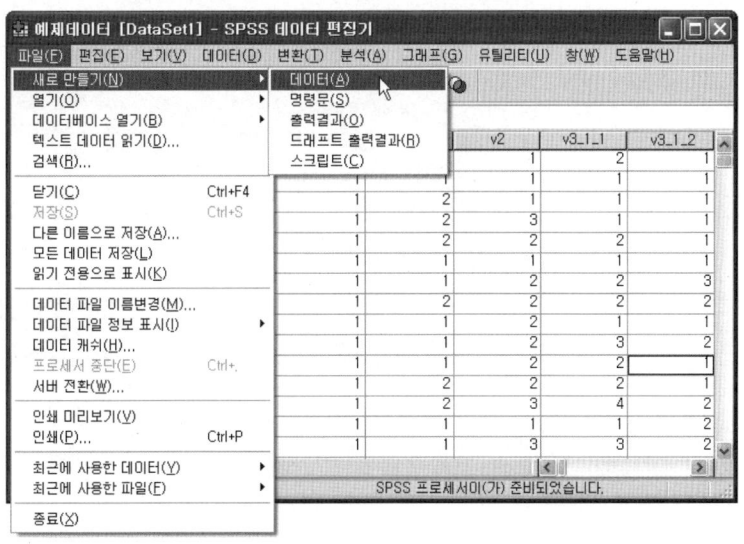

〈그림 13-5〉 교차표를 이용한 대응 표본 검정 - 새 데이터 파일

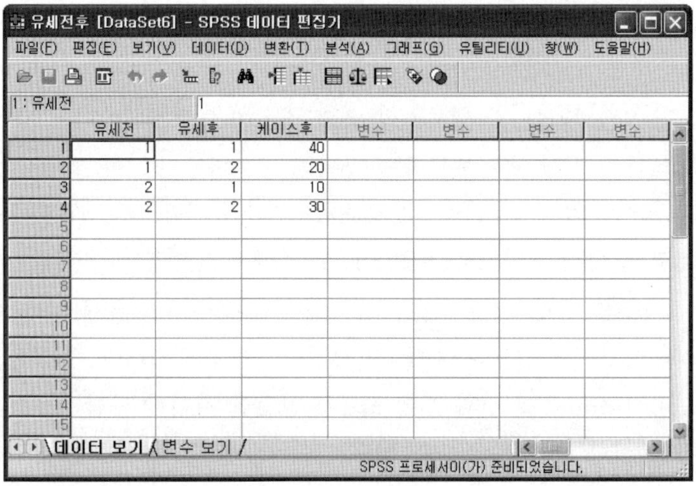

316 제 13 장 교차분석

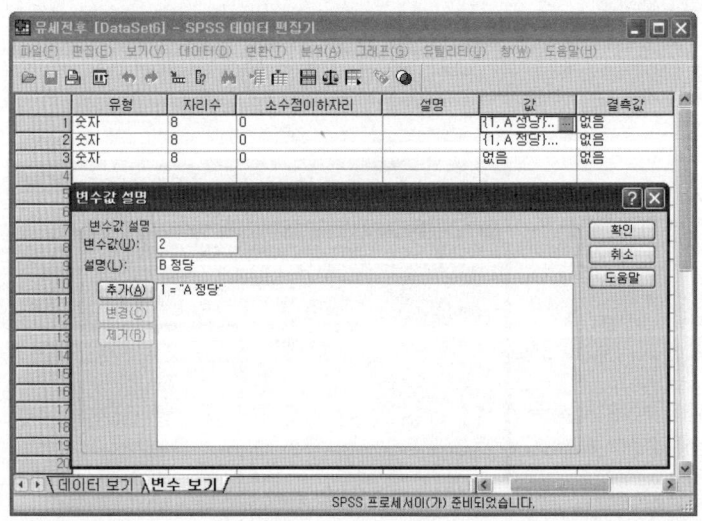

<그림 13-6> 교차표를 데이터로 만들기

<그림 13-6>의 변수 '유세 전'과 '유세 후'를 보면 1번 케이스는 유세 전과 후에 모두 A정당(1)을 지지한 경우이고, 2번 케이스는 유세 전에는 A정당(1)을 지지하고 유세 후에는 B정당(2)을 지지한 경우이다. 3번과 4번 케이스도 각각 유세 전·후에 지지한 정당의 조합이다.

<그림 13-7> 교차표를 데이터로 만들기 - 변수보기 시트

다른 하나의 변수에는 두 변수의 응답범주 조합마다 그 조합이 관찰된 빈도, 즉 셀의 빈도를 입력한다. 〈그림 13-7〉에서는 세 번째 변수('케이스후')가 바로 관찰빈도를 입력한 변수이다.

변수들의 입력이 끝이 나면 각 셀의 케이스 수만큼 가중값을 주어야 한다. 왜냐하면, 지금 현재 데이터가 입력된 상태로는 4 케이스인 경우로 여겨지기 때문이다. 그러기 위해서, 데이터(A) → 가중 케이스(W)... 를 클릭하거나 ⚖ 를 클릭하여 〈그림 13-8〉과 같이 가중값 부여 대화상자를 연다. 먼저 ⊙ 가중 케이스 지정(W) 을 클릭하고 빈도가 들어있는 변수를 선택하여 빈도변수(F): 로 옮긴다. 확인 을 클릭하면 분석준비가 끝난 것이다.

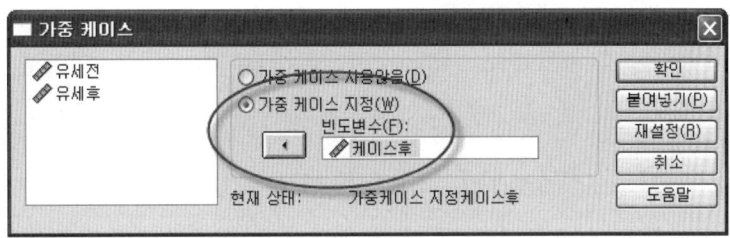

〈그림 13-8〉 가중 케이스 대화상자

2. 교차표 데이터의 분석

교차표로 입력된 데이터에 가중변수를 지정하고 나면 지금까지 배운 방법으로 분석을 할 수 있다. 피어슨의 카이제곱 검정이나 맥니마 검정은 앞에서 설명된 방법을 따르면 된다. 가중변수를 지정한 수 교차표를 출력하면 〈출력 13-4〉와 같고, 원래 데이터와 같음을 확인할 수 있다. 각자 시행해보자.

〈출력 13-4〉 유세 전·후의 지지정당

빈도

		유세후		전체
		A 정당	B 정당	
유세전	A 정당	40	20	60
	B 정당	10	30	40
전체		50	50	100

제 13 장 교차분석

연습문제

청소년 데이터(예제데이터.sav)를 이용하여 다음을 하시오.

1. '학교구분[sch]'과 '친하게 지내는 이성친구 유무[v9]'간에 관계가 있는지 알아보자. 두 변수의 교차표를 출력하고, 두 변수간의 관계를 살펴보시오.

2. '성별[v1]'과 '가출해 보고 싶은 생각[v7]'간에 관계가 있는지 검정하시오.

과 제

제 1장의 과제에서 만든 데이터를 이용하여 다음을 하시오.

1. 두 범주형 변수가 서로 독립인지 유의수준 .05에서 검정하시오. 결과를 해석하시오. (1,1)셀의 기대빈도를 계산하시오.

2. 범주의 수가 같은 두 개의 범주형 변수가 서로 독립인지 유의수준 .05에서 검정하시오. 같은 변수들을 대응표본으로 간주하여 McMemar의 검정을 유의수준 .05에서 실행하시오. 두 가지 분석의 가설을 적고, 어느 분석방법이 맞는 방법인지 간단히 서술하시오. 그렇게 생각하는 이유를 대시오.

3. 대응표본 분석을 할 수 있는 변수들의 예를 한가지 적으시오.

제3부

제14장 요인분석

제1절 요인분석

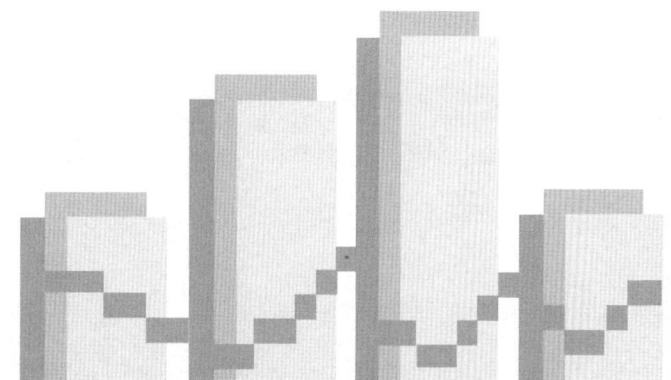

이 장에서는 한가지 개념을 도구를 이용하여 여러 각도에서 측정한 데이터를 적은 수의 요인으로 축소하는 방법을 배운다. 요인분석은 다변량분석의 일종이다.

제1절 요인분석

청소년 데이터를 보면, 청소년들의 아버지와의 관계를 여러 측면에서 측정하였다. v3_1부터 v3_12를 보면, 아버지는 나의 성적에 관심이 많다, 아버지는 나를 위해 물질적 지원을 해 준다, 아버지는 아버지의 생각과 감정을 나와 나눈다, 나의 생각과 감정을 아버지와 나눈다 등 12가지 항목이 있다. 이 항목들을 자세히 살펴보면 몇몇 항목들은 비슷한 내용을 측정하고 있는 것을 알 수 있다.

많은 수의 변수를 한꺼번에 분석하는 것은 쉬운 일이 아니다. 만일 몇 몇 항목들이 (저변에 깔린) 같은 개념을 측정하고 있다면, 항목들을 묶어 하나의 새로운 변수로 만들어 사용하는 것이 편리하다. 사실 사회과학분야에서 널리 쓰이는 '도구'는 그런 목적으로 사용하는 것이다.

요인분석(factor analysis)은 항목들간의 상관관계를 바탕으로 저변에 내재된 개념을 하나의 요인으로 추출해내는 분석방법이다. 요인분석은 데이터 축소(data reduction)를 통하여 정보를 함축적으로 사용할 수 있게 하는 동시에 측정된 항목들의 저변에 내재된 요인들 간의 다른 구조를 파악할 수 있게 해주는 방법이다.

요인분석은 독립표본 t-검정이나 회귀분석, (일원배치) 분산분석 등 지금까지 살펴본 방법들과는 차이가 있다. 기존의 방법들이 독립변수와 종속변수 등의 구조로 되어있는데 반하여, 요인분석은 분석에 포함된 모든 변수들을 동등한 위치에 놓고 상호간의 관계를 파악하는 것이다.

1. 가정 - 언제 사용할 수 있나?

사회과학 데이터에서는 같은 개념이나 같은 요인을 여러 가지 방법으로 질문하는 경우가 흔히 있기 때문에 변수들간에 상관관계가 높은 경우가 흔히 있다. 예를 들어 일상생활 활동능력을 측정하기 위하여 화장실 출입이 가능한지, 선반의 물건을 내릴 수 있는지, 신발끈을 묶을 수 있는지 등 여러 항목을 관찰한다고 하자. 이 경우 관찰 항목들을 상체활동능력, 거동능력 등으로 묶기 위하여 요인분석을 이용할 수 있다.

분석 결과 어떤 항목들이 서로 밀접하게 관련이 있는지, 요인 점수를 얻기 위하여 어느 항목에 어느 정도의 가중치를 주어야 하는지도 알 수 있다. 또 측정한 변수의 수가 굉장히 많은 경우 어떤 변수들이 서로 어떻게 관련되었는지는 모르지만, 몇 개의 요인으로 재구성하고자 할 때도 요인분석을 이용할 수 있다. 그래서 요인분석을 탐색적 분석이라고도 한다.

항목이 많다고 해서 항상 요인분석을 해야 하는 것은 아니다. 각 항목이 어떤 요인을 측정하기 위한 것인지를 미리 알거나, 주어진 요인에서 각 항목의 가중치를 미리 알고 있다면 구태여 요인분석을 할 필요가 없다.

요인분석을 하기 전에는 상체활동능력과 거동능력 등 두 가지 요인을 기대 했지만, 막상 분석을 해보면 기대한대로 나오지 않는 경우가 많다. 관찰된 문항 안에 3가지 이상의 요인이 있는 것으로 나타날 수도 있고, 2가지 이하의 요인이 있는 것으로 나타날 수도 있다.

요인분석을 하기 전에는 대상 변수들간의 상관계수를 점검한다. 요인분석 자체가 변수들간의 상관관계를 분석하여 서로 상관이 높은 변수들을 하나의 요인으로 묶는 분석방법이기 때문에 상호간의 상관관계가 낮은 변수는 요인분석에 구태여 포함시킬 필요가 없다. 대체로 상관계수가 $-.4$에서 $+.4$사이에 있는 변수는 분석에서 제외시키는 것이 좋다.

요인분석에는 몇 가지 단계가 있다.

(1) 요인 수를 결정한다.
(2) 해석하기 쉽게 회전시킨다.[59]
(3) 요인적재량을 이용하여 요인을 이루는 항목들을 선택한다.
(4) 요인이 측정하고자 하는 내용을 찾아 요인의 이름을 붙인다.
(5) 분석이 가능하게 요인 점수를 계산한다.

2. 요인추출방법

많은 변수에서 요인을 추출해내는 방법에는 여러 가지가 있지만 그 중 주성분방법이 가장 많이 쓰인다. 주성분방법은 먼저 모든 변수의 분산 중 가장 많은 부분을 설명하는 요인(주성분)을 추출하고 나서 두 번째 요인은 나머지 분산 중 가장 많은 부분을 설명하는 요인을 추출하는 방법이다. 여기서 두 번째 요인은 첫 번째 요인과 서로 직교하여야 한다. 서로 직교한다 함은 서로 상관이 없다는 뜻이다. 이 방법은 추출되는 요인의 수가 증가하여도 각 요인에 적재된 적재량은 변하지 않는 장점을 가지고 있다.

---

[59] 회전은 변수들간의 관계를 한 방향에서만 보지 않고, 다른 각도로 틀어서 보는 것을 말한다.

요인을 추출하는 다른 방법으로 최대우도법이 있다. 이 방법은 요인이 정규분포를 따른다고 가정할 수 있을 때 사용한다.

3. 요인 수 결정

요인 수를 결정하는 방법 중 흔히 쓰이는 방법은 고유값을 이용하는 방법과 스크리도표를 이용하는 방법이다.

(1) 고유값을 이용한 요인 수의 결정

고유값(eigen value)은 '측정된 변수 중 어느 정도를 각 요인이 설명하는가'를 나타내는 값으로서, 모든 고유값을 다 합하면 분석에 사용된 변수의 수와 같은 값이 나온다. 만일 요인분석에 사용된 변수의 수가 14개이고 첫 번째 고유값이 3.544라면, 이 요인은 변수들의 총 변동의 3.544/14=.2531, 즉, 25.3%를 설명한다는 뜻이다.

일반적으로 1이상인 고유값의 개수로 요인의 수를 결정한다.

(2) 스크리도표를 이용한 요인 수의 결정

스크리(scree)는 바위부스러기가 있는 산비탈을 의미하는 말로서, 이 역시 고유값을 이용하는 것이다. 고유값을 Y축으로, 요인(성분)의 번호를 X축으로 정하여 산점도를 그렸을 때, 그 모습이 마치 산비탈에 바위부스러기가 널려있는 모습 같아서 붙여진 이름이다. 스크리도표를 그려보면 성분번호가 증가할수록 고유값이 점점 작아지는 것을 알 수 있다. 또 고유값과 고유값을 직선으로 이어보면, 그 기울기도 점점 작아져서 나중에는 거의 수평에 가까워진다.

스크리도표를 이용하는 방법은 도표에서 고유값을 이은 직선의 기울기가 급격히 낮아지기 직전의 수를 요인의 수로 결정하는 방법이다. 고유값을 이용한 방법과 큰 차이가 없는 경우가 대부분이지만, 시각적인 데이터가 판단에 도움을 준다.

〈그림 14-1〉에는 14개 항목으로 요인분석을 하는 경우의 스크리도표가 있다. 고유값간의 기울기를 보면 성분 번호 1→2, 2→3 사이의 기울기는 비교적 급격하다가 3→4 사이의 기울기가 갑자기 완만해지는 것을 알 수 있다. 이 경우 3개의 요인을 추출할 수 있다.

그림에는 고유값이 1인 위치에 참조선이 그어져 있다. 만일 고유값을 기준으로 고유값이 1 이상인 요인을 추출한다면 아마도 6개의 요인을 추출하게 될 것이다.

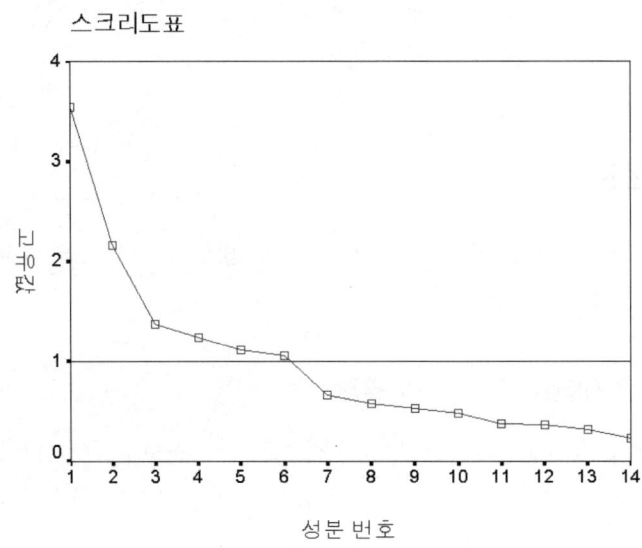

<그림 14-1> 14항목을 분석하는 경우의 스크리도표

4. 요인회전

요인분석을 통해서 요인을 추출해냈다고 해도 때로는 요인들이 서로 명확히 구분되지 않는 경우가 있다. 이 경우를 비유를 들어 설명하면 다음과 같다.

<그림 14-2> 요인 회전의 설명 - 정육면체의 회전

정육면체인 커다란 블록이 있다고 하자. 블록에는 3가지의 서로 평행인 모서리가 있다. 각각을 X축과 Y축, Z축이라 하자. 이 블록을 정면에서 보면 세 개의 축이 모두 보이지 않는 경우가 있다. 이때 블록을 조금 돌리면 축들이 명확히 구분되지는 않지만 세 개가 있는 것을 알 수 있는 방향이 있다. 블록을 조금 더 돌려보면 세 개의 축이 모두 명확히 구분되는 지점이 있다.

요인 회전도 이와 비슷하게 생각하면 된다. 각 변수가 모든 요인에 어느 정도 씩은 적재되게 되는데, 될 수 있으면 한 요인에만 높게 적재되도록 하여 쉽게 구분할 수 있도록 하는 방법이다. 요인의 회전은 직각회전(orthogonal rotation)과 사각회전(oblique rotation)이 있다.

(1) 직각회전

직각회전(orthogonal rotation)은 요인간의 각도를 직각으로 유지하면서 회전하는 방법이다. 요인들 간에 상관관계가 없는 경우에 사용한다.

직각회전에는
- 베리멕스(varimax)
- 쿼티멕스(quartimax)
- 이퀴멕스(equimax) 방법 등이 있다.

이중 베리멕스 방법이 가장 널리 쓰인다. 베리멕스 방법은 각 요인의 요인 적재량을 0이나 1에 가깝게 만들기 때문에 요인을 이루는 항목을 찾아내기에 용이하게 해주는 방법이다.

직각회전을 하면 요인이 모든 변수들의 총 분산을 설명하는 정도(커뮤날리티)나 요인들의 고유값에 아무런 변화가 없다. 또한 요인들 간의 상관계수는 0으로서, 회전 이전과 변함이 없다.

(2) 사각회전

사각회전(oblique rotation)은 요인들 간에 상관관계가 있는 경우에 사용한다. 한 요인에 적재량이 높은 것은 더욱 높아지게, 낮은 것은 더욱 낮아지게 요인을 회전한다. 오블리민(direct oblimin)방법이 널리 쓰인다.

직각회전을 이용할 것인가 사각회전을 이용할 것인가의 결정은 분석하는 사람의 선택에 달렸다. 각 요인들이 서로 아무런 상관이 없다면 직각회전을, 서로 상관이 있다면 사각회전을 이용한다. 예를 들어 다이어트성향 조사에서 '단 음식'과 '지방성 음식' 요인을 추출한 경우, 두 요인이 아무런 상관이 없다고 믿는다면 직각회전 방법을 사용할 수 있다. 그러나 소비자의 성향으로 '소박한 성향'과 '사치성향' 요인을 추출하고 두 변수가 서로 아무런 상관이 없다는 자신이 없는 경우에는 사각회전 방법을 이용한다.

5. 요인적재량 해석

어떤 항목들을 함께 묶어 같은 요인에 포함시킬 것인가는 요인적재량을 보고 결정한다. 요인적재량(loading)은 변수와 요인의 상관관계를 나타내는 값으로서 적재량이 높은 변수를 요인에 포함시키는 것이다. 일반적으로 요인적재량의 절대값이 .6이상이면 높다고 하고, .4이상이면 약간 높다고 한다.

요인적재량의 해석도 요인 수의 결정이나 회전 방법의 결정처럼 상당히 주관적이고 상대적이다. 주관적이라 함은 해석하는 사람의 기준에 따라 달라진다는 뜻이고, 상대적이라 함은 한 요인만 고려하지 않고 다른 요인과의 관계를 함께 검토해서 결정한다는 뜻이다.

6. 요인이름 정하기

요인의 이름은 컴퓨터가 정해주지 않는다. 각 요인에 높게 적재된 변수들의 공통성을 살펴보아 연구자가 직접 이름을 정해야한다. 요인의 이름 정하는 것을 올림픽의 10종 경기 기록을 분석한 데이터를 예로 들어 살펴보자.[60]

<표 14-1> 10종 경기의 4요인 이름

요인번호	요인이름	적재변수
1	오래달리기	1500m 달리기
2	팔 힘	원반던지기 투포환 투창
3	속도	100m 달리기 400m 달리기 멀리뛰기
4	다리 힘	높이뛰기 100m 장애물달리기 장대높이뛰기

올림픽의 10종 경기에는 ① 100m 달리기 ② 멀리 뛰기 ③ 투포환 ④ 높이뛰기

---

60) Johnson and Wichern. Applied Multivariate Statistical Analysis. Prentice-Hall, 1982. p. 418.

⑤ 400m 달리기 ⑥ 100m 장애물달리기 ⑦ 원반던지기 ⑧ 장대높이뛰기 ⑨ 투창 ⑩ 1500m 달리기가 포함된다. 요인분석 결과 4개의 요인이 추출되었는데, 〈표 14-1〉과 같이 이름 붙이고 있다. 요인의 이름을 붙이는 것이 때로는 굉장히 어렵다. 요인이 측정하는 바가 명확하지 않은 경우도 많기 때문이다.

7. 요인점수 계산

요인은 여러 각도에서 측정한 것을 새롭게 구성한 하나의 변수로 취급할 수 있으므로 각 케이스마다 각 요인의 점수를 계산하여 새로운 분석에 사용할 수 있게 한다. 요인점수(factor score)는 각 변수의 요인점수 계수행렬(factor score coefficient)의 값을 각 변수의 관찰값에 곱한 뒤 모두 합해서 구한다. 이 과정을 각각의 요인마다 되풀이한다.

요인점수 계수행렬은 회귀분석방법으로 구한 것을 많이 이용한다.

8. SPSS로 요인분석하기

요인분석은 SPSS의 주메뉴에서 〈그림 14-3〉과 같이 분석(A) → 데이터 축소(D) → 요인분석(F)... 을 클릭하여 요인분석 대화상자를 연다. 예제를 함께 살펴보자.

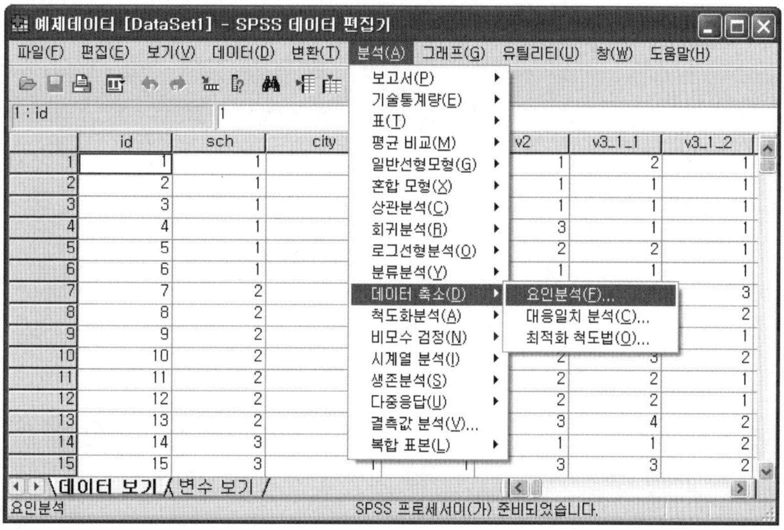

〈그림 14-3〉 요인분석

제 14 장   요인분석

청소년 데이터(예제데이터.sav)에서 3번 질문의 12문항은 아버지와의 관계(father)와 어머니와의 관계(mother)에 대해 묻는 항목이다. 이 중 아버지와의 관계를 묻는 12개의 문항을 몇 개의 요인으로 축소할 수 있는지 분석하여 보자. 추출방법은 주성분방법을, 회전은 사각회전인 오블리민 방법을 이용하자.

12개 변수 중 11번 문항을 제외한 11개 변수는 3장에서 역코딩을 했었는데, 요인분석시에는 역코딩을 한 변수를 사용한다. 따라서, 〈그림 14-4〉와 같이 요인분석 대화상자에서 역코딩을 한 변수인 a3_1_1부터 a3_1_10과 a3_1_12, 11개 변수를 선택하여 선택변수목록으로 옮기고 11번 문항은 역코딩을 하지 않았으므로 하지 않은 v3_1_11 변수를 옮긴다.[61]

① 상관계수를 구하기 위하여 [기술통계(D)...]를 클릭하여 대화상자의 상관행렬 에서 ☑계수(C) 와 ☑유의수준(S) 을 클릭한다.

② 스크리도표를 출력하기 위하여 [요인추출(E)...] 대화상자의 출력 에서 ☑스크리 도표(S) 를 클릭한다.

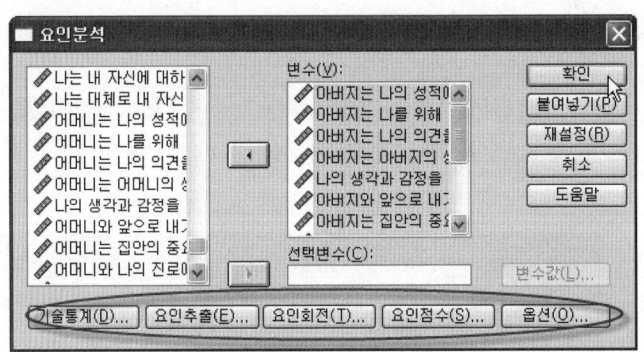

<그림 14-4> 요인분석 대화상자

③ 회전방법을 지정하기 위하여 [요인회전(T)...] 대화상자의 방법 에서 ○베리멕스(V) 나 ◉직접 오블리민(O) 을 클릭한다. 사회과학 데이터의 경우 변수간에 상관관계가 있는 경우가 많으므로 이 예제에서는 널리 쓰이는 사각회전 방법인 직접 오블리민 방법을 지정한다.

④ 요인점수는 [요인점수(S)...] 대화상자에서 ☑변수로 저장(S) 을 클릭하면 기본값인 ◉회귀분석(R) 이 저절로 선택된다.

---

[61] 역코딩시 변수이름을 a3_1_1로 주었다.

⑤ 같은 요인에 높게 적재된 변수들을 함께 출력하기 위하여 옵션(O)... 의 계수출력형식 에서 ☑크기순 정렬(S) 을 클릭한다. 계속 과 확인 을 클릭하면 결과가 나온다. 결과는 각 부분마다 따로 설명하기로 한다. 상관계수행렬은 너무 커서 이 지면에 모두 실을 수 없으므로 싣지 않는다. 거의 모든 변수에 상관계수가 .3이상인 경우가 한번 이상 있다. 아래에는 상관계수의 유의확률이 나와 있는데, 대부분의 변수간의 상관관계가 유의함을 확인할 수 있다.

〈출력 14-1〉에는 초기의 커뮤날리티와 추출 후의 커뮤날리티가 나와있다. 요인의 추출은 주성분분석방법으로 실시하였다.

〈출력 14-1〉 커뮤날리티

공통성

	초기	추출
아버지는 나의 성적에 관심이 많다	1.000	.609
아버지는 나를 위해 물질적 지원을 해준다	1.000	.678
아버지는 나의 의견을 존중해준다	1.000	.586
아버지는 아버지의 생각과 감정을 나와 나눈다	1.000	.715
나의 생각과 감정을 아버지와 나눈다	1.000	.714
아버지와 앞으로 내가 어떻게 살 것인가에 대한 대화를 한다	1.000	.684
아버지는 집안의 중요한 일을 나와 상의한다	1.000	.517
아버지와 나의 진로에 대한 대화를 한다	1.000	.705
아버지는 나의 친구관계를 잘 안다	1.000	.687
아버지는 내가 밖에 나가 있을 때 누구와 있는지 안다	1.000	.789
나는 아버지를 존경한다	1.000	.643
나는 아버지와 갈등이 있다	1.000	.604

추출 방법: 주성분 분석.

〈출력 14-2〉의 설명된 총 분산에서 첫 번째 부분의 %분산(분산의 설명된 부분)은 초기 고유값을 변수의 개수로 나누어 구한다. 예를 들어 첫 번째 줄의 고유값은 4.325로서 변수의 수 12로 나누면 .3604, 약 36.0%가 된다. %누적은 %분산을 누적한 값이다. 예를 들어 두 번째 줄의 47.8%는 첫줄의 36.0%에 둘째 줄의 %분산 11.8%를 더한 값이다.

초기 고유값 중 4개가 1보다 크므로 따로 요인의 수를 지정하지 않으면 4개의 요인을 추출하게 된다. 추출제곱합 적재값에는 네 개의 요인에 대한 고유값과 %분산이 나오는데, 네 번째 줄의 %누적인 66.090은 네 개의 요인으로 총 분산의 약 66.1%를 설명할 수 있다는 뜻이다. 그 다음 줄을 보면, 다섯개의 요인을 추출할 경우, 총 분산의 약 73.1%가 설명된다. 여기서는 네 개의 요인까지만 추출하기로 한다.

<출력 14-2> 설명된 총 분산

설명된 총분산

성분	초기 고유값			추출 제곱합 적재값			회전 제곱합 적재값		
	전체	% 분산	% 누적	전체	% 분산	% 누적	전체	% 분산	% 누적
1	4.325	36.041	36.041	4.325	36.041	36.041	2.500	20.835	20.835
2	1.414	11.786	47.827	1.414	11.786	47.827	2.462	20.515	41.350
3	1.159	9.655	57.481	1.159	9.655	57.481	1.551	12.923	54.273
4	1.033	8.608	66.090	1.033	8.608	66.090	1.418	11.817	66.090
5	.846	7.048	73.138						
6	.666	5.549	78.687						
7	.619	5.161	83.848						
8	.502	4.181	88.029						
9	.484	4.036	92.064						
10	.397	3.306	95.371						
11	.321	2.677	98.047						
12	.234	1.953	100.000						

추출 방법: 주성분 분석.

<출력 14-3>에는 스크리도표가 나와있다. 고유값=1에 있는 참조선은 도표 편집기(옵션 → ┝ Y축 참조선)에서 추가한 것이다. 고유값이 1이상인 것이 4개임을 알 수 있다. 스크리도표의 고유값을 연결한 직선의 기울기를 보면, 처음 두 개의 고유값을 이은 선은 매우 가파른데 2→3과 그 이후는 상대적으로 대단히 완만한 것을 볼 수 있다. 요인의 수는 2개를 고려해 볼 수도 있다. 그러나 SPSS의 기본값은 고유값이 1 이상인 요인의 수이므로, 이 예제에서는 4개의 요인을 선택하는 것으로 하자.

<출력 14-3> 스크리도표

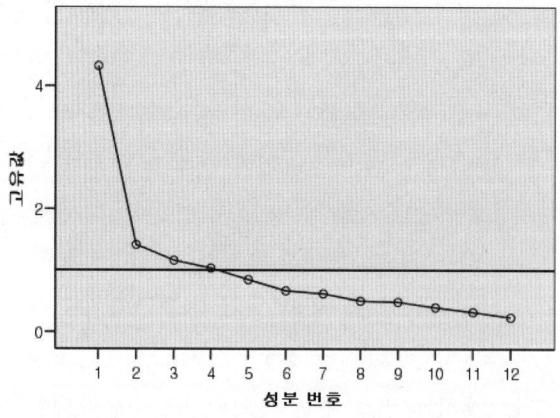

스크리 도표

<출력 14-4> 성분 행렬

성분행렬 [a]

	성분			
	1	2	3	4
나의 생각과 감정을 아버지와 나눈다	.769	-.090	-.185	-.283
아버지는 아버지의 생각과 감정을 나와 나눈다	.734	-.126	-.291	-.273
나는 아버지를 존경한다	.667	-.358	.260	.038
아버지와 앞으로 내가 어떻게 살 것인가에 대한 대화를 한다	.647	.479	-.161	-.104
아버지는 나의 의견을 존중해준다	.639	-.277	.231	-.220
아버지는 집안의 중요한 일을 나와 상의한다	.603	.191	-.318	-.124
아버지는 나의 친구관계를 잘 안다	.586	-.087	-.104	.570
나는 아버지와 갈등이 있다	.556	-.488	.203	-.128
아버지와 나의 진로에 대한 대화를 한다	.590	.593	-.078	.011
아버지는 나의 성적에 관심이 많다	.256	.539	.500	.047
아버지는 나를 위해 물질적 지원을 해준다	.467	.120	.661	.089
아버지는 내가 밖에 나가 있을 때 누구와 있는지 안다	.524	-.131	-.214	.672

요인추출 방법: 주성분 분석.
a. 추출된 4 성분

<출력 14-5> 패턴행렬

패턴 행렬 [a]

	성분			
	1	2	3	4
나는 아버지와 갈등이 있다	.775	-.062	-.021	.057
아버지는 나의 의견을 존중해준다	.714	.139	.111	-.049
나는 아버지를 존경한다	.688	-.032	.134	.228
아버지와 앞으로 내가 어떻게 살 것인가에 대한 대화를 한다	-.063	.774	.192	.049
아버지와 나의 진로에 대한 대화를 한다	-.186	.714	.330	.115
아버지는 집안의 중요한 일을 나와 상의한다	.062	.672	-.100	.091
아버지는 아버지의 생각과 감정을 나와 나눈다	.435	.600	-.246	.016
나의 생각과 감정을 아버지와 나눈다	.479	.585	-.133	-.011
아버지는 나의 성적에 관심이 많다	-.061	.164	.749	-.063
아버지는 나를 위해 물질적 지원을 해준다	.402	-.092	.702	.067
아버지는 내가 밖에 나가 있을 때 누구와 있는지 안다	-.041	.005	-.080	.904
아버지는 나의 친구관계를 잘 안다	.051	.050	.031	.789

요인추출 방법: 주성분 분석.
회전 방법: Kaiser 정규화가 있는 오블리민.
a. 18 반복계산에서 요인회전이 수렴되었습니다.

<출력 14-6> 구조행렬

구조행렬

	성분			
	1	2	3	4
나는 아버지와 갈등이 있다	.774	.179	.015	.286
나는 아버지를 존경한다	.759	.263	.189	.455
아버지는 나의 의견을 존중해준다	.744	.349	.164	.240
아버지와 앞으로 내가 어떻게 살 것인가에 대한 대화를 한다	.189	.802	.317	.298
아버지와 나의 진로에 대한 대화를 한다	.076	.749	.446	.321
아버지는 집안의 중요한 일을 나와 상의한다	.282	.703	.019	.315
나의 생각과 감정을 아버지와 나눈다	.639	.700	-.018	.317
아버지는 아버지의 생각과 감정을 나와 나눈다	.603	.693	-.127	.322
아버지는 나의 성적에 관심이 많다	.004	.245	.765	.053
아버지는 나를 위해 물질적 지원을 해준다	.432	.157	.715	.245
아버지는 내가 밖에 나가 있을 때 누구와 있는지 안다	.249	.271	.019	.884
아버지는 나의 친구관계를 잘 안다	.323	.323	.128	.825

요인추출 방법: 주성분 분석.
회전 방법: Kaiser 정규화가 있는 오블리민.

성분 상관행렬

성분	1	2	3	4
1	1.000	.292	.051	.324
2	.292	1.000	.158	.321
3	.051	.158	1.000	.111
4	.324	.321	.111	1.000

요인추출 방법: 주성분 분석.
회전 방법: Kaiser 정규화가 있는 오블리민.

성분행렬(〈출력 14-4〉)은 회전하기 전의 초기 적재량을 보여주는 부분이다. 적재량의 해석은 회전 후의 것으로 하는 것이 쉬우므로 이 부분은 해석하지 않는다.

오블리민 방법으로 회전한 결과는 〈출력 14-5〉와 같은 패턴행렬을 보면 된다. 같은 요인에서 적재량이 높은 변수부터 차례로 정렬되었다. 패턴행렬을 보면서 각 적재량을 해석해보자. 각 요인에 어떤 이름을 붙일 수 있겠는지 각자 생각해보자. 앞서 말한 것처럼, 각 요인에 붙이는 이름은 연구자에 따라 얼마든지 달라질 수 있다. 즉, 아래 풀이에 붙여둔 이름이 정답이 아니라는 것이다.

① 첫 번째 요인에는 '나는 아버지와 갈등이 있다', '아버지는 나의 의견을 존중해준다', '나는 아버지를 존경한다'가 .6이상으로 높게 적재되었다. '아버지와 상호존중'이라고 이름 붙일 수 있겠다.

② 두 번째 요인에는 '아버지와 앞으로 내가 어떻게 살 것인가에 대한 대화를 한다', '아버지와 나의 진로에 대한 대화를 한다', '아버지는 집안의 중

요한 일을 나와 상의 한다', '아버지는 아버지의 생각과 감성을 나와 나눈다', '나의 생각과 감정을 아버지와 나눈다'가 높게 적재되었다. '아버지와 생각나누기'라고 이름 붙일 수 있겠다.

③ 세 번째 요인에는 '아버지는 나의 성적에 관심이 많다', '아버지는 나를 위해 물질적 지원을 해준다'가 높게 적재되었다. '아버지의 지원'이라고 이름 붙여보자.

④ 네 번째 요인에는 '아버지는 내가 밖에 나가 있을 때 누구와 있는지 안다', '아버지는 나의 친구관계를 잘 안다'가 높게 적재되었으며, '아버지와 친구'라고 이름붙일 수 있겠다.

구조행렬(〈그림 14-6〉)은 요인과 각 변수들 간의 상관관계를 설명하는 것으로서, 탐색적 요인분석에서는 고려하지 않아도 된다. 또 성분 상관행렬은 추출된 성분(요인)들 간에 얼마나 상관관계가 있는지를 나타낸다. 첫 번째 요인 '아버지와 상호존중'은 네 번째인 '아버지와 친구', 두 번째인 '아버지와 생각나누기'와 비교적 높은 상관을 보이고 있다. 두 번째와 네 번째 요인 간에도 상관관계가 있다.

각 마지막으로 [요인점수(S)...] 에서 [⊙회귀분석(R)] 방법으로 계산된 요인 점수를 [☑변수로 저장(S)] 한 결과는 데이터에 나타나있다. 변수이름 fac1_1 부터 fac4_1 까지 네 가지 요인의 점수이다. 각 요인이 측정하고자 하는 것이 확실해지면 11개의 변수 대신 이 4개 요인들을 분석할 수 있다.

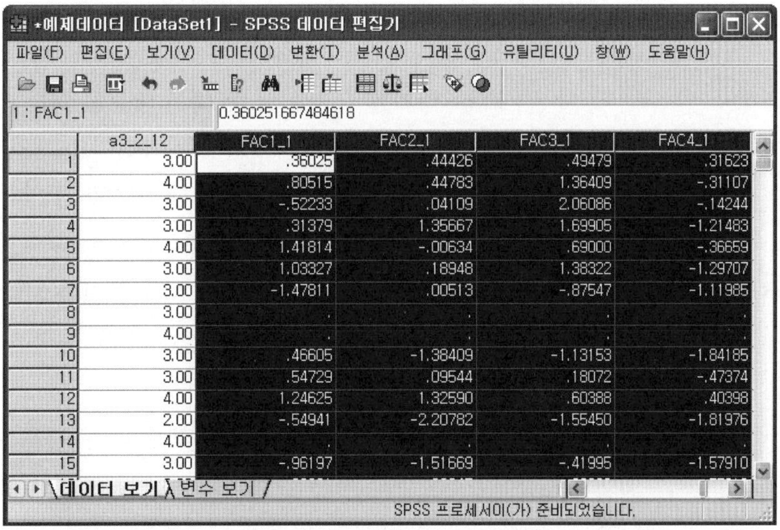

	a3_2_12	FAC1_1	FAC2_1	FAC3_1	FAC4_1
1	3.00	.36025	.44426	.49479	.31623
2	4.00	.80515	.44783	1.36409	-.31107
3	3.00	-.52233	.04109	2.06086	-.14244
4	3.00	.31379	1.35667	1.69905	-1.21483
5	4.00	1.41814	-.00634	.69000	-.36659
6	3.00	1.03327	.18948	1.38322	-1.29707
7	3.00	-1.47811	.00513	-.87547	-1.11985
8	3.00	.	.	.	.
9	4.00	.	.	.	.
10	3.00	.46605	-1.38409	-1.13153	-1.84185
11	3.00	.54729	.09544	.18072	-.47374
12	4.00	1.24625	1.32590	.60388	.40398
13	2.00	-.54941	-2.20782	-1.55450	-1.81976
14	4.00	.	.	.	.
15	3.00	-.96197	-1.51669	-.41995	-1.57910

<그림 14-5> 오블리민 방법으로 계산된 요인점수가 데이터에 추가됨

이번에는 베리멕스 방법으로 요인분석을 한 결과도 함께 살펴보고 비교해 보자. 베리멕스 방법으로 회전한 결과는 〈출력 14-7〉과 같다. 베리멕스 방법으로 회전한 결과는 오블리민 방법으로 했을 때와 거의 같고, 회전된 성분행렬만이 다르다.

<출력 14-7> 회전된 성분행렬

회전된 성분행렬a

	성분			
	1	2	3	4
아버지와 앞으로 내가 어떻게 살 것인가에 대한 대화를 한다	.765	.067	.128	.281
아버지와 나의 진로에 대한 대화를 한다	.709	-.050	.176	.412
아버지는 집안의 중요한 일을 나와 상의한다	.676	.181	.162	-.016
아버지는 아버지의 생각과 감정을 나와 나눈다	.635	.521	.118	-.161
나의 생각과 감정을 아버지와 나눈다	.625	.557	.098	-.052
나는 아버지와 갈등이 있다	.050	.765	.131	.003
나는 아버지를 존경한다	.106	.719	.293	.171
아버지는 나의 의견을 존중해준다	.224	.715	.048	.148
아버지는 내가 밖에 나가 있을 때 누구와 있는지 안다	.164	.138	.862	-.015
아버지는 나의 친구관계를 잘 안다	.203	.214	.769	.095
아버지는 나의 성적에 관심이 많다	.172	-.042	-.027	.760
아버지는 나를 위해 물질적 지원을 해준다	.004	.400	.119	.709

요인추출 방법: 주성분 분석.
회전 방법: Kaiser 정규화가 있는 베리멕스.
a. 6 반복계산에서 요인회전이 수렴되었습니다.

① 첫 번째 요인에는 '아버지와 앞으로 내가 어떻게 살 것인가에 대한 대화를 한다', '아버지와 나의 진로에 대한 대화를 한다', '아버지는 집안의 중요한 일을 나와 상의한다', '아버지는 아버지의 생각과 감정을 나와 나눈다', '나의 생각과 감정을 아버지와 나눈다'가 .6이상으로 높게 적재되었다. '아버지와 생각나누기'라고 이름 붙일 수 있겠다.

② 두 번째 요인에는 '나는 아버지와 갈등이 있다', '나는 아버지를 존경한다', '아버지는 나의 의견을 존중해준다'가 높게 적재되었다. '아버지와 상호 존중'이라고 이름 붙일 수 있겠다.

③ 세 번째 요인에는 '아버지는 내가 밖에 나가 있을 때 누구와 있는지 안다', '아버지는 나의 친구관계를 잘 안다'가 높게 적재되었으며, '아버지와 친구'라고 이름붙일 수 있겠다.

④ 네 번째 요인에는 '아버지는 나의 성적에 관심이 많다', '아버지는 나를 위해 물질적 지원을 해준다'가 높게 적재되었다. '아버지의 지원'이라고 이름 붙여보자.

직각회전에서 나온 결과를 사각회전 결과와 비교해보면 아주 근소한 차이가 있는 것을 알 수 있다. 어떤 방법을 사용할 것인가는 요인들간에 서로 상관이 있을 것으로 생각하는지에 대한 연구자의 결정에 따른다.

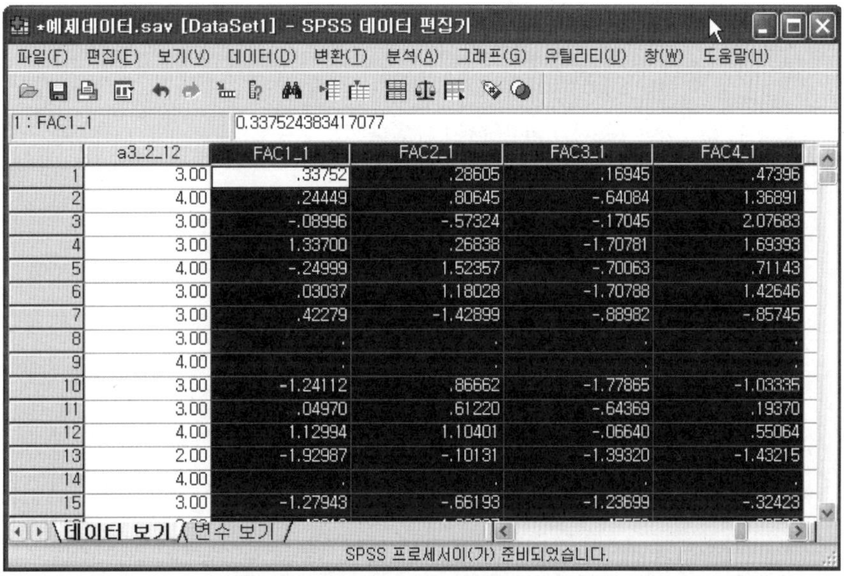

<그림 14-6> 회귀분석 방법으로 계산된 요인점수가 데이터에 추가됨

9. 결과 보고하기

요인분석의 결과는 회전된 성분(요인)행렬(<출력 14-7>)을 보고하거나 각 요인에 높게 적재된 변수만 적재량과 함께 보고하고, 각 요인의 이름을 설명한다.

제 14 장 요인분석

<표 14-2> 요인분석 결과

변수	변수설명	요인 I	요인 II	요인 III	요인 IV
v3_1_6	아버지와 앞으로 내가 어떻게 살 것인가에 대한 대화를 한다	.765			
v3_1_8	아버지와 나의 진로에 대한 대화를 한다	.709			
v3_1_7	아버지는 집안의 중요한 일을 나와 상의한다	.676			
v3_1_4	아버지는 아버지의 생각과 감정을 나와 나눈다	.635			
v3_1_5	나의 생각과 감정을 아버지와 나눈다	.625			
v3_1_11	나는 아버지와 갈등이 있다		.765		
v3_1_12	나는 아버지를 존경한다		.719		
v3_1_3	아버지는 나의 의견을 존중해 준다		.715		
v3_1_10	아버지는 내가 밖에 나가 있을 때 누구와 있는지 안다			.862	
v3_1_9	아버지는 나의 친구관계를 잘 안다			.769	
v3_1_1	아버지는 나의 성적에 관심이 많다				.760
v3_1_2	아버지는 나를 위해 물질적 지원을 해준다				.709
eigen value		4.325	1.414	1.159	1.033
variance		36.041	11.786	9.655	8.608
cummulative variance		36.041	47.027	57.481	66.090

연습문제

청소년 데이터(예제데이터.sav)를 이용하여 다음을 하시오.

1. 청소년 데이터(예제데이터.sav)에서 3번 질문의 어머니와의 관계(mother)를 묻는 12문항을 몇 개의 요인으로 축소할 수 있는지 분석하여 보자. 아버지와의 관계를 분석한 결과와 같은지 다른지 살펴보고, 그 이유를 생각해보자.

과 제

1. 변수중 여러 문항을 가지고 하나의 개념을 재는 문항이 있다면 해당 변수들을 몇개의 요인으로 축소할 수 있는지 분석하여 보자.

제15장 신뢰도분석

제1절 신뢰도

제2절 신뢰도분석

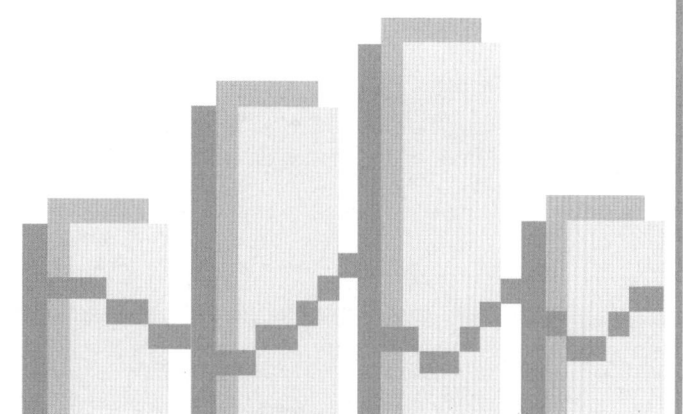

이 장에서는 사회조사에서 많이 쓰이는 측정도구의 신뢰도에 대해 공부한다.
일관성 있게 측정된 도구는 신뢰도가 높은 도구이다.

제1절 신뢰도

1. 측정과 도구

측정(measurement)이란 어떤 대상자나 사건의 속성에 일정한 규칙에 따라 숫자를 할당하는 것이다. 예를 들어 '책 모서리의 길이'를 측정하기 위해서는 표준잣대를 이용하여 길이를 재서 cm로 나타낸다. 이처럼 길이나 무게, 연령, 온도 등은 사회적으로 약속한 잣대를 이용하여 측정하기 때문에 표준에 맞는 잣대를 기준대로만 이용한다면 정확한 측정을 할 수 있다. 그러나 사회조사에서 흔히 측정하는 행복이나 사랑, 생활만족도, 자존감(self esteem) 등의 개념을 측정하기 위해서는 따로 준비된 잣대가 필요하다. 측정에 사용되는 잣대를 측정도구(instrument), 또는 간단히 도구라 한다.

예를 들어 '생활에서 다른 사람들의 도움을 얼마나 받고 있는가(사회적 지지정도)'를 측정한다고 하자. 이 경우, '다른 사람들이 얼마나 도와줍니까?'라는 질문 하나로 측정을 할 수도 있지만, 사회적 지지정도에는 물질적인 도움, 경제적인 도움, 정신적인 도움, 일을 대신해주는 육체적인 도움 등 여러 가지 측면이 있기 때문에 응답자마다 자신의 상황이나 생각에 따라 답을 달리할 수 있다. 이렇게되면 같은 잣대로 측정했다고 볼 수 없으므로, 누구나 똑같이 이해할 수 있는 더 구체적인 질문을 하여 정확히 측정하는 것이 좋다.

<표 15-1> 사회적 지지정도 측정도구 예

	① 전혀 그렇지 않다 ② 가끔 그렇지 않다 ③ 가끔 그렇다 ④ 항상 그렇다			
1) 내가 사랑과 돌봄을 받고 있다고 느끼게 해준다.	①	②	③	④
2) 나의 일에 자부심을 가질 수 있도록 나를 인정해준다.	①	②	③	④
3) 나의 문제를 기꺼이 들어준다.	①	②	③	④
4) 내게 문제가 생긴다면 시간을 내준다.	①	②	③	④
5) 항상 나의 일에 관심을 가져준다.	①	②	③	④
6) 필요로 하는 물건을 빌려준다.	①	②	③	④
7) 합리적인 결정을 내리도록 조언을 해준다.	①	②	③	④
8) 나를 인격적으로 존중해준다.	①	②	③	④
9) 내가 잘 했을 때 칭찬해 준다.	①	②	③	④
10) 내가 아플 때 간병해 준다.	①	②	③	④

〈표 15-1〉은 사회적 지지정도를 측정하는 10항목짜리 도구로서 자가응답 설문지의 예이다. 각 항목은 '다른 사람들이 얼마나 도와줍니까?'라는 질문보다 훨씬 더 구체적이고, 각각의 질문은 도움의 여러 측면 중에서 한가지 측면만을 중점적으로 묻고 있는 것을 알 수 있다. 이러한 설문지에 응답자가 표시한 내용은 그 사람이 느끼는 사회적 지지정도를 나타내는 것이다. 이 예의 경우, 10항목에 대한 응답을 종합하여 구한 점수가 바로 응답자가 자신의 생활에 얼마나 만족하는가를 측정한 결과가 된다.

2. 확률오차와 비확률오차

아무리 정확한 잣대로 측정을 한다고 하여도, 측정에는 어느 정도의 오차가 포함되게 마련이다. 초등학교 자연시간에 알콜온도계로 온도를 측정할 때 배운 주의점을 되새겨보면 쉽게 이해할 수 있다. 우선 눈높이는 알콜막대의 끝과 수평이 되어야 한다. 눈이 너무 높거나 낮으면 실제 온도와는 다르게 읽힐 수 있기 때문이다. 또 알콜은 막대 안에서 U자모양으로 끝나기 때문에 가운데 움푹 들어간 가장 낮은 곳의 온도를 읽어야한다. 그런가하면, 알콜구(球)를 손으로 만지거나 입을 너무 가까이 가져가지 말아야 한다. 온도가 높아질 수 있기 때문이다. 정밀한 온도계를 이용한다고 해도, 이처럼 측정 방법에 따라 오차가 발생할 수 있는 것이다.

측정오차(measurement error)에는 확률오차(random error)와 비확률오차(nonrandom error)가 있다. 확률오차는 비체계적 오차(non-systematic error)라고도 하는데, 아무리 정확하게 측정하려 노력하여도 어쩔 수 없이 일어나는 오차이다. 같은 속성을 가진 대상자(케이스)를 같은 측정자가 같은 잣대를 가지고 같은 방법으로 측정하였다고 해도, 매번 같은 값을 얻게 되지는 않는다. 이 경우 발생하는 것이 바로 확률오차이다. 이 오차는 측정자가 매번 조금씩 다르게 측정하기 때문에 생기는 차이(예를 들어 눈높이를 수평으로 하려고 했지만 매번 똑같이 수평으로 되지 않기 때문에 발생하는 차이)는 물론 대상자에 발생하는 미미한 변화도 포함될 수 있고, 원래는 같은 속성을 가진 대상자들이지만, 서로 다른 주변여건/환경 때문에 대상자에 따라 차이가 나는 부분도 이에 포함되기도 한다.

확률오차에 대해서 두 가지를 기억하자. 하나는 **모든 측정에는 오차가 있다**는 것이다. 어떤 것은 오차가 조금 더 크고 어떤 것은 조금 더 작을 뿐 오차가 없는 측정은 없다. 확률오차에 대해 기억해야할 다른 하나는 확률오차는 말 그대로 오차의 발생이 완전히 확률적이고 비체계적이라는 점이다.

예를 들어 한 체중계로 50kg짜리 추를 잴 때, 어떤 때는 50kg 이하의 값이 나오기도 하고 어떤 때는 50kg 이상의 값이 나오기도 한다면, 이는 비체계적인 오차이다. 만일 항상 52kg으로 나오거나 항상 49kg으로 나온다면, 이 체중계에는 체계적인 오차가 있는 것이다. 그렇다면 체계적인 오차에 대해 살펴보자.

체계적오차(systematic error)는 **비확률오차**(nonrandom error) 라고도 하고 때로는 **편향**(bias)이라고도 한다. 예를 들어 온도를 재는 사람이 눈이 나빠서 늘 얼굴을 가까이 대고 눈금을 읽는다면, 이 사람이 온도를 잴때는 입김 때문에 항상 조금 더 높은 값이 나올 것이다. 또한 만일 온도계가 불량품이어서 눈금이 제대로 그어있지 않다면, 아무리 정확히 측정을 하려고 하여도, 항상 오차가 생길 수밖에 없을 것이다.

다른 예를 생각해보자. 만일 어떤 사람이 옛날 포목상에 쓰던 91.44cm짜리 잣대를 1m짜리 잣대로 잘못알고 키를 잰다고 하자. 이 잣대로 1m가 넘는 사람의 키를 재면 모든 사람의 키가 8.56cm작게 나올 것이다. 아무리 익숙한 측정자가 잰다고 하여도, 매번 8.56cm가 작게 재지는 것은 어찌할 도리가 없다. 이처럼 **잣대가 잘못되었거나 눈금을 읽는 방법이 항상 (일관성있게) 잘못되었을 때 발생하는 오차가 체계적오차 또는 비확률오차**이다.

3. 신뢰도와 타당도

측정이 정확하기 위해서는 확률오차와 비확률오차 두 가지가 모두 작아져야 한다. **확률오차가 작은 것을 신뢰도가 있는 측정**이라 하고, **비확률오차가 작은 것을 타당도가 있는 측정**이라고 한다. 이제 신뢰도와 타당도에 대해 생각해보자.

정확하게 측정하는 것을 화살을 과녁에 맞추는 것에 비유해보자. 즉, 화살이 과녁 한가운데에 잘 맞는다면 이는 정확하게 측정을 한 것으로 생각하는 것이다. 올림픽에 출전한 양궁선수의 화살도 늘 같은 곳에 꽂히지는 않는다. 여기저기에 꽂히는 경우, 과녁의 중심과의 차이가 바로 확률오차이다. 경험이 없는 궁수의 활은 여기저기 꽂히게 될 것이다. 만일 한 대의 화살로 목표를 맞추어야 하는 일이 있을 때, 이러한 궁수에게는 일을 맡길 수 없다. 이 궁수의 솜씨는 신뢰도가 낮기 때문이다. 그러나 만일 올림픽에서 금메달을 딴 양궁선수가 쏜다면 화살은 대개 과녁의 중앙에 가까이 맞아서 확률오차가 매우 작을 것이다. 이 궁수의 활솜씨는 믿을 수 있어서, 화살 한 대로 목표를 맞추어야 할 경우, 이 궁수에게 맡기는 것은 안심이 될 것이다. 이 궁수의 활솜씨는 신뢰도가 높다.

이처럼 신뢰도(reliability)는 확률오차와 관계가 있다. 즉 확률오차가 작을수록 신뢰도가 높다. 여기에서는 활솜씨를 예로 들었지만, 사회조사에서 어떤 개념을 측정하는 것도 마찬가지이다. 〈표 15-1〉에서 예로 든 '사회적 지지정도'를 측정하는 10개의 항목은 과연 사회적 지지정도를 얼마나 잘 측정하는가? 얼마나 신뢰성있게 측정할까? 다시 말해서 이 도구를 이용해서 생활에 만족한 사람들의 생활만족도를 측정했을 때 얼마나 **일관성있는 값이 나올까?** 일관성있는 도구란 만족도가 높은 사람의 점수는 높게, 만족도가 낮은 사람의 점수는 낮게 측정하는 도구이다. 신뢰도 분석은 이러한 일관성을 분석하는 것이다.

신뢰도가 높은 측정이라고 하여 항상 정확한 측정이 되는 것은 아니다. 예를 들어 생각해보자. 만일 궁수가 옆의 과녁을 자신의 과녁으로 잘못알고 활을 쏜다거나, 궁수의 눈에 이상이 생겨, 과녁의 약간 옆쪽을 한 가운데로 생각하고 화살을 쏜다면, 아무리 금메달 궁수라고 해도 자신이 맞춰야할 과녁에 화살을 하나도 못맞추거나 계속 과녁의 바로 옆(자신이 과녁의 중심이라고 생각하는 곳)을 맞출 것이다. 옆의 과녁이라도 한곳에 계속해서 맞추면 신뢰도는 굉장히 높을테지만, 자신이 맞혀야할 과녁을 맞추지 못하니 정확한 활솜씨가 될 수 없는 것이다. 이 궁수가 맞춰야할 과녁과 궁수가 잘못 알고 있는 과녁의 차이가 비확률오차 또는 체계적 오차이다. 비확률오차가 클수록 타당도가 낮다. 옆의 과녁을 자신의 과녁으로 잘못알고 활을 쏘는 올림픽 궁수의 활솜씨는 신뢰도는 높지만 타당도는 매우 낮다.

타당도(validity)는 측정하고자 하는 개념 제대로 측정하는 것을 의미한다. 예를 들어 지능검사는 생활만족도를 측정하는데는 타당성있는 도구가 아니다. 또 지능검사는 언어와 문화에 대한 종합적인 평가이기 때문에, 미국에서 활용되는 지능검사는 한국사람의 지능을 측정하는 타당성있는 도구가 아니다.

신뢰도와 타당도에 대해서 꼭 기억해야할 점이 두가지 있다. 하나는 신뢰도가 높은 도구가 타당도도 높은 것은 아니라는 것이다. 앞에서 살펴본 옆의 과녁에 활을 쏘는 올림픽 선수의 활솜씨는 신뢰도는 높지만 타당도는 매우 낮다. 정확한 측정이라는 것은 우선 타당도가 높아야 한다. 타당도가 낮다면 아무리 신뢰도가 높아도 정확한 측정이 되지 않는다. 옆 과녁의 중심에 아무리 잘 쏘아도, 내 과녁의 여기 저기를 맞추는 것만 못한 것이다. 측정도구는 우선 타당도가 높아야 한다. 다른 하나는, 신뢰도는 반복을 통해서 높일 수 있지만 타당도는 아무리 반복을 해도 높일 수 없다. 91.44cm짜리 잣대를 1m짜리 잣대로 알고 아무리 여러번 측정해도 키를 정확히 잴 수 없는 것이다.

사회조사에서 널리 활용되는 도구들은 대체로 타당도가 높은 것들이다. 이 장에서는 기본적으로 타당도가 있는 도구의 신뢰도에 대하여 공부한다.

4. 확률오차의 특성

확률오차는 모든 측정에 필연적으로 나타날 수밖에 없다고 하였다. 확률오차의 특성에 대해 간단히 살펴보자.

어떤 개념을 측정하여 얻은 점수를 X라 할 때, 이 값은 우리가 측정하고자 하는 참값 t와 오차 e로 이루어진다고 할 수 있다. 이를 수식으로 나타내면

$$관찰한\ 점수 = 참값 + 오차$$

$$X = t + e$$

이다. 이 수식은, 개념을 측정한 모든 점수는 참값과 오차 두 부분으로 이루어짐을 나타낸다. 한편, 오차는 앞에서 살펴본 것과 같이 확률오차와 비확률오차로 나눌 수 있는데, 우리는 타당도가 있는 도구의 신뢰도에 대하여 공부하기로 하였으므로 확률오차만 있다고 생각하기로 하자. 우리가 '관찰'한 점수 X는 관찰하는 순간 이미 결정되는 것이므로, 참값과 확률오차란 과연 무엇인지 살펴보자.

(1) 참값

참값은 이론적이고 추상적인, 측정할 수 없는 값이다. 한 대상자의 참값은 같은 변수를 굉장히 많이(거의 무한대 반복) 측정해서 낸 평균과 같다고 할 수 있다. 그러나 실제로는 그렇게 많이 측정할 수 없으므로 참값은 단지 추상적, 이론적으로만 존재하는 것이다.

(2) 확률오차

확률오차 e의 특성을 몇가지 살펴보자. (1) 측정한 값 X는 어떤 때는 참값보다 조금 더 크기도 하고, 어떤 때는 조금 더 작기도 하다. 즉, 확률오차 e는 참값 t를 중심으로 때로는 양의 값을, 때로는 음을 값을 가진다. 굉장히 많은 반복측정을 한 경우, 그 평균은 0이 될 것이다. (2) 또한 참값이 크다고 해서 확률오차가 더 커진다

거나, 참값이 작다고 해서 더 작아진다거나 하지 않는다. 즉, 참값의 크기와 확률오차의 크기는 서로 상관이 없을 것이다. (3) 한 대상자를 먼저 측정한 확률오차의 크기는 나중에 측정한 확률오차의 크기에 전혀 영향을 미치지 않을 것이다. 즉, 측정 시기가 다른 두 대상자의 확률오차 e_1과 e_2는 서로 상관이 없을 것이다.

위의 특성들은 한 대상자를 반복해서 측정했을 때의 특성이지만, 이러한 가정 하에서 여러 대상자를 반복해서 측정했을 때 발생하는 확률오차에 대해서도 같은 방법으로 이해할 수 있다. 여러 대상자를 측정한 경우, 측정한 점수와 참값, 확률오차의 분산을 구하여, 분산들의 비로 신뢰도를 구할 수 있다.

제2절 신뢰도 분석

1. 신뢰도 평가방법

한 도구의 신뢰도는 시간이나 장소, 대상자에 따라 달라진다. 따라서 도구를 이용한 측정은 개발 당시의 조건과 유사한 조건에서 유사한 대상자에게 적용하여야 원 개발자가 주장하는 신뢰도에 가까운 신뢰도를 얻을 수 있다. 그러나 항상 개발당시와 같은 조건에서 같은 대상자에게만 도구를 사용하는 것이 아니기 때문에 아무리 신뢰도가 높은 도구를 사용한다고 해도 연구 상황에서의 신뢰도를 다시 검사할 필요가 있다.

신뢰도에도 여러 가지 측면이 있다. 도구의 안정성(stability) 측면과 동등성(equivalence) 측면, 내적 일관성(internal consistency) 측면 등이 그것인데, 이러한 측면들을 평가하는 방법 중 널리 활용되는 재검사법과 조사원간 신뢰도, 동형검사법, 반분법, 크론바흐의 알파, KR-20 등에 대해 알아본다.

(1) 재검사법 (test-retest method)

안정성(stability)은 같은 도구를 반복적으로 적용했을 때 얼마나 일관성있는 점수를 얻는가를 말한다. 신뢰도의 한 측면으로서의 안정성은, 외적인 요인이 서로 다른 상황에서 도구를 사용했을 때, 외적인 요인에 영향을 받지 않고 얼마나 안정된 결과를 보이는가를 보는 것이다.

재검사법(test-retest method)은 도구의 신뢰도 중 안정성을 주로 평가하는 방법으로서, 같은 도구로 두 번 측정하여 두 번의 점수가 얼마나 일관성있는가 보는 것이다. 도구가 안정적이라면 첫 번째 점수가 높았던 사람은 두 번째에도 역시 높게 나오는 경향이 있을 것이고, 첫 번째 점수가 낮았던 사람은 두 번째에도 역시 낮게 나오는 경향이 있을 것이다. 따라서 일관성을 보는 지표는 상관계수를 쓴다. 상관계수의 범위는 -1.0부터 +1.0이지만, 일관성을 측정하는 상관계수는 0.0부터 1.0사이이다. 일관성이 있는 도구는 높은 양의 상관계수가 나오고, 일관성이 없는 도구는 0.0에 가까운 상관계수가 나온다. 도구의 종류나 항목의 개수, 측정하고자 하는 개념에 따라 다소 차이가 있기는 하나, 대부분의 경우 신뢰도계수 (여기에서는 상관계수)가 0.70 이상이면 안정성이 있는 도구로 인정한다.

재검사법을 이해하기 위하여 다음과 같은 가상의 데이터를 생각해보자. 이 데이터는 대상자 12명의 점수를 한번 측정한 뒤, 3주 후에 같은 도구로 다시 한 번 측정한 것이다. 비록 두 번째 측정에서는 점수가 대체적으로 약간 높아지는 문제가 있기는 했지만, 두 점수의 상관계수는 $r= .923$ 으로서 매우 높은 값이다.

<표 15-2> 재검사 데이터의 예

id	점수1	점수2
1	14	13
2	12	13
3	10	11
4	12	12
5	8	9
6	10	12
7	10	10
8	8	9
9	12	13
10	16	18
11	14	15
12	12	11

재검사법은 그 적용 방법이 간단하고 신뢰도 계수를 구하는 방법도 간단하기 때문에 널리 쓰이는 방법이다. 하지만 이 방법에도 단점이 물론 있다. 우선, 한번 검사를 하고 나면 그 검사의 항목을 기억하여 다음 번에도 똑같이 답을 하게되는 경우가

있는데, 그러다보면 신뢰도가 실제보다 높게 나올 수 있다. 따라서 첫 번과 두 번째의 검사 사이에는 충분한 시간을 두어야 한다.

검사사이의 시간이 멀수록 좋기는 하지만 너무 시간을 멀리 잡다보면 다른 문제가 발생할 수 있다. 즉, 두 번째 검사시에는 응답자가 변할 수 있다는 것이다. 예를 들어 지식이 더욱 증가한다거나, 첫 번째 검사시에는 너무 어려서 미처 생각하지 않았던 내용이 두 번째 검사시에는 일상생활에서 자연스럽게 늘 생각하는 내용이 되었다거나 (예를 들면, 이성에 대한 문제 등) 또는 첫 번째 검사를 한 뒤 매스컴에서 그 문제에 대해 특집 방송을 하거나 특정 연예인이 그러한 문제와 연루되어 일반인들의 관심이 높아지는 것 등이다.

또 적절한 시간적인 거리를 둔다고 하여도 한 사람의 태도나 행동, 지식, 성향, 신체적 조건 등은 첫 번째 검사시와는 어느 정도 변할 수 있다. 이러한 변화는 점수에 확률오차로 나타나서 신뢰도계수(상관계수)를 낮추는 요인이 된다.

(2) 조사원간 신뢰도 (inter-rater reliability)

신뢰도의 한 측면으로서의 동등성(equivalence)은 조사원간의 동등성을 보는 것과 도구간의 동등성을 보는 것이 있다. 서로 다른 조사원이 같은 도구를 거의 같은 시간에 같은 대상자에게 적용했을 때 얼마나 일관성있는 점수를 얻는가를 보는 것은 조사원간 신뢰도(inter-rater reliability)라 한다.

새 조사원에게 측정방법을 훈련하다보면, 똑같은 상황에 대해서도 서로 다른 값을 부여하는 경우가 종종 있다. 이 경우 훈련이 제대로 되었는지 확인하기 위해, 같은 대상자, 같은 변수를 여러 명의 조사원이 서로 독립적으로 측정하도록 하여, 배정한 점수가 얼마나 일치하는지 평가해볼 필요가 있다.

만일 점수를 부여하는 변수라면 상관계수를 이용하여 비교할 수 있다. 특히 훈련자가 측정한 값을 기준으로 삼아 그 기준값에 각 훈련생의 점수를 상관계수로 비교하는 것이 관찰자간의 일치성을 간단히 측정하는 방법이다.

만일 예/아니오 처럼 범주를 지정하는 변수라면 훈련자간에 서로 일치하는 대상자의 수를 전체 대상자의 수로 나누어 측정하는 방법도 있다.

$$\frac{\text{일치하는 대상자의 수}}{\text{일치하는 대상자의 수} + \text{일치하지 않는 대상자의 수}}$$

이 방법은 계산하기 쉽고 간단한데, 신뢰도가 대체로 높게 나오는 단점이 있다. 예를 들어, 두 관찰자가 완전히 무작위로 예나 아니오로 표시를 했다고 해도, 확률적으로 적어도 50%는 같은 값이 나올 수 있다는 것이다. 관찰자간의 신뢰도를 평가하는 다른 방법으로는 kappa(κ), 분산분석, intraclass correlation, 순위상관분석 등이 있다.

(3) 동형검사법 (alternative-form method)

도구간의 동등성을 보는 방법으로서, 비슷한 항목으로 이루어진 두 개의 도구를 거의 동시에 같은 대상자에게 적용했을 때 얼마나 일관성있는 점수를 얻는 가를 평가하는 동형검사법(alternative-form method)이 있다. 어떤 개념을 측정하기 위하여 새로운 도구가 개발된 경우, 또는 지금까지 사용하던 항목과는 다른 항목이 필요한 경우, 새롭게 개발된 도구가 지금까지 신뢰성있는 것으로 알려진 도구와 얼마나 일치하는지 알아볼 필요가 있다. 이러한 경우에 사용하는 것이 동형검사를 이용한 신뢰도 평가이다.

동형검사법은 두 개의 측정도구에서 얻은 점수간의 상관계수를 이용한다. 두 도구가 동일한 개념을 측정하고 있다면 상관계수는 높은 양의 값이 나올 것이고, 두 도구가 서로 다른 개념을 측정하고 있다면 상관계수는 0에 가까울 것이다. 이 방법은 도구를 개발하는 사람에게 주로 관심이 있는 방법이기 때문에 사회조사에서 그다지 널리 쓰이지는 않는다.

(4) 반분법 (split-half method)

여러 항목의 점수를 합해서 점수를 부여하는 도구가 많이 있다. 예를 들어 사회적 지지정도나 생활만족도, 자존감, 우울정도 등을 측정하는 도구들은 모두 여러 항목에 대한 답을 종합해서 하나의 점수로 그 개념을 측정하는 도구이다. 이러한 도구에 포함된 항목들은 모두 다 그 도구가 목표하는 개념을 측정하기 위하여 개발된 항목들이다. 만일 생활만족도를 측정하는 도구에 엉뚱하게도 지능을 측정하는 항목이 들어 있다면, 이 항목은 다른 항목들과는 일치하지 않는 답을 얻게될 것이다.

도구에 포함된 각 항목들이 모두 일관성있게 같은 개념을 측정할 때, 그 도구는 '내적 일관성이 있다' 또는 '동질적(homogeneous)이다'라고 한다. 반분법은 도구의 내적일관성을 측정하는 방법 중의 하나로서 도구에 있는 항목들을 두 부분으로 나눈 다음 상관계수를 이용하여 두 부분이 모두 같은 개념을 측정하는지 평가하는

방법이다. 재검사법이나 동형검사법이 두 번에 걸쳐 측정을 해야 신뢰성을 평가할 수 있는 것과는 달리, 반분법은 모든 항목을 한번에 제시해서 측정한 뒤에, 항목들을 두 부분으로 나누어 신뢰계수를 구하는 방법이다.

예를 들어, 〈표 15-2〉에 있는 가상의 데이터에서 '점수1'의 점수를 생각해보자. 이 점수들은 20개 항목으로 이루어진 생활만족도 도구의 점수이다. 20개 항목들이 모두 생활만족도를 측정하는 것이므로, 이 항목들을 두 부분으로 나누는데, 편의상 홀수번 항목과 짝수번 항목으로 나누어 점수를 구해보면 〈표 15-3〉과 같다. 홀수항목의 점수와 짝수항목의 점수의 상관계수를 신뢰계수로 하는데, 여기서는 $r = 0.554$ 이다.

<표 15-3> 반분법 데이터의 예

id	점수	홀수항목 점수	짝수항목 점수
1	14	7	7
2	12	7	5
3	10	6	4
4	12	6	6
5	8	4	4
6	10	5	5
7	10	6	4
8	8	4	4
9	12	7	5
10	16	9	7
11	14	6	8
12	12	6	6

반분법에 의한 상관계수는 신뢰도를 실제보다 낮게 평가하는 경향이 있다. 사실 항목이 많은 경우에는 상관계수가 더 높게 나오고 항목이 적은 경우에는 상관계수가 더 낮게 나오는 경우가 많다. 반분법에서 쓰이는 상관계수는, 위의 예의 경우, 10항목(절반)만 가지고 상관계수를 구하기 때문에 20항목(전체)을 모두 이용한 것보다 상관계수가 더 낮게 나오는 것이다. 이러한 문제를 극복하기 위하여 고안된 것이 Spearman-Brown prophecy formula로서, 신뢰계수 r^* 은

$$r^* = \frac{2r}{1+r}$$

로 나타낼 수 있다. 우리 예의 경우, 상관계수 $r=.554$ 이므로, 신뢰계수는

$$r^* = \frac{(2)(.554)}{1+(.554)} = .713$$

로 추정된다.

반분법은 구하기도 쉽고, 재검사법이나 동형검사법과는 달리 한번 측정으로 신뢰도를 구할 수 있다는 장점이 있지만, 중요한 단점이 있다. 즉, 항목을 두 부분으로 나누는 방법에 따라 신뢰도가 달라진다는 것이다. 짝-홀로 나눌 때와 앞의 절반-뒤의 절반으로 나눌 때, 또 다른 방법으로 나눌 때 신뢰도가 전부 다르게 나올 수 있으므로 이 방법을 사용하는 사람에게는 매우 '신뢰성'이 없는 지표가 되기 때문에 최근에는 이러한 문제가 없는 크론바흐의 알파 또는 KR-20을 널리 사용한다.

(5) 크론바흐의 알파 (Cronbach's alpha)

크론바흐의 알파(Cronbach's alpha)는 반분법이 가지는 문제점을 극복한 신뢰성의 지표로서 재검사를 하거나 항목들을 둘로 나누지 않고도 항상 일정한 신뢰도 값을 내는 내적 일관성의 척도이다. 신뢰도 계수 중 가장 널리 쓰인다.

크론바흐의 알파를 수식으로 나타내면

$$\alpha = \left(\frac{N}{N-1}\right)\left[1 - \frac{\sum \sigma_i^2}{\sigma_X^2}\right]$$

$$= \frac{N\bar{\rho}}{1+\bar{\rho}(N-1)}$$

로서, N은 항목의 수를, $\sum \sigma_i^2$는 각 항목의 분산의 합을, σ_X^2은 전체 점수의 분산을 나타낸다. 아래쪽에 있는 수식은 상관계수를 이용할 경우의 수식으로서, $\bar{\rho}$는 항목들 간의 상관계수의 평균을 말한다.

크론바흐의 알파를 조금 더 이해하기 위하여, 상관계수를 이용하여 알파값을 실제로 계산해보자. 우선 평균 상관계수 $\bar{\rho}$를 알아야한다. 상관계수는 두 변수간의 관계를 나타내는 계수이기 때문에, 만일 항목이 두 개라면 상관계수는 단 하나밖에 없다. 항목이 세 개라면, 총 세 개의 상관계수를 구할 수 있다. 만일 항목의 수가 10개라면, $\binom{10}{2} = 45$개의 상관계수가 나올 것이다. 생활만족도의 경우처럼 항목의 수가 12개라면, 상관계수는 모두 66개가 나오게 된다. 평균 상관계수는 이 66개의 상관계수를 모두 더해서 66으로 나눈 값을 말한다.

제 15 장   신뢰도분석

12개 항목으로 이루어진 도구의 항목간 평균 상관계수가 .55라면, 이 도구의 신뢰계수 알파는

$$\alpha = (12)(.55) / [1 + (.55)(12-1)]$$
$$= 6.6 / 7.05 = .9362$$

이다.

공식에서 보는 것처럼 크론바흐의 알파는 평균 상관계수와 항목수의 영향을 많이 받는다. 즉, 항목간의 평균 상관계수($\bar{\rho}$)가 높아지거나 항목의 수(N)가 증가하면 크론바흐의 알파도 증가한다. 〈표 15-4〉에는 항목수와 평균 상관계수에 따른 크론바흐 알파의 변화를 보여주고 있다. 평균 상관계수가 .00인 경우에는 항목수에 상관없이 크론바흐의 알파도 역시 .00이다. 항목수가 같은 경우에는 평균 상관계수가 높아지면 크론바흐의 알파도 급격하게 높아지는 것을 알 수 있다. 또한 상관계수가 같아도 항목수가 증가하면 크론바흐의 알파도 증가한다. 그러나 항목의 수를 늘리는 것보다는 항목간의 상관계수를 높이는 편이, 즉, 항목들이 일관성있게 같은 개념을 측정하는 것이 내적 일치도계수인 크론바흐의 알파를 높이는 길임을 알 수 있다.

<표 15-4> 항목수, 평균상관계수와 크론바흐의 알파

항목수	평균 상관계수				
	.0	.2	.4	.6	.8
5	.00	.56	.77	.88	.95
6	.00	.60	.80	.90	.96
8	.00	.67	.84	.92	.97
10	.00	.71	.87	.94	.98
12	.00	.75	.89	.95	.98
15	.00	.79	.91	.96	.98
20	.00	.83	.93	.97	.99

한편 평균 상관계수를 낮추지만 않는 항목이라면 도구에 더 많은 항목이 포함될수록 크론바흐의 알파는 더욱 높아질 것임을 알 수 있다. 사회조사를 하는 사람은 이 점을 명심하여 필요없는 항목을 쓸데없이 포함시키는 일이 없도록 주의하여야 할 것이다.

크론바흐의 알파도 다른 신뢰도 계수와 마찬가지로 .0에서 1.0사이의 값을 갖는다. 이 값이 클수록 신뢰성이 있는 도구로 인정할 수 있는데, 조사연구에서는 .7, 실험연구에서는 .8 이상이면 신뢰도가 높다고 인정한다. 크론바흐의 알파는 상당히 보수적이다. 그러나 적절한 항목수와 항목의 내용으로 구성된 도구의 크론바흐 알파가 높은 값이 나온 경우에는 대체로 신뢰성을 안심할 수 있다.

(6) KR-20

각 항목이 예/아니오나 맞다/틀리다 처럼 이항형으로 측정된 도구의 내적 일치도를 평가하는 방법은 KR-20을 이용하는 것이다. KR-20은 Kuder와 Richardson이라는 학자들이 개발하였는데, 개발한 학자들의 이름 첫 글자를 따서 KR-20으로 부른다.

KR-20을 구하는 방법은 다음과 같다. 각 항목에 대한 답이 맞거나, 항목에서 말하는 특성이 있는 경우에는 1을, 답이 틀리거나 그런 특성이 없는 경우에는 0을 준다. 예를 들어 〈표 15-1〉의 1번 문항

> 1) 내가 사랑과 돌봄을 받고 있다고 느끼게 해준다.

라는 질문에 예라고 답하면 1을, 아니오라고 답하면 0을 준다. 그런 다음 i 번째 대상자의 응답 중 전체 항목에서 '예'(또는 1)의 비율을 p_i라 하고 '아니오'(또는 0)의 비율을 $q_i = 1 - p_i$라 한다. 예를 들어 첫 번째 대상자가 10개 항목으로 이루어진 도구에서 8개 항목에 예라고 답하고 2개 항목에 아니오라고 답했다면 $p_1 = 8/10 = .80$이고, $q_1 = .20 (= 1 - .80)$이다. 같은 방법으로 모든 대상자의 p_i와 q_i를 구할 수 있다. 한편 각 사람의 도구 (총화)점수를 가지고 점수의 분산 σ_X^2를 구한다. KR-20은

$$KR\text{-}20 = \left(\frac{N}{N-1}\right)\left[1 - \frac{\sum p_i q_i}{\sigma_X^2}\right]$$

이다. 여기서 N은 항목의 수이다.

KR-20는 크론바흐의 알파를 이항형의 항목으로 이루어진 도구에 적용한 것 뿐이므로 그 해석은 크론바흐의 알파와 같다.

2. SPSS로 신뢰도분석하기

이 부분에서는 여러 가지 방법 중 가장 널리 쓰이는 크론바흐의 알파를 구하는 방법을 알아보자. 신뢰도분석은 SPSS의 주메뉴에서 〈그림 15-1〉과 같이 분석(A) → 척도화분석(A) ▶ → 신뢰도분석(R)... 을 클릭하여 신뢰도분석 대화상자를 연다. 예제를 함께 살펴보자.

제 15 장   신뢰도분석

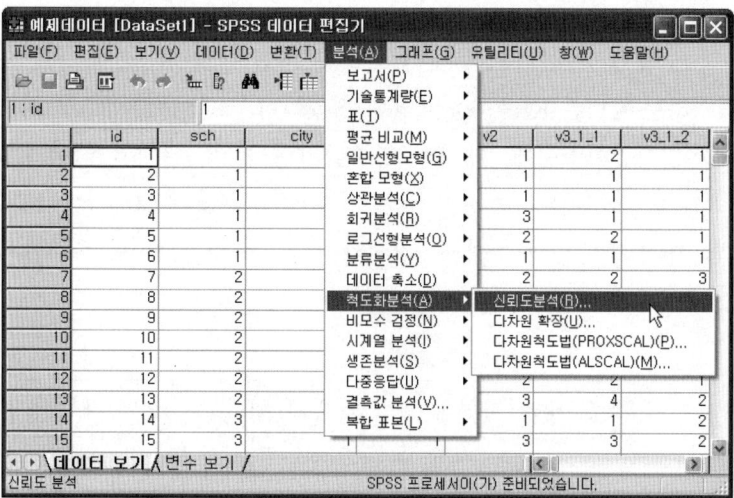

<그림 15-1> 신뢰도분석 대화상자 열기

예 제
15-1

청소년 데이터(예제데이터.sav)에서 10항목으로 이루어진 자아존중감 척도가 모두 자아존중감을 일관성 있게 측정하는지 분석하여 보자.

① 자아존중감 척도 10문항 중 절반은 '긍정적인' 문항이고, 나머지 절반은 '부정적인' 문항이므로 역코딩하여 사용해야 한다(3장 참조).

② 〈그림 15-2〉와 같이 신뢰도분석 대화상자에서 역코딩을 한 자아존중감 변수 5개(v13_1a, v13_2a, v13_4a, v13_6a, v13_7a)와 역코딩을 하지 않은 자아존중감 변수 5개(v13_3, v13_5, v13_8, v13_9, v13_10)를 선택하여 선택변수목록으로 옮긴다.

③ 크론바흐의 알파를 구하기 위해 모형(M): 알파 ▼ 를 선택하여 보면 다음과 같다(〈그림 15-2〉).

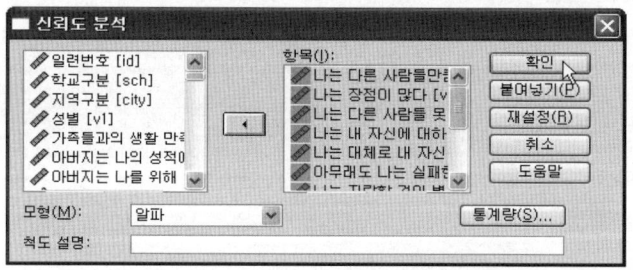

<그림 15-2> 신뢰도분석 대화상자

④ 전체 신뢰도에 좋지 않은 영향을 주는 항목을 알아내기 위하여 [통계량(S)...] 을 클릭하여 통계량 대화상자에서 [☑항목제거시 척도(A)] 를 클릭한다(〈그림 15-3〉). [계속] 과 [확인] 을 클릭하면 결과가 나온다.

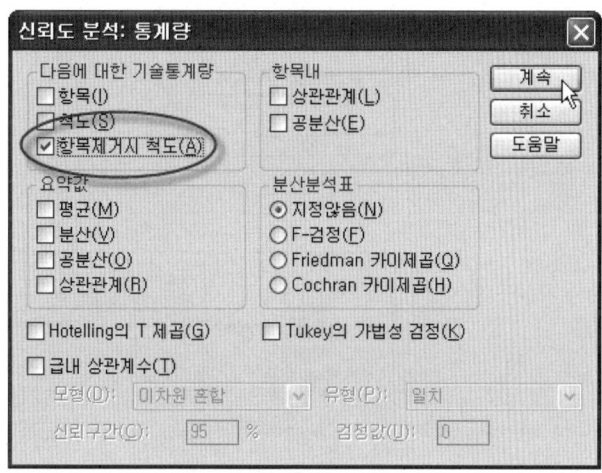

〈그림 15-3〉 신뢰도분석 통계량 대화상자

〈출력 15-1〉을 보면 크론바흐의 알파는 .822로 매우 높게 나타났다. 즉, 이 항목들은 자아존중감을 일관성 있게 측정하고 있는 것을 알 수 있다. "수정된 항목-전체 상관관계"에서 각 항목과 전체점수와의 상관계수도 살펴볼 수 있는데, 비교적 높게 나와있다. "항목이 삭제된 경우 Cronbach 알파"부분은 해당 항목을 제외하고 나머지 문항들로만 구한 알파계수를 나타내므로 만약, 전체 알파계수보다 큰 값이 나오는 항목은 신뢰도에 좋지 않은 영향을 주는 문항으로 생각한다. 이 예에서는 전체 알파계수보다 큰 값이 나오는 항목이 하나 있다.[62]

---

62) 이론적으로 무리가 없는 경우 자아존중감점수를 구할 때 '나는 내 자신을 좀 더 존경할 수 있으면 좋겠다'는 문항을 제외하는 것도 고려해 볼 수 있다.

제 15 장   신뢰도분석

<출력 15-1> 신뢰도분석 결과

케이스 처리 요약

케이스		N	%
	유효	275	100.0
	제외됨a	0	.0
	합계	275	100.0

a. 목록별 삭제는 프로시저의 모든 변수를 기준으로 합니다.

신뢰도 통계량

Cronbach의 알파	항목 수
.822	10

항목 총계 통계량

	항목이 삭제된 경우 척도 평균	항목이 삭제된 경우 척도 분산	수정된 항목-전체 상관관계	항목이 삭제된 경우 Cronbach 알파
나는 다른 사람들만큼 가치있는 사람이다	24.7782	19.151	.607	.796
나는 장점이 많다	25.2291	19.192	.565	.799
나는 다른 사람들 못지 않게 일을 잘할 수 있다	24.9273	19.666	.466	.810
나는 내 자신에 대하여 긍정적이다	25.0291	19.466	.528	.803
나는 대체로 내 자신에 대하여 만족한다	25.2436	18.762	.562	.799
아무래도 나는 실패한 사람인 것 같다	25.0036	18.558	.661	.789
나는 자랑할 것이 별로 없다	25.5091	18.900	.559	.800
나는 내 자신을 좀 더 존경할 수 있으면 좋겠다	26.3491	23.126	-.007	.848
나는 가끔 내 자신이 쓸모없는 사람이라는 느낌이 든다	25.4400	18.422	.583	.797
나는 때때로 나는 안돼라고 생각한다	25.5382	19.038	.508	.805

SPSS에서 KR-20을 구하는 방법은 크론바흐의 알파를 구하는 방법과 똑같다. 이항형 데이터의 경우 모형(M): 알파 를 선택하면 KR-20을 구해준다.

연습문제

청소년 데이터(예제데이터.sav)를 이용하여 다음을 하시오.

1. 청소년 데이터에서 12항목으로 이루어진 아버지와의 관계 척도와 어머니와의 관계 척도가 각각 아버지와의 관계와 어머니와의 관계를 일관성 있게 측정하는지 분석하여 보자.

과제

1. 데이터에 여러 가지 항목으로 하나의 개념을 재는 척도가 포함되어 있다면, 내적 일관성이 있는지 신뢰도 분석을 하시오.

부 록

부록A 이론적 배경

부록B 설문지와 코드북

부록A 이론적 배경

> 제1절 분포
>
> 제2절 추정
>
> 제3절 검정통계량
>
> 제4절 표본크기의 결정

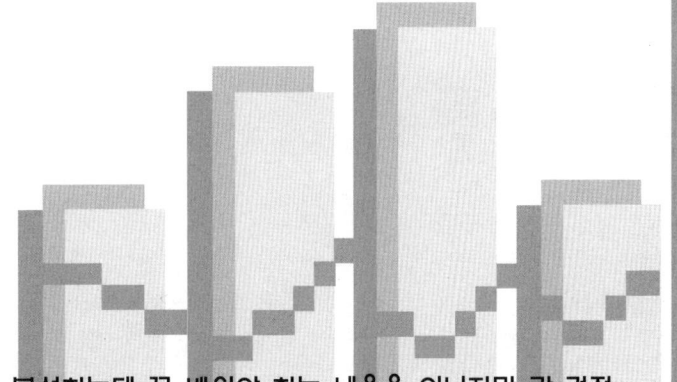

이 장에서는 SPSS로 자료를 분석하는데 꼭 배워야 하는 내용은 아니지만 각 검정의 이론이 되는 내용을 모아두었다. 필요한 사람은 참고하여 공부하고, 더욱 자세한 내용은 통계학 책을 보기 바란다.

제1절 분포

확률변수의 실수값에 확률을 대응시켜 주는 관계를 **확률분포**(probability distribution)라고 하는데 확률변수가 이산적인 경우에는 **이산확률분포**(discrete probability distribution)가 되고 연속적인 경우에는 **연속확률분포**(continuous probability distribution)가 된다. 한편 평균이나 표준편차 등 확률표본(random sample)에서 얻어지는 확률변수인 통계량의 분포를 **표본분포**(sampling distribution)라 한다. 확률분포나 표본분포를 잘 아는 것은, 확률을 구하고 이를 이용하여 통계적인 결론을 내리는데 기본이 된다. 이산확률분포의 대표적인 것으로는 이항분포가 있고, 연속확률분포의 대표적인 것으로는 정규분포를 들 수 있다. 표본분포로는 정규분포와 t-분포, 카이제곱분포, F-분포를 들 수 있는데, 각 분포에 대해 간략하게 알아보자.

1. 이항분포

이항분포(binomial distribution 또는 dichotomous distribution)는 성별(남, 여) 또는 성공여부(성공, 실패)처럼 두 개의 가능한 값만을 가지는 범주형 확률변수의 성공 개수(또는 횟수)를 나타내는 확률변수 X의 분포를 말한다. 여기서 성공의 비율을 성공확률이라 하여 π로 쓰고, 실패의 비율을 실패확률이라 하여 $1-\pi$로 쓰자.

이항분포에서는 성공확률은 물론 반복횟수도 필요하다. 즉, '성공률이 얼마(π)인 사람들 몇 명(n)을 조사했더니 그 중 몇 명(x)이 성공했다'라든지, '성공률이 π인 실험을 n번 반복했더니 그 중 x번 성공했다'고 말할 수 있어야 하는 것이다. 따라서 확률변수 X가 이항분포를 따를 때, 성공확률과 반복횟수를 들어

$$X \sim B(n, \pi)$$

라고 쓰고 '확률 확률변수 X는 반복횟수가 n이고 성공확률이 π인 이항분포를 따른다', 또는 '확률변수 X는 표본의 크기가 n이고 성공확률이 π인 이항분포를 따른다'라고 읽는다. 이항분포에서는 평균이 $n\pi$, 분산이 $n\pi(1-\pi)$가 된다. 많은 경우 π가 얼마인지 모르므로 표본의 비율 p로 대신한다. 이항분포의 평균과 분산의 공식은 검정과정에서 중요하게 쓰이는 값이다.

이항확률변수의 예로는 1,000명의 성인 가운데 운전면허를 가진 사람의 수, 3,000가구 가운데 경운기를 가지고 있는 농가의 수, 공을 20번 던졌을 때 골인된 횟수 등이 있다. 여기서 1,000명이나 3,000가구, 20번 등이 반복횟수 n이다.

범주형의 확률변수 가운데 세 개 이상의 범주가 있는 경우는 **다항분포**(multi-nomial distribution)라 하여 이항분포와는 다소 차이가 있다. 다항분포를 따르는 확률변수를 두 범주로 묶으면 이항확률변수가 된다.

2. 정규분포

(1) 연속확률분포로써의 정규분포

키나 몸무게 등 연속형인 확률변수의 분포 가운데 가장 널리 알려진 분포는 **정규분포**(normal distribution)이다. 정규분포의 형태는 종모양으로서 평균과 중위수, 최빈값이 모두 같으며 평균을 중심으로 좌우대칭이다. 〈그림 A-1〉에서 x 축에는 키나 몸무게 등 변수의 값이 들어가고, y 값인 곡선의 식이 확률밀도함수이다. x 축 위의 두 점 a와 b (a<b)를 선택했을 때, 두 점 사이의 거리 (b-a)에 x에서 곡선까지의 높이인 함수 $f(x)$를 곱한 면적이 'x가 a와 b 사이에 있을 확률'이 된다. 〈그림 A-1〉에서 어둡게 표시된 부분은 x가 a=-2와 b=0 사이에 있을 확률이다. 정규분포는 많은 학자들이 연구하여 그 성질이 잘 알려져 있고, 우리 주변의 많은 변수들이 정규분포를 따르므로 통계학에서 가장 많이 쓰인다. 확률변수 X가 평균이 μ, 분산이 σ^2인 정규분포를 따르는 경우, $X \sim N(\mu, \sigma^2)$이라고 쓴다.

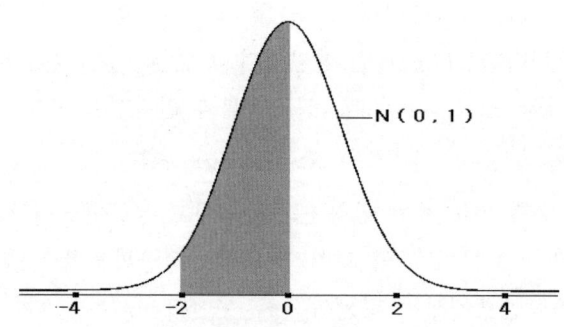

〈그림 A-1〉 표준 정규분포 곡선

어떤 확률변수가 정규분포를 따른다고 알려져 있다고 하여도 함수를 직접 적분하여 확률을 구하기는 거의 불가능하다. 정규분포의 확률은 대부분의 경우 분포표를 통해서 구하게 되는데 평균과 표준편차가 다양하고, 따라서 함수가 매번 다르기 때문에 각 경우에 맞는 표를 모두 준비하기란 불가능하다. 이러한 문제를 해결하기 위하여 확률변수 X를 표준화할 필요가 있는데, 평균이 μ이고 분산이 σ^2인 확률변수 X를 표준화한 확률변수

$$Z = \frac{X - \mu}{\sigma}$$

는 평균이 0이고 분산이 1인 정규분포를 따른다. 이를 기호로 나타내면 $Z \sim N(0, 1)$ 이다. 예를 들어 평균이 140이고 분산이 100인 키의 값 X를 표준화시킨다면

$$Z = \frac{X - 140}{10}$$

가 된다. 각 사람의 키 x를 X에 대입하면 표준화된 값 z를 구할 수 있다. 다양한 평균과 분산을 가지는 확률변수라 하여도, 이처럼 표준화시키면 확률을 구하기도 쉽고 서로 비교하기도 쉽다. 〈그림 A-1〉은 평균이 0이고 표준편차가 1인 표준정규분포를 나타낸 것이다.

표준화된 값은 표준편차라는 눈금의 자로 평균으로부터의 거리를 잰 것으로 설명할 수 있다. 예를 들어 $z=1$이라면 $x - \mu$ (분자)가 σ (분모)와 같다는 소리이므로, x가 평균 μ에서 표준편차 하나만큼 오른쪽으로 갔다는 것이고, $z=-1.96$이라는 것은 평균으로부터 왼쪽으로 1.96 표준편차거리만큼 갔다는 뜻이다. 정규분포에서는 이처럼 평균에서부터 표준편차거리(z)로 확률을 구한다.

(2) 표본분포로써의 정규분포

크기가 N인 모집단에서 크기가 n인 확률표본을 뽑아서 표본 평균 $\overline{X}$의 관측값 $\overline{x}$를 구하는 경우를 생각해 보자. 표본에 포함된 대상자는 표집(sampling)을 할 때마다 달라질 수 있다. 예를 들어 〈표 A-1〉과 같이 5명으로 이루어진 모집단을 생각해 보자($N=5$).

<표 A-1> $N=5$인 가상의 모집단

대상자	a	b	c	d	e
나이	5	4	4	3	6

모평균: 4.4, 모분산: 1.04

이 예에서는 모집단의 크기가 작기 때문에 모평균(μ)과 모분산(σ^2)을 쉽게 구할 수 있지만, N이 큰 모집단이라면 알 수 없는 내용이다. 이 모집단에서 $n=2$명의 표

본을 뽑아 그 평균으로 모집단의 평균을 추리하고자 한다면, 가능한 표본은 (a, b), (a, c), (a, d), (a, e), (b, c), (b, d), (b, e), (c, d), (c, e), (d, e)의 10가지가 있다.63) 각 표본에서 표본평균을 하나씩 구할 수 있으므로, 가능한 표본평균($\bar{x}$)의 수는 10개이며 그 값은 〈표 A-2〉에 나타난 것과 같다. 만일 우연히 첫번째 표본이 뽑혔다면 표본평균은 4.5가 되었을 것이고, 다섯번째 표본이 뽑혔다면 표본평균은 4.0이 되었을 것이다.

<표 A-2> $N=5$인 가상의 모집단의 가능한 모든 $n=2$인 표본의 평균

표본번호	1	2	3	4	5	6	7	8	9	10	전체
표본된 대상	a, b	a, c	a, d	a, e	b, c	b, d	b, e	c, d	c, e	d, e	
관찰값	5, 4	5, 4	5, 3	5, 6	4, 4	4, 3	4, 6	4, 3	4, 6	3, 6	
표본평균	4.5	4.5	4.0	5.5	4.0	3.5	5.0	3.5	5.0	4.5	4.4

이처럼 가능한 모든 표본평균값을 구하면, 이 표본평균값의 분포를 구할 수 있는데, 이와 같은 표본평균값의 분포를 평균의 표본분포(sampling distribution of the mean)라 한다. 〈표 A-3〉은 가능한 모든 표본평균의 분포표이다. 표에는 모집단의 평균(4.4)과 가까운 4.5가 가장 많이 나타난 것을 알 수 있고, 전체 표본평균들의 평균이 모집단의 평균과 같은 것을 알 수 있다.

<표 A-3> $N=5$가상의 모집단의 $n=2$인 표본 평균의 분포

평균	3.5	4	4.5	5	5.5	계
표본번호	6, 8	3, 5	1, 2, 10	7, 9	4	
횟수	2	2	3	2	1	10
확률	0.2	0.2	0.3	0.2	0.1	1.0

평균들의 평균: 4.4, 평균들의 분산: 0.39

---

63) 일반적으로 N개에서 n개를 뽑는 방법은 $\binom{N}{n}$ 가지이다. 여기에서는 $\binom{5}{2} = \frac{5!}{2!3!} = \frac{5 \cdot 4 \cdot 3 \cdot 2 \cdot 1}{(2 \cdot 1) \cdot (3 \cdot 2 \cdot 1)} = 10$이다.

이 예에서는 모집단이 작고 표본의 크기도 작아서 표본분포를 쉽게 알 수 있지만, 실제로 모집단이 큰 경우에는 모든 가능한 표본을 나열해서 표본분포를 구하기란 불가능하다. 표본분포에 대한 연구결과 중 다음은 중요한 결과이다.

(1) 표본평균과 표본분산은 모평균과 모분산의 가장 좋은 추정량이다.
(2) 표본평균의 분산은 모분산을 표본 크기로 나눈 것과 같다.
(3) 모집단의 분포에 상관없이 표본의 크기가 크면, 그 표본평균의 분포는 정규분포로 접근한다(중심극한정리; Central Limit Theorem).

위의 결과를 정리해서 기호로 나타내면
$$X \sim (\mu, \sigma^2) \underset{n \to \infty}{\Rightarrow} \overline{X} \sim N\left(\mu, \frac{\sigma^2}{n}\right)$$
이고, '만일 X가 평균이 μ이고 분산이 σ^2인 분포를 따른다면, 표본이 아주 클 때, 표본평균 $\overline{X}$는 평균이 μ이고 분산이 $\frac{\sigma^2}{n}$인 정규분포를 따른다'고 읽는다. 즉, 어떤 확률변수의 평균이 μ이고 분산이 σ^2이라면, n개의 표본을 뽑을 때 생길 수 있는 표본평균들은 n이 큰 경우($n \geq 30$) 대략 정규분포를 따르고, 이 평균들의 평균은 μ이고 분산은 $\frac{\sigma^2}{n}$이다.[64] 여기서 평균의 분산인 $\frac{\sigma^2}{n}$의 제곱근, 즉, 평균값들의 표준편차를 표준오차(standard error)라 한다.

확률변수 X가 정규분포를 따르면, 표본평균 $\overline{X}$도 역시 정규분포를 따르므로, 표본평균에서 평균 μ를 빼고 다시 표준오차($\overline{X}$의 표준편차)로 나누면,
$$Z = \frac{\overline{X} - \mu}{\sqrt{\frac{\sigma^2}{n}}} = \frac{\overline{X} - \mu}{\frac{\sigma}{\sqrt{n}}}$$
로서 표준화변수가 되어, 평균이 0이고 분산이 1인 정규분포, 즉, 표준정규분포(standard normal distribution)를 따른다. 만일 확률변수가 정규분포를 따르지

---

[64] 여기에서는 작은 모집단을 이용했기 때문에, 실제로 위의 평균들의 분산은 유한모집단 수정계수를 곱한 값과 같다. 식으로 쓰면, $\left(\frac{\sigma^2}{n}\right)\left(\frac{N-n}{N-1}\right) = \left(\frac{1.04}{2}\right)\left(\frac{5-2}{5-1}\right) = 0.39$이다. 유한모집단수정계수 $\left(\frac{N-n}{N-1}\right)$은 작은 표본에서만 쓰이는 것으로, N이 큰 경우(n이 N의 5% 이내인 경우)에는 1에 가깝다.

않더라도, 예를 들어 변수가 이항분포를 따르더라도, 앞의 세 가지 요약 중 (3)과 같이, 표본의 크기가 크면 그 평균의 분포는 정규분포에 근접한다. 따라서 아주 작은 표본의 경우를 제외하고는 표본평균의 분포는 정규분포를 따르는 것으로 생각할 수 있다.

3. t-분포

표본이 큰 경우, 표본평균을 표준오차로 나눠 표준화시키면 표준정규분포를 따르는 것을 알았다. 이때 실제로는 모집단의 분산 σ^2을 모르기 때문에 σ^2의 가장 좋은 추정량인 표본분산 S^2을 대신 이용하게 된다. 그러나 표본분산 역시 통계량으로서 표본에 따라 그 값이 변할 수 있는 확률변수이기 때문에 σ^2 대신 S^2을 이용해서 표준화시키면 표준화한 값이 정확하게 정규분포를 따르지 않게 된다.[65]

표본평균의 값을 S^2을 이용하여 표준화시킨 표준화 변량은

$$t = \frac{\overline{X} - \mu}{\sqrt{\frac{S^2}{n}}} = \frac{\overline{X} - \mu}{\frac{S}{\sqrt{n}}}$$

가 되고 이 통계량의 분포를 t-분포(student's t-distribution)라 한다.

t-분포는 정규분포와 상당히 비슷하게 생겼다. 모양도 종(bell)모양이고, 평균과 중위수, 최빈값이 모두 같고, 평균을 중심으로 좌우 대칭이다(〈그림 A-2〉). 정규분포와 다른 점은, 양쪽 꼬리부분이 더 두텁고 가운데 부분의 높이가 약간 낮다는 점인데, 이는 표본의 크기가 작을수록 더 심하다. 따라서 t-분포를 지칭할 때는 표본의 크기를 함께 지정해야 하는데, 표본의 크기는 자유도(degrees of freedom: df)를 통해서 지정한다. t-분포를 따르는 확률변수는 자유도와 함께 t_d로 나타낸다. 표본의 크기가 n인 경우, 위의 식에서 얻어지는 t 값의 자유도는 $n-1$로서 $t \sim t_{n-1}$로 표시하고 '변량 t는 자유도가 $n-1$인 t-분포를 따른다'고 읽는다.

〈그림 A-2〉에는 자유도가 1, 5, 30 일 때의 t-분포와 정규분포를 함께 나타내었다. 봉우리가 가장 높은 것이 정규분포로서, 자유도가 커질수록 정규분포에 더 근접하는 것을 알 수 있다. 또 자유도가 작을수록 봉우리는 낮고 꼬리 부분이 두텁다. 꼬리 부분이 두텁다는 말은, 같은 t 값이라도 자유도가 작으면 그 값보다 큰 값이 나올 확률이 더 커진다는 의미이다. 〈표 A-4〉에는 자유도가 1, 5, 30인 t-분포와 표준정규분

---

[65] 표본분산도 확률변수이기 때문에 변수를 지칭하는 대문자 S^2을 쓴다. 또한 표본에서 구한 구체적인 값을 나타낼 때는 소문자 s^2를 쓴다.

포에서 2.0 이상의 값이 나올 확률($P(t_d > 2)$)을 정리하였다. 자유도가 커질수록 확률이 작아지며, 자유도가 30일때는 표준정규분포와 큰 차이가 나지 않음을 알 수 있다.

<표 A-4> 자유도의 변화에 따른 확률변화

자유도(df)	$P(t_d > 2)$
1	0.148
5	0.151
30	0.027
표준정규	0.023

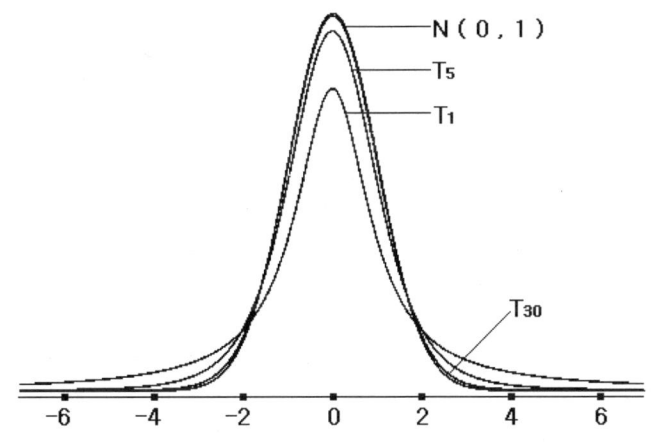

<그림 A-2> 자유도가 1, 5, 30인 t-분포와 표준정규분포 곡선

4. 카이제곱분포

정규분포를 따르는 확률변수를 Z로 표준화시켰을 때, 이의 제곱으로 이루어진 확률변수 $X^2(=Z^2)$은 음수 값을 가질 수 없다. 표준정규분포를 따르는 확률변수의 제곱 X^2은 자유도가 1인 카이제곱분포(χ^2 distribution)분포를 따른다. 카이제곱분포는 항상 양수값만 가지며, 봉우리(최빈값)는 하나이고 꼬리가 오른쪽으로 길다. 카이제곱분포의 중위수는 최빈값보다 크고, 평균은 중위수보다 크다.

부록A 이론적 배경

카이제곱분포도 t-분포처럼 자유도에 따라 그 모양이 점점 달라지는데, 자유도가 클수록 최빈값(봉우리)이 더 오른쪽으로 옮아간다. 〈그림 A-3〉에는 자유도가 1, 5, 10, 30인 카이제곱분포가 나타나 있다. x축은 카이제곱값, y축은 카이제곱분포 밀도함수이다. 같은 χ^2값보다 큰 값이 나올 확률도 자유도가 커질수록 더 커지는 것을 쉽게 살펴볼 수 있다. 자유도가 5인 경우보다 자유도가 10인 경우의 밀도함수는 더 좌우대칭에 가깝고, 자유도가 30인 경우는 그것보다 더 좌우대칭에 가깝다. 자유도가 클수록 정규분포와 점점 더 비슷해진다.

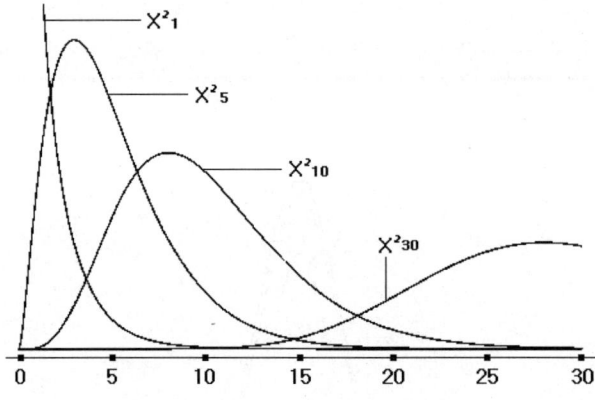

〈그림 A-3〉 자유도가 1, 5, 10, 30인 카이제곱분포 곡선

카이제곱분포는 특히 교차표의 분석에서 얻어지는 통계량인

$$X^2 = \sum \frac{(O_i - E_i)^2}{E_i}$$

의 분포로 유명하다. 그래서 교차분석을 카이제곱분석이라고도 한다.

5. F-분포

F-분포(F-distribution)는 서로 독립인, 카이제곱분포를 따르는 두 확률변수의 비(ratio)의 분포이다. 만일 분자에 있는 확률변수가 자유도 d_1인 카이제곱분포를 따르고, 분모에 있는 확률변수가 자유도 d_2인 카이제곱분포를 따른다면, F는

$$F = \frac{\chi^2_{d_1}/d_1}{\chi^2_{d_2}/d_2}$$

이다. 여기서 F의 자유도는 (d_1, d_2)이다. F분포는 항상 양수값만 취하며, 분산분석에 많이 쓰인다. 〈그림 A-4〉에는 분모자유도는 5로 일정하고 분자자유도가 1, 5, 10, 30인 F-분포의 확률밀도 함수가 나타나 있다. 분자자유도가 커질수록 봉우리가 점점 오른쪽으로 옮아간다.

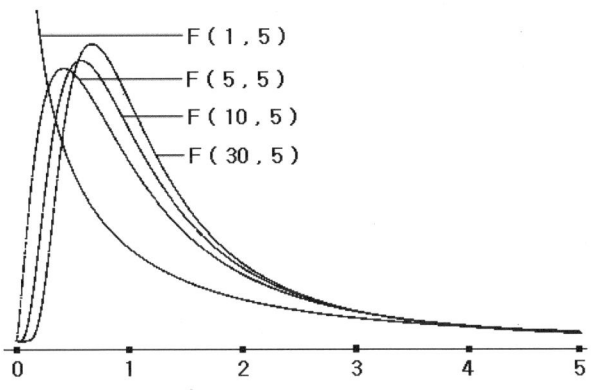

〈그림 A-4〉 분자자유도가 1, 5, 10, 30이고 분모자유도가 5인 F-분포 곡선

〈그림 A-5〉에는 분자자유도는 5로 일정하고 분모자유도가 1, 5, 10, 30인 F-분포의 밀도함수이다. 〈그림 A-4〉처럼 분모자유도가 커질수록 봉우리가 오른쪽으로 옮아간다.

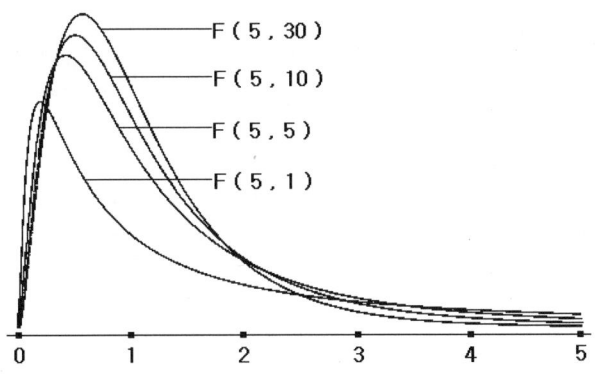

〈그림 A-5〉 분자자유도가 5이고 분모자유도가 1, 5, 10, 30인 F-분포 곡선

제2절 추정

1. 신뢰구간

(1) 신뢰구간 공식

확률변수 X의 평균이 μ이고 분산이 σ^2일 때, 표본의 크기 n이 충분히 크면, 표본평균 $\overline{X}$는 대략 정규분포를 따르고 평균이 μ이며 분산은 $\dfrac{\sigma^2}{n}$임을 앞에서 배웠다. 여기서 표본평균 $\overline{X}$가 모평균 μ로부터 특정 거리 $\pm d$ 이내에 있을 확률

$$\Pr(L < \overline{X} < U) = \Pr(\mu - d < \overline{X} < \mu + d)$$

을 구해보자. 만일 각 항에서 $\overline{X}$의 평균 μ를 빼고 다시 $\overline{X}$의 표준편차 $\dfrac{\sigma}{\sqrt{n}}$로 나눠준다면 $\overline{X}$는 표준정규분포하는 표준화 변수 Z로 변환된다.

$$\Pr(\mu - d < \overline{X} < \mu + d) = \Pr(-d < \overline{X} - \mu < d)$$

$$= \Pr\left(\dfrac{-d}{\dfrac{\sigma}{\sqrt{n}}} < \dfrac{\overline{X} - \mu}{\dfrac{\sigma}{\sqrt{n}}} < \dfrac{d}{\dfrac{\sigma}{\sqrt{n}}}\right)$$

$$= \Pr(-z < Z < z)$$

이때 $z = 1.96$이라면 확률은 0.95가 되고, $z = 1.645$라면 확률은 0.90이 된다. 그러나 실제로는 μ가 얼마인지 모르기 때문에 이 확률을 구할 수 없다.

위의 식을 다음과 같이 다시 정리해보자.

$$\Pr\left(-z < \dfrac{\overline{X} - \mu}{\dfrac{\sigma}{\sqrt{n}}} < z\right) = \Pr\left(-z\dfrac{\sigma}{\sqrt{n}} < \overline{X} - \mu < z\dfrac{\sigma}{\sqrt{n}}\right)$$

$$= \Pr\left(-z\dfrac{\sigma}{\sqrt{n}} - \overline{X} < -\mu < z\dfrac{\sigma}{\sqrt{n}} - \overline{X}\right)$$

$$= \Pr\left(\overline{X} - z\dfrac{\sigma}{\sqrt{n}} < \mu < \overline{X} + z\dfrac{\sigma}{\sqrt{n}}\right)$$

위의 정리하는 과정에서 두 번째 줄의 각 항에 −1을 곱해주면, 부등호의 방향이 바뀌면서 세 번째 줄과 같이 정리된다. 마지막 줄은 모평균 μ가 있을 구간을 표본평균 $\overline{X}$를 중심으로 나타내었다. 즉, 모평균의 위치를 $\overline{X} \pm d$의 형태로 추리해서 나타낸 것이다. 이 구간을 신뢰구간(confidence interral; CI) 이라 하며 신뢰구간의 공식은 $\overline{X} \pm z\frac{\sigma}{\sqrt{n}}$이다. 신뢰수준을 95%로 하려면 $z=1.96$을 사용하고, 신뢰도를 90%로 하려면 $z=1.645$를 사용한다.

실제로 σ는 알려져 있지 않으므로 표본표준편차 s로 대신하는데, 이 경우에는 z값 대신 자유도가 $(n-1)$인 t값을 사용한다. 표본표준편차를 대입한 신뢰구간을 구하는 공식은 $\overline{X} \pm t\frac{s}{\sqrt{n}}$이다. 대부분의 경우 모집단 표준편차($\sigma$)를 모르므로 표본표준편차($s$)를 이용한 공식을 이용한다.

(2) 신뢰구간을 구하는 과정과 해석

모평균의 신뢰구간을 구하는 과정은 다음과 같다.

① 가지고 있는 정보를 적절한 기호를 이용하여 나타낸다. 특히 표본의 크기(n)와 분산(모분산이면 σ^2을, 표본분산이면 s^2을 사용)을 기록한다. 표본평균과 원하는 신뢰수준을 명시한다.

② 신뢰수준이 결정되면, t-분포에서 그 신뢰수준을 나타내는 신뢰계수 t를 구한다. 표준정규분포처럼 t-분포도 0을 중심으로 좌우가 대칭이므로, 양수값만 취한다.

여기서 말하는 t값은 신뢰수준과 자유도를 생략한 것이지만, 좀더 엄밀히 말해서, 신뢰수준이 $(1-\alpha) \times 100\%$이고 자유도가 d인 경우의 신뢰계수는 $t_{d, 1-\alpha/2}$로 나타낸다. 예를 들어 자유도가 18이고 신뢰수준이 95%라면 $\alpha = 0.05$이며 $t_{18, 1-0.05/2} = t_{18, 0.975} = 2.10$이다. 간단히 $t=2.10$이라고 적는다.

③ 한편, 표본에서 얻은 분산(s^2)에서 표본평균의 분산$\left(\frac{s^2}{n}\right)$을 구하여 표준오차(제곱근; $\frac{s}{\sqrt{n}}$)를 계산한다. 선행연구 등에서 분산이 알려진 경우에는 그 값을 모분산 σ^2으로 사용하고, 이때의 신뢰계수는 z값을 사용한다.

④ 신뢰구간의 일반 형식은 (통계량)±(신뢰계수)×(표준오차)로서, 평균의 신뢰구간은

$$\overline{x} \pm t \frac{s}{\sqrt{n}} \quad \text{또는} \quad \overline{x} \pm z \frac{\sigma}{\sqrt{n}}$$

이다.[66] 이 식을 이용하여 하한값과 상한값을 계산한다.

⑤ 신뢰구간을 (하한값, 상한값)의 형식으로 쓰고, 신뢰수준과 함께 보고한다. 보고 방법은 '모평균' μ의 $(1-\alpha)\times 100\%$ 신뢰구간은

$$\left(\overline{x} - t \frac{s}{\sqrt{n}}, \ \overline{x} + t \frac{s}{\sqrt{n}} \right) \text{이다.}$$

신뢰구간을 구하고 해석하는 방법을 예제를 통해 알아보자.

예제 A-1

우리나라 초등학교 6학년 학생들 키의 평균을 알기 위해, 크기 100인 표본에서 키를 측정한 결과 그 평균이 145㎝이었다. 과거의 기록에 의하면 분산은 144라 한다. 이 표본을 근거로 우리나라 초등학교 6학년 학생들 키의 평균이 얼마인지 추정해보자. 또 모평균의 95% 신뢰구간과 99% 신뢰구간을 각각 구하고 이를 해석해 보자.

우선 문제에서 제시된 값들을 기호로 나타내면, $\overline{x}=145$, $\sigma^2=144$, $n=100$이다. 과거의 기록에서 분산이 144라 하였으므로 이는 σ^2이다. 분산 σ^2을 알고 있으므로 95% 신뢰구간을 구하기 위한 신뢰계수는 $z=1.96$이고 99% 신뢰계수는 $z=2.58$이다. 모평균의 점추정값은

$$\hat{\mu} = \overline{x} = 145$$

이고, 95% 신뢰구간은

$$\overline{x} \pm z \frac{\sigma}{\sqrt{n}} = 145 \pm (1.96)\left(\frac{12}{\sqrt{100}} \right)$$
$$= 145 \pm 2.352$$
$$= (142.65, 147.35),$$

99% 신뢰구간은

---

[66] 공식에서 나타나듯이, 신뢰구간이란 항상 '표본통계량'을 중심으로 구성되는 것임을 염두에 두자. 간혹, 신뢰구간이 모수를 중심으로 구성된다고 잘못 생각하는 경향이 있다.

$$145 \pm (2.58)\left(\frac{12}{10}\right) = 145 \pm 3.096$$
$$= (141.90, 148.10)$$

이다. 이중 95% 신뢰구간을 해석해보면 다음과 같다. 이 모집단에서 표본의 크기가 100인 표본을 반복적으로 뽑아 매 표본마다 똑같은 방법으로 신뢰구간을 구해보면, 그 중 95%는 모평균 μ를 그 구간에 포함할 것이다. 여기서 구해진 (142.65, 147.35)라는 구간도 그러한 구간 중의 하나이므로 이 구간 안에 모평균이 있을 것으로 95% 확신한다.

2. 모비율의 추정

연구자들이 항상 평균만 추정하는 것은 아니다. 변수가 범주형으로 측정된 경우에는 비율을 추정하는 것이 적합하다. 예를 들어 중고등학생 흡연이 문제임을 인식하고 청소년 금연교실을 열고자 하는 사람이 있다고 하자. 금연교실을 이용할 학생이 몇 명이나 되는지 알아야 그 규모를 결정할 수 있을 것이다. 따라서 금연교실을 시작하기 전에 흡연하는 학생의 비율을 추정한 뒤, 이를 사람수로 나타내면 흡연교실의 잠재수요가 몇 명이나 되는지 알 수 있다.

'우리나라 고등학생 중 흡연을 하는 사람의 비율이 얼마나 될까?'라는 질문에 답하는 가장 좋은 방법은 표본을 관찰하여 표본비율로 추리하는 것이다. 표본비율 p = .25 라면, 우리나라 고등학생 중 흡연을 하는 사람의 비율 π가 .25라고 말할 수 있다. 그러나 평균의 추정과 마찬가지로 비율의 추정에서도 점추정은 틀릴 위험이 높다. 따라서 참 비율의 위치를 구간으로 추정하여 '참 비율은 .22에서 .28 사이에 있다'고 하면, 이 추리는 틀릴 위험이 훨씬 낮아진다. 비율의 추정에서도 평균과 마찬가지로 구간추정을 할 수 있다.

표본비율의 분포는 표본의 크기가 큰 경우 정규분포에 가까워지므로 정규분포를 이용하여 확률을 구할 수 있다. 이를 정규근사라 한다. 여기서 '큰' 경우를 결정하는 값은, $q=1-p$라고 할 때, $npq \geq 5$, 즉, $n \geq \dfrac{5}{pq}$이다. 〈표 A-5〉에는 정규근사가 가능한 최소한의 표본의 크기 n을 p에 따라 정리해 놓았다. 표에 의하면, n은 $p=q$ = .5 인 경우에 가장 작아서 20명만 되어도 크다고 말할 수 있고, 성공비율 p가 .5에서 멀어질수록 표본이 더 커야지만 비로소 '크다'고 말할 수 있다. 성공비율이 .5라고 생각하는 경우, 적어도 20명 이상의 케이스가 있어야 한다. 이 부분에서는 표본의 크기가 충분히 크다는 가정하에서 모비율의 점추정값과 신뢰구간을 구하는 방법을 알아본다.

<표 A-5> 비율 p와 정규근사가 가능한 표본의 크기

p	$1-p$	n
.10	.90	56 이상
.25	.75	27 이상
.50	.50	20 이상
.75	.25	27 이상
.90	.10	56 이상

표본비율 p는 모비율 π의 가장 좋은 추정량이다. 즉, $\hat{\pi}=p$는 π의 최소분산 불편향추정량이다. 모비율 π의 신뢰구간을 구하기 위해서는 p의 표준오차와 신뢰계수가 필요한데, 표준오차는 $\sqrt{\dfrac{pq}{n}}$이고, 신뢰계수는 정규분포에서 구한다. 따라서 신뢰구간은

$$p \pm z\sqrt{\dfrac{pq}{n}}$$ 이다.

때로는 성공비율에서 한 걸음 더 나아가 성공한 사람의 수 A를 추정하고자 할 경우가 있다. 성공한 사람의 수 A는 전체 모집단의 크기 N에 성공한 사람의 비율 π를 곱한 것과 같으므로, 추정량 p를 대신 곱하여 $\hat{A}=Np$가 된다. 또한 그 신뢰구간은 $Np \pm Nz\sqrt{\dfrac{pq}{n}}$ 으로서, 비율의 신뢰구간에 모집단의 크기를 곱해준 것과 같다. SPSS에서 비율의 신뢰구간을 구하려면 복잡한 프로그램을 작성하여야 한다.[67]

3. 모분산의 추정

모분산 σ^2의 추정은 품질관리 분야 등에서 특히 관심이 많은 내용이다. 정밀하게 규격에 맞추어 생산을 하는 산업현장에서는 때로 생산품의 규격이 일정한지 점검하기 위해 표본조사를 통해서 분산의 크기를 점검해 본다. 분산의 크기가 작을수록 품질의 변동이 적기 때문이다. 이처럼 연구자의 관심이 분산의 크기가 어느 정도인지 알고자 하는데 있을 때는 모분산을 추정하게 된다.

---

[67] 변칙적이기는 하지만, 변수의 코딩을 0과 1로 하면, 데이터 탐색을 이용해서 쉽게 신뢰구간을 구할 수 있다. 이 경우 출력물의 값 중 '평균'이 p, 표준오차가 $\sqrt{\dfrac{pq}{n}}$ 이다.

모평균이나 모비율의 추정처럼, 표본분산

$$S^2 = \sum_{i=1}^{n} \frac{(X_i - \overline{X})^2}{n-1}$$

은 모분산의 불편향추정량이다.[68] 모분산의 불편향추정량(unbiased estimator)이라 하는 것은 하나의 모집단에서 크기 n인 표본을 반복적으로 추출해서 표본분산을 구한 뒤, 그 평균(또는 기대값)을 구해보면 모분산과 같다는 뜻이다.

분산의 신뢰구간을 구하기 위해서는 표본분산의 분포를 알아야 하는데, 표본분산에 상수 $\frac{(n-1)}{\sigma^2}$을 곱하면 자유도가 $n-1$인 카이제곱분포를 따른다. 이는

$$X^2 = \frac{(n-1)S^2}{\sigma^2} \sim \chi^2_{n-1}$$

로 나타낼 수 있다. 카이제곱분포에서

$$\Pr(\chi^2_d < X^2) = \alpha$$

인 X^2을 $\alpha \times 100$ 백분위수라 하며, $\chi^2_{d,\alpha}$로 나타낸다. 예를 들어 자유도 d가 25일 때, 2.5백분위수는 α가 .025이므로 $\chi^2_{25,.025}$로 나타내고, 그 값은 $\chi^2_{25,.025} = 13.1197$이다. 또 97.5 백분위수는 α가 .975이므로 $\chi^2_{25,.975} = 40.6465$이다.

---

[68] 좋은 추정량은 불편향성, 효율성, 일치성이 있는 추정량이다.

① 불편향성(unbiasedness): 모든 가능한 표본에서 얻은 추정량의 기대값, 즉, 평균은 추정하려고하는 값과 같아야 한다. 이를 기호로 나타내면, $E(\hat{\mu}) = \mu$, 또는 $E(\hat{\sigma}^2) = \sigma^2$ 등이어야 한다는 것이다. 모평균의 추정량인 표본평균의 기대값은 항상 $E(\overline{X}) = \mu$이다. 하지만 중위수나 최빈값, 최소값의 기대값이 항상 모평균과 같지는 않다. 즉, $E(\tilde{x}) \neq \mu$, $E(\check{x}) \neq \mu$일 경우가 많고 $E(\underline{x}) \neq \mu$이다. 따라서 표본평균만이 불편향추정량이다.

② 효율성(efficiency): 추정량의 분산은 가능한한 작은 것이 좋다. 표본평균과 중위수를 비교해보면 $\text{var}(\overline{X}) < \text{var}(\tilde{x})$로서, 표본평균의 분산이 더 작다. 따라서 표본평균의 효율성이 더 높다.

③ 일치성(consistency): 표본의 크기가 아주 커지면, 추정값이 참값과 거의 같아지는 성질이다. 표본의 크기가 아주 커지는 것을 극단적으로 $n = N$이라 생각하자. 표본평균 $\overline{x}$는 모든 케이스의 평균이므로 모평균 μ와 같을 것이다. 그러나 표본의 최소값 $\underline{x}$는 아무리 표본의 크기 n이 커져도 모평균과 같은 값이 될 수 없다. 따라서 표본평균은 일치성이 있는 추정량이고 최소값은 일치성이 없는 추정량이다.

분산의 $(1-\alpha)\times 100\%$ 신뢰구간을 구해보면

$$\left(\frac{(n-1)S^2}{\chi^2_{n-1,\,1-\alpha/2}},\ \frac{(n-1)S^2}{\chi^2_{n-1,\,\alpha/2}}\right)$$

이다. 방금 구한 값을 대입해 보면 $\left(\frac{(25-1)S^2}{40.6465},\ \frac{(25-1)S^2}{13.1197}\right)$ 이 되는 것이다. 식에서 보는 것처럼, 모분산의 신뢰구간은 모평균이나 모비율과는 달리 표본분산 S^2을 중심으로 좌우 대칭이 아니다. SPSS에서 분산의 신뢰구간을 구하려면 복잡한 프로그램을 작성하여야 한다.

제3절 검정통계량

1. 단일표본 t-검정

평균의 위치에 대한 검정을 할 때 검정통계량(test statistic)은 표본평균을 표준오차 값으로 표준화시킨 것이다. 표본이 큰 경우 표본평균의 분포는 중심극한정리에 의해서 대략 정규분포를 따르므로 귀무가설이 맞을 경우 검정통계량(표준화한 통계량)

$$Z = \frac{\overline{X} - \mu_0}{\frac{\sigma}{\sqrt{n}}}$$

는 표준정규분포를 따른다. 모분산 σ^2을 몰라 표본평균 S^2을 이용해야 하고 표본의 크기가 작은 경우(표본의 크기가 30 미만인 경우), 검정통계량

$$t = \frac{\overline{X} - \mu_0}{\frac{s}{\sqrt{n}}}$$

는 자유도가 $n-1$인 t-분포를 따르고, 기각값도 t-분포에서 구한다.

2. 독립표본 t-검정

두 모평균의 차이$(\mu_1 - \mu_2)$를 δ라고 한다면, δ의 가장 좋은 추정량은 표본평균의

차이로서 $\hat{\delta} = \overline{X_1} - \overline{X_2}$ 이고, 이의 분산은, 두 집단이 서로 독립이므로 $\sigma_\delta^2 = \dfrac{\sigma_1^2}{n_1} + \dfrac{\sigma_2^2}{n_2}$ 이다. δ의 귀무가설값 $\delta_0 = 0$ 이므로 검정통계량은

$$Z = \frac{(\overline{X_1} - \overline{X_2}) - 0}{\sqrt{\dfrac{\sigma_1^2}{n_1} + \dfrac{\sigma_2^2}{n_2}}}$$

이고, 이는 표준정규분포를 따른다. 표준정규분포에서 유의확률을 구하여 귀무가설을 검정한다.

이 식에서는 모분산 σ_i^2을 아는 경우를 생각했지만, 실제로는 모분산을 모르는 경우가 더 많다. 모분산을 모르고 경우에는 표본의 분산을 이용하게 된다. 만일 두 집단의 분산이 같다면 두 개의 표본분산을 합한 합동분산(pooled variance)을 계산하여 사용하는데, 합동분산은

$$S_p^2 = \frac{(n_1 - 1) S_1^2 + (n_2 - 1) S_2^2}{n_1 + n_2 - 2}$$

로 구하고, 이 때 검정통계량은

$$t = \frac{(\overline{X_1} - \overline{X_2}) - 0}{\sqrt{\dfrac{S_p^2}{n_1} + \dfrac{S_p^2}{n_2}}}$$

가 되며, 이 통계량은 자유도가 $n_1 + n_2 - 2$ 인 t-분포를 따른다.

만일 두 집단의 분산이 서로 같지 않다면, 계산방식과 검정통계량의 분포는 위에 설명한 것과 다르다.

예제 A-2

여자어린이의 성적이 남자어린이보다 더 좋은지 알고자 하여 어린이들의 국어 점수를 측정하였다. 남자어린이 45명, 여자어린이 54명을 측정한 결과 평균과 표준편차가 각각 79와 19, 83과 21이었다. 과연 여자어린이의 성적이 남자어린이보다 더 좋다고 할 수 있는가? 유의수준 .05에서 검정하고 유의확률을 구하자. 결과를 해석해 보자.

남자어린이의 평균을 μ_1 이라 하면, 검정하고자 하는 가설은

$$H_0 : \mu_1 - \mu_2 = 0 \quad \text{vs} \quad H_1 : \mu_1 - \mu_2 < 0$$

이고 좌측 검정이다. 모집단의 분산은 서로 같다고 가정하자. 검정통계량은 자유도가 45+54−2=97인 t-분포를 따르고, 검정통계량 t값이 −1.661보다 작으면 유의확률은 .05보다 작아서 귀무가설을 기각할 수 있다.

합동분산이

$$s_p^2 = \frac{(45-1)(19)^2 + (54-1)(21)^2}{45+54-2} = 480.92$$

이므로 검정통계량값은

$$t = \frac{(79-83)-0}{\sqrt{\frac{480.92}{45} + \frac{480.92}{54}}} = -0.904$$

이다. 이는 −1.661보다 크므로 귀무가설을 기각하지 못한다. 여자어린이들의 성적이 남자어린이들의 성적보다 더 좋다고 할 만한 충분한 근거가 없다고 결론짓는다. 이때 유의확률은 $\Pr(t_{97} \leftarrow 0.904) = 0.184$이다.

3. 대응표본 t-검정

단일표본 가설검정과 같다. 데이터가 충분히 큰 경우, 대응값 간 차이의 평균 $\bar{d}$는 정규분포에 근접하므로 검정통계량은 d_i들의 분산 s_d^2을 이용하여

$$t = \frac{\bar{d}-0}{\sqrt{\frac{s_d^2}{n}}}$$

로 구할 수 있다. 여기서 $s_d^2 = \sum \frac{(d_i - \bar{d})^2}{n-1}$로서 x 나 y 의 분산이 아닌 d의 분산을 나타낸다. 이 검정통계량은 자유도가 $n-1$인 t-분포를 따른다.

4. 분산분석

다음의 데이터를 예로 들어 생각해 보자.

<표 A-6> 일정한 농도로 희석하는데 필요한 증류수의 양

회사	A		B		C	
	35	29	28	27	33	32
필요한	31	29	29	25	31	32
증류수 양	30	32	26	28	30	32
	29	30	24	27	29	33

이 데이터는 9장에서 살펴본 세 회사— A와 B, C 회사 —의 제품을 일정한 농도로 희석하는데 필요한 증류수의 양에 대한 데이터이다. 세 가지의 제품은 모두 같은 양의 증류수를 필요로 한다고 하는데, 과연 그런지, 필요로 하는 증류수의 양이 다른 제품이 하나라도 있는지 알고 싶다. 세 제품이 필요로 하는 증류수 양의 모평균을 각각 μ_1, μ_2, μ_3 이라 하고, 세 집단의 공통 평균을 μ 라 하면 검정하고자 하는 가설은

$$H_0 : \mu_1 = \mu_2 = \mu_3 (= \mu)$$
$$\text{vs} \quad H_1 : \mu_i \neq \mu \text{ for some } i, \ i = 1, 2, 3$$

가 된다. 대립가설은 '세 평균이 모두 같지는 않다'는 뜻이다. 만일 귀무가설이 맞다면, 각 집단의 평균들은 공통평균 주위에 모여 있고 각 관찰값은 그 평균을 중심으로 퍼져 있을 것이다. 이 내용을 분산분석 모형으로 나타내 보자. μ 를 공통평균, μ_i 는 i 번째 집단의 평균, ϵ_{ij} 는 i 번째 집단 j 번째 케이스가 평균으로부터 떨어진 거리, 즉, 오차라 하고, 각 케이스의 관찰값을 y_{ij} 라 하자. 여기서 $i=1,\cdots,k$, $j=1,\cdots,n$ 이다. 분산분석모형은

$$Y_{ij} = \mu_i + \epsilon_{ij}, \quad \text{단, } \epsilon_{ij} \sim iid \ N(0, \sigma_\epsilon^2)$$

이다.[69] 각 집단의 평균 μ_i 는 공통평균 μ 와 μ 로부터 각 집단 평균까지의 차이 α_i 의 합, 즉

$$\mu_i = \mu + \alpha_i$$

---

[69] $iid \ N(0, \sigma_\epsilon^2)$ 는 '서로 독립(independent)이고 동일한(identically) 분포(distributed)를 따르는데, 그 분포는 평균이 0이고 분산이 σ_ϵ^2 인 정규분포'라는 뜻으로서, 분산분석의 가정을 나타낸다.

로 나타낼 수 있으므로, 위의 모형은

$$Y_{ij} = \mu + \alpha_i + \epsilon_{ij}$$

라고도 나타낼 수 있다. 귀무가설이 맞는 경우, 제품간의 차이는 없을 것이므로 모든 $\alpha_i = 0$이 되어야 할 것이다. 따라서 분산분석에서 관심있는 가설은

$$H_0 : \alpha_i = 0, \text{ for } i = 1, 2, \cdots, k$$

또는 $$H_0 : \mu_i = \mu, \text{ for } i = 1, 2, \cdots, k$$

이고, 대립가설은

$$H_1 : \alpha_i \neq 0, \text{ for some } i, i = 1, 2, \cdots, k$$

또는 $$H_1 : \mu_i \neq \mu, \text{ for some } i, i = 1, 2, \cdots, k \quad \text{이다.}$$

제품 A, B, C를 집단 $i = 1, 2, 3$이라 하고, i번째 집단의 j번째 증류수의 양을 y_{ij}라 하자. 이 예에서 2번째 집단의 7번째 증류수의 양($y_{2,7}$)은 24이다(〈표 A-6〉). 각 집단의 평균

$$\overline{y_i} = \sum_{j=1}^{n} \frac{y_{ij}}{n}$$

는 μ_i의 추정량이고, 전체 평균

$$\overline{y} = \sum_{i=1}^{k} \sum_{j=1}^{n} \frac{y_{ij}}{kn}$$

는 μ의 추정량이다.

각 관찰값에서 전체 평균을 빼서 제곱한 뒤 모두 합한 것을 총제곱합(SST ; Total Sum of Square)이라 하고, 기호로는

$$SST = \sum_{ij} (y_{ij} - \overline{y})^2$$

로 나타낸다.[70] 이 값은 다시 집단간 제곱합(SSB ; Sum of Squares Between)과 집단내 제곱합(SSW ; Sum of Squares Within)으로 나뉘는데, 집단간 제곱합은 총변동(총제곱합) 중 집단간의 차이 때문에 생기는 변동을 말하며, 집단내 제곱합은 각 집단 내 케이스들 간의 차이 때문에 생기는 변동을 나타낸다.[71]

---

70) $\sum_{ij}$는 $\sum_i \sum_j$ 또는 $\sum_{i=1}^{n} \sum_{j=1}^{n}$을 간단히 나타낸 것이다.

71) 실험데이터에서는 집단간 제곱합을 처리제곱합($SSTR$; Treatment Sum of Squares)이라 하고, 집단내 제곱합은 오차제곱합(SSE ; Error Sum of Squares)이라고도 한다.

제곱합을 집단간제곱합과 집단내제곱합으로 나누어 살펴보면,

$$SST \quad = \quad SSB \quad + \quad SSW$$

$$\sum_{ij}(y_{ij}-\overline{y})^2 = \sum_{i} n\,(\overline{y_i}-\overline{y})^2 \;+\; \sum_{ij}(y_{ij}-\overline{y_i})^2$$

$$\sum_{ij} y_{ij}^2 - nk\overline{y}^2 = \left(n\sum_{i}\overline{y_i} - nk\overline{y}^2\right) + \left(\sum_{ij}y_{ij}^2 - n\sum_{i}\overline{y_i}\right)$$

로서, SSB 과 SSW 의 합은 항상 SST 와 같다. 각 제곱합에는 자유도가 있는데, 총합의 자유도는 항상 총 표본수(kn)에서 1을 뺀 것으로 $kn-1$, 집단간 제곱합은 처리수준 수에서 1을 뺀 것으로 $k-1$이고, 집단내 제곱합의 자유도는 둘의 차이로서 $k(n-1)$이다.[72]

SSB 과 SSW 는 각각 자유도가 $(k-1)$, $k(n-1)$인 χ^2 분포를 따른다. 제곱합을 각각 해당 자유도로 나눈 것을 평균제곱합(Mean Squares)이라 한다.

집단내평균제곱합은

$$MSW = \frac{\sum_{ij}(y_{ij}-\overline{y_i})^2}{k(n-1)}$$

$$= \frac{1}{k}\left(\frac{\sum_{j}(y_{1j}-\overline{y_1})^2}{(n-1)} + \frac{\sum_{j}(y_{2j}-\overline{y_2})^2}{(n-1)} + \ldots + \frac{\sum_{j}(y_{kj}-\overline{y_k})^2}{(n-1)}\right)$$

로서, 각 집단의 분산의 합을 집단의 수로 평균을 낸 것과 같으며, 이의 기대값은

$$E(MSW) = \sigma_\epsilon^2$$

으로서, 오차의 분산이다. 또한 집단간평균제곱합은

$$MSB = \frac{\sum_{i} n\,(\overline{y_i}-\overline{y})^2}{k-1}$$

으로서, 그 기대값은

$$E(MSB) = \sigma_\epsilon^2 + k\left(\sum_{i}\frac{\alpha_i^2}{k-1}\right)$$

---

[72] 여기서 n은 각 집단의 크기를 나타내는 기호로서, 모든 집단에 동일한 케이스 n이 있는 경우를 가리킨다.

인데, $k\left(\sum_i \dfrac{\alpha_i^2}{k-1}\right)$는 귀무가설이 맞을 때, 즉, $\alpha_i = 0$일 때 역시 0이 되므로, 귀무가설 하에서 MSW와 MSB는 사실상 같은 것을 나타낸다.

이제 검정통계량 F의 분포를 알아보자.

$$F = \frac{MSB}{MSW} = \frac{SSB/(k-1)}{SSW/k(n-1)}$$

인데, SSB과 SSW는 각각 자유도가 $(k-1)$, $k(n-1)$인 χ^2 분포를 따르므로

$$F = \frac{\chi^2/df}{\chi^2/df}$$

의 형태인 검정통계량은, 자유도가 $(k-1)$, $k(n-1)$인 F분포를 따른다. 따라서 검정통계량을 F분포에 비교하여 유의확률을 구하고 가설검정을 할 수 있다. 책에 따라 표본의 총수를 $N=nk$로 나타내어, 자유도를 각각 $k-1$, $N-k$와 $N-1$로 적기도 한다.

5. 상관관계분석

(1) 상관계수

상관계수에 대해 공부하기 전에 먼저 두 변수의 분산과 공분산을 이해하자. 연속형의 변수 X와 Y의 표본분산은 각각

$$V(x) = s_x^2 = \frac{\sum(x_i - \overline{x})^2}{n-1}, \quad V(y) = s_y^2 = \frac{\sum(y_i - \overline{y})^2}{n-1}$$

이고, 두 변수의 공분산은

$$\mathrm{Cov}(x, y) = \frac{\sum(x_i - \overline{x})(y_i - \overline{y})}{n-1}$$

이다. 상관계수는, 두 변수 X와 Y의 표준편차의 곱에 대한 공분산의 비율을 나타낸 것으로서

$$r = \frac{\mathrm{Cov}(x,y)}{\sqrt{V(x)}\sqrt{V(y)}} = \frac{\sum(x_i-\overline{x})(y_i-\overline{y})}{\sqrt{\sum(x_i-\overline{x})^2}\sqrt{\sum(y_i-\overline{y})^2}}$$

이다. 이 때 분자와 분모에 있는 $n-1$은 서로 약분되어 없어진다.

상관계수의 부호는 분자의 부호로 결정된다. 분모는 항상 양수이기 때문이다.

이 식의 분자를 보면, 두 변수 X와 Y의 평균을 중심으로 볼 때, x와 y가 모두 평균보다 클 때는 $(x_i - \bar{x})$와 $(y_i - \bar{y})$가 모두 양수이므로 그 곱도 양수이고, x와 y가 모두 평균보다 작을 때는 $(x_i - \bar{x})$와 $(y_i - \bar{y})$가 모두 음수이므로 그 곱이 양수가 된다 (〈표 A-7〉). x와 y의 값이 제1사분위와 제3사분위에 주로 퍼져있는 경우는 x가 증가하면 y도 증가하는 양상을 보이는 경우로서, 대부분의 케이스에 있어서 분자는 양수가 되어 상관계수 r은 양수가 된다.

<표 A-7> 관찰값의 $(x_i - \bar{x})(y_i - \bar{y})$와 상관계수의 부호

평균을 중심으로 관찰값의 위치	$(x_i - \bar{x})$	$(y_i - \bar{y})$	$(x_i - \bar{x})(y_i - \bar{y})$	상관계수의 부호
1사분위	+	+	+	+
2사분위	−	+	−	−
3사분위	−	−	+	+
4사분위	+	−	−	−

이와는 달리 x가 증가하면 y는 감소하는 양상을 보이는 경우를 살펴보자. 이 경우에는 많은 케이스들이 제2사분위와 제4사분위에 위치하게 되어 x가 평균보다 크고 y가 평균보다 작은 경우에는 양수 곱하기 음수이므로 분자가 음수가 되고, x가 평균보다 작고 y가 평균보다 큰 경우에는 음수 곱하기 양수가 되므로 분자가 음수가 되기 때문에 상관계수 r은 음수가 된다.

상관계수의 범위는 $-1.0 \leq r \leq 1.0$으로, 반지름과 원둘레의 관계처럼 완전한 양의 관계를 가질 때는 $r = 1.0$이고, 사용한 연필의 길이와 남은 길이의 관계와 같이 완전한 음의 관계를 가질 때는 $r = -1.0$이다. 두 변수간에 아무런 선형의 관계가 없을 때는 $r = 0.0$이다.

(2) 상관관계분석의 검정통계량

모집단의 상관계수 ρ가 0일 때, 표본상관계수 r의 변환값인 검정통계량은

$$t = \frac{r}{\sqrt{\dfrac{1-r^2}{n-2}}}$$

로서 자유도가 $n-2$인 t-분포를 따른다.

같은 크기의 표본에서 표본 상관계수 r이 1.0이나 -1.0에 가까우면 분모가 아주

작아져서 검정통계량 t 는 커지고, r 이 0.0에 가까우면 분자가 0에 가까우므로 검정통계량 t도 0.0에 가까워진다. 따라서 t 가 0.0에 가까우면 모집단의 상관계수 $\rho = 0$ 이라는 귀무가설이 맞다고 판단되므로 귀무가설을 채택하게 된다. 반대로 t 가 0.0에서 멀면 귀무가설이 틀렸다는 판단을 내리게 되어 귀무가설을 기각하고 두 변수간에 유의한 상관관계가 있다는 결론을 내리게 된다.

여기서 't 가 0에 가깝다' 또는 '멀다'는 판단은 유의확률을 기준으로 한다. 유의확률이 유의수준 α 보다 크면 귀무가설을 채택하고, 유의확률이 유의수준보다 작으면 귀무가설을 기각하게 된다.

6. 단순회귀분석

(1) 회귀모형의 검정통계량

분산분석에서는 종속변수 Y의 총제곱합(SST)을 집단간제곱합(SSB)과 집단내제곱합(SSW)으로 분할, 분석하여 처리수준의 평균간에 유의한 차이가 있는지 검정한다. 회귀분석에서도 이와 유사한 분석을 시행한다.

예를 들어 설명하자. 만일 키와 체중간에 아무런 선형의 관계가 없어 기울기가 0이라면, 키가 크든 작든 상관없이 체중의 평균은 $\bar{y}$일 것이다. 그러나 만일 서로 유의한 관계가 있다면, 키에 따라 체중의 평균이 다를 것이다. 평균을 회귀방정식으로 나타냈을 때 i 번째 키인 사람들의 체중 관찰값의 평균을 $\hat{y}_i$라 하자. 각 체중 y_i값에서 평균 $\bar{y}$를 빼서 제곱한 것을 총변동(total variation) 또는 총제곱합(SST: Sum of Square of Total)이라 한다.

SST는 두 부분으로 분할할 수 있는데, 키가 얼마인지 알기 때문에 설명할 수 있는 부분과 키를 알더라도 개인차가 있기 때문에 설명할 수 없는 부분이다(〈그림 A-6〉). 키를 알기 때문에 설명할 수 있는 부분은 회귀방정식으로 설명되므로 회귀제곱합($SSReg$: Sum of Squares of Regression)이라 하고, 그래도 설명되지 않는 부분은 잔차제곱합(Sum of Square of Residual) 또는 오차제곱합(SSE: Sum of Squares of Error)이라 한다. 총합의 분할을 식으로 나타내보면

$$SST = SSReg + SSE$$
$$\sum_i (y_i - \bar{y})^2 = \sum_i (\hat{y}_i - \bar{y})^2 + \sum_i (y_i - \hat{y}_i)^2$$

(A-1)

여기서, $\bar{y} = \dfrac{\sum_{i}^{n} y_i}{n}$ 이다. 이를 분산분석표로 나타내 보면 〈표 A-8〉과 같다.

<표 A-8> 분산분석표

요인 (source)	자유도 (d)	제곱합 (SS)	평균제곱합 (mean SS)	검정통계량 (F)	유의확률 (p value)
회귀모형 (Reg)	1	$SSReg$	$MSReg = SSReg$	$F = \dfrac{MSReg}{MSE}$	$F > F_{(1,\ n-2)}$
잔차 (error)	$n-2$	SSE	$MSE = \dfrac{SSE}{n-2}$		
합계 (total)	$n-1$	SST			

주어진 데이터에서 SST는 일정하므로, x가 있어서 y값을 잘 설명할수록 회귀방정식의 평균 $\hat{y_i}$이 평균 $\bar{y}$에서 멀어진다. 이 경우 식 (A-1)에서 $(\hat{y_i} - \bar{y})^2$, 즉 $SSReg$는 커지고 SSE는 작아지게 된다. x가 y를 전혀 설명하지 못한다면 $\hat{y_i}$은 거의 $\bar{y}$에 가까울 것이므로 식 (A-1)에서 $SSReg$는 거의 0에 가깝게 될 것이다.

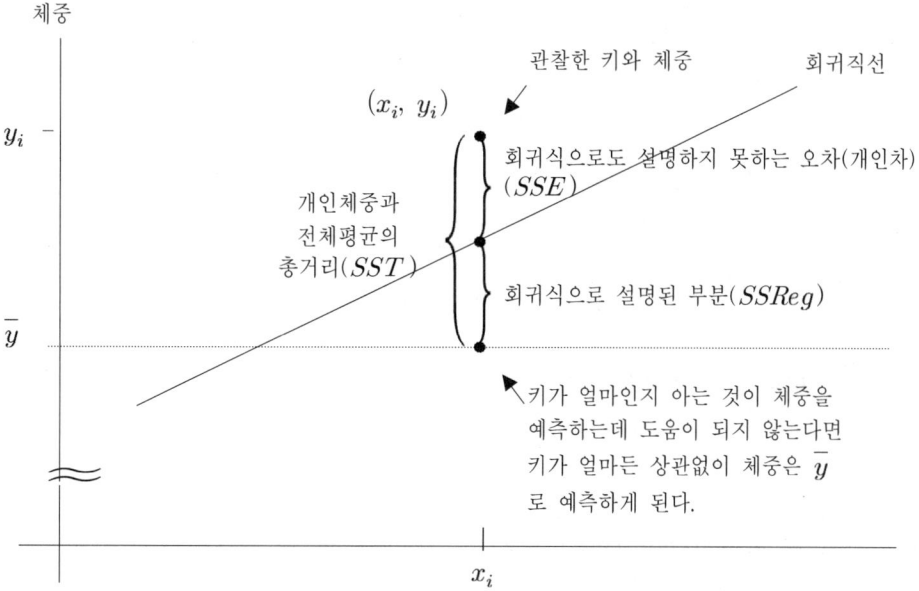

<그림 A-6> 회귀분석에서 총오차의 분할

검정통계량

$$F = \frac{SSReg/df}{SSE/df}$$

는 이러한 성질을 이용하여 모형의 유의성을 검정할 수 있는 통계량이다. 이 통계량이 클수록 유의확률은 작아지고, 모형은 유의한 것이다. 이 통계량은 분자자유도와 분모자유도를 가지는 F분포를 따른다.

단순선형회귀분석에서는 모형에 대한 가설과 회귀계수에 대한 가설이 서로 같기 때문에 두 가설을 검정하는 검정통계량도 밀접한 관계가 있다. 즉, 모형의 검정통계량 F는 회귀계수의 검정통계량 t를 제곱한 것과 같다.[73]

$$F = t^2$$

따라서 한가지 검정의 유의확률은 다른 검정에서도 똑같고 결론도 물론 똑같다.

(2) 회귀계수의 추정

독립변수가 유의하면 회귀계수를 추정해야 한다. 두 변수의 관계를 나타내는 직선 $\hat{y} = a + bx$에서 a와 b가 될 수 있는 값은 무수히 많을 것이다. 그 중에서 '데이터에 가장 잘 맞는' a와 b의 값을 찾는 방법 중의 하나가 **최소제곱법**(least squares method)이다. 최소제곱법은 잔차($y_i - \hat{y_i}$)의 제곱합을 최소로 만드는 a와 b를 찾아내는 방법이다.

X를 독립변수, Y를 종속변수라 하고, i번째 사람의 관찰값을 (x_i, y_i)라 할 때, 주어진 x_i값을 가진 케이스의 관측값 y_i를 회귀모형을 이용하여 나타내보면

$$y_i = \alpha + \beta x_i + \epsilon_i, \quad 단, \; \epsilon_i \sim iid\, N(0, \sigma_\epsilon^2)$$

이다.[74] 여기서 $\epsilon_i = y_i - \hat{y_i} = y_i - (\alpha + \beta x_i)$ 의 양변을 제곱하여 모두 더하면

$$Q = \sum_i \epsilon_i^2 = \sum_i (y_i - \alpha - \beta x_i)^2$$

이다. 즉, Q는 각 관찰값과 회귀모형 사이의 거리 제곱합이다. 이 거리를 최소화하는 α와 β를 구하려면 관찰한 y_i값과 x_i값을 대입한 뒤 Q를 미분하여 0이 되는 값을 구하면 되는데, 해를 구하고자 하는 미지항이 α와 β 두 개이므로 Q를 각각에 대하여

---

[73] 자유도가 1과 d인 F의 값은 언제나 자유도가 d인 t의 제곱과 같다.

[74] $iid\, N(0, \sigma_\epsilon^2)$는 '서로 독립(independent)이고 동일한(identically) 분포(distributed)를 따르는데, 그 분포는 평균이 0이고 분산이 σ_ϵ^2 인 정규분포'라는 뜻이다.

편미분하면

$$\frac{\partial Q}{\partial \alpha} = -2\sum_i (y_i - \alpha - \beta x_i)$$

$$\frac{\partial Q}{\partial \beta} = -2\sum_i x_i(y_i - \alpha - \beta x_i)$$

이다. 위의 두 식을 정규방정식이라 하며, 이 식을 0으로 만드는 $a\,(=\hat{\alpha})$와 $b\,(=\hat{\beta})$는

$$b = \frac{\sum_i (x_i - \overline{x})(y_i - \overline{y})}{\sum_i (x_i - \overline{x})^2}$$

$$a = \overline{y} - b\overline{x}$$

이다. 이 a와 b를 최소제곱추정량(least squares estimator)이라 한다.

(3) 회귀계수의 검정통계량

최소제곱법으로 a와 b를 구하면, b는 평균이 β, 분산이 $\sigma_\beta^2 = \dfrac{\sigma^2}{\sum (x_i - \overline{x})^2}$인 정규분포를 따른다. 이를 기호로 나타내면

$$b \sim N\!\left(\beta, \frac{\sigma^2}{\sum (x_i - \overline{x})^2}\right) \quad \text{이다.}$$

데이터에서 σ^2은 알 수 없으므로 표본분산 $s^2 = MSE$를 대입하면[75] 검정통계량은

$$t = \frac{b - \beta_0}{\sqrt{\dfrac{s^2}{\sum (x_i - \overline{x})^2}}} = \frac{b - \beta_0}{\sqrt{\dfrac{MSE}{\sum (x_i - \overline{x})^2}}}$$

로서, t는 자유도가 $(n-2)$인 t-분포를 따른다. 대개 검정하고 하고자 하는 가설이 $H_0 : \beta = 0$이므로, $\beta_0 = 0$을 대입하면, 검정통계량은

$$t = \frac{b}{\sqrt{\dfrac{MSE}{\sum (x_i - \overline{x})^2}}} \quad \text{가 된다.}$$

---

[75] MSE : 모분산(σ^2)의 추정량. 분산분석표에서 구할 수 있다.

(4) 결정계수

단순선형회귀분석에서 R^2은 표본상관계수의 제곱, 즉, r^2과 같다. 이 관계를 수식으로 살펴보자. 먼저 분자의 $SSReg$를 다시 표현해보면

$$SSReg = \sum(\hat{y_i} - \overline{y})^2 = \sum[(a+bx_i) - \overline{y}]^2$$
$$= \sum[(\overline{y} - b\overline{x}) + bx_i - \overline{y}]^2$$
$$= \sum[b(x_i - \overline{x})]^2 = b^2 \sum(x_i - \overline{x})^2$$

이다. 또 b와 SST는 각각

$$b = \frac{\sum(x_i - \overline{x})(y_i - \overline{y})}{\sum(x_i - \overline{x})^2}, \qquad SST = \sum(y_i - \overline{y})^2$$

이므로

$$R^2 = \frac{SSReg}{SST} = \frac{b^2 \sum(x_i - \overline{x})^2}{\sum(y_i - \overline{y})^2}$$

$$= \left[\frac{\sum(x_i - \overline{x})(y_i - \overline{y})}{\sum(x_i - \overline{x})^2}\right]^2 \left[\frac{\sum(x_i - \overline{x})^2}{\sum(y_i - \overline{y})^2}\right]$$

$$= \frac{[\sum(x_i - \overline{x})(y_i - \overline{y})]^2}{\sum(x_i - \overline{x})^2 \sum(y_i - \overline{y})^2}$$

$$= \left[\frac{\sum(x_i - \overline{x})(y_i - \overline{y})}{\sqrt{\sum(x_i - \overline{x})^2}\sqrt{\sum(y_i - \overline{y})^2}}\right]^2 = r^2$$

이다.

(5) 평균의 추정

변수 X의 값이 x인 케이스들의 y의 평균 $\overline{y}_x$는

$$\overline{y}_x = a + bx$$

로 추정된다. $\overline{y}_x$는 $N(\overline{y}_x, \sigma^2_{\overline{y}_x})$분포를 따르는데, 분산은

$$\sigma_{\bar{y}_x}^2 = \sigma_\epsilon^2 \left(\frac{1}{n} + \frac{(x-\bar{x})^2}{\sum(x_i-\bar{x})^2} \right)$$

이고, $\widehat{\sigma_\epsilon^2} = MSE$를 추정값으로 사용한다. 따라서 $\bar{y}_x$의 95% 신뢰구간은

$$\bar{y}_x \pm z_{0.975} \sqrt{MSE\left(\frac{1}{n} + \frac{(x-\bar{x})^2}{\sum(x_i-\bar{x})^2}\right)}$$

가 된다. x가 평균 $\bar{x}$와 같으면 $\frac{(x-\bar{x})^2}{\sum(x_i-\bar{x})^2}=0$이 되고, 이때 $\bar{y}_x$의 신뢰구간이 가장 좁다. x가 평균 $\bar{x}$에서 멀어질수록 분산이 커지고 신뢰구간도 넓어지게 된다.

(6) 새로운 케이스 값의 예측

회귀모형을 이용하여 $X=x$인 어떤 케이스의 값 $\hat{y}_x$를 예측할 때, 예측값은

$$\hat{y}_x = a + bx$$

로서 평균의 추정값 $\bar{y}_x$과 같다. $X=x$인 새로운 케이스의 값 $\hat{y}_x$을, 같은 x값을 가지는 사람들의 평균 $\bar{y}_x$로 하는 것이므로, 이는 당연한 일이다. 평균의 추정과 마찬가지로, 케이스의 예측값도 구간으로 나타낼 수 있다. $\hat{y}_x$의 분포를 보면

$$\hat{y}_x \sim N\left[\mu, \sigma_\epsilon^2 \left(1 + \frac{1}{n} + \frac{(x-\bar{x})^2}{\sum(x_i-\bar{x})^2}\right)\right]$$

로서 예측값의 분산은 추정값 $\bar{y}_x$의 분산보다 σ_ϵ^2만큼 더 크다(괄호안에 $1+$이 있기 때문에). 그러나 예측값도 역시 $x=\bar{x}$일 때 분산이 가장 작아서 신뢰구간이 가장 좁고, x가 평균에서 멀어질수록 분산이 점점 커져서 신뢰구간이 점점 넓어짐을 알 수 있다. 표본에서 σ_ϵ^2는 MSE로 대신하는데, 케이스의 예측값 $\hat{y}_x$의 95% 신뢰구간은

$$\hat{y}_x \pm z_{0.975} \sqrt{MSE\left(1 + \frac{1}{n} + \frac{(x-\bar{x})^2}{\sum(x_i-\bar{x})^2}\right)} \quad \text{이다.}$$

7. 다중회귀분석

(1) 다중회귀모형의 검정통계량

다중회귀분석의 분산분석표를 살펴보면 〈표 A-9〉과 같다. 단순회귀분석의 분산분석표와 다른 점은 회귀모형의 자유도가 독립변수의 개수와 같은 k 라는 점과, 따라서 잔차의 자유도도 합계 자유도 $n-1$에서 모형 자유도 k를 뺀 $n-1-k$라는 점이다. 모형의 자유도가 변하면 검정통계량의 자유도도 따라서 변한다.

<표 A-9> 다중회귀분석의 분산분석표

요인 (source)	자유도 (d)	제곱합 (SS)	평균제곱합 (mean SS)	검정통계량 (F)	유의확률 (p value)
회귀모형 (Reg)	k	$SSReg$	$MSReg = SSReg$	$F = \dfrac{MSReg}{MSE}$	$F > F_{(k,\ n-1-k)}$
잔차 (error)	$n-1-k$	SSE	$MSE = \dfrac{SSE}{n-1-k}$		
합계 (total)	$n-1$	SST			

검정통계량

$$F = \frac{MSReg}{MSE}$$

의 값이 클수록 유의확률은 작아지고, 모형은 통계적으로 유의한 것이다. 모형이 유의하다는 것은 **독립변수 중 하나라도** 유의한 변수가 있다는 뜻이다.

단순선형회귀분석에서는 모형에 대한 가설과 회귀계수에 대한 가설이 서로 같기 때문에 모형의 검정통계량 F는 회귀계수의 검정통계량 t사이에

$$F = t^2$$

라는 관계가 성립하였지만, 다중회귀분석에서는 그렇지 않다.

(2) 표준화계수

표준화계수를 구하는 방법은 두 가지가 있다. 하나는 독립변수와 종속변수를 모두 평균이 0이고 분산이 1인 변수로 변환시킨 뒤에 회귀분석을 하여 일반적인 최소제

곱법으로 회귀계수를 구하는 방법이다. 이 경우 최소제곱법으로 구한 계수가 곧 표준화 계수이다. 이 방법은 단위정상법(unit normal scaling)이라 한다.

다른 방법은 각 회귀계수에 일정한 상수를 곱하여 구하는 방법으로서 단위길이법(unit length scaling)이다. 이 방법을 조금 더 자세히 알아보자. i번째 독립변수의 제곱합 s_{ii}는, 평균을 $\bar{x}_i$라 할 때

$$s_{ii} = \sum_j (x_{ij} - \bar{x}_i)^2$$

이다. 한편 종속변수의 평균을 $\bar{y}$라 하면, 종속변수의 제곱합은

$$s_{yy} = \sum_j (y_j - \bar{y})^2$$

이다. 최소제곱법으로 구한 변수 x_i의 계수를 b_i라하고 그 표준화 계수를 b_i^*라 할 때,

$$b_i^* = b_i \sqrt{\frac{s_{ii}}{s_{yy}}} \quad \text{이다.}$$

8. 교차분석

(1) 피어슨의 카이제곱통계량

독립성의 검정에서는, 두 변수 A와 B가 서로 독립이라는 가설이 맞다는 가정 하에 기대빈도와 관찰빈도 간의 차이를 비교한다. 만일 두 변수가 서로 독립이라면 관찰빈도와 기대빈도의 값은 서로 비슷할 것이다. 그러나 서로 관련이 있다면 관찰빈도는 (서로 독립일 경우의) 기대빈도와 큰 차이가 날 것이다. 따라서 두 빈도간의 차이가 크면 서로 상관이 있는 것이고 차이가 작으면 서로 독립이라 할 수 있다.

두 빈도간의 차이가 얼마나 큰지 판단하는 것은 검정통계량과 그 확률이다. 각 셀의 관찰빈도를 O_{ij}, 기대빈도를 E_{ij}라 할 때, 두 변수의 관계를 알아보는 검정통계량은

$$X^2 = \sum_{ij} \frac{(O_{ij} - E_{ij})^2}{E_{ij}}$$

로서 피어슨의 카이제곱 검정통계량이라 부른다. 수집된 데이터가 충분히 크고 두 변수가 서로 독립이라는 가정이 맞을 경우 검정통계량은 (점근적으로) 자유도가 $(r-1)(c-1)$인 카이제곱(χ^2)분포에 근접한다.

어느 경우에 검정통계량이 충분히 크다고 할 수 있을까? 다른 검정과 마찬가지

로 이 기준을 제시하는 것이 유의확률로서, 자유도가 $(r-1)(c-1)$인 카이제곱분포에서 검정통계량(이나 그 이상의 값)이 나올 확률이다. 유의확률(p)이 유의수준(α)보다 작으면 두 변수는 유의한 관계가 있다고 해석한다.

(2) McNemar의 검정통계량

13장에서 제시한 가상의 데이터를 통해 검정통계량에 대해 공부해 보자.

<표 A-10> 지지하는 정당 - 유세 전과 후

유세 전	유세 후		계
	A정당	B정당	
A정당	40	20	60
B정당	10	30	40
계	50	50	100

이 표는 유세의 효과를 알아보기 위한 데이터를 정리한 표로서, 행에는 유세 전에 지지하는 정당이, 열에는 유세 후에 지지하는 정당이 나타나있다. 이 데이터를 분석하는 목적은 유세 전과 유세 후의 정당지지율이 같은지 다른지 알아보는 것이다. 유세가 효과가 있다면 유세 전·후의 지지율의 분포가 다를 것이다.

유세 전과 후의 정당 지지율이 동일한지 동일하지 않은지 알아보고자 할 때는 주대각선에 있는 셀들은 제외한다. 즉, 변화한 사람들만을 대상으로 분석하게 된다. 두 가지 변화 중 한가지(예를 들어 A정당에서 B정당으로)를 성공이라 하자. 변화의 효과가 없는 경우, 성공한 케이스 수 O_{12}는 변화한 케이스 총 수(여기서는 30명)의 절반이 될 것이다. 즉, O_{12}는 표본의 크기 n이 $O_{12}+O_{21}$이고 성공확률 p가 1/2인 이항분포를 따른다. 따라서 유의확률은 이항분포를 이용하여 구한다.

변화한 케이스의 총 수 $O_{12}+O_{21}$가 충분히 클 때, O_{12}는 평균이 $(O_{12}+O_{21})/2$이고 분산이 $(O_{12}+O_{21})/4$인 정규분포를 따른다. 이로부터 McNemar의 검정통계량

$$X^2 = \frac{(O_{12}-O_{21})^2}{O_{12}+O_{21}}$$

은 자유도가 1인 카이제곱분포를 따른다. 이 분포에서 유의확률을 구해서 유의수준보다 작으면 유의하다는 결론을 내린다.

일반적으로 변화한 케이스 총 수 n이 20 이상이면 크다고 판단한다. 그러나 이 수가 충분히 큰 경우라도 이항분포를 이용하면 유의확률을 구하는 것보다 더욱 정확한 유의확률을 구할 수 있다.

제4절 표본크기의 결정

1. 허용오차

신뢰구간에서 더하고 빼는 값, 즉, $d = z\dfrac{\sigma}{\sqrt{n}}$를 오차한계 또는 (최대)허용오차(bound of error)라고 한다. 허용오차란, 그 이상의 오차를 허용하지 않겠다는 뜻으로서 오차의 크기가 그 값보다 작게 되도록 하겠다는 뜻이다. 공식에서 알 수 있듯이, 같은 신뢰수준(z)과 분산(표준편차, σ)을 가진 경우, 표본크기(n)가 커지면 오차한계가 작아진다. 반대로 오차한계를 미리 지정하면, 주어진 오차한계를 달성하기 위하여 필요한 표본의 크기를 알아낼 수 있다.

2. 표본크기 공식

최대허용오차를 d로 하고자 할 때, $z\dfrac{\sigma}{\sqrt{n}}$는 이 값보다 작거나 같아야 하므로 $d \geq z\dfrac{\sigma}{\sqrt{n}}$이다. n과 d가 모두 0보다 크므로, 양변을 d로 나누고 $\sqrt{n}$을 곱해주면 $\sqrt{n} \geq \dfrac{z\sigma}{d}$이고, 양쪽을 모두 제곱하면 $n \geq \left(\dfrac{z\sigma}{d}\right)^2$, 또는 $n \geq \left(\dfrac{z^2\sigma^2}{d^2}\right)$이다. 표본의 크기를 결정하기 위해서는 부등호의 오른쪽에 있는 값들을 모두 제공할 수 있어야 한다.

① 최대허용오차 d는 선행연구나 기타 연구여건에 따라 연구자가 임의로 결정하며,
② 표준편차 σ는 선행연구나 사전조사(pilot study)에서 구할 수 있다.
③ 신뢰계수 z는 표준정규분포에서 구하는데, $(1-\alpha) \times 100\%$ 신뢰수준을 달성하기 위해서는 $\Pr(|Z| > z) = \alpha$가 되는 $z > 0$ 값을 구한다.

계산결과 n이 정수가 되지 않는 경우에는 올림(반올림이 아님)한 수를 표본의 크기로 한다. 이항형 변수에서 표본비율을 추정하고자 하는 경우에는 σ^2 대신 pq를 이용한다. 여기서 p는 성공비율, $q=1-p$이다.

> 분산 σ^2이나 비율 p를 알면 무엇 때문에 구태여 조사를 하는가 하는 질문이 있을 법하다. 그렇다. 이 값들을 모르기 때문에 조사를 하는 것이다. 한편, 이 값들을 모르면 표본의 크기를 구할 수 없다. σ^2이나 p의 정확한 값을 모르더라도 표본의 크기를 구하기 위해 대신 사용할 수 있는 값들이 있다. 이 값들을 구하는 방법 중 바람직한 것을 몇 가지 알아보자. 먼저 σ^2대신 사용할 수 있는 값이다.
> ① 기존의 데이터: 선행 연구가 있을 때 그 연구에서 나온 분산을 이용하는 것이다.
> ② 파일럿 스터디: 총 몇 명을 조사해야 하는지 알 수 없을 때, 약 20명 정도를 예비로 조사하여 분산을 대략 추정한다. 나중에 추가로 조사할 사람수는 (계산에서 나온 표본의 크기) - 20명이다.
> ③ 파일럿 스터디: 예비조사에서 범위(R = 최대값 - 최소값)는 약 4표준편차 정도된다. 따라서 $\left(\dfrac{R}{4}\right)^2$이 대략적인 분산이 된다.

이제 예제를 통해서 실제로 표본의 크기를 구해보자.

10년 전 데이터에 의하면 초등학생들의 평균키가 140cm, 분산이 100이라고 하였다. 어린이들의 키를 다시 측정하여 그 평균을 알아보고자 한다. 95% 신뢰수준에서 오차를 ±2cm이내로 하기 위하여 모두 몇 명의 어린이를 조사하여야 하는지 알아보자.

선행연구에서 분산이 100으로 주어졌으므로 $\sigma^2=100$이다. 신뢰수준이 95%이므로 신뢰계수 $z=1.96$이고, 오차를 2cm이내로 하려 하므로 $d=2$이다. 따라서 필요한 표본의 크기는 공식에 의하여,

$$\frac{(1.96^2)(100)}{2^2} = 96.04$$

이다. $n \geq 96.04$이므로 최소한 97명 이상을 조사하여야 한다. ■

표본의 크기를 정하려는 경우, 분산으로 쓰이는 σ^2값을 알아야 하는데, 이항형 변수 (dichotomous variable)의 경우 pq를 이용한다. 사전지식이 없는 경우란 비율을 알지 못하는 경우인데 이 경우에는 pq값을 가장 크게 하는 값을 이용하면 되는데, p를 0에서 1사이에 변화시켜보면, pq가 가장 큰 경우는 $p=0.5$인 경우이다. 허용오차를 ± 5%포인트 이내로 한다고 하니 $d=0.05$이고, 신뢰구간에 대해 따로 언급이 없으면 보편적으로 많이 쓰이는 신뢰구간인 95%를 이용한다.

3. 표본크기공식의 특성

표본의 크기와 공식을 이루는 각 요소간의 관계는 다음과 같다.

① 신뢰계수는 분자에 있기 때문에 이 값이 커지면 표본의 크기가 커진다. 신뢰계수가 커지는 것은 곧 신뢰수준을 높이는 것인데, 신뢰수준이 높다는 것은, 계산된 구간 안에 모평균이 들어갈 가능성이 높다는 뜻이다. 신뢰수준을 높이면 신뢰계수가 커지고, 그 결과 표본의 크기는 커질 수밖에 없다.

② 분산 역시 분자에 있기 때문에, 분산이 클수록 표본이 커진다. 극단적인 예를 들어보면, 모든 어린이들의 키가 123cm~127cm사이에 있다면 분산은 매우 작을 것이고, 몇 명만 관찰하여도 키의 평균이 얼마인지 알 수 있을 것이다. 그러나 80cm~160cm까지 넓게 퍼진 경우에는 분산이 클 것이고, 많은 어린이들을 관찰하여야 할 것이다.

③ 허용오차는 공식의 분모에 있다. 따라서 신뢰계수와 분산이 같을 때 허용오차를 작게 하는 경우 즉 d가 작은 경우에는, 표본의 크기가 커지게 된다. 그러나 오차를 많이 허용하는 경우에는 분모가 커지기 때문에 표본의 크기는 작아도 무방하다. 이것을 과장되게 이야기하자면, 어린이들의 평균키를 추정할 때, 80cm에서 170cm(125±45)안에 있을 것이라고 말하고자 한다면 어린이들을 많이 관찰하지 않아도 가능하다. 그러나 구간을 (123cm~127cm: 125±2)라고 좁게 말하려면 상당히 많은 수의 어린이를 관찰하여야 할 것이다. 최대허용오차가 작으면 추정이 정밀하게 된 것이므로 정도(精度, precision)가 높다고 한다. 정도가 높을수록 허용오차는 작고, 정도가 낮을수록 허용오차는 크다.

4. 제Ⅰ, Ⅱ종 오류를 고려하여 표본크기 정하기

이제 두 가지의 오류를 염두에 두고 표본의 크기를 구하는 방법을 알아보자. 먼저 제Ⅰ종 오류가 α가 되는 값($z_{1-\alpha} > 0$)과 제Ⅱ종 오류가 β가 되는 값($z_{1-\beta} > 0$)을 표준정규분포에서 구한다.[76] β를 정하기 위해서는 대립가설의 평균값을 특정한 값으로 정할 수 있어야 한다. 그러다 보면 귀무가설과 대립가설의 평균의 차이도 구할 수 있는데, 두 가설의 평균의 차이를 Δ(delta)라 놓으면, 필요한 표본의 크기는

$$n \geq \frac{(z_{1-\alpha} + z_{1-\beta})^2 \sigma^2}{\Delta^2}$$

이다. 예제를 하나 보자.

예제 A-4

가설 $H_0 : \mu = 140$에 대하여, 대립가설 $H_1 : \mu = 145$를 유의수준 .05에서 검정하는데 필요한 표본의 크기를 구하고자 한다.[77] 선행연구에서 보면 표준편차는 약 40이라고 한다. 검정력(statistical power:$1-\beta$)을 0.8 이상으로 하고자 할 때, 표본의 크기는 얼마가 되어야 할까?

α가 0.05이니, 정규분포표에서 $z_{1-\alpha} = 1.645$이고, 검정력이 0.8이상이므로 β는 0.2이고 $z_{1-\beta}$는 0.84이다. $\sigma^2 = 40^2$, $\Delta = 140 - 145 = -5$이므로 이 값들을 공식에 대입하면

$$\frac{(1.645 + 0.84)^2 (40)^2}{(5)^2} = 395.2144$$

로서 적어도 396명이 필요하다. ■

---

76) 표본의 크기를 구할 때는 제Ⅰ종 오류 α와 제Ⅱ종 오류 β를 연구자가 정한다. 대개 $\beta = 4\alpha$ 정도의 크기면 적당하다. 또한 두 종류의 오류를 감안해서 표본의 크기를 구할 때는 항상 단측검정으로 생각한다.

77) 여기서 대립가설은 '귀무가설 값보다 5이상 크면 유의한 차이가 있는 것으로 생각하겠다'는 생각을 기호로 나타낸 것이다.

부록B 설문지와 코드북

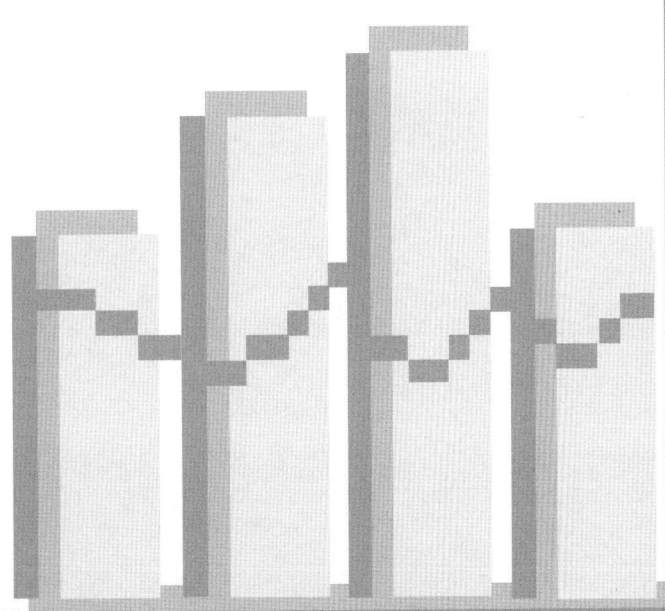

B1. 설문지 : 청소년

ID : ☐☐☐

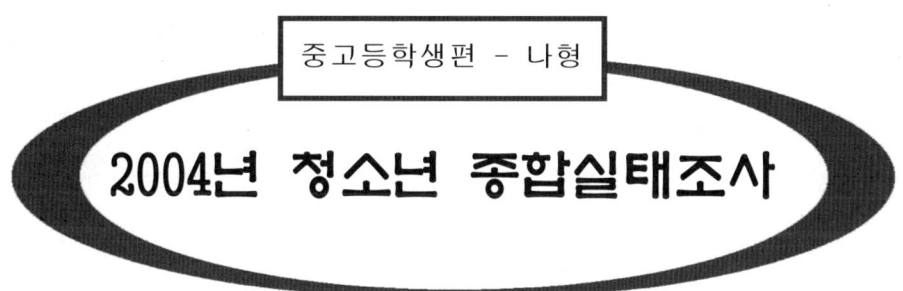

중고등학생편 - 나형

2004년 청소년 종합실태조사

청소년 여러분 안녕하세요?

저희 한국사회조사연구소에서는 청소년 여러분의 생활, 의식구조, 미래상 등 여러분의 생활 전반에 대한 종합조사연구를 하고 있습니다. 이 연구의 결과는 청소년관련 연구와 교육정책 수립의 기초자료로 활용될 수 있고, 한국사회 연구의 중요한 자료로 활용되는 것이니, 한 사람도 빠짐없이 응답하여 주시기 바랍니다.

이 조사에 응답하게 되는 여러분은 우리나라의 청소년을 가장 잘 대표할 수 있는 사람으로 뽑혔습니다. 이 조사 결과는 컴퓨터로 처리되어 통계분석에만 사용되고 다른 목적으로는 전혀 사용되지 않습니다. 여러분 개인의 정보나 의견은 절대로 밖으로 유출되지 않으니, 평소에 생각하는 대로, 생활하는 대로 정확하게 그리고 빠짐없이 응답해 주시기 바랍니다. 감사합니다.

2004년

(사)한국사회조사연구소
(Korea Social Research Center)

☎ 0502-362-0778, http://www.ksrc.or.kr

부록 B   질문지 및 코드북

♠ 조사를 시작하기 전에

* 이 조사는 시험이 아닙니다. 정답이 없으니 자신의 생각대로, 아는대로 솔직하게 적어주세요. 옆 사람과 상의하지 마세요.
* 슈퍼바이저의 설명을 잘 듣고, 함께 풀어나갑니다. 혼자 앞서나가지 마세요.
* 자신의 생각과 같은 보기의 번호를 □ 칸 안에 적거나 ○, ✓로 표시하세요. 자신의 생각과 같은 내용이 없을 때는 빈칸에 적어주세요.
* 순서대로 고르는 문제는 아래 예와 같이 _____에 순서대로 번호를 적어주세요. 절대로 ○, ✓로 표시하면 안됩니다. 자신의 생각과 같은 내용이 없을 때는 빈칸에 적어주세요.

예) 학교 생활 중에 가장 재미있는 것은 무엇인가요? 13   그 다음으로 재미있는 것은요? 4
  ① 수업시간   ② 학급회의
  ③ 특별활동   ④ 현장체험학습 (소풍, 야외수업 등)
  ⑤ 체육대회   ⑥ 친구들과 놀기
  ⑦ 수학여행   ⑧ 수련회
  ⑨ 점심(급식)시간   ⑩ 특기적성교육(보충수업)
  ⑪ 자율학습   ⑫ 동아리 활동
  ⑬ 축제(예술제)   기타) (구체적으로:)

* 상자와 화살표가 있는 문제는 아래 화살표를 잘 따라가면서 응답해주세요.

예) 외국에 가본 적 있나요? ②

① 있다	② 없다
↓	↓
외국에 갔다면, 주로 어떤 이유로 갔나요? □ (풀지 않습니다) ① 연수 ② 여행 기타) _____	다음 질문으로 가시오

* sch : 학교구분 ① 중학교 ② 인문고 ③ 실업고
* city : 지역구분 ① 대도시 ② 중소도시 ③ 읍면지역

1. 나는? □   ① 남자다   ② 여자다

2. 나는 가족들과의 생활에 _____. □
    ① 아주 만족한다   ② 만족하는 편이다
    ③ 불만이 약간 있는 편이다 ④ 불만이 많다   ⑤ 가족이 없다

3. 평소에 부모님과 어떻게 지내나요? 아래의 글을 잘 읽고, 해당하는 보기의 번호를 아버지, 어머니에 각각 적어 주세요.

	아버지 (남자보호자)	어머니 (여자보호자)	<보기>
1) 나의 성적에 관심이 많다			
2) 나를 위해 물질적 지원을 해 준다			① 매우 그렇다
3) 나의 의견을 존중해 준다			② 그런 편이다
4) _____의 생각과 감정을 나와 나눈다			③ 그렇지 않은 편이다
5) 나의 생각과 감정을 _____과 나눈다			④ 전혀 그렇지 않다
6) 앞으로 내가 어떻게 살 것인가에 대한 대화를 한다			⑧ 없다(안 계신다)
7) 집안의 중요한 일을 나와 상의한다			⑨ 모르겠다
8) 나의 진로에 대한 대화를 한다			
9) 나의 친구관계를 잘 안다			
10) _____은 내가 밖에 나가 있을 때 누구와 있는지 안다			
11) 나는 그 분과 갈등이 있다			
12) 나는 그 분을 존경한다			

4. 자신의 고민을 부모님께서 알고 계시나요? ☐

    ① 잘 알고 계신다   ② 조금은 알고 계신다   ③ 전혀 모르고 계신다

5. 부모님과 대화를 나누는 시간은 하루에 대략 얼마나 되나요? (없으면 '00시간 00분')

    약 ☐☐ 시간 ☐☐ 분

6. 지난 1년 동안, 집에서 부모님으로부터 매를 맞았을 때, 어떻게 했나요? 있는대로 ☑ 해주세요.

    ☐① 때린 사람에게 소리 질렀다   ☐② 때린 사람을 내가 때렸다
    ☐③ 때린 사람 물건을 손상시켰다   ☐④ 경찰에 신고했다
    기타)_____   ☐⑧ 그냥 있었다
    ☐⑨ 매를 맞은 적 없다

7. 가출하고 싶었던 적 있나요? ☐

    ① 전혀 없다   ② 가끔 있다   ③ 자주 있다

8. 마음을 터놓을 정도로 친한 친구가 몇 명인가요? (인터넷으로만 만나는 친구는 제외, 없으면 '0'명으로 쓰세요)

    동성친구(같은 성별의 친구) : ☐☐ 명,   이성친구(다른 성별의 친구) : ☐☐ 명

9. 친하게 지내는 이성친구가 있나요? ☐

① 있다	② 없다
⬇	⬇
9.1. 혹시 특별히 사귀는 이성친구가 있나요? ☐ 　① 있다　　　　　　　　② 없다	10번 질문으로 가세요

10. 그렇다면, 친구를 사귈 때 어떤 점을 가장 중요하게 생각하나요? _____ 그 다음으로는요? _____
　　① 공부 잘하는 것　　　　　　　　　② 춤, 노래, 운동, 유머 등 재주가 있는 것
　　③ 리더쉽이 있는 것　　　　　　　　④ 취미가 비슷한 것
　　⑤ 잘 사는 것 (부자)　　　　　　　　⑥ 친구들과 잘 어울리는 것
　　⑦ 학교생활에 성실한 것　　　　　　⑧ 나를 잘 이해해 주는 것
　　⑨ 함께 있으면 즐거운 것　　　　　　⑩ 친구들에게 돈을 잘 쓰는 것
　　⑪ 잘 생긴 것/예쁜 것　　　　　　　⑫ 싸움 잘 하는 것
　　⑬ 성격　　　　　　　　　　　　　　기타) _____
　　⑨⑨ 모르겠다

11. 친구들 그룹에 포함되는 것이 _____. ☐
　　① 매우 중요하다　　　　　　② 중요한 편이다
　　③ 별로 중요하지 않다　　　　④ 전혀 중요하지 않다　　　⑨ 모르겠다

12. 친구들에게 인기를 얻는 것이 _____. ☐
　　① 매우 중요하다　　　　　　② 중요한 편이다
　　③ 별로 중요하지 않다　　　　④ 전혀 중요하지 않다　　　⑨ 모르겠다

13. 문항을 잘 읽고, 자신의 경우 어디에 해당하는지 표시해 주세요.

	매우 그렇다	그런 편이다	그렇지 않은 편이다	전혀 그렇지 않다
1) 나는 다른 사람들만큼 가치있는 사람이다	①	②	③	④
2) 나는 장점이 많다	①	②	③	④
3) 아무래도 나는 실패한 사람인 것 같다	①	②	③	④
4) 나는 다른 사람들 못지않게 일을 잘할 수 있다	①	②	③	④
5) 나는 자랑할 것이 별로 없다	①	②	③	④
6) 나는 내 자신에 대하여 긍정적이다	①	②	③	④
7) 나는 대체로 내 자신에 대하여 만족한다	①	②	③	④
8) 나는 내 자신을 좀 더 존경할 수 있으면 좋겠다	①	②	③	④
9) 나는 가끔 내 자신이 쓸모 없는 사람이라는 느낌이 든다	①	②	③	④
10) 나는 때때로 "나는 안돼" 라고 생각한다	①	②	③	④

14. 사회계층을 상·중·하로 나눴을 때, 우리집(자신의 가족)은 어디에 속한다고 생각하세요? □

① 상의 상
② 상의 하
③ 중의 상
④ 중의 하
⑤ 하의 상
⑥ 하의 하
⑨ 모르겠다

15. 우리집의 경제상태(살림살이)에 대해 어떻게 생각하나요? □

① 매우 만족   ② 만족하는 편
③ 불만족하는 편   ④ 매우 불만족   ⑨ 모르겠다

16. 현재 받고 있는 용돈은 적당하다고 생각하나요? □

① 매우 넉넉하다   ② 넉넉한 편이다
③ 부족한 편이다   ④ 매우 부족하다   ⑨ 모르겠다

17. 허락없이 다른 사람의 주민등록번호를 이용해서 인터넷 사이트에 가입해본 적 있나요? □
(주민등록번호생성기 사용한 것도 포함)

① 있다	② 없다
↓	↓
17.1. 그렇다면, 성인정보를 이용하기 위해 다른 사람의 주민등록번호를 사용한 적 있나요? □ ① 있다 ② 없다	18번 질문으로 가시오

18. 다음의 내용에 대해 자신의 생각은 어떤지 각 문항마다 보기에 ✓ 해주세요.

우리나라는 _____.	심하다	심하지는 않지만 심하다고 하는 것 같다	심하지 않다	모르겠다
1) 빈부의 격차	①	②	③	⑨
2) 빈부의 격차에 따른 사회적 차별	①	②	③	⑨
3) 남녀에 따른 사회적 차별	①	②	③	⑨
4) 학벌(학력)에 따른 사회적 차별	①	②	③	⑨
5) 출생지역에 따른 사회적 차별	①	②	③	⑨

수고하셨습니다. 끝까지 응답해 주셔서 감사합니다.

B2. 코드북 : 청소년

변수명	질문번호	내용 보기번호	내용 보기문항	칼럼수
* 5, 8번을 제외한 모든 문항		0	무응답	
* v5_1~2	5-1~5-2	88	무응답	
* v8_1~2	8-1~8-2	88	무응답	
id			일련번호	3
sch			학교구분	1
		1	중학교	
		2	인문고	
		3	실업고	
city			지역구분	1
		1	대도시	
		2	중소도시	
		3	읍면지역	
v1	1		성별	1
		1	남자	
		2	여자	
v2	2		나는 가족들과의 사이가 _____.	1
		1	아주 만족한다	
		2	만족하는 편이다	
		3	불만이 약간 있는 편이다	
		4	불만이 많다	
		5	가족이 없다	
v3_1_1	3-1-1		나의 성적에 관심이 많다	1
v3_1_2	3-1-2		나를 위해 물질적 지원을 해 준다	1
v3_1_3	3-1-3		나의 의견을 존중해 준다	1
v3_1_4	3-1-4		아버지의 생각과 감정을 나와 나눈다	1
v3_1_5	3-1-5		나의생각과 감정을 어버지와 나눈다	1
v3_1_6	3-1-6		앞으로 내가 어떻게 살 것인가에 대한 대화를 한다	1
v3_1_7	3-1-7		집안의 중요한 일을 나와 상의한다	1
v3_1_8	3-1-8		나의 진로 대한 대화를 한다	1
v3_1_9	3-1-9		나의 친구관계를 잘 안다	1
v3_1_10	3-1-10		아버지는 내가 밖에 나가 있을 때 누구와 있는지 안다	1

<계속>

변수명	질문번호	내용		칼럼수
		보기번호	보기문항	
	⋮			
v3_1_11	3-1-11		나는 아버지와 갈등이 있다	1
v3_1_12	3-1-12		나는 아버지를 존경한다	1
v3_2_1	3-2-1		나의 성적에 관심이 많다	1
v3_2_2	3-2-2		나를 위해 물질적 지원을 해 준다	1
v3_2_3	3-2-3		나의 의견을 존중해 준다	1
v3_2_4	3-2-4		아버지의 생각과 감정을 나와 나눈다	1
v3_2_5	3-2-5		나의생각과 감정을 어버지와 나눈다	1
v3_2_6	3-2-6		앞으로 내가 어떻게 살 것인가에 대한 대화를 한다	1
v3_2_7	3-2-7		집안의 중요한 일을 나와 상의한다	1
v3_2_8	3-2-8		나의 진로 대한 대화를 한다	1
v3_2_9	3-2-9		나의 친구관계를 잘 안다	1
v3_2_10	3-2-10		어머니는 내가 밖에 나가 있을 때 누구와 있는지 안다	1
v3_2_11	3-2-11		나는 어머니와 갈등이 있다	1
v3_2_12	3-2-12		나는 어머니를 존경한다	1
		1	매우 그렇다	
		2	그런 편이다	
		3	그렇지 않은 편이다	
		4	전혀 그렇지 않다	
		8	없다(안 계신다)	
		9	모르겠다	
v4	4		자신의 고민을 부모님께서 알고 계시나요?	1
		1	잘 알고 계신다	
		2	조금은 알고 계신다	
		3	전혀 모르고 계신다	
v5_1	5-1		부모님과 대화를 나누는 시간은 하루에 대략 얼마나 되나요?	
			_____시간	2
v5_2	5-2		_____분	2
v6	6		지난 1년 동안, 집에서 부모님으로부터 매를 맞았을 때, 어떻게 했나요? 있는대로 √해주세요.	
		1	때린 사람에게 소리 질렀다	1
		2	때린 사람을 내가 때렸다	1
		3	때린 사람 물건을 손상시켰다	1
		4	경찰에 신고했다	
	⋮		<계속>	

부록 B   질문지 및 코드북

변수명	질문번호	내용		칼럼수
		보기번호	보기문항	
			⋮	
		기타)	_____	2
		88	그냥 있었다	1
		99	매를 맞은 적 없다	1
v7	7	가출하고 싶은 적이 있나요?		1
		1	전혀 없다	
		2	가끔 있다	
		3	자주 있다	
v8_1	8-1	마음을 터놓을 정도로 친한 친구 - 동성친구		2
v8_2	8-2	마음을 터놓을 정도로 친한 친구 - 이성친구		2
v9	9	친하게 지내는 이성친구가 있나요?		1
		1	있다	
		2	없다	
v9_1	9-1	혹시 특별히 사귀는 이성친구가 있나요?		1
		1	있다	
		2	없다	
v10_1	10-1	그렇다면, 친구를 사귈 때 어떤 점을 가장 중요하게 생각하나요?		2
v10_2	10-2	그 다음으로는요?		2
		1	공부를 잘하는 것	
		2	춤, 노래, 운동, 유머 등 재주가 있는 것	
		3	리더쉽이 있는 것	
		4	취미가 비슷한 것	
		5	잘 사는 것 (부자)	
		6	친구들과 잘 어울리는 것	
		7	학교생활에 성실한 것	
		8	나를 잘 이해해 주는 것	
		9	함께 있으면 즐거운 것	
		10	친구들에게 돈을 잘 쓰는 것	
		11	잘 생긴 것/예쁜 것	
		12	싸움을 잘 하는 것	
		13	성격	
		기타)	_____	
		99	모르겠다	

변수명	질문번호	내용 보기번호 / 보기문항	칼럼수
v11	11	친구들 그룹에 포함되는 것이 _____. 1 　 매우 중요하다 2 　 중요한 편이다 3 　 별로 중요하지 않다 4 　 전혀 중요하지 않다 9 　 모르겠다	1
v12	12	친구들에게 인기를 얻는 것이 _____. 1 　 매우 중요하다 2 　 중요한 편이다 3 　 별로 중요하지 않다 4 　 전혀 중요하지 않다 9 　 모르겠다	1
v13_1	13-1	나는 다른 사람들만큼 가치있는 사람이다	1
v13_2	13-2	나는 장점이 많다	1
v13_3	13-3	아무래도 나는 실패한 사람인 것 같다	1
v13_4	13-4	나는 다른 사람들 못지않게 일을 잘 할수 있다	1
v13_5	13-5	나는 자랑할 것이 별로 없다	1
v13_6	13-6	나는 내 자신에 대하여 긍정적이다	1
v13_7	13-7	나는 대체로 내 자신에 대하여 만족한다	1
v13_8	13-8	나는 내 자신을 좀 더 존경할 수 있으면 좋겠다	1
v13_9	13-9	나는 가끔 내 자신이 쓸모 없는 사람이라는 느낌이 든다	1
v13_12	13-10	나는 때때로 "나는 안돼"라고 생각한다 1 　 매우 그렇다 2 　 그런 편이다 3 　 그렇지 않은 편이다 4 　 전혀 그렇지 않다	1
v14	14	사회계층을 상·중·하로 나눴을 때, 우리집은 어디에 속한다고 생각하세요? 1 　 상의 상 2 　 상의 하 3 　 중의 상 4 　 중의 하 5 　 하의 상 6 　 하의 하 9 　 모르겠다	1

변수명	질문번호	내용		칼럼수
		보기번호	보기문항	
v15	15	우리집의 경제상태에 대해 어떻게 생각하나요?		1
		1	매우 만족	
		2	만족하는 편	
		3	불만족하는 편	
		4	매우 불만족	
		9	모르겠다	
v16	16	현재 받고 있는 용돈이 적당하다고 생각하나요?		1
		1	매우 넉넉하다	
		2	넉넉한 편이다	
		3	부족한 편이다	
		4	매우 부족하다	
		9	모르겠다	
v17	17	허락없이 다른 사람의 주민등록번호를 이용해서 인터넷 사이트에 가입해본 적 있나요?		1
		1	있다	
		2	없다	
v17_1	17-1	그렇다면 성인정보를 이용하기 위해 다른 사람의 주민등록번호를 사용한 적 있나요?		1
		1	있다	
		2	없다	
v18_1	18-1	우리나라는 빈부의 격차		1
v18_2	18-2	우리나라는 빈부의 격차에 따른 사회적 차별		1
v18_3	18-3	우리나라는 남녀에 따른 사회적 차별		1
v18_4	18-4	우리나라는 학벌(학력)에 따른 사회적 차별		1
v18_5	18-5	우리나라는 출생지역에 따른 사회적 차별		1
		1	심하다	
		2	심하지는 않지만 심하다고 하는 것 같다	
		3	심하지 않다	
		4	모르겠다	

찾아보기(index)

가설 182
  교차분석 301
  단일표본 t-검정 197
  대응표본 교차분석 300
  대응표본 t-검정 210
  독립표본 t-검정 201
  분산분석 223
  상관관계 243
  회귀분석 255
가설검정 181
가정 203
가중값 317
개체(관찰개체) 5
검정력 186
검정통계량 191
결정계수 259
결정원칙 190
결측값 68
결측값 정의 42
고유값 323
관찰개체 6
관찰빈도 302
교차분석 301, 304
교차표 104
교차표 데이터 315
교호작용 283
구간추정 178
귀무가설 182, 201
기각값 183

기각역 183
기대빈도 302
기술통계량 119
기하평균 121

내적 일관성 349
누적 퍼센트 97

다중공선성 292
다중비교 230
다중응답분석 56
다중회귀모형 279
다중회귀분석 255, 279
단계적 선택 287, 290
단순회귀분석 255
단일표본 t-검정 185
단측검정 183, 200, 202, 207
대립가설 182, 202
대응표본 204, 210, 309
대표값 119
데이터 5
데이터 작성 34
데이터 클리닝 58
데이터 편집기창 16
데이터시트 34
데이터탐색 130
도구(측정도구) 341
도표 편집창 19
독립성 203, 223, 261, 301
독립표본 t-검정 201
동등성 348
동일성의 검정 309
동질성 223
동질적 349

찾아보기(index)

동형검사법 349
등분산검정 206
등분산성 223, 261

막대도표 139
모수 175
모수적 245
모집단 5
문자열로 정의 36

반분법 349
백분위수 126
범위 124
베리멕스 325
변동 221
변수 6
  가변수 293
  날짜변수 9
  다항변수 6
  더미변수 293
  독립변수 219, 255
  등간변수 7
  명목변수 6
  문자변수 9
  반응변수 219, 255
  범주형변수 6
  복수응답 변수 55
  분석변수 219
  비율변수 7
  빈도변수 72
  서열변수 7
  설명변수 219, 255
  숫자변수 9
  양적변수 8
  연속형변수 8
  열변수 104
  이산형변수 8
  이항변수 6
  종속변수 219, 256
  지시변수 293
  질적변수 8
  행변수 104
변수 계산 68
변수값의 변경 65
부호화 10
분산 125
분산분석 223
분산분석표 221, 257
분석 대화상자 20
분석단위 6
불편향성 177
뷰어창 18
비모수적 245
비선형의 관계 243
비체계적 오차 342
비확률오차 343
빈도표 97

사각회전 325
사례 5
사분위수 126
사분위수범위 126
사후분석 229
산술평균 119
산점도 161
산포도 124
삼원배치표 104
상관계수 241

찾아보기(index)

상관관계 241, 243
상자도표 156
상자수염도표 156
상한값 178
상한추정량 178
선형성 261
설명문 정의 41
셀 104
스크리도표 323
스피어만 상관계수 245
신뢰계수 179
신뢰구간 132, 178
신뢰도 344
신뢰수준 178
십분위수 114
안정성 346
양측검정 182, 191, 199, 202
역코딩 68, 71
연구가설 182
영가설 182
예측 262
예측값 256
오차막대도표 165
왜도 127
요인 적재량 325
요인분석 321
요인의 회전도 324
요인점수 327
우측검정 182, 191, 202
원도표 144
원소 5
원형그림 144
유의수준 185, 187
유의확률 188

유효 퍼센트 97
이원배치표 104
일관성 349
일원배치 분산분석 219
일치성 177
입력 38

자유도 304
잔차 256, 269
잔차분석 268
잔차산점도 269
재검사법 347
전산화 10
전진선택 287
절삭평균 132
점추정 177
정규성 223, 261
제Ⅰ종 오류 184, 185
제Ⅱ종 오류 184, 186
조사원간 신뢰도 348
조화평균 121
좌측검정 182, 190, 202
주변합 105, 302, 309
주성분방법 322
줄기와 잎그림 154
중심경향의 측도 119
중위수 121
지정된 결측값 65
직각회전 325
짝비교 210
채택역 183
첨도 127
체계적오차 342
최대값 97

찾아보기(index)

최빈값 97, 122
최소값 97
최소분산 불편향추정량 177
최소유의차 230
추정 176, 262
추정량 176
측정 341
측정도구 31, 341
측정오차 342

카이제곱분석 301
커뮤날리티 325
케이스 5
케이스 선택 80
케이스 정렬 77
코드북 10
코딩 변경 65
크론바흐의 알파 351

타당도 344
탐색적 분석 321
통계량 175

파이차트 144
퍼센트 97
편차 120
편향 343
평균 119
표본 5
표준오차 127
표준편차 125
표준화 125
표준화계수 281
피벗표 편집창 19

피어슨 상관계수 245

하한값 178
하한추정량 178
항목 31
확률오차 342, 345
회귀계수 258
회귀모형 257
회귀방정식 256
회귀분석 255
회전 325
효율성 177
후진제거 287
히스토그램 149

$1-\beta$ 186

alphanumeric variable 9
alternative hypothesis 182
alternative-form method 349
ANOVA 210
ANOVA table 221
arithmetic mean 119
α 185, 351

b 258
bar chart 139
BASE 56
bias 343
binary variable 6
Bonferroni 231
box plot 156
box-whisker plot 156
β 258, 281

case 5
categorical variable 6
cell 104
chi-square analysis 301
codebook 10
coding 10
coefficient of determination 259
confidence interval 178
consistency 177
continuous variable 8
correlation 243
critical value 183
Cronbach 351
cross tabulation 104
cross tabulation analysis 301

data 5
data cleaning 58
Data Editor 16
datasheet 34
decile 126
decision rule 190
degree of freedom 304
dependent variable 256
df 304
dichotomous, 6
discrete variable 8
dummy variable 293
Duncan 231
δ 211

e_i 256, 269
E_{ij} 302
efficiency 177

eigen value 323
element 5
equivalence 348
error-bar chart 165
estimation 176, 262
estimator 176
Exact test 305

factor analysis 321
factor score 327
Fisher 305
frequency table 97

geometric mean 121

H_1 182
H_a 182
harmonic mean 121
histogram 149
homogeneous 349
hypothesis 182
hypothesis testing 181

independent variable 255
instrument 341
inter quartile range 126
inter-rater reliability 348
interval estimation 178
interval variable 7
IQR 126
item 31

keypunching 10
KR-20 353

kurtosis 127

least significant difference 230
loading 325
lower limit 178
LSD 230

marginal homogeneity 309
McNemar 309
mean 119
measurement 341
measurement error 342
median 121
minimum variance unbiased estimator 177
mode 122
multi collinearity 292
multiple comparison 230
multiple regression analysis 279
multiple regression model 279
μ 176, 177

nominal variable 6
non-linear relationahip 243
non-systematic error 342
nonrandom error 343
null hypothesis 182
numeric variable 9

oblique rotation 325
oneway ANalysis Of VAriance 219
ordinal variable 7
orthogonal rotation 325
p 177
p_{ij} 302

p-value 188
parameter 175
Pearson correlation 245
percentile 126
pie chart 144
point estimation 177
polytomous variable 6
predicted value 256
prediction 262
π 177

qualitative variable 8
quantitative variable 8
quartile 126

R 124
r 177
R^2 259
random error 342
range 124
ratio variable 7
Regression analysis 255
regression coefficient 258
regression model 257
reliability 344
reliability coefficient 179
reliability level 178
research hypothesis 182
residual 256
residual plot 269
ρ 177
s 125
s^2 125, 177
sample 5

scatter plot 161
Scheffé 230
scree plot 323
significance level 185, 187
skewness 127
Spearman correlation 245
split-half method 349
SPSS 15
stability 346
standard deviation 125
standardization 125
standardized coefficient 281
statistic 175
statistical power 186
stem and leaf plot 154
systematic error 343
σ^2 177

t 192
test of marginal homogeneity 309
test statistic 190
test-retest method 347
Tukey 231
type Ⅰ error 184
type Ⅱ error 184

unbiasedness 177
unit of analysis 6
upper limit 178

validity 344
variable 6
variance 125
variation 221

varimax 325

$\bar{x}$ 119, 177

$\hat{y_i}$ 256

z 192

사단법인
한국사회조사연구소
Korea Social Research Center
(KSRC)

광주광역시 남구 월산5동 1022-44
월산빌딩 401호 (503-828)
서울특별시 강남구 역삼동 727-15
제임스빌딩 B101호 (135-080)

http://www.ksrc.or.kr
ksrc@dreamwiz.com

☎ 062-362-0778
Fax 062-361-2529

(사)한국사회조사연구소의 조사자료는 원자료(raw data), 코드북(codebook), 보고서의 형태로 인터넷 홈페이지(http://www.ksrc.or.kr)에 올려지고 있습니다. 필요로 하는 개인이나 기관은 누구나 이용하실 수 있습니다.

연혁
- 1993. 11. 1. 광주사회조사연구소 설립 발기
- 1994. 5. 2. 광주사회조사연구소 개소
- 1994. 10. 24. 사단법인 광주사회조사연구소 법인 승인(민법 제32조, 내무부 및 경찰청 소관 비영리법인의 설립 및 감독에 관한 규칙 제4조에 의거)
- 1994. 11. 7. 사단법인 광주사회조사연구소 법인등기 완료
- 2000. 9. 1. 학술지 『사회연구』 창간
- 2001. 1. 1. 『사회연구 학술상』 제정
- 2001. 9. 8. 제1회 『사회연구 학술상』 시상
- 2002. 8. 14. 제2회 『사회연구 학술상』 시상
- 2003. 9. 6. 제3회 『사회연구 학술상』 시상
- 2004. 3. 23. **사단법인 한국사회조사연구소 법인 승인**(광주사회조사연구소 승계; 민법 제32조, 재정경제부장관 및 소속청장의 소관에 속하는 비영리법인의 설립 및 감독에 관한 규칙 제4조에 의거; **통계청장 승인**)
- 2004. 4. 13. 사단법인 한국사회조사연구소 법인등기 완료
- 2004. 11. 12. 제4회 『사회연구 학술상』 <삼복학술상> 시상
- 2004. 8. 30. 공익성기부금 대상단체 지정(재정경제부공고 제2004-96호)
- 2005. 10. 29. 제5회 『사회연구 학술상』 <삼복학술상> 시상
- 2005. 12. 29. 학술지 『사회연구』 한국연구재단 등재후보학술지 선정
- 2006. 11. 4. 제6회 『사회연구 학술상』 <삼복학술상> 시상
- 2006. 9. 1. 2006 통계발전유공자, 국무총리 표창(단체 표창)
- 2007. 12. 15. 제7회 『사회연구 학술상』 <삼복학술상> 시상
- 2008. 11. 15. 제8회 『사회연구 학술상』 <삼복학술상> 시상
- 2009. 5. 30. 제9회 『사회연구 학술상』 <삼복학술상> 시상
- 2009. 6. 24. 노동부 사회적 일자리 사업 : 사회서비스정보 등 각종 공익정보 생산보급
- 2010. 3. 31. 공익성기부금 대상단체 지정(기획재정부공고 제2010-86호)
- 2010. 5. 30. 제10회 『사회연구 학술상』 <삼복학술상> 시상
- 2011. 5. 28. 제11회 『사회연구 학술상』 <삼복학술상> 시상
- 2011. 12. 31. 학술지 『사회연구』 한국연구재단 등재 학술지 선정

설립취지
(사)한국사회조사연구소(Korea Social Research Center)는 우리사회와 국가의 발전을 위한 각종 자료의 수집과 축적 및 분석을 목적으로 설립된 전문연구기관입니다. 지역사회와 국가의 발전에 뜻을 같이하는 여러 분야의 학자들이 과학적 연구방법을 토대로 각종 자료들을 축적하고, 사회문제를 진단하여 보다 나은 정책을 제시함으로써 학술연구 및 사회발전의 밑거름이 되고자 하는 열망에서 창립하였습니다.

조사활동
우리 사회의 현안문제 및 학술적 관심이 되는 문제에 대하여 자료를 수집하고 분석합니다. 수집한 자료는 (사)한국사회조사연구소가 영구저장(archive)하며 자료를 필요로 하는 개인이나 기관에 제공합니다.

공공 자료은행 (public data bank)
(사)한국사회조사연구소의 조사자료는 원자료(raw data), 코드북(codebook), 보고서의 형태로 인터넷 홈페이지(http://www.ksrc.or.kr)에 올려지고 있습니다. 필요로 하는 개인이나 기관은 누구나 받아보실 수 있습니다.

학술지 발간
(사)한국사회조사연구소에서는 학문의 대중화를 목표로 인문사회과학분야의 연구를 묶어 지식층 대중을 상대로 한 학술지『사회연구』를 1년 2회씩 발간합니다. 2005년에 학술진흥재단의 등재후보지로 선정되었습니다.

학술상 운영
(사)한국사회조사연구소는 『사회연구』의 훌륭한 필진을 발굴함과 동시에, 학문후속세대에 해당하는 젊은 연구자들의 학문연구를 자극하고 그들의 연구성과를 사회적 지식으로 공유하고자 하는 취지에서 2001년에『사회연구 학술상』을 제정

(사) 한국사회조사연구소 소개

하였고, 해마다 인문사회과학분야의 우수논문을 공모하여 시상합니다.

학술지원활동

오늘날의 학문추세는 학문적 배경이 다른 학자들간의 공동연구를 중시하고 있습니다. (사)한국사회조사연구소는 전공분야가 다른 학자들간의 공동연구를 장려하고 지원합니다. 프로젝트 개발, 자료수집, 보고서 작성 등을 위해 필요한 각종 자원(전문인력, 조사시설, 컴퓨터시설, 자료 등)을 제공합니다.

교육/트레이닝 (internship)

(사)한국사회조사연구소는 현장 경험을 얻고자 하는 대학 및 대학원생들에게 실제 조사에 참여하여 훈련을 받을 수 있는 기회를 제공합니다. 각종 통계프로그램(SPSS, SAS 등)의 교육, 자료의 처리 및 분석, 보고서 쓰는 법 등 학교교육을 통해 배우기 어려운 사항들을 교육시킵니다. 그 외 개인적 목적으로 교육을 받고자 하는 일반인이나 단체에게는 실습을 위주로 한 교육기회를 제공합니다.

조사/통계처리 자문 (survey & consulting)

(사)한국사회조사연구소는 개인이나 기관으로부터 각종 조사 및 통계처리 자문의뢰를 받습니다. 정보화사회에서 정보수집의 한 방법으로 사회조사의 필요성이 높아지고 정보처리의 방법으로 통계적 분석의 수요가 늘어남에 따라 전문적인 지식을 바탕으로 개인이나 기관에 대해 서비스합니다.

조사방법 및 통계교재 개발

(사)한국사회조사연구소에서는 각종 조사와 통계분석을 통해 새로운 조사방법을 개발하고, 사용자 위주의 통계사용법을 개발하여 교재로 만들어내고 있습니다. 그 동안 조사방법과 통계분야에 많은 교재들이 있었으나 대부분 이론중심의 교재였기 때문에 교육을 받고 난 뒤에도 실제 조사나 자료를 분석할 때 많은 어려움이 있었습니다. 연구소에서는 현장 경험을 바탕으로 실제 상황에서 적용할 수 있는 교재를 개발합니다.

출판활동

(사)한국사회조사연구소에서는 각종 조사결과를 보고서로 정리하여 출판합니다. 널리 알려야 할 필요가 있고 분량이 많은 연구결과는 단행본으로 출판합니다. 본 연구소에서는 「도서출판 월산」과 「도서출판 광주사회조사연구소」「도서출판 한국사회조사연구소」 및 「도서출판 사회연구사」를 운영하고 있습니다.

청소년생활통계

'청소년 문제를 해결하기 위해서는 오늘의 청소년들에 대해 근본적으로 이해해야 한다'는 취지에서 사회학, 교육학, 심리학, 상담학, 아동학, 복지학, 경제학, 행정학, 통계학 등 각 분야의 교수 및 전문가들이 참여하여, 청소년에 관한 다양한 자료를 모으기 위해 해마다 과학적이고 체계적으로『전국청소년종합실태조사』를 실시하고 있습니다. 조사결과는 『청소년생활통계연보』와 『한국 청소년의 삶과 의식구조』로 발간하고 있습니다.

◻ 임원진

이사장	김순홍 (광주대 교수, 소장)	
이사	김경호 (호남대 교수, 부소장)	김재오 (호남대 교수)
	김재훈 (대구대 교수)	김태승 (아주대 교수)
	류제복 (청주대 교수)	박재욱 (신라대 교수)
	박준식 (한림대 교수)	박찬욱 (서울대 교수)
	양철호 (동신대 교수, 부소장)	오근식 (광주대 겸임교수)
	이명주 (공주교대 교수)	이영석 (광주대 교수)
	이해용 (성신여대 교수)	최준영 (광주대 교수)
감사	김동일 (세무사)	이대용 (조선대 교수)

◻ 상임연구진

선임연구원	조지현 정오성
주임연구원	김파랑 정은진
연구원	이강웅 신은진 장지연

(사) 한국사회조사연구소 소개

◩ 『사회연구 학술상』 편집진

　편집위원장　　최준영 (광주대 교수, 사회학)

　편집위원　　　고강석 (대구대 교수, 경영학)
　　　　　　　　고영진 (광주대 교수, 한국사)
　　　　　　　　김시업 (경기대 교수, 심리학)
　　　　　　　　김영수 (서강대 교수, 사회학)
　　　　　　　　김용학 (연세대 교수, 사회학)
　　　　　　　　김원동 (강원대 교수, 사회학)
　　　　　　　　김재온 (미국 Univ. of Iowa 교수, 사회학)
　　　　　　　　김재훈 (대구대 교수, 경제학)
　　　　　　　　김태승 (아주대 교수, 동양사)
　　　　　　　　박길성 (고려대 교수, 사회학)
　　　　　　　　박재욱 (신라대 교수, 행정학)
　　　　　　　　박준식 (한림대 교수, 사회학)
　　　　　　　　박찬욱 (서울대 교수, 정치학)
　　　　　　　　송하중 (경희대 교수, 행정학)
　　　　　　　　이영석 (광주대 교수, 서양사)
　　　　　　　　이재옥 (한국농촌경제연구원 선임연구위원, 경제학)
　　　　　　　　이정희 (한국외국어대 교수, 정치학)
　　　　　　　　조성윤 (제주대 교수, 사회학)
　　　　　　　　한규석 (전남대 교수, 심리학)

연구소 자체 조사 및 연구 / 외부의뢰 조사 및 연구 /
연구 및 통계처리 자문 / 각종 실무교육 및 특강

(사)한국사회조사연구소 홈페이지 참조(http://www.ksrc.or.kr)

세미나 및 학술회의

1994. 5.　해외석학 초청 학술세미나: 김재온 교수 (Univ. of Iowa) 초청
　　　　　연구방법론 특강 (사회과학 연구방법론의 제 문제)
1995. 5.　국제학술회의(세미나): 「5·18」의 학문적 조명
　　　　　(UCLA 한국학연구소, Univ. of Iowa 아시아태평양연구소 : 공동주최)
1995. 5.　국제학술회의(워크샵): 「5·18」의 학문적 조명
　　　　　(UCLA 한국학연구소, Univ. of Iowa 아시아태평양연구소 : 공동주최)
1996. 6.　해외석학 초청 학술세미나: Charles S. Davis 교수 (Univ. of Iowa) 초청
　　　　　통계학 특강 (Analysis of Complex Survey Data Analysis)
2001. 11.　사회연구 학술세미나 「사이버세대의 정체성과 문화」
2002. 1.　광주교육현안 해결을 위한 워크샵
2002. 5.　사회연구 학술세미나 「지방자치 10년, 무엇이 문제인가」
2004. 11.　사회연구 학술세미나 「고령화사회의 변화: 의식에서 제도까지」

『사회연구 학술상』 수상논문

제 1회 『사회연구 학술상』 수상논문

　우수상　　권종욱·이지석 "아시아적 가치와 한국의 외환위기"
　　　　　　정상호 "한국의 민주화와 자영업집단의 이익정치"
　장려상　　송경재 "북한체제 안정요인 분석 : 김정일 체제를 중심으로"
　　　　　　이민수 "남북한 사회의 도덕적 가치와 현실"

(사) 한국사회조사연구소 소개

제 2회 『사회연구 학술상』 수상논문
우수상 홍성민 "계급아비투스와 정체성의 정치 : 한국 지역주의 정치에 관한 비판적 소고"
김준형 "한국정치에서의 대의제 위기와 소수자문제"
이화자 "창의성도출과정에 있어 개인특성 및 환경요소의 영향"
장려상 김서균 "아시아 5개국 현지 근로자들의 직무가치 성향분석(G. Hofstede 5차원을 중심으로)"
김원제 "한국사회 위험(Risk)의 특성과 치유"
백두주 "부산지역 성장정치와 삼성자동차 : 유치 및 매각과정을 중심으로"
민웅기 "정보화 시대의 한국 여가산업(leisure industry) : 발달배경, 현황 및 대응방안"
박성진 "한국의 국가 형성과 미군정기 식량 정책"

제 3회 『사회연구 학술상』 수상논문
우수상 김상학 "소수자 집단에 대한 태도와 사회적 거리감"
서보혁 "제네바합의 이후 북-미관계 정상화 실패 요인 연구 : 국가정체성 변수를 중심으로"
양안나 "관리직 경력자의 재취업 결정요인 및 전직의도 분석"
장려상 김제선 "반부패 대안으로서 NGO : 한국의 사례를 중심으로"
문순보 "한국 지역주의 선거의 원인과 기원, 그리고 그 심화과정
       : 집단적 결집과 정당일체감을 중심으로"
서신혜 "조선후기의 이상세계 추구 경향과 현대 한국의 현실
       : 내 할아버지의 할아버지께서 바라시던 세상, 지금 우리가 사는 세상"

제 4회 『사회연구 학술상』 수상논문
삼복학술상 최선영·장경섭 "성분업의 근대적 재구성 : 한국 여성의 생애취업유형과 노동시장-가족상호관계"
우수상 고희채 "유동성제약이 저축률에 미치는 영향"
정수남 "거리위의 모더니티-서울의 '러시아워(rush hour)' 현상에 관한 시·공간의 사회학적 연구"
장려상 고승연 "16대 대선에서의 무당파층 특성 및 현태 연구"
김봉한 "부동산 버블에 대한 연구 : 추정 및 경제정책에 대한 시사점"
김지열 "민스키의 금융불안성 가설에 의한 한국 경제 분석
       -헤지단위·투기단위·폰지단위에 의한 분석"
이관춘 "한국사회의 경쟁력 제고를 위한 가치병립현상 연구-EHW 모델을 중심으로"
이화연 "한국의 여성언어를 통해 본 여성의 사회문화적 위치에 대한 연구"
입선   박보영 "미군정 구호정책의 성격과 그 한계 : 1945-1948"
안주아 "애니메이션 영화 <슈렉>의 기호학적 분석"
이선경 "한국인의 이동전화 이용동기와 이용행위에 대한 연구 - 세대와 라이프스타일을 중심으로"
한진욱 "해방직후 중경 임정의 반탁운동에 관한 역사적 고찰"

제 5회 『사회연구 학술상』 수상논문
삼복학술상 박소현 "고려자기는 어떻게 '미술'이 되었나 - 식민지시대 '고려자기열광'과 이왕가박물관의 정치학"
우수상 권재환 "청소년의 게임중독과 심리적·환경적 요인과의 관계에서 대인관계기술의 매개효과"
방희경 "사이버공간의 소수적인 문화를 위하여 - '사이버 폐인'들의 다르게 정치하기"
장려상 문지영 "한국의 민주화와 자유주의: 자유주의적 민주화 전망의 의미와 한계"
박경미 "민주화 이후 한국 정당정치의 경쟁구조 의제설정자의 등장과 의회정치의 지배구조"
석광훈 "정부의 핵폐기장 추진계획, 예정된 실패와 지속가능한 대안"
이혜림 "1970년대 청년문화구성체의 역사적 형성 과정: 대중음악의 소비양상을 중심으로"
입선   윤철기 "한국 사회복지의 발전과정과 정치·경제적 배경과 원인"
이도희 "Q방법을 활용한 장애 인식에 대한 연구"
이태정 "외국인 이주 노동자의 사회적 배제 연구: '국경 없는 마을' 사례"

제 6회 『사회연구 학술상』 수상논문
최우수상 (삼복학술상)
       정병은·장총권 "'노가다'의 사회자본 형성과 한계 - 건설일용근로자의 연결망, 신뢰, 호혜성"
우수상 홍승헌 "여론과 정책 - 민주화 이후 한국정부의 정책응답성"
최성수 "민주화와 제도적 유산 그리고 복지정치 - 의료보험 개혁운동, 1980~2003"

장려상 홍성태 "한국 시민사회의 정치사회적 거버넌스와 정부-NGO 관계 - '민족화해협력범국민협의회'의 사례를 중심으로"
 김현선 "국민, 半국민, 非국민 - 국민형성의 원리와 과정"
 조희정 "해외의 전자투표 추진 현황 비교 연구"
 김혜래 "청소년의 성역할정체성 척도 개발에 관한 연구"
 김경희·정은주 "사회복지관 사회복지사의 직무만족 결정변인에 관한 연구 - 서울지역 사회복지관 중심으로"

제 7회 『사회연구 학술상』 수상논문

최우수상 (삼복학술상)
 이명진·조주연·최문경 "부모의 아동학대가 청소년 비행에 미치는 영향"

우수상 김도훈 "이광수 소설에 투영된 근대적주체의 염원과 식민지 근대성에 관한 연구"
 이동주 "한국 성매매 반대운동의 프레임 형성과 변화에 관한 연구 - 1970~2005년 기간을 중심으로"

장려상 모현주 "화려한 싱글과 된장녀 : 20, 30대 고학력 싱글 직장 여성들의 소비의 정치학"
 박동현 "실업의 일상화에 따른 사회적 삶의 유형과 위기관리 전략의 재구성"
 박승민 "화장하는 남성 이미지의 사회적 형성: 남성화장품 광고를 중심으로"
 박형진 "장애인의 사회적 배제 극복을 위한 자립생활 지원방안"
 이중섭 "복지재정분권화에 따른 지방정부 '사회복지예산' 변화에 관한 연구"
 정승민 "범죄두려움에서 지역특성과 경찰활동의 상호작용효과에 관한 연구"

출판: 도서명/저자

1995. 『지역사회와 복지문제』, 광주사회조사연구소 편
1996. 『외국의 지역개발 사례연구: 아이오와·히로시마』,
       김동원 외 지음, 광주발전연구 시리즈 1 (비매품)
1996. 『국민이 보는 5·18재판 : 1심선고에 대한 전국민 여론조사』,
       5·18기념재단, 광주사회조사연구소 (비매품)
1997. 『SAS를 이용한 통계분석과 실습(통비1)』, 정영해 지음
1998. 『통계학 비전공자를 위한 통계강의 및 자료분석: 윈도우즈용 SPSS(통비2)』, 정영해 외 지음
1998. 『국민이 보는 5·18 : 특별법제정에서 사면까지』, 김동원 외 지음
1998. 『통계학 비전공자를 위한 통계강의 및 자료분석: 윈도우즈용 SAS(통비3)』, 정영해 외 지음
1999. 『예제로 배우는 통계강의 및 자료분석: 윈도우즈용 SPSS(통비4)』, 정영해 외 지음
1999. 『사회복지 통계분석: 윈도우즈용 SPSS(통비5)』, 김순흥 외 지음
2000. 『통계학: 예제로 배우는 통계강의 및 자료분석-EXCEL(통비6)』, 정영해 외 지음
2000. 『EXCEL 통계적 응용(통비7)』, 정영해 외 지음
2000. 『관광 통계분석(통비8)』, 정영해 외 지음
2000. 『사회연구』, 창간호, 광주사회조사연구소 편(특집: 지역주의와 지역문제)
2001. 『지속가능한 광주 - 진단과 대안』, 조진상 지음
2001. 『생활정보와 통계』, 심정욱 외 지음
2001. 『유럽의 환경친화적 도시개발』, 조진상 지음
2001. 『통계자료분석 : SPSS 10.0(통비9)』, 정영해 외 지음
2001. 『사회연구』, 통권 제2호, 광주사회조사연구소 편(특집: 사이버 세대의 정체성과 문화)
2001. 『청소년 종합실태조사 1998, 2000』, 최준영 외 지음
2002. 『광주를 녹색도시로』, 조진상 지음
2002. 『21세기 녹색교통 수단 자전거』, 조진상 지음
2002. 『사회연구』, 통권 제3호, 광주사회조사연구소 편(특집: 지방자치 10년, 무엇이 문제인가)
2002. 『사회조사방법론』, 김미라 외 지음
2002. 『사회연구』, 통권 제4호, 광주사회조사연구소 편(특집: 현대사회와 여가)
2003. 『전라남도 청소년 종합실태조사』, 전라남도교육청·광주사회조사연구소 (비매품)
2003. 『통계자료분석 : SPSS 10.0(통비9)』(개정증보판), 정영해 외 지음
2003. 『사회조사방법론』(개정판), 김미라 외 지음
2003. 『사회연구』, 통권 제5호, 광주사회조사연구소 편(특집: 현대사회와 가족)
2003. 『청소년생활통계연보 2003』(총 3권 1세트), 김순흥 외 지음
2003. 『사회조사방법론』(제3판), 김미라 외 지음
2003. 『한국청소년의 삶과 의식구조』, 김순흥 외 지음

출판: 도서명/저자

- 2003. 『사회연구』, 통권 제6호, 광주사회조사연구소 편(특집: 선진국경제를 위한 한국경제의 성찰)
- 2004. 『사회복지조사론』, 김미라 외 지음
- 2004. 『사회연구』, 통권 제7호, 한국사회조사연구소 편(특집: 고령화사회의 변화: 의식에서 제도까지)
- 2004. 『청소년생활통계연보 2004 전국』, (2권 1세트), 김순흥 외 지음
- 2004. 『청소년생활통계연보 2004 서울』, 김순흥 외 지음
- 2004. 『청소년생활통계연보 2004 부산』, 김순흥 외 지음
- 2004. 『청소년생활통계연보 2004 대전』, 김순흥 외 지음
- 2004. 『청소년생활통계연보 2004 광주』, 김순흥 외 지음
- 2004. 『청소년생활통계연보 2004 울산』, 김순흥 외 지음
- 2004. 『청소년생활통계연보 2004 경기』, (2권 1세트), 김순흥 외 지음
- 2004. 『청소년생활통계연보 2004 강원』, 김순흥 외 지음
- 2004. 『청소년생활통계연보 2004 전남』, 김순흥 외 지음
- 2004. 『청소년생활통계연보 2004 경북』, 김순흥 외 지음
- 2004. 『한국 청소년의 삶과 의식구조 2004』, 김순흥 외 지음
- 2004. 『서울 청소년의 삶과 의식구조 2004』, 이용교, 오미영, 김파랑
- 2004. 『부산 청소년의 삶과 의식구조 2004』, 김경호, 김창곤, 김미경
- 2004. 『대전 청소년의 삶과 의식구조 2004』, 김진희, 정영해, 권구영
- 2004. 『광주 청소년의 삶과 의식구조 2004』, 김경호, 정애리, 김남주
- 2004. 『울산 청소년의 삶과 의식구조 2004』, 김경호, 신동준, 김광수
- 2004. 『경기 청소년의 삶과 의식구조 2004』, 권구영, 김시업, 김신영
- 2004. 『강원 청소년의 삶과 의식구조 2004』, 김신영, 민병희, 김미라
- 2004. 『전남 청소년의 삶과 의식구조 2004』, 김경호, 조지현, 양인
- 2004. 『경북 청소년의 삶과 의식구조 2004』, 김두식, 김광수, 신동준
- 2004. 『사회복지조사』, 권구영 외 지음
- 2004. 『사회연구』, 통권 제8호, 한국사회조사연구소 편(특집: 한국 정치지형의 변화에 대한 탐색)
- 2005. 『통계자료분석 : SPSS 12.0(통비11)』, 정영해 외 지음
- 2005. 『사회복지조사방법』, 권구영 외 지음
- 2005. 『사회연구』, 통권 제9호, 한국사회조사연구소 편
- 2005. 『사회연구』, 통권 제10호, 한국사회조사연구소 편
- 2006. 『사회연구』, 통권 제11호, 한국사회조사연구소 편
- 2006. 『사회연구』, 통권 제12호, 한국사회조사연구소 편
- 2007. 『한국 청소년의 삶 가정생활·학교생활·여가생활』, 김순흥 외 지음.
- 2007. 『한국 청소년의 사회심리와 일탈행위』, 김순흥 외 지음.
- 2007. 『한국 청소년의 가치관』, 김순흥 외 지음.
- 2007. 『사회연구』, 통권 제13호, 한국사회조사연구소 편
- 2007. 『사회연구』, 통권 제14호, 한국사회조사연구소 편

출판: 도서명/저자

2008. 『통계자료분석 : SPSS 14.0(통비12)』, 정영해 외 지음
2008. 『사회연구』, 통권 제15호, 한국사회조사연구소 편
2008. 『EXCEL 통계자료분석(통비13)』, 정영해 외 지음
2008. 『사회연구』, 통권 제16호, 한국사회조사연구소 편
2008. 『광주 청소년의 사회심리』, 최준영 지음
2008. 『광주 청소년의 가치관』, 최준영 지음
2009. 『사회연구』, 통권 제17호, 한국사회조사연구소 편
2009. 『대구경북 청소년의 사회심리』, 김광수 지음
2009. 『사회연구』, 통권 제18호, 한국사회조사연구소 편
2010. 『사회연구』, 통권 제19호, 한국사회조사연구소 편
2010. 『사회연구』, 통권 제20호, 한국사회조사연구소 편
2011. 『사회연구』, 통권 제21호, 한국사회조사연구소 편
2012. 『사회연구』, 통권 제22호, 한국사회조사연구소 편

社 告

한국사회과학자료원(KOSSDA)과 자료 기탁 협약

(사)한국사회조사연구소는 KOSSDA와 자료기탁협약을 맺고 자체 홈페이지에서 제공하던 방대한 양의 조사자료를 KOSSDA를 통해 제공하고 있습니다.

KOSSDA는 에스콰이아학술문화재단이 설립하여 지원하는 한국과 한국관련 사회과학 원자료와 문헌자료를 통합 서비스하는 비영리 학술자료 전문기관입니다. KOSSDA가 수집하여 제공하는 자료는 한국과 한국 관련 연구에 기초 자료로 이용할 수 있는 양적자료(조사 및 통계자료)와 질적자료(기록문서, 관찰기록, 면접자료, 멀티미디어 자료 등), 그리고 학술지 논문, 연구보고서 및 연구단행본을 포함하는 문헌자료입니다.

KOSSDA는 자료 수집과 이용을 극대화하기 위하여 자료 기탁 및 이용 기관들의 컨소시엄 형태로 운영하고 있습니다. 제공되는 자료와 자료 활용을 진작하기 위한 교육 서비스를 간단히 소개하면 다음과 같습니다.

■ 자료 서비스

KOSSDA는 현재 170여 건의 학술조사자료와 3만여 건의 문헌자료를 서비스하고 있다. 2007년부터는 질적자료와 해외에서 출판된 한국연구 문헌자료도 함께 수집하고 사회과학 시소러스를 통해서 사회과학 원자료와 문헌자료의 동시 검색 및 이용을 가능하게 하는 통합 시스템을 갖추어 서비스 하고 있다. 또한 이 시스템에는 수치자료의 온라인 통계분석을 가능케 하는 시스템도 설치되었다.

■ 교육 서비스

KOSSDA는 구축된 자료의 보급과 활용을 진작하기 위하여 사회과학자료 분석방법 교육워크숍을 정기적으로 실시하고 있다.

➡ 자료 이용 안내
KOSSDA 홈페이지를 방문하면 KOSSDA가 소장하고 있는 자료들을 검색할 수 있다. 홈페이지에서 로그인한 후 원하는 자료를 신청하면 온라인으로 다운로드 받을 수 있다.

➡ 자료 기탁 안내
KOSSDA에서는 기관 및 개인이 소장하고 있는 사회과학 분야 원자료를 기탁 받고 있다. 기탁된 자료는 국제표준에 맞추어 재정리된 후 서비스된다.

➡ 문의처
- 전 화 : 02-739-9258 (내선132, 133)
- 팩 스 : 02-730-9284
- 주 소 : 서울특별시 종로구 사직동 304-28 한국사회과학자료원
- 이 메 일 : support@kossda.or.kr
- 홈페이지 : http://www.kossda.or.kr

社 告

(사)한국사회조사연구소 자료회원 모집

(사)한국사회조사연구소의 자료회원이 되시면 누구나 저희 연구소의 조사결과 Data Base를 열람할 수 있으며 회원등급에 따라 다양한 혜택을 제공합니다. 또한 연구소에서 발행하는 정기·비정기 간행물 및 신간도서 소식을 전자우편(e-mail)으로 받아볼 수 있습니다.

- 회원가입은 (사)한국사회조사연구소 홈페이지(http://www.ksrc.or.kr)에서 가능합니다.
- 실버회원과 골드회원은 홈페이지 가입하신 후 아래 계좌번호로 입금을 하시고, 연구소에 입금확인 전화를 주십시오.

개인회원 (가입일로부터 1년, 일반회원 제외)	
일반회원 (회비: 없음)	▶ 혜택 : 조사DB 열람
실버회원 (회비: 연 10만원)	▶ 혜택 - 『사회연구』(각권 정가 10,000원, 년 2회 간행) 제공 - 조사결과표 열람, 원자료(raw-data) 다운로드 (청소년자료 제공) - 통계 자문 및 분석 의뢰시 30% 할인 * - 도서 구입시 30% 할인 * - 『사회연구』 논문게재 심사료 및 게재료 50%할인 * - 『사회연구』 학술상 응모 심사료 및 게재료 면제 *
골드회원 (회비: 연 20만원)	▶ 혜택 - 『청소년생활통계연보』 및 『한국 청소년의 삶과 의식구조』 제공 - 『사회연구』(각권 정가 10,000원, 년 2회 간행) 제공 - 조사결과표 열람, 원자료(raw-data) 다운로드 (청소년자료 제공) - 통계 자문 및 분석 의뢰시 50% 할인 * - 도서 구입시 50% 할인 * - 『사회연구』 논문게재 심사료 및 게재료 면제 * - 『사회연구』 학술상 응모 심사료 및 게재료 면제 *

* 표시가 붙은 혜택은 해당 회원 자격을 얻고 6개월이 지난 뒤부터 적용됩니다.

➡ 계좌번호 : 광주은행 115-107-318490   예금주명: (사)한국사회조사연구소
➡ 가입문의
   (사)한국사회조사연구소 전화 062-362-0778, 팩스 062-361-2529
   http://www.ksrc.or.kr   ksrcpress@dreamwiz.com

SPSS 14.0 통계자료분석

초판발행	2008년 3월
초판인쇄	2008년 3월
2판인쇄	2009년 3월
2판 3쇄	2012년 9월
지은이	정영해・조지현・황현식・정은진
펴낸이	(사)한국사회조사연구소 김순흥
펴낸곳	(사)한국사회조사연구소
찍은곳	성일문화사
주 소	광주광역시 남구 월산5동 1022-44
전 화	062-362-0779
팩 스	062-361-2529
홈페이지	http://www.ksrc.or.kr
e-mail	ksrcpress@dreamwiz.com

가격 24,000원

출판사등록번호 / 2004-1-2호
출판사등록일자 / 2004년 4월 24일

ISBN 978-89-91235-47-2

※잘못된 책은 바꿔드립니다.

※저자와의 협의하에 인지는 생략합니다.

이 책의 무단전재 또는 복제행위는 저작권법 98조에 의거,
3년 이하의 징역 또는 3,000만원 이하의 벌금에 처하게 됩니다.